考 銓 制 度

傅肅良編著

學歷：中央政治學校畢業
經歷：人事管理專員、科長、專門委員、處長
　　　、參事、司長、副局長等人事職務
現職：政府機關公職
　　　中興大學、文化大學兼任教授

三 民 書 局 印 行

© 考銓制度

編著者　傅肅良
發行人　劉振強
著作財產權人　三民書局股份有限公司
印刷所　三民書局股份有限公司
　　地址／臺北市重慶南路一段六十一號
　　郵撥／〇〇〇九九九八一五號

初版　　　中華民國六十七年三月
再版　　　中華民國七十一年七月
修訂初版　中華民國七十二年三月
再修訂初版　中華民國七十三年四月
三修訂版　中華民國七十四年六月
四修訂版　中華民國七十七年九月
五修訂版　中華民國七十八年二月

編　號　S 57046
基本定價　捌元肆角肆分
行政院新聞局登記證局版臺業字第〇二〇〇號
著作權執照臺內著字第一四五五號

ISBN 957-14-0239-7 (平裝)

新 版 自 序

考銓制度一書，自六十九年七月初版以來，為應各界需要及配合部分考銓法規之小幅修正，經已再版一次及修訂版兩次。

政府機關公務人員考銓制度，原屬簡薦委制與職位分類制並行，因兩制各有其優點與缺點，且對兩制間人員交流殊有不便，兩制對公務人員之權益規定亦有不平，致感困擾。考銓制度之主管機關，乃本取兩制之長、去兩制之短的策略，設計一新的考銓制度，並提出各種法案，送請立法院審議，以期早日實施新的考銓制度。

茲以新的公務人員考試法、專門職業及技術人員考試法，已於七十五年一月二十四日總統令公布，並即日施行；公務人員任用法、公務人員俸給法、公務人員考績法，已分別於七十五年四月二十一日、七月十六日及七月十一日總統令公布，並均定自七十六年一月十六日施行；其餘有關附屬法規，亦經考試院先後核定發布。為配合考銓法規之大幅變革，乃將原有考銓制度一書之內容，重新予以改寫及修正，另以新版問世。

新版各章之名稱，為配合內容之改寫與修正，經作下列調整，即（一）原第五章任用銓敘及升遷，改為任用與銓敘，並增列升遷與調任一章，序列為第六章；（二）原第六章俸給，改為俸給與福利，序列為第七章；（三）原第八章服務與懲戒，改為權利義務與責任，序列為第九章；（四）原第十一章保險互助，改為保險，序列為第十二章，互助部分併入福利；（五）原第十四章人事資料，改為人事資料與人才儲

備，序列為第十五章；（六）原第十五章學校人事制度，改為敎育人員
人事制度，序列為第十六章；（七）原第十七章書後，因作者所提值得
研究之各種問題，至今大部分已獲改進或解決，故予刪除。再對附錄主
要考銓法規，分別增加沿革說明，俾從以了解各該法規自民國以來的演
進經過。

　　因此次修改幅度甚大，蒙三民書局耗資重新排版發行，深表感佩，
今後仍當隨時注意人事政策及法規之動態，作適時的修正，以應需要。

　　作者才疏學淺，新版內容遺漏舛錯之處仍屬難免，尚祈學者先進不
吝指正。

傅　蕭　良

七十六年五月於臺北市

自　序

我國憲法第八十三條規定：「考試院為國家最高考試機關，掌理考試、任用、銓敍、考績、級俸、陞遷、保障、褒獎、撫卹、退休、養老等事項」。推行此十一個事項之政策與法規，乃構成考銓制度之基礎。

一個國家的考銓制度，必有其淵源，且在不斷的演進，為增加對現行考銓制度的瞭解，乃首對我國歷代考銓制度作極簡要的敍述。有關我國文官制度史之著作，要以楊樹藩敎授所著「中國文官制度史」最為完整，內容最為充實，引述二十五史之資料亦最多，共計七十萬言，極值得一讀，本書歷代考銓制度簡述一章，卽以楊著中國文官制度史為主要根據而寫。

公立學校敎職員，佔全國公敎人員總人數三分之一以上，其人事制度之梗概，亦有加以瞭解之必要。爰依據敎育部所編敎育人事法規彙編，特列學校人事制度一章，就敎職員之遴用、薪級、成績考核、退休及撫卹等加以說明，至其餘事項，多與一般公務人員之規定相似，不再敍述。

我國考銓制度雖已大備，但其中值得進一步研討與改進之處仍多，爰列書後一章，就作者平時研究與工作體會所得，予以說明，以供參考。

本書各章，除第一章歷代考銓制度簡述、第十五章學校人事制度及第十七章書後外，均以現行政府機關及公營事業之人事政策與人事法規

為依據，並儘量配合憲法所定人事事項及順序，分章依次敍述。惟需附帶說明者為：

一、組織編制工作，雖非憲法及人事管理條例所定之職掌，但各機關之組織編制均由人事機構主辦，故專列一章敍述。

二、體制，在現行法中雖無專稱，但作者認為體制乃人事行政之基礎。職位分類體制，乃根據公務職位分類法而建立；簡薦委體制，係根據公務人員任用法第二條規定而建立。為便於說明體制之意義、建立程序及其作用，乃列體制專章。

三、服務與懲戒，訓練進修，保險互助，人事資料及人事管理，雖非憲法所定事項，但目前均訂有專法及規章，為期瞭解其全貌，乃各別或合併列章說明。

四、任用銓敍及陞遷，保障與褒獎，退休養老，雖各為憲法所定之事項，但或因缺少專項立法，或因其間關係極為密切，為敍述方便，乃合併列章說明。

五、在附錄中已列有考銓法規者，在書中敍述時不再註明法規名稱；未列有考銓法規者，在書中敍述時酌予註明法條名稱，以求確實。至依據人事規章而敍述時，一律不註辦法名稱，以求簡化。

六、本書之敍述，以事務官之考銓制度為範圍，政務官之人事行政，除撫卹及退休養老章內有提及外，均未再特別敍述。

人事政策與法規，需經常作修正與補充，故考銓制度一書之內容，亦需隨人事政策與法規的改變而修正。一般書局多不太願意出版有關法規制度之書籍，以免經常修訂及費錢費事。本書蒙三民書局董事長劉振強先生慨允出版，作者除內心感佩之餘，今後自當隨時注意人事政策及法規之動態，以便適時建議三民書局印行修訂版本，俾向讀者提供適時適質的服務。

　　作者才疏學淺，自書成後，感到不夠滿意之處仍多，且付印倉促，遺漏舛錯自屬難免，尚祈學者先進不吝指正。

傅　蕭　良

六十九年五月

於臺北市士林

考 銓 制 度 目 次

新 版 自 序

自　　序

第一章　歷代考銓制度簡述

第二章　組織編制

第三章　人事體制

第四章　考　　試

第五章　任用與銓敍

第六章　升遷與調任

第七章　俸給與福利

第八章　考　　績

第九章　權利、義務與責任

第十章　保障與褒獎

第十一章　訓練與培育

第十二章　保　　險

第十三章　撫　　邺

第十四章　退休與養老

主要考銓法規附錄

第一章　歷代考銓制度簡述

我國文官考銓制度，有其悠久歷史。大致而言，制度由不完整而完整；處理程序由不嚴密而嚴密；適用範圍由小而大。爲期研究現行考銓制度者，對歷代考銓制度有大致輪廓的了解，特按考選、任用、俸給、考績、退休撫卹分節，每節中再按朝代分項簡述之。

第一節　考　選

第一項　秦漢之選試、察舉、射策與課試

一、選試：秦有公開選試之制，大凡中上級官員以選賢方式進用，下級吏員則以考試進用，對學養優良者，則可不經考試，逕行徵用。

二、察舉：兩漢取仕，多用察舉方式，其情形有下列三種：

(一)察舉：指一經察舉，卽任爲官吏，不需再經策試。察舉分下列三類：

1. 孝廉：凡有孝行廉風者，可予察舉。

2. 茂材：重才幹或節義，被察舉者多爲現任官吏或曾任官吏者。

　　3. **賢良**：對現任官吏或曾任官吏者，如有賢良事蹟表現，可予察舉。

　　(二)**對策**：係經對策後進用。對策內容多以當世要務爲主，成績優良者，則任以掌論議或諫諍之官；其中又分賢良方正，直言之士，有道之士三類。

　　(三)**特種選舉進用**：根據當時需要規定科目，令臣下辟舉而後任官。特種選舉之科目甚多如：

　　1. **四科之辟**：指德行高妙、志節貞白者；學通行修、經中博士者；明曉法令、足以決疑者；剛毅多略、遇事不惑者四科；得予辟舉。

　　2. **四行之選**：指質樸、敦厚、遜讓、有行義四行者，得予選舉。

　　3. **明經之舉**：指明習經書者，得予察舉。

　　三、射策：所稱射策，係指將難問疑義，書之於策，不使彰顯，有欲射者，隨其所取，以知優劣；亦卽默取題目解析其疑難之意。射策取士，乃爲非現任官吏而能勤學者，所開之入仕門徑。

　　四、課試：係從博士弟子課試任官之法。青年俊秀，由太常選拔就業於博士者，謂博士弟子；現任官吏被推舉選拔受業於博士者，謂同博士弟子。博士弟子每年課試一次，能通一藝以上者，卽授以官職。

第二項　魏晉之察舉、九品中正與選用國子生太學生

　　一、察舉：魏晉之察舉，多承漢制。

　　二、九品中正：九品中正之制，出於魏文帝時九品官人之法，當時權立九品，主要在評敍朝中官員之品德才能，旋變爲在每郡置中正一人，掌九品官人之法，選舉人才，對該郡出身的官吏，就其功德材行，加以評敍，定以等級。後又變爲門第之品評，致有「上品無寒門，下品無勢族」之弊。九品中正之制，至隋統一後方罷。

三、選用國子生太學生： 就讀國子學及太學者，稱國子生及太學生，國子生及太學生有逕予任官者，亦有經射策或舉明經或孝廉後任官者。

第三項　隋唐之歲貢、貢舉與制舉

一、歲貢： 隋統一後，鑑於九品中正流弊甚深，遂以歲貢及特科之法取士，開考試用人之先河。

二、貢舉： 唐代貢舉多循隋制，其情形如下：

(一)參加貢舉之人員，其來源有：

1. 鄉貢：對諸州學士及白丁，有明經、秀才、俊士者，委本縣考試，州長覆核，取上等人，每年十月隨物入貢；每年鄉貢人數有限制，如上郡歲三人、中郡二人、下郡一人；被鄉貢者，其人品亦有規定，如不得有缺孝悌之行，不得有朋黨之爭，不得有跡由邪徑及言涉多端等。

2. 舘學：唐設有弘文舘及崇文舘，二舘均置學生，學生學成之日，舉行考試。

(二)主持考試之機關：主持貢舉人考試之機關，初屬吏部，後歸禮部。貢舉人考試初取者，須送中書門下覆核，必要時得舉行覆試。

(三)貢舉考試之分科：主要有：

1. 秀才：應試科目為方略策五條，錄取標準分上上、上中、上下、中上四等。

2. 明經：能通兩經者，即可及第，及格等第分甲、乙、丙、丁四等。

3. 進士：考試科目包括帖經與試策，經策全通者為甲，策通四、帖通四以上者為乙，策通三帖通三以下、或策雖全通而帖經不通四、或帖經雖通四以上而策不通四，皆為不第。甲等通稱甲科，乙等通稱及

第，每年進士考試及第者，均以三十人左右爲限。

4. 明法：考試科目爲試律令各十帖，試策共十條，全通爲甲，通八以上爲乙，通七以下爲不第。

5. 書學：考試科目爲說文及字林，凡十帖，皆通者爲第。

6. 算學：考試科目爲有關數造術等共十條，皆通者爲第。

三、制舉： 唐代制舉，係天子以制詔舉士，被制舉人爲無出身或未曾任官者，由禮部考試；被制舉人爲有出身及曾任官者，由吏部考試，並常由天子親試。制舉之科目，有博學宏詞、賢良方正、直言極諫等科；制舉之考試科目，包括文、判、策等；制舉及第者，亦有甲、乙之分。

第四項　宋之貢舉、制舉與學試

一、貢舉： 宋之貢舉，多仿唐制，其情形爲：

(一)考試採三試制：

1. 鄉貢：欲應鄉貢者，須先在所隸之州考試，錄取有定額，經錄取者，再薦名於朝廷，謂之鄉貢。凡對殘廢者或操行有虧或言論對朝廷不敬者，均不得薦名。貢舉原爲每年一次，後改爲三年一舉。

2. 省試：指各州所解之貢士，赴禮部貢院考試，謂之省試。省試多由翰林學士主試，考官須先入院議題（稱爲鎖院），爲防考官徇私，立糊名謄錄之法（即現今之彌封）；閱卷分初閱及覆閱二道；考試及第者，列名榜於尙書省。

3. 殿試：亦稱廷試，殿試之題由內出，以試詩、賦及論爲主；中第者不僅極爲榮耀，且分別授官。

(二)考試分常科及特科：

1. 進士科：爲常科，以試經義、論、策爲主，分三場舉行；參加

應試者，除一般士人依制應試外，現任官員亦可應試，應考者並無年齡限制；進士需經殿試始能確定，考試及第者，即予任官。

　　2. 諸科：亦為常科，分九經、五經、開元禮、三史、三禮、三傳、學究、明經、明法等科；考試及格者，亦予任官。

　　3. 特科：係為某種特定人員所舉辦之特種考試，其科別視需要而定。

　　二、制舉：由天子臨時設科，無定法，如賢良方正直言極諫科、詞學兼茂科、茂才異等科、博學宏詞科等；應試科目隨科別而異；宋代應制舉者，多由進士出身並任官後再為應試，及第後則分別改官。

　　三、學試：天下士人不限有無學籍，皆得赴試本經，一場中者入上庠為外舍生，外舍生如公試中等，升補內舍；再兩年一次，試陞上舍；上舍試中優等者釋褐，以分數多者為狀元，稍次者稱上舍及第，並賜予官職。

第五項　元明清之科舉、雜科與學校入仕

　　一、科舉：元、明、清之科舉，均分鄉試、會試、殿試三試舉行，其情形如下：

　　(一)鄉試：由地方官府舉辦，每三年舉行一次，由本籍官署推舉，資諸路府，參加應試。鄉試中式者，在元代有名額限制，共為三百人，其中蒙古、色目、漢人、南人各佔七十五人，各該七十五人，又各別分配至各地區。在明代鄉試中式者稱為舉人，其首名通稱為解元；鄉試科目，第一場為試經義，第二場試禮、樂、詔、誥、表、箋，第三場試經史時務策；依明制，舉人亦稱乙科，不僅可參加會試再考進士，且可任官。清代鄉試及第者亦稱舉人，鄉試科目仍以文、詩、策為主，分三場舉行；清代參加鄉試者，除由提學考選之生儒外，在國子監肄業之貢、

監生亦得應試。

（二）會試：卽鄉試合格者，會試於京師。在元代，爲辦理會試設知貢舉及同知貢舉官各一人，多由八府宰相、禮部尚書、侍郎、學士等官擔任；考試科目，大致與鄉試同；錄取名額約爲鄉試錄取總名額之三分之一。在明代，會試在禮部貢院舉行；擔任考官者，有主考二人，同考八人，提調一人，監試二人，其他尚有彌封、謄錄、對讀、受卷等員職；考試科目，特重經義，且體用排偶，俗稱八股，並分三場舉行；會試第一稱會元，其餘及第者，以進士稱之。在清代，爲辦理會試，設主考官、副考官及同考官，由進士出身之大學士、尚書以下副都御史以上官員擔任；會試科目與鄉試同，試以文以詩以策，分三場舉行；錄取名額按地區酌定，會試中式者爲進士（或稱貢士），會試第一稱會元。

（三）殿試：會試中式者由天子親試，稱爲殿試。在元代，殿試地點爲翰林國史院，並設監試官及讀卷官；考試科目以策爲主，殿試及格者，賜進士及第，或進士出身，或同進士出身，天子並於翰林國史院賜宴，然後刻石題名於國子監。在明代，爲輔弼天子殿試，設有讀卷官，以殿閣學士充之，又有彌封官及受卷官，負責彌封試卷及收受試卷；考試科目以策試爲主，殿試後，除一甲三人（天子制定爲狀元、榜眼、探花）賜進士及第外，其餘二甲若干人，賜進士出身，三甲若干人，賜同進士出身。在清代，殿試設有讀卷官，考試科目以策試爲主，內容多屬當世事務；殿試名第分一二三甲，一甲三人，爲狀元、榜眼、探花，賜進士及第；二甲若干人，賜進士出身；三甲若干人，賜同進士出身。

（四）任官職：科舉及第人員，卽取得任官資格，因而多卽任以官職。如元代，第一賜進士及第者，任從六品官；第二名以下及第二甲出身者，任正七品官；第三甲同出身者，任正八品官；至其職務，多爲「知州事」、「承事郎」、「州判官」、「縣丞」、「縣尹」、「翰林

修撰」、「編修」、「校書郎」等。在明代，第一甲第一名，任從六品官；第二、第三名任正七品官；第二甲，任從七品官，第三甲，任正八品官；至其職務，則有修撰、編修、庶吉士、給事、御史、主事、府推官、知州、知縣等。在清代，舉人及進士及第者，均可授以官職，舉人及第者，可任知縣、教諭、訓導等職；進士及第及出身者，除進士第一甲第一名爲修撰、二名三名爲編修外，其餘第二、第三甲人員，多以庶吉士、各部主事、知縣等職務任用。

　　二、雜科: 入仕之途，除常科外多有襍科，臨時根據需要而選拔。如元代，有茂才異等、廉能、童子舉等襍科，有者根據保舉而逕行擢用，有者於保舉後入國子學接受教育。在明代，保薦之科目甚多，如賢良、孝廉、秀才、明經、醫科、教職等，其中除醫科及教職科需經考試後錄用外，其餘各科人員，一經保舉卽可量才任職。在清代，有皇帝親詔徵求特異之人的制科，如博學鴻詞科、經濟特科、孝廉方正等；又對翰林院之編修、檢討等官及詹事府之贊善等官，在職期間，天子常舉行考試，並依據考試成績，量才升遷。

　　三、學校入仕: 在元代，設有國子學，國子生原爲三年一貢，經貢試卽可任官，其後國子生必登進士後方可任官；地方政府亦設有學校，畢業學生，由地方政府薦舉或自行辟用爲僚屬。在明代，設有國子監，入學者稱爲監生，監生學成卽可任官職；地方亦廣設學校，生員人數衆多，生員經由學校選拔後多參加鄉試。在清代，設有國子學，貢生監生學滿可考試出仕，或參加鄉試；地方亦普設學校，學校生員成績優異者可入國子學；此外又有歲貢（定期選拔）、恩貢（根據恩詔加次選拔）、優貢（對學校特優之士之選拔）、拔貢（拔其學之尤者）者；學校生員經科試入等者，可參加鄉試。

第二節 任 用

第一項 秦漢之官秩、官職與任免

一、官秩: 秦漢以秩次代表官位之高低,故含有官等之意;根據漢制,秩次共分十六等,即萬石、中二千石、二千石、比二千石、千石、比千石、六百石、比六百石、四百石、比四百石、三百石、比三百石、二百石、比二百石、一百石、斗食。除官秩外,又有爵位之設,分二十等,凡對國家有功者,天子依其功之大小,賜以不同爵號;其一等爵稱公士、二等稱上造、三等稱簪裊、四等稱不更、五等稱大夫、六等稱官大夫、七等稱公大夫、八等稱公乘、九等稱五大夫、十等稱左庶長、十一等稱右庶長、十二等稱左更、十三等稱中更、十四等稱右更、十五等稱少上造、十六等稱大上造、十七等稱駟車庶長、十八等稱大庶長、十九等稱關內侯、二十等稱徹侯。

二、官職: 凡丞相、御史、太守、縣令等屬之;官職高者官秩亦高,如丞相為萬石,九卿等為中二千石,司隸校尉、州牧、太守等為二千石,西域都護、烏桓校尉等為比二千石,九卿丞、萬戶以上縣令等為千石,光祿勳屬謁者、僕射等為比千石,州刺史、次萬戶以上縣令等為六百石,減萬戶縣令等為比六百石,縣丞等為四百石,光祿勳屬之侍郎等為比四百石,次減萬戶縣令等為三百石,光祿勳屬之郎中等為比三百石,萬戶以上縣尉、九卿之史等為二百石,光祿勳屬之節從虎賁等為比二百石,長安游徼、九卿之吏等為百石,九卿之佐等為斗食。

三、任免

(一)任用及遷調:秦漢對任命及遷調官職之方式甚多,如拜(當初

次任官或再任官者用之），徵（天子特徵才能之士或卓著功績及聲譽之
地方官入朝爲官者用之），領或兼（已有本官職再領或兼其他官職者用
之），行（以較低之官職代行較高官職者用之），守（有試用或試署之意，
在守期間不食全俸，俟眞除時始食全祿），遷（低官職調高官職爲遷，同
等官職之調遷爲平遷，高官職調低官職爲左遷），辟除（三公、九卿任
用所屬掾吏稱爲辟除）等。

　　(二)免除官職：通常分懲戒免除官職（如爲官者有犯罪或有虧職守
或背公徇私之情事時，常免除官職），連坐免除官職（因罪被誅免官員
之親屬、保薦、友善等關係者，如同時爲官者，均連帶被免），依願免
除官職（多以乞骸骨或乞身或致仕等原因，請免除官職，亦有因久病不
瘉而免除官職者）。

第二項　魏晉之官品、官職與任免

　　一、官品：魏官置九品，晉沿魏制，其九品爲第一品、第二品、第
三品、第四品、第五品、第六品、第七品、第八品、第九品；初雖用之
於人品與才識之品第，但繼而使與官職發生關聯。

　　魏晉除官品外，另有爵位之設。爵位分王、公、侯、伯、子、男六
等，非皇子不得封王，公爵以下，凡宗室及功臣皆得封。

　　二、官職：魏晉之官職，有公、大將軍、尚書令、州刺史、尚書郎、
丞等；其與官品之關係，如第一品爲公、大丞相等屬之，第二品爲諸大
將軍、諸持節都督等屬之，第三品爲侍中、尚書令、太子太傅等屬之，
第四品爲御史中丞、州刺史等屬之，第五品爲給事中、郡國太守、內史
等屬之，第六品爲尚書郎、侍御史、秘書郎等屬之，第七品爲符節御
史、尚書曹典事、諫議大夫等屬之，第八品爲中書主事、通事、長史等
屬之，第九品爲蘭臺令史、秘書令史、諸縣丞等屬之。

三、任免: 魏晉之任命及遷調官職，多沿漢制，除拜、徵、領、遷、行、辟、守、兼等外，尚有轉（改調其他同等官職者用之）。在職官員，如有犯罪或重大過失，則免除官職。

第三項 隋唐之官品、官階、官職、銓選與任免

一、官品: 隋代文官之官品分九品，並各有正從，計共爲十八品，卽正一品、從一品、正二品、從二品、正三品、從三品、正四品、從四品、正五品、從五品、正六品、從六品、正七品、從七品、正八品、從八品、正九品、從九品。至唐代，爲配合官階之區分，從正四品以下又各分上、下，合計爲三十個品級。

二、官階: 係指官銜之階，唐制採官階與官職分立制度，有官階者不一定卽有官職，對無官職而有官階者稱爲散官。唐制官階共有二十九階。

隋唐之時，各設有爵位及勳位，對有功勞者賜以爵位或勳位。隋將爵位定爲九等，卽國王、郡王、國公、郡公、縣公、侯、伯、子、男；有爵位皆封戶邑，可高至萬戶。爲酬勤勞，又制定勳位，計有上柱國、柱國、上大將軍、大將軍、上開府儀同三司、開府儀同三司、上儀同三司、儀同三司、大都督、帥都督、都督等十一等。唐代爵位亦分九等，並與官品配合，卽王（正一品）、郡王（從一品）、國公（從一品）、郡公（正二品）、縣公（從二品）、縣侯（從三品）、縣伯（正四品）、縣子（正五品）、縣男（從五品）。勳位分爲十二等，通稱十二轉，每轉並配以相當之官品，自一轉之武騎尉（從七品）、二轉之雲騎尉（正七品）、三轉之飛騎尉（從六品）、四轉之驍騎尉（正六品）、五轉之騎都尉（從五品）、六轉之上騎都尉（正五品）、七轉之輕車都尉（從四品）、八轉之上輕車都尉（正四品）、九轉之護軍（從三品）、十轉之上護軍（正三

品)、十一轉之柱國（從二品)、至十二轉之上柱國（正二品)。

　三、官職：隋之官職甚爲繁複，唐多隨隋制，並加增益。唐代官品、官階及官職之關係，舉例如下

官　　品	官　　階	官　　職　　舉　　例
正　一　品		三師、三公
從　一　品	開府儀同三司	太子三師、郡王
正　二　品	特進	尙書令、侍中
從　二　品	光祿大夫	左右僕射、京都牧
正　三　品	金紫光祿大夫	六部尙書、門下侍郎
從　三　品	銀青光祿大夫	少府監、將作監
正四品上	正議大夫	尙書左丞、吏部侍郎
正四品下	通議大夫	尙書右丞、諫議大夫
從四品上	太中大夫	秘書省少監、王府長史
從四品下	中大夫	府之少尹、王府司馬
正五品上	中散大夫	吏部郎中、京縣令
正五品下	朝議大夫	尙藥局奉御、中書舍人
從五品上	朝請大夫	殿中丞、上州長史
從五品下	朝散大夫	太子友、上州司馬
正六品上	朝議郎	太子舍人、畿縣令
正六品下	承議郎	內謁者監
從六品上	奉議郎	起居舍人、上縣令
從六品下	通直郎	侍御史、典膳郎
正七品上	朝請郎	司天臺主簿、中縣令
正七品下	宣德郎	內寺伯、諸鹽池監
從七品上	朝散郎	左補闕、太常博士

從七品下	宣議郎	掖庭令、殿中侍御史
正八品上	給事郎	醫博士、協律
正八品下	徵仕郎	司天臺主事、珍羞署令
從八品上	承奉郎	左拾遺、東宮錄事
從八品下	承務郎	內謁者、大樂署丞
正九品上	儒林郎	牧丞、諸津令
正九品下	登仕郎	校書、上縣主簿
從九品上	文林郎	太祝、正字
從九品下	將仕郎	典儀、書算博士

四、銓選: 唐代士人獲得任官資格者，均可應吏部之銓選，銓者銓衡其資格，選者注擬請任之官職；銓選時，需銓察其「身」、「言」，考試其「書」、「判」(五品以上不試)；所謂身取其體貌豐偉，言取其言辭辯正，書取其楷法遒美，判取其文理優長；如身、言、書、判四事可取，則注擬官職，並取得本人同意後，造冊層轉上奏天子，並發給憑證赴任就職。

五、任免

(一)任命及遷調: 隋唐之時，除拜、徵、守、除、行、轉、領、兼等方式外，尚有授 (為任命方式之總稱)，冊授 (凡諸王及官職在三品以上者用之)，制授 (五品以上者用之)，勅授 (六品以上者用之)，旨授 (六品以下者用之)，判補 (視品及流外官用之)，試 (對資歷或出身與現任之官不合者，均先試之)，攝 (有本官又兼理同級或高一級之他官職者用之)，知 (遇某官缺員，以他官員掌理其事者用之)，權知 (遇某官缺員，授於資格尚淺者用之)，判 (同一官府某一低級官員代行高級官員職權者用之)，改 (有官員身份者改調他官時用之)，監 (以本官監督某項工作者用之)，署 (以本官署理另一官職之事者用之)，徙 (遷

官），更（因官府撤銷而另命爲他官者用之），貶（因有違失，由高官職
降爲低官職者用之）等。

(二)免除官職：有因違失而免官，有因一己之事由而免官者等。

第四項　宋元之官品、官階、官職、任免與蔭任

一、官品：宋、元二代之官品，均分十八品，卽自正一品、從一
品，至正九品、從九品。

二、官階及官職

(一)宋之官階凡卅七階，並坿以官品，官階與官職雖屬分立，但仍
有適當配置，舉例如下表：

官　　品	官　　　　階	官　　　　　　　　　職
從 一 品	開府儀同三司	節度使、中書令
從 一 品	特進	左右僕射
正 二 品	金紫光祿大夫	吏部尚書
從 二 品	銀青光祿大夫	五曹尚書
從 二 品	光祿大夫	左右丞
正 三 品	宣奉大夫	
正 三 品	正奉大夫	
從 三 品	正議大夫	六曹侍郎
從 三 品	通奉大夫	
正 四 品	通議大夫	給事中
從 四 品	太中大夫	左右諫議大夫
正 五 品	中大夫	秘書監
從 五 品	中奉大夫	
從 五 品	中散大夫	光祿卿至少府監

正 六 品	朝議大夫	太常卿、少卿
正 六 品	奉直大夫	
從 六 品	朝請大夫	前行郎中
從 六 品	朝散大夫	中行郎中
從 六 品	朝奉大夫	後行郎中
正 七 品	朝請郎	前行員外郎、侍御史
正 七 品	朝散郎	中行員外郎、起居舍人
正 七 品	朝奉郎	後行員外郎、左右司諫
從 七 品	承議郎	左右正言、太常國子博士
正 八 品	奉議郎	太常、秘書
正 八 品	通直郎	太子中允、贊善大夫
從 八 品	宣教郎	著作佐郎
從 八 品	宣義郎	光祿衞尉寺
從 八 品	承直郎	留守節察判官
從 八 品	儒林郎	節察掌書記
從 八 品	文林郎	留守節察推官
從 八 品	從事郎	防團推官
從 八 品	從政郎	錄事參軍
從 八 品	修職郎	知錄事、知縣令
正 九 品	承事郎	大理評事
正 九 品	承奉郎	太祝奉禮郎
從 九 品	承務郎	校書郎、正字
從 九 品	廸功郎	軍巡、判官

　　宋代之爵位，分十二等，其名稱爲親王、嗣王、郡王、國公、郡公、開國公、開國郡公、開國縣公、開國侯、開國伯、開國子、開國男。封王者，以皇子、兄弟及宗室近親承襲特旨者爲限，賜有爵位者皆隨食

邑。勳位，宋代亦分十二等，並帶官品，即上柱國（正二品）、柱國（從二品）、上護軍（正三品）、護軍（從三品）、上輕車都尉（正四品）、輕車都尉（從四品）、上騎都尉（正五品）、騎都尉（從五品）、驍騎尉（正六品）、飛騎尉（從六品）、雲騎尉（正七品）、武騎尉（從七品）。宋之授勳，採定期（三年）升遷之法，隨官加贈，其與唐之授勳出自軍功者不同。

　　(二)元之官階分四十二階，每階帶有官品，先為官階與官職分立，隨後實施官品官階官職之一致，如有不一致者，每於遷調時調整為一致。其情形舉例如下表：

官　品	官　　　階	官　　職　　舉　　　例
正一品	開府儀同三司	
正一品	儀同三司	
正一品	特進	
正一品	崇進	
正一品	金紫光祿大夫	中書左丞相
正一品	銀青光祿大夫	
從一品	光祿大夫	
從一品	榮祿大夫	平章政事
正二品	資德大夫	中書左丞
正二品	資政大夫	
正二品	資善大夫	陝西行省左丞
從二品	正奉大夫	江西行省參知政事
從二品	通奉大夫	行省參知政事
從二品	中奉大夫	翰林侍讀學士

正 三 品	正議大夫	
正 三 品	通議大夫	永平路總管
正 三 品	嘉議大夫	兵部尚書
從 三 品	太中大夫	揚州路總管府達魯花赤
從 三 品	中大夫	
從 三 品	亞中大夫	
正 四 品	中議大夫	中書刑部侍郎
正 四 品	中憲大夫	
正 四 品	中順大夫	
從 四 品	朝請大夫	
從 四 品	朝散大夫	
從 四 品	朝列大夫	利用少監
正 五 品	奉正大夫	
正 五 品	奉議大夫	僉肅政廉訪司事
從 五 品	奉直大夫	
從 五 品	奉順大夫	知兗州事
正 六 品	承德郎	
正 六 品	承直郎	
從 六 品	儒林郎	寧國路總管府推官
從 六 品	承務郎	同知高康州事
正 七 品	文林郎	
正 七 品	承事郎	同知黃岩州事
從 七 品	徵事郎	應奉翰林文字
從 七 品	從事郎	招討使經歷
正 八 品	登仕郎	宜興州判官
正 八 品	將仕郎	翰林國史院編修官

從 八 品	登仕佐郎	
從 八 品	將仕佐郎	

元代之爵位，分爲十等，並配以官品，卽王（正一品）、郡王（從一品）、國公（正二品）、郡公（從二品）、郡侯（正三品）、郡侯（從三品）、郡伯（正四品）、郡伯（從四品）、縣子（正五品）、縣男（從五品）。勳位亦分爲十等，並帶官品，卽上柱國（正一品）、柱國（從一品）、上護軍（正二品）、護軍（從二品）、上輕車都尉（正三品）、輕車都尉（從三品）、上騎都尉（正四品）、騎都尉（從四品）、驍騎尉（正五品）、飛騎尉（從五品）。勳位依軍功授與。

三、任免

(一)任命及遷調

1. 宋代對官員之任命及遷調方式，除拜、兼、代、領、除、攝、知、判、試、改、轉、徙等外，尚有差遣（通稱添差，卽令其辦理某官職之事），假（臨時借一較高官職出使某一特定任務者用之），權（當任某官職時最初用權，待眞除時再正式任命），換（改換官職），提舉（兼辦某特定事項），提領、幹辦（有本職兼理另一機關業務），陞（晉升官職），進秩（晉升官職並增加其俸給），降秩（因違法犯紀，降其官職），降（因犯過降其官職），責授（降其官職），停官（因違失停其官職不使任事）等。

宋制對官職之遷轉，多有一定常軌，如以六部尚書而言，通常爲工部尚書遷轉禮部尚書，禮部尚書遷轉刑部尚書，刑部尚書遷轉戶部尚書，戶部尚書遷轉兵部尚書，兵部尚書遷轉吏部尚書。

2. 元代官員之任命，凡五品以上官員由天子以制命之，稱爲宣授；六品以下官員，由中書省牒署之，稱爲勅授；至任命及遷調之方式，除拜、徵、召、領、行、知、攝、兼、陞、授、遷、辟等外，尚有

進（由低官職進升高官職者用之）， 商議（天子對有功有識之官員， 使參與另一機關之業務），調（轉調職務），補或差（多用於吏員之任職），勾當（充任額外職務用之）等。

（二）免除官職

1. 宋代對免除官職之方式甚多，如免（因違失而免官），除名（因犯法除落其官員身分），除籍（開除官員待遇之名籍），削官（因違法削除其若干官歷），奪官（因犯過褫奪其若干官歷），失官（因違反官箴而失其官員身份）等。

2. 元代對免除官職，多以免或罷稱之。

四、蔭任： 指以門蔭任子孫爲官，在宋代稱爲蔭補，在元代稱爲承蔭。蔭任之制，在漢唐雖或有之，但至宋元始予盛行。

（一）宋代之蔭補：對有高官階或官職者，其子孫得蔭任爲官，其情形如下例：

1. 太師至開府儀同三司：子蔭補承事郎，孫及期親蔭補承奉郎，大功以下及異姓親蔭補登仕郎，門客蔭補登仕郎。

2. 知樞密院事至同知樞密院事：子蔭補承奉郎，孫及期親蔭補承務郎，大功以下及異姓親蔭補登仕郎，門客蔭補登仕郎。

3. 太子太師至保和殿大學士：子蔭補承奉郎，孫及期親蔭補承務郎，大功以下蔭補登仕郎，異姓親蔭補將仕郎。

4. 太子少師至通奉大夫：子孫及期親蔭補承務郎，大功親蔭補登仕郎，異姓親蔭補登仕郎，小功以下親蔭補將仕郎。

5. 御史中丞至侍御史：子蔭補承務郎，孫及期親蔭補登仕郎，大功蔭補將仕郎，小功以下及異姓親蔭補將仕郎。

6. 中大夫至中散大夫：子蔭補通仕郎，孫及期親蔭補登仕郎，大功蔭補將仕郎，小功以下蔭補將仕郎。

7. 太常卿至直奉大夫： 子廕補登仕郎，孫及期親廕補將仕郎，大功小功親廕補將仕郎。

廕補乃屬官階，亦卽散官，欲任官職仍須考試，中者可擬注職務，如考試成績優異，可擢賜進士出身。

(二)元代之承廕： 承廕人依其父祖官品之高下，定廕官之官品。承廕之標準，爲正一品者子廕敍正五品，從一品者子廕敍從五品，正二品者子廕敍正六品，從二品者子廕敍從六品，正三品者子廕敍正七品，從三品者子廕敍從七品，正四品者子廕敍正八品，從四品者子廕敍從八品，正五品者子廕敍正九品，從五品者子廕敍從九品，正六品及從六品者子廕近上錢穀官，正七品者子廕酌中錢穀官，從七品者子廕近下錢穀官； 諸色目人比漢人優一等廕敍，達魯花赤子孫與民官子孫一體廕敍，旁廕照例降敍。又承廕者須試經史，不通經史者發還學習。

第五項　明清之官品、官階、官職、任免與承蔭

一、官品： 明清兩代之官品，均爲九品，並分正從，共十八品級。惟明清之官品，係隨官職而賦予，官職有升降時，官品亦隨着調整，其情形與唐宋時已有不同。

二、明代官品、官階與官職之配置： 明代之官品、官階及官職三者，已有密切配合，卽每一官品之中，包括若干官階，按序升授； 再每一官品之中，列明官職，依所任官職賦與官品授予官階。其情形如下例：

官　品	初授官階	陞授官階	加授官階	官　　　職　　　舉　　　例
正一品	特進榮祿大夫	特進光祿大夫		太師、太傅、太保、宗人令、左右宗正、左右宗人
從一品	榮祿大夫	光祿大夫		少師、少傅、少保、太子太師、太子太傅、太子太保

正二品	資善大夫	資政大夫	資德大夫	太子少師、六部尚書、都察院左右都御史
從二品	中奉大夫	通奉大夫	正奉大夫	布政司左右布政使
正三品	嘉議大夫	通議大夫	正議大夫	六部左右侍郎、都察院左右副都御史、大理寺卿、按察司按察使
從三品	亞中大夫	中大夫	太中大夫	光祿寺卿、布政司左右參政、宣慰使司宣慰使
正四品	中順大夫	中憲大夫	中議大夫	都察院左右簽都御史、太僕寺少卿、按察司副使、各府知府
從四品	朝列大夫	朝議大夫	朝請大夫	布政司左右參議、國子監祭酒、宣撫司宣撫
正五品	奉議大夫	奉政大夫		文華殿大學士、翰林院學士、按察司簽事、各府同知
從五品	奉訓大夫	奉直大夫		翰林院侍讀學士、六部各清吏司員外郎、各州知州
正六品	承直郎	承德郎		翰林院侍讀、太常寺丞、各府通判、京縣知縣
從六品	承務郎	儒林郎		翰林院修撰、左右司直郎、各州同知、安撫司副使
正七品	承事郎	文林郎		翰林院編修、六科都給事中、各府推官、各縣知縣
從七品	從仕郎	徵事郎		翰林院檢討、中書舍人、給事中、各州判官
正八品	廸功郎	修職郎		翰林院五經博士、國子監監丞、京縣主簿、各縣縣丞
從八品	廸功佐郎	修職佐郎		翰林院典籍、博士廳博士、良醫所良醫副
正九品	將仕郎	登仕郎		國子監學正、欽天監五官司曆、各縣主簿
從九品	將仕佐郎	登仕郎		六都都察院及大理寺司務、各府儒學教授、巡檢司巡檢
未入流				鑄印局大使、各府儒學訓導、各縣典吏

　　明代爵位，分皇室爵位與功臣爵位兩種；皇室爵位爲親王（封皇子）、郡王（封親王之子）；功臣爵位，分公、侯、伯三等；非有社稷軍功者不封，封有爵位者均有食祿。明代勳位分十二等，並帶官品，卽左右柱國（正一品），柱國（從一品），上護軍（正二品），護軍（從二品），上輕車都尉（正三品），輕車都尉（從三品），上騎都尉（正四品），騎都尉（從四品），驍騎尉（正五品），飛騎尉（從五品），雲騎尉（正六品），武騎尉（從六品）。

　　三、清代官品、官階與官職之配置：清代仍沿明制，依官職授予官品及官階，而官階亦分爲十八階，其配置情形如下表：

官　　品	官　　階	官　　　職　　　舉　　　例
正　一　品	光祿大夫	太師、太傅、太保、大學士
從　一　品	榮祿大夫	太子太傅、少保、協辦大學士、尙書、都察院左右都御史
正　二　品	資政大夫	太子少傅、太子少師、太子少保、總督、侍郎
從　二　品	奉政大夫	巡撫、內閣學士、布政使、翰林院掌院學士
正　三　品	通議大夫	都察院左右副都御史、通政使、府尹、按察使
從　三　品	中議大夫	光祿寺卿、太僕寺卿、鹽運使
正　四　品	中憲大夫	通政司副、大理寺少卿、太僕寺少卿、道
從　四　品	朝議大夫	翰林院侍讀學士、國子監祭酒、知府、鹽運司運同
正　五　品	奉政大夫	通政司參議、光祿寺少卿、給事中、郎中、同知
從　五　品	奉直大夫	翰林院侍讀、御史、員外郎、知州、提擧
正　六　品	承德郎	內閣侍讀、堂主事、都察院都事、京府通判、京縣知縣
從　六　品	儒林郎	翰林院修撰、布政司經歷、直隸州州同
正　七　品	文林郎	翰林院編修、太常寺博士、知縣、按察司經歷

從 七 品	徵事郎	翰林院檢討、內閣中書、國子監博士、布政司都事、州判
正 八 品	修職郎	五經博士、太醫院御醫、按察使知事、縣丞、州學正
從 八 品	修職佐郎	翰林院典簿、國子監典簿、布政司照磨、訓導
正 九 品	登仕郎	欽天監監侯、府知事、同知知事、通判知事、縣主簿
從 九 品	登仕佐郎	翰林院待詔、國子監典籍、博士、州吏目、巡檢

　　清之爵位，分宗室爵位與功臣爵位兩種。爵位係封賜有功者，宗室雖封爵但不封土。宗室爵位分十二等，卽和碩親王、多羅郡王、多羅貝勒、固山貝子、奉恩鎮國公、奉恩輔國公、不入八分鎮國公、不入八分輔國公、鎮國將軍、輔國將軍、奉國將軍、奉恩將軍。功臣爵位，分公、侯、伯、子、男、輕騎都尉、騎都尉、雲騎尉、恩騎尉九種，每種再分等，共計為二十七等。卽公，又分一等公、二等公、三等公；侯，又分一等侯兼一雲騎尉、一等侯、二等侯、三等侯；伯，又分一等伯兼一雲騎尉、一等伯、二等伯、三等伯；子，又分一等子兼一雲騎尉、一等子、二等子、三等子；男，又分一等男兼一雲騎尉、一等男、二等男、三等男；輕騎都尉，又分一等輕騎都尉兼一雲騎尉、一等輕騎都尉、二等輕騎都尉、三等輕騎都尉；騎都尉，又分騎都尉兼一雲騎尉、騎都尉；及雲騎尉、恩騎尉。

　　功臣之封爵，係為酬庸、獎忠、推恩、加榮及備恪而設。清代對功臣除封爵外，又有加銜之制，如太師、太傅、太保、少師、少傅、少保、太子太師、太子太傅、太子太保、太子少師、太子少傅、太子少保，均為大臣之加銜，此種師傅保之加銜，位雖尊但無實權，加諸大臣以示榮寵。

　　四、任免

(一)明代對官員之任命及遷調：凡屬五品以上者，以誥命行之，六品以下者，以勅命行之；至其方式，除署、試、拜、兼、攝、進、假、改、轉、左遷、降、貶秩等外，尚有實授（試職屆滿，予以實授該職），理、總理、協理（有本職兼辦另一機關之事爲理，兼辦另二機關之事爲總理，幫辦另一機關之事爲協理），視（一機關之主管同時處理次官之事），歷事（選拔國子監之監生至各機關歷事；因歷事之機關及所歷之事不同，歷事期間長短之別，又有正歷、襍歷、長差、短差之分），觀政（使進士至六部、都察院、通政司、大理寺等衙門實習），鐫官（因過失減除官歷中之某一官資），謫（因輕過而降官職）等。

(二)清代對官員之任命及遷調：其程序因官職高低及性質等之不同，區分爲請旨授、得旨授、揀授、推授、留授、調授、選授、考授等八種；其方式除遷、擢、晉、升、徵、降等之外，尚有署理（機關主管出差，指定他官代理其職務），管理（對重要之機關，其首長由重臣兼管），行走（供職，但無正式編制），差委（由欽派爲差，由各機關自派爲委），分發（分發至機關以歷練其事），兼充（以本職兼充其他無固定編制之職務）等。

(三)免除官職：在明代，有褫職（因過誤褫奪現有官職），革職（革除官職爲民），削籍（削除官籍爲民），免（免除現官職），除名（因犯過除名官職爲民）。在清代，如官員有過且情節重大者，則予革職，甚有永不敍用者。

五、承廕

(一)明代：文官一品至七品，皆得廕一子以世其祿；承廕者以嫡長子爲準，如嫡長子有廢疾，立嫡長子之子孫。廕敍官品之標準爲，文官正一品者廕敍正五品，從一品者廕敍從五品，正二品者廕敍正六品，從二品者廕敍從六品，正三品者廕敍正七品，從三品者廕敍從七品，正四

品者廕敍正八品，從四品者廕敍從八品，正五品者廕敍正九品，從五品者廕敍從九品，正六品者在未入流品上等職事內廕敍，從六品者在未入流品中等職事內廕敍，正七品者在未入流品下等職事內廕敍。如承廕者爲孫、曾孫及旁廕者，按嫡長子之敍品從降一等，承廕如任官職時，須試本經或四書，其有不通者，發還學習再試。

（二）清代之承廕：依其性質可分恩廕（皇帝推恩令官員廕子入仕，需經考試），難廕（官員因公死亡廕其子入仕，並追贈死亡者以官銜），特廕（對輔治完節者之子孫特加恩賜）之別。承廕者入仕官職，依其父祖官品高低而定，其一般標準爲，漢文官正一品者，承廕者以員外郎，郎中用；從一品者，以主事用；正二品者，以主事、都察院經歷、京府通判用；從二品者，以光祿寺署正、大理寺寺副用；正三品者，以中書科中書、太常寺主簿、通政司經歷用；從三品者，以光祿寺典簿、京府經歷、詹事府主簿用；四品者，廕考職序選。承廕者如係奉旨外用，其官職可較高。如係難廕之承廕者，其官職亦較高，且如父祖爲八九品及未入流品者，交得承廕入仕。

有清一代，不僅子孫可承父祖之廕，如子孫貴，其父母祖父母亦可受封，惟父祖係封之以官階，而母及祖母之封，則另有規定。又妻以夫貴，對妻之封則以夫之官品爲準，自一品至九品，分別封以一品夫人、二品夫人、三品淑人、四品恭人、五品宜人、六品安人、七品孺人、八品孺人、九品孺人。

六、捐官：清初由於財政困難，爲彌補經費短絀，乃有捐納爲官之制。在中央官中，有入資爲員外郎、主事等事例；在地方官中，有入資爲知州、同知、知縣、縣丞等事例；同時現任官員，亦有因捐納而升官者。對捐官有任期之限制，任滿即解除官職，又捐官不得在禮部及吏部任職，蓋此兩部分掌官員考選及任用銓敍，自不應進用捐官而破壞入仕

常軌。

第三節　俸　給

第一項　秦漢魏晉之穀斛俸給

一、秦漢之穀斛俸給：秦漢官員之俸給，按秩次（官品）分別規定其應發穀物斛數，斛數之多少，依秩次高低而定。西漢時全部發放穀物，東漢時改為半錢半穀發放。其俸給之標準如下：

秩　　次（官品）		月俸給（斛數）	官　　職　　舉　　例
西　漢	東　漢		
萬　　石	萬　　石	三五〇	丞相、三公
中二千石	中二千石	一八〇	御史大夫、九卿、大郡太守
二　千　石	二　千　石	一二〇	典屬國、太守、侍中
比二千石	比二千石	一〇〇	
千　　石	千　　石	九〇（西漢） 八〇（東漢）	丞相長史、三公長史、九卿臣、大縣縣令
比　千　石	（無）	八〇	
六　百　石	六　百　石	七〇	廷尉平、博士、縣令
比六百石	比六百石	六〇（西漢） 五〇（東漢）	
四　百　石	四　百　石	五〇（西漢） 四五（東漢）	太尉東西曹掾、小縣縣長
比四百石	比四百石	四五（西漢） 四〇（東漢）	
三　百　石	三　百　石	四〇	
比三百石	比三百石	三七	

二 百 石	二 百 石	三〇	
比二百石	比二百石	二七	
一 百 石	一 百 石	一六	
無	斗 食	一一	
無	佐 史	八	

二、魏晉之穀斛俸給: 魏沿東漢之制。晉之官員，其穀斛標準如下例:

秩次 (官品)	俸　　　給	官　　階　　(職)　　舉　　　例
	（日）五斛	諸公
	（日）四斛	特進、左右光祿大夫、光祿大夫、諸大將軍
中二千石	（日）三斛	光祿大夫、九卿、郡太守、三品將軍
千　　石	（月）五十斛	尚書令、尚書僕射

第二項　隋唐宋之田祿俸錢

一、隋代之田祿: 隋代官員俸給，除按官品給俸祿外，尚有職分田。

(一)俸祿: 京官，按官品分定每年之俸祿，其標準爲正一品九百石，從一品八百石，正二品七百石，從二品六百石，正三品五百石，從三品四百石，正四品三百石，從四品二百五十石，正五品二百石，從五品一百五十石，正六品一〇〇石，從六品九十石，正七品八十石，從七品七十石，正八品六十石，從八品五十石，正九品及從九品不給俸祿。

(二)職分田: 一品給五頃，二品給四頃五十畝，三品給四頃，四品給三頃五十畝，五品給三頃，六品給二頃五十畝，七品給二頃，八品給

一頃五十畝，九品給一頃。

二、唐代之田祿俸料：唐代官員俸給甚爲繁複，一方面按官品高低分別授田，所授之田又有職分田與永業田之分；一方面按官品賜祿；又另給役及俸料。其情形如下：

(一)職分田：如京官爲一品授田十二頃，二品十頃，三品九頃，四品七頃，五品六頃，六品四頃，七品三頃五十畝，八品二頃五十畝，九品二頃；地方官授田標準略有不同，但一般較京官爲多。職分田並不自耕，而係租與農戶，由官員收租，畝給二斗。

(二)永業田：爲正一品授田六十頃，從一品五十頃，正從二品三十五頃，正三品二十五頃，從三品二十頃，正從四品十二頃，正五品八頃，從五品五頃，正從六品二頃五十畝，正從七品二頃五十畝，正從八品二頃，正從九品二頃。受有爵位及勳位者，亦授予永業田。給田而無地者，畝給粟二斗。

(三)賜祿：按年給予祿米，其標準爲正一品七百石，從一品六百石，正二品五百石，從二品四百六十石，正三品四百石，從三品三百六十石，正四品三百石，從四品二百六十石，正五品二百石，從五品一百六十石，正六品一百石，從六品九十石，正七品八十石，從七品七十石，正八品六十石，從八品五十石，正九品四十石，從九品三十石；其後改以斛計算，其數額標準與石之數額略有出入。

(四)給役：給役以資使用，其標準爲一品給九十六人，二品七十二人，三品四十八人，四品三十二人，五品二十四人，六品十五人，七品四人，八品三人，九品二人。

(五)俸料：包括月俸及使役之俸、食與雜用，以文錢計算，總稱爲月俸，其標準爲一品給三一○○○文，二品給二四○○○文，三品給一七○○○文，四品給一一八六七文，五品給九二○○文，六品給五三○

〇文，七品給四五〇〇文，八品給二四五七文，九品給一九一七文。

三、**宋代之祿錢及職田：** 宋代官員俸給，有俸祿，有職錢，有祿粟，有職田，又有隨身僕人之衣糧。其情形如下：

（一）俸祿：按官階定俸祿錢，但間亦有按官職定俸祿錢者，其標準為太師、太傅、太保、少師、少傅、少保，月給四百千；宰相三百千；樞密院，門下，中書侍郎，尚書左右丞，同知樞密院事二百千；開府儀同三司一百二十千；特進九十千；金紫光祿大夫，銀青光祿大夫，光祿大夫，六十千；宣奉、正奉、正議、通奉大夫，五十五千；通議、大中大夫，五十千；中、中奉、中散大夫，四十五千；朝議、奉直、朝請、朝散、朝奉大夫，三十五千；朝請、朝散、朝奉郎，三十千；承議、奉議、通直郎，二十千；宣教郎十七千；宣義郎十二千；承事郎十千；承奉郎八千；承務郎七千；承直郎二十五千；儒林郎二十千；文林、從事、從政、脩職郎十五千；廸功郎十二千；節度使四百千；承宣使三百千；觀察、防禦使二百千；團練使一百五十千；刺史一百千。給予之方法，南宋規定為一分見錢，二分折支，每貫折錢，在京官六百文，在外官四百文。

（二）職錢：按官職給予職錢，並依權後之試、守、行分定錢額，對中央官員給之。其情形如下例：

官　　　　　　　　職	職 錢 數 額		
	試	守	行
御史大夫、六曹尚書	五十千	五十五千	六十千
翰林學士			五十千
御史中丞	八十千	九十千	一百千
六曹侍郎	四十五千	五十千	五十五千

給事中、中書舍人	四十千	四十五千	五十千
左右諫議大夫	三十七千	四十千	四十五千
秘書監、國子祭酒	三十五千	三十八千	四十二千
左右司員外郎、侍御史	三十二千	三十五千	三十七千
太子侍讀、侍講	二十千	二十二千	二十五千
國子監丞		二十千	二十二千
大理司直、評事	十八千	二十千	二十二千
秘書省校書郎	十四千	十六千	十八千
秘書省正字	十四千	十五千	十六千
御史檢法官、主簿		十八千	二十千
宗正、太學	十六千	十八千	二十千
律學博士	十六千	十七千	十八千
太常寺奉禮郎			十六千
太常寺太祝		十六千	十八千
太學正、武學諭	十六千	十七千	十八千
律學正	十四千	十五千	十六千

（三）祿粟：自宰相以下，按月支給祿粟，自二百石至一石不等；其發給標準，凡一石給六斗，米麥各半。

（四）職田：對地方官員各予職田，以期養廉，其標準如下例，知大藩府二十頃，節領十五頃，通判藩府八頃，節鎮四頃，萬戶以上縣令六頃，不滿萬戶縣令五頃，不滿五千戶縣令四頃。職田收入，多係發給穀物。

（五）隨身傔人：對重要官員給傔人之衣糧，對一般官員則給餐錢，其數額按傔人人數核計；傔人人數自宰相以下自一百人至一人不等。

第三項　元明清之俸祿

一、元代之俸祿：元代京官，原係按官職分訂月支俸額及米額；地方官則按官職分訂月支俸額及頒給職田標準，而無米額；後因所得過低，乃重定百官之俸，並依官品高下及官職大小（事大者依上例，事小者依中例），分訂月支銀錠兩，其標準如下：

官　　品	俸		銀
	上　　　例	中　　　例	下　　　例
從　一　品	六定	五定	
正　二　品	四定二五兩	四定一五兩	
從　二　品	四定	三定三五兩	三定二五兩
正　三　品	三定二五兩	三定一五兩	三定
從　三　品	三定	二定三五兩	二定二五兩
正　四　品	二定二五兩	二定一五兩	二定
從　四　品	二定	一定四五兩	一定四〇兩
正　五　品	一定四〇兩	一定三〇兩	
從　五　品	一定三〇兩	一定二〇兩	
正　六　品	一定二〇兩	一定一五兩	
從　六　品	一定一五兩	一定一〇兩	
正　七　品	一定一〇兩	一定　五兩	
從　七　品	一定　五兩	一定	
正　八　品	一定	四五兩	
從　八　品	四五兩	四〇兩	
正　九　品	四〇兩	三五兩	
從　九　品	三五兩		

二、**明代之俸祿**: 明代官員俸祿，係按官品分定年祿米石數，其標準如下：

官　　品	歲給 祿米石數	月給 祿米石數	官　　品	歲給 祿米石數	月給 祿米石數
正 一 品	一〇四四	八七	從 五 品	一六八	一四
從 一 品	八八八	七四	正 六 品	一二〇	一〇
正 二 品	七三二	六一	從 六 品	九六	八
從 二 品	五七六	四八	正 七 品	九〇	七・五
正 三 品	四二〇	三五	從 七 品	八四	七
從 三 品	三一二	二六	正 八 品	七八	六・五
正 四 品	二八八	二四	從 八 品	七二	六
從 四 品	二五二	二一	正 九 品	六六	五・五
正 五 品	一九二	一六	從 九 品	六〇	五

　　發給祿米之方式，初係全發米，後爲間以錢鈔兼給（錢一千鈔一貫，抵米一石），其後爲官品高者支米十之四五，餘給鈔；官品低者支米十之七八，餘給鈔；再後米一石折錢鈔之比例又有降低。

　　三、**清代之俸祿**: 清代官員俸祿，對賜有爵位者支爵俸；對一般文官，有官俸及祿米，另京官有恩俸，在外官有養廉銀等。其情形如下：

　　(一)京官俸祿: 按官品高下分定歲給之俸銀及祿米，其標準爲：

官　　　品	俸　　　銀		祿　　　米	
	兩	錢 分 厘	石	斗 升 合
正 從 一 品	一八〇		九〇	
正 從 二 品	一五五		七五	五〇〇
正 從 三 品	一三〇		六五	
正 從 四 品	一〇五		五二	五〇〇
正 從 五 品	八〇		四〇	
正 從 六 品	六〇		三〇	
正 從 七 品	四五		二二	五〇〇
正 從 八 品	四〇		二〇	
正 九 品	三三	一一四	一六	五五七
從 九 品	三一	五〇〇	一五	七五〇

未入流官吏之俸銀與祿米，與從九品同。

(二)京官之恩俸：其數額與其正俸額及祿米石額按一石折銀一兩之合計數同，並有另發養廉銀者。

(三)在外官之正俸：其標準與京官同，但不給祿米。

(四)在外官之養廉銀：在外官因不發祿米，又不支恩俸，乃另給養廉銀（常被中央扣留半數），其標準按地區及官職分別規定，兹舉若干實例如下：

官職\地區 養廉銀(兩)	總督	巡撫	布政使	按察使	道員	知府	知州	知縣	通判	縣丞
直隸省	15,000		9,000	8,000	2,000~4,000	1,000~2,600	600~1,200	600~1,200	600~700	40~80
山東省		15,000	8,000	6,590	4,000	3,000~4,000	1,200~1,400	1,000~2,000	600	80
山西省		15,000	8,000	7,000	4,000	3,000~4,000	800~1,500	800~1,000	840~1,200	80
河南省		15,000	8,000	8,444	3,893~4,000	3,000~4,000	1,000~1,800	1,000~1,400	600	60~80
江蘇省	18,000	12,000	8,000~9,000	8,000	3,000~6,000	2,500~3,000	1,000~2,000	1,000~1,800	500	60
安徽省		10,000	8,000	6,000	2,000	2,000	800~1,000	600~1,000	400	60
江西省		10,000	8,000	6,000	2,600~3,800	1,600~2,400	1,000~1,400	800~1,900	600	60
福建省	13,000	12,000	8,000	6,000	2,000	1,800~2,800	1,200	600~1,600	500~700	40~160
浙江省		10,000	7,000	6,000	2,000~4,500	1,200~2,400	1,400	500~1,800	400	60
湖北省	15,000	10,000	8,000	6,000	2,500~5,000	1,500~2,600	800~1,000	600~1,680	500~625	80~100
湖南省		10,000	8,000	6,500	2,000~4,000	1,500~2,400	900~1,300	600~1,200	500~800	60~100
陝西省		12,000	8,000	5,000	2,000~2,400	2,000	600~1,000	600	缺	60
甘肅省	20,000	12,000	7,000	4,000	3,000	2,000	600~1,200	600~1,200	600	60~400
四川省	13,000		8,000	4,000	2,000~2,500	2,000~2,400	600~1,200	600~1,000	400~600	120~150
廣東省	15,000	13,000	8,000	6,000	3,000~3,400	500~2,400	600~1,600	600~1,500	500	80
廣西省		10,000	6,000	4,920	2,360~2,400	1,000~1,780	787~1,840	711~2,259	400~700	80~150
雲南省	20,000	10,000	8,000	5,000	3,500~5,900	1,200~2,000	900~2,000	800~1,200	600~900	80~240
貴州省		10,000	5,000	3,000	1,500~2,200	800~1,500	500~800	400~800	500~800	100

第四節　考　績

第一項　兩漢之上計與刺察

秦已有考課之制，至漢制度已漸趨完備，如丞相三公之考核郡國，郡國之考核屬縣，御史中丞之考核諸州刺史，及公卿之考核所屬官吏。

一、丞相三公之考核郡國：郡國每年歲末，遣郡丞或長史一人，以簿册記載戶口、墾田、錢穀入出、盜賊多少等成果，赴京分呈丞相及御史大夫兩府，是爲上計。丞相府則以此作爲考核政績資料，御史府則以此作爲查察資料，而後課以殿最，最者升遷，殿者免官。

二、郡國之考核屬縣：郡國守相，負考核所屬縣令治績之責。考核方式爲各縣令長每多歲盡，各計縣戶口、墾田、銀穀入出、盜賊多少等入簿，而後呈報所屬郡國。考核成績優異之縣令長，則遷補補優或提升。

三、御史中丞之考核諸州刺史：漢諸州刺史，受御史中丞之監督，故御史中丞對諸州刺史治績有考核權。經考核列最者，亦多予升遷。

四、公卿之考核所屬官吏：三公九卿之府寺內，均設有辦事官吏，此種所屬官吏之工作成績，由其所主管之公卿考核。

第二項　魏晉隋唐之考核與考課

一、魏晉之考核：魏晉對內外官員之考核，係每三年一考，分三等獎懲；卽上上者遷之，下下者黜之，中中者守其本職，以期「愚滯無妨於賢者，才能不雍下位」。

二、隋代之考核：隋代官員，由吏部每歲考殿最；地方官員之考

核，則於每歲之末，由州刺史將考核成果列報中央；凡考核績優者，多予升遷或獎勵，考核列爲劣等者，酌情處分。

三、唐代之考課：唐代吏部設考功郎中，掌四品以下文武百官功過善惡之考核及其行狀，三品以上者則由天子親考。唐代以「四善」、「二十七最」及「九等」方法，考核流內官；以「功過行能」及「四等」方法，考核流外官。其情形如下：

(一)流內官之四善、二十七最及九等之考核方法：

1. 四善：指 ① 德義有聞，②清愼明著，③ 公平可稱，④ 恪勤匪懈；對一般官員均適用之。

2. 二十七最：係按職務性質之不同，分別定最；如①獻替可否，拾遺補闕，爲近侍之最；②銓衡人物，擢盡才良，爲選司之最；③揚清激濁，襃貶必當，爲考校之最；④禮制儀式，動合經典，爲禮官之最；⑤音律克諧，不失節奏，爲樂官之最；⑥決斷不滯，與奪合理，爲判事之最；⑦部統有方，警守無失，爲宿衞之最；⑧兵士調習，戎裝充備，爲督領之最；⑨推鞠得情，處斷平允，爲法官之最；⑩讎校精審，明於刊定，爲校正之最；⑪承旨敷奏，吐納明敏，爲宣納之最；⑫訓導有方，生徒克業，爲學官之最；⑬賞罰嚴明，攻戰必勝，爲將軍之最；⑭禮義信行，肅清所部，爲政敎之最；⑮詳錄典正，詞理兼舉，爲文史之最；⑯訪察精審，彈舉必當，爲糾正之最；⑰明於勘覆，稽失無隱，爲句檢之最；⑱職事修理，供承彊濟，爲監掌之最；⑲功課皆充，丁匠無怨，爲役使之最；⑳耕耨以時，收穫成課，爲屯官之最；㉑謹於蓋藏，明於出納，爲倉庫之最；㉒推步盈虛，究理精密，爲曆官之最；㉓占候醫卜，效驗多者，爲方術之最；㉔檢察有方，行旅無壅，爲關津之最；㉕市廛弗擾，姦濫不行，爲市司之最；㉖牧養肥碩，蕃息孳多，爲牧官之最；㉗邊境清肅，城隍修理，爲鎭防之最；考核官員時，依其職務特

性只選用其中一項。

3. 按善最定等：依考核所得善及最之多少，定考核之等次，卽一最四善爲上上；一最三善爲上中；一最二善爲上下；無最而有二善爲中上；無最而有一善爲中中；職事粗理，善最不聞爲中下；愛憎任情，處斷乖理爲下上；背公向私，職多廢闕爲下中；居官飾詐，貪濁有狀爲下下。

（二）流外官以功過分四等之考核方法：卽淸謹勤公爲上，執事無私爲中，不勤其職爲下，貪濁有狀爲下下。

（三）州縣地方首長之考核方法：除上述四善二十七最之外，另將戶口之增減、農田之耕殖等作爲考核項目，並分定計分標準，以爲考核依據。

（四）考核之獎懲：經考核在中上以上，每進一等，加祿一季；考核爲中中者守本祿；考核在中下以下，每退一等，奪祿一季。四考中中，進年勞一階敍；每一考中上，進一階；上下，進二階；上中以上及計考應至五品以上，奏而別敍。在同級官員中，考課列最優者，並予升遷或改調優缺，以資激勵。

第三項　宋元之考核

一、宋代之考核： 宋代官員之考核，不若唐代之完整，有關考核之項目，常因需要而增列及調整。對地方官之考核，有以「增加人口」，有以「稅收」及「地方治安」，有以「官署損壞之修葺」爲考核項目者等；對縣令之考核，則規定能「斷獄平允，賦入不擾；均役止盜，勸課農桑；賑恤飢窮，導修水利；戶簿增衍，整治簿書」者爲最，能「參周德義、淸謹、公平、勤恪」者爲善，並根據縣令治行，將考績分爲上中下等，其特殊情形者，別立優劣二等，歲上其狀，以詔賞罰。對部內官

員之考核，則規定以「政績尤異者爲上，職務粗治者爲中，臨事弛慢所蒞無狀者爲下，歲終以聞」。辦理考核之期間，則「凡內外官計在官之日，滿一歲爲一考，三考爲一任」，經考核爲最者，可升官階及官職。

二、元代之行止考核： 元代官員及吏員之個人功過，係書於「行止簿」，以憑考核。考核期間，官員係三十個月一考，內任官一考陞一等（官品），十五個月進一階（官階）；外任官則一考進一階（官階），二考升一等或三考升二等（官品），至官品爲四品時，則內外考通理。吏員之考核期間，係三十個月一考，九十個月爲滿考；但亦有以二十個月一考六十個月爲滿考，及以四十個月一考一百二十個月爲滿考者；吏員考滿則授以官品，自從六品至正九品及九品以下之錢穀官、都目、吏目、務使等。

第四項　明清之考核、考察與京察、大計

一、明代之考核考察： 明代之考核，官員及吏員不甚相同，另又有考察。其情形如下：

(一)官員之考核：其方法爲先定職務之繁簡，再在考核期間考核其是否稱職，而後再根據考核結果予以獎懲。

1. 對職務繁簡之認定：在地方之田糧在十五萬石以上之府，田糧在七萬石以上之州，田糧在三萬石以上之縣，或親王府、都司、布政司、按察司，並有軍馬守禦，絡當驛道，邊方衝要，供給去處者，俱爲事繁；田糧在十五萬石以下之府，田糧在七萬石以下之州，田糧在三萬石以下之縣，僻靜去處者，俱爲事簡；在京衙門，俱從事繁例。

2. 對官員是否稱職之考核：考核期間，係定爲三年初考，六年再考，九年通考；每次考核需視官員工作績效及功過，定其爲「稱職」、「平常」或「不稱職」；九年之內，二考「稱職」一考「平常」者，爲

稱職；二考「稱職」一考「不稱職」者，或二考「平常」一考「稱職」者，或一考「稱職」一考「平常」一考「不稱職」者，爲平常；二考「平常」一考「不稱職」者，爲不稱職。

　　3. 考核之獎懲：事繁而稱職且無過者，升二等（官品）；有私笞公過者，本等用；有紀錄徒流罪者，一次本等用，二次降一等，三次降二等，四次降三等，五次以上襍職內用。事繁而平常且無過者，升一等；有私笞公過者，本等用；有紀錄徒流罪者，一次降一等，二次降二等，三次降三等，四次以上襍職內用。事簡而稱職，與事繁而平常者同。事簡而平常且無過者，本等用；有私笞公過者，降一等；有紀錄徒流罪者，一次降二等，二次襍職內用，三次以上黜降。考核不稱職者，初考，繁處降二等，簡處降三等；若有紀錄徒流罪者，俱於襍職內用。

　　(二)吏員之考核；吏員亦三年一考，三考爲滿，考滿後再加考試，如其文理粗曉、行移的當、書札不謬三事，俱可取者爲一等，照本等資格用；二事可取者爲二等，襍職內用；三事俱不可取者，撥回爲民當差。

　　(三)考察：係對內外官員，以貪、酷、浮躁、不及、老、病、罷、不謹等八目爲考察之重點，又有京察（對京官）外察（對地方官）之別。考察結果，凡年老有疾者致仕，罷軟無爲素行不謹者冠帶住閒，貪酷並在逃者爲民，才力不及者斟酌對品改調。

　　二、清代之京察大計：清代官員考核制度，部分係襲明制，對京官之考核稱爲京察，對外官之考核稱爲大計。其情形如下：

　　(一)京察：

　　1. 考核權責：凡三品京堂，由吏部開列事實具奏，候天子裁決；四五品京堂，請特簡王大臣驗看，分別等第引見；其餘官員各聽察於其長。

　　2. 考核方法：係根據「考以四格」，「糾以八法」原則辦理。所

謂四格，係指守、政、才、年四者，經考核認爲「守淸」，「政勤」，「才長」，而「年靑或壯或健」，且稱職者，爲一等；「守謹」而「政平」或「才平」而「政勤」，「年靑或壯或健」，且勤職者，爲二等；「守謹」而「才平」「政平」或「才長」「政勤」而「守平」，「年靑及壯健」，且能供職者，爲三等；以上皆照舊供職。

所謂八法，係指貪、酷、罷軟無爲、不謹、年老、有疾、浮躁、才力不及八者，如經考核有八法情事者，需作處分或處理。

3. 考核之獎懲：考核列一等者，加一級，若予記名，則令堂官加考引見，以備外用；考核列一等名額，京官限於七分之一，筆帖式限於八分之一。經考核在八法情事中有貪、酷者，革職提問；有軟弱無爲、不謹者，革職；有年老、有疾者，勒令休致；有浮躁者，降三級調用；有才力不及者，降二級調用。

(二)大計：由督撫覈其屬官功過事蹟，註考繕册，送吏部會同都察院審核。考核列優等者，卽在職期間符合無加派、無濫刑、無盜案、無錢糧拖欠、無倉庫虧空、民生得所、地方日有起色等條件者，則予舉之；其人數限額，在道府廳州縣，爲十五分之一；佐襍教職，則爲一百三十分之一；凡被舉爲卓異者，紀錄卽升，不次擢用，歷朝最重其選。對考核有八法情事者，則予劾之；其處分標準與京察同。經考核不入舉劾者稱爲平等，應爲照舊供職。

第五節　退休撫邱

第一項　漢魏晉及隋之退休

一、漢代之退休：漢代秩次爲比二千石以上之官員，如因年老而致

仕（卽退休）者，有恩賜其終身俸祿者（其後規定按本俸三分之一發給終身俸祿）；有恩賜財物者，如安車駟馬、黃金等。

二、魏晉及隋之退休：官員為七十致仕，退休時多不賜予財物，而拜以掌論議之大夫閒職，以終其身；如諸公退休則拜為光祿大夫，九卿退休則拜為太中大夫，其他官員退休則拜以諫議大夫等；但亦有於退休時，除授以閒職外，皇帝並賜以金錢者。

第二項　唐宋元明清之退休撫卹

一、唐代之退休撫卹

(一)**唐代之退休：**原則上為七十致仕，但年雖少形容衰老者亦聽致仕；凡五品以上官員退休者給半祿，但亦有特恩給全俸料者；退休官員還鄉者，則天子假以公乘以示優待；有時為示特別禮遇，一經請求退休，卽先晉官階再予致仕，或准予致仕後再晉官階；對退休者，尚有另加賜財物者。

(二)**唐代之撫卹：**官員在任內死亡，該月俸料全給，並另贈以一月之俸錢作為賻儀；需運官員靈柩回鄉者，其運送工作由原任職機關負責；對位高重臣死亡者，多追贈官品、爵位或官階，有時併賜以諡號。

二、宋代之退休撫卹

(一)**宋代之退休：**宋代仍採七十致仕原則，年雖未及七十但昏老不勝其任者，亦可奏請致仕，稱為「引年」；對引年退休者，多增官階，或加恩其子孫；又宋代官員之退休，只退其官職，其官階仍予保有，故應可支原俸；其後對無法仍保有原官階者，則給半俸；其有年逾七十應退而不退者，則有特令致仕之例。

(二)**宋代之撫卹：**官員在職亡故者，則加賞賜，或追贈官階或併加諡號。

三、元代之退休撫卹

(一)元代之退休：　元代官員，亦適用七十致仕原則，但如委有疾病，雖年未七十而自願致仕者，准予施行；對年未七十而致仕者可再為起用。對退休者，元代有進官階之規定，尚有遙授官職而退休者；對退休官員，賜半祿終身，但亦有給全祿者；如不給俸則一次賜以財物。又元代對翰林、集賢學士等官職，有不須致仕之規定。

(二)元代之撫卹：元代三品以上官員死亡者，多賜以諡號，以表其行；更有同時贈以官階、官職，及賜勳、封爵者。

四、明代之退休撫卹

(一)明代之退休：　明代仍沿七十致仕原則，但年力衰邁不能任事者，雖年未七十亦可致仕。對退休者，明初係晉升官品，並給以誥勅；其後對高官品者致仕，有進官階之規定。對退休人員之俸祿，有給以終身俸者，有給田及歲給原官之半俸者。已退休官員，基於天子特命，仍可再出任官職。

(二)明代之撫卹：官員在職亡故者，由公家給驛送歸葬；對已退休官員死亡者，亦多予贈官並賜諡。

五、清代之退休撫卹

(一)清代之退休：清代官員仍以七十為致仕之期；對年老有疾，戀職不去而被議者，則勒令致仕。對退休者，照原官品給予半俸銀米，但對國家重臣則多給全俸。已退休官員雖不再執行職務，仍保有原官職之銜及原官之頂戴，但如有違失，則將革除官職銜及降頂戴。

(二)清代之撫卹：官員除因公傷亡，議給世爵外；如在職亡故，則依規定贈與官銜，如總督亡故者贈銜太子少保，知府亡故者贈銜太僕寺卿，知縣亡故者贈銜知府，典吏亡故者贈銜主簿。亡故官員之妻，在服制期內，照夫之官品給予半俸銀米，服滿則行停止。

第二章　組織編制

　　各機關及事業之組織編制，有其意義與一般原則，政府機關組織編制與公營事業組織編制各有其特性，茲分節敍述之。

第一節　意義及一般原則

第一項　意　義

　　組織編制，係指爲達成特定任務，將人與事作有效的配合。茲說明如下：

　　一、組織編制是手段而非目的：組織編制本身，只是爲達成特定任務之手段，組織編制本身並不是目的。組織編制旣是一種手段而非目的，故組織編制是可變的，不但遇及任務有變更時，組織編制可予變更，卽使任務未變，但爲更有效達成任務，認有變更組織編制之必要時，亦可予以變更。

　　二、組織編制是人與事的有效配合：從廣義言，組織編制應爲人、事、時、財、物五種因素之有效的配合，人是指擔任業務之人員，事是

指人員所處理之業務，時是指推行業務之進度及其時程之管制，財是指處理業務之經費及用人費，物是指處理業務時必需備用之物料、設備、用具及辦公廳舍等。從狹義言，組織編制應爲人與事兩個因素的有效配合，使人人有事做，事事有人做，人能盡其才，事能竟其功。

三、組織編制之目的在達成特定任務： 一種任務的達成，通常需經由若干程序，而每一程序之完成，通常包含着若干工作的處理；工作需經由人來處理，程序需經由人來完成，任務需經由人來達成；將人與事作有效配合的目的是達成特定任務。故組織編制之目的，在達成特定任務。

第二項　一般原則

吾人在設計人與事之有效配合時，爲期能順利達成特定任務，通常需參考若干原則。玆述其主要者於後：

一、配合法制： 一個機關的組織編制，通常需注意到法制的一面，政府機關的組織編制更是如此，爲顧及法制的要求，於設計組織編制時宜注意下列各點：

(一)重視組織架構：所稱組織架構，指組織編制的設計，在縱的方面要區分層級，在橫的方面每一層級要區分單位，此種縱的層級與橫的單位，就呈現出一種架構。

(二)區分職掌及權責：區分職掌，指每一層級之各單位，均應分別規定其所主管之業務，此種所主管之業務，卽稱爲職掌。區分權責，指每一層級在處理業務時，均應賦予其所擁有之權力與所擔負之責任，此種所具有之權力與責任，卽稱爲權責。

(三)明定職稱官等職等及員額：職稱，指爲推行任務所設置之職務的名稱，此種名稱可用以稱呼職務，亦可用以稱呼擔任該職務之人員，

如科長為職務，林科長為擔任科長職務之林某人。官等職等，指職務所列之等次，等次之高低，代表着地位的高低，所負責任的重輕，及擔任職務所需資格水準之高低，如某一職務，其地位較高，所負責任較重，擔任該種職務所要求之資格水準亦較高時，則應列入較高的官等職等；如某職務之地位低，責任輕，所需資格水準低，則宜列入較低之官等職等。員額，指各種職稱可任用之人數，如規定科員職稱之員額為二十人，則擔任科員職務之人員，最高以二十人為限。

(四)明示指揮監督系統：在傳統的組織觀念中，達成機關任務的權力是賦予首長的，再由首長將其權力逐級的下授，故權力的行使是由上而下的。業務的處理，是由下而上的，即先由基層人員提出處理業務的意見，逐級向上請示，故處事的責任是逐級向上負責的。此種權力與責任關係的流向，即為指揮監督系統。從法制面觀點，此種指揮監督的路線，必需明白規定，有關權力與責任關係，必須循着指揮監督路線運行。

二、講求效率：考慮人與事之配合時，需講求提高效率，事業機構的組織編制更是如此。為期提高效率，對組織編制的設計，需注意下列各點：

(一)重視專業分工：專業分工，通常被認為是提高效率方法之一。因為人的知能是有限的，一個人不可能同時具備處理各種不同業務所需的知能，因此一個人所處理的業務範圍應予縮少，使人能專門於某一方面的業務，這樣不僅可勝任愉快，且可熟能生巧提高效率，故專業分工與專業專才，是增進效率的主要原則。

將專業分工原則應用至組織編制時，即為配合專業以區分單位之運用，如根據工作性質區分單位，將某種性質的業務設置一單位主管；根據工作程序區分單位，將某一程序中的業務設置一單位主管；根據顧客

性質區分單位，將某一類或數類顧客的業務設置一單位主管；根據產品種類區分單位，將某一種或數種產品的生產設置一單位主管；及根據地區區分單位，將某一地區內之各種業務設置一單位主管等。

（二）注意管制幅度：管制幅度，是指主管能有效管制屬員人數之幅度。管制幅度過大，固可減少組織內部的層級，但因主管人員過於忙碌，不易瞭解屬員工作實況，對屬員工作缺乏指導，主管與屬員間易引起隔閡，及屬員工作不易達到標準，致降低效率；如管制幅度過小，則主管監督屬員又易過嚴，屬員難於主動積極，使屬員易生依賴心，且易使屬員引起反感；再由管制幅度之縮小，必將增加組織內部的層級；均將降低效率。故主管對所屬之管制幅度，不可過大或過小，而需求其適度。

如何來決定其適度的管制幅度？通常需根據若干因素考慮後決定。如人的因素方面，包括主管人員之素質高低、體格強弱、精力是否充沛、領導能力強弱等，屬員之學識經驗是否豐富、責任心之強弱等；如工作的因素方面，包括工作之複雜或簡易，工作標準之寬嚴，主管人員需親自處理之工作量的大小等；如其他的因素方面，包括管制工具之是否有效，屬員分佈地區之疏密等。故適當的管制幅度，需基於以上各方面因素妥為考慮後始能大致認定。

因為管制幅度之大小，將直接影響及組織中縱的層級的多少與效率的高低，為減少不必要的層級及提高效率，各級主管對所屬之管制幅度，宜在不影響有效管制之原則下，予以擴大。

（三）推行工作簡化：工作簡化，指處理各種工作之方法予以簡化，盡量減少不必要的步驟，及求必要的步驟中之人、時、地、技的合理，以節省處理工作之人力、時間與經費；並進一步，對處理工作所必需的動作力求經濟化，使人員能以最少的動作，最省的體力，最安適的姿態

來處理工作。推行工作簡化之大要如下：

　　1. 檢討工作項目：先就目前所處理之工作，一一列出工作項目，並加以徹底檢討，以期廢止不必要的工作，緩辦不急要的工作。

　　2. 簡化工作方法：對必需繼續處理之工作，再研究每一工作項目之工作方法的簡化。研究時通常經由下列三個程序，即①瞭解現狀，瞭解現在所用之方法，由開始到完成中間係經過那些個步驟？每一步驟係由何人處理？化時多少？在何地點？應用何種技術處理？②檢討缺失，就現有的步驟及每一步驟的人、時、地、技情況作深入檢討，以期發現有無可取消的步驟？有無可歸併的步驟？有無需調整先後順序的步驟？及各步驟中人、時、地、技之配合上有何缺失？③切實改進，就所發現的缺失，予以切實改進，如取消不必要的步驟，歸併可予歸併的步驟，調整需予改變順序的步驟，及改進某些步驟中人、時、地、技的安排。

　　3. 採取必要的配合措施：為期新的工作方法能順利應用，需考慮有無需予採取之配合措施。如基層單位職掌需否調整？部分職位需否重新組合？分層負責明細表需否修正？某種程序性的法規需否修正？如經考慮認為需作某些配合修正時，應於配合修正後再應用新的工作方法，如認為不需配合修正時，新的方法即可在工作上使用。

　　(四)實施分層負責：分層負責，指對需予處理之業務，依其重要性，區分為重要業務、次要業務、例行業務等；再將機關內的層級區分，與業務的重要性區分相配合，並分別賦予處理業務之決定權力與責任；如重要業務由首長（副首長）層級決定並負責，次要業務由司處長層級決定並負責，例行業務由科長層級決定並負責；有關業務之公文書，亦由各該決定並負責之層級主管決行。此種業務決行與層級的配合情形，則以分層負責明細表規定之。實施分層負責，可縮短公文流程及提高效率，使主管人員有較多時間去考慮更重要問題，更可增加各級主

管人員對工作的責任心與成就感。

三、符合人性: 人是構成組織之最重要因素，但人是有人性的，因此組織編制亦需符合人性。下列各點於設計組織編制時宜予注意:

(一)保持人在組織中之主動性: 如對人員的工作指派，範圍宜略予擴大，對其行為上的限制不宜過嚴，以使人員的潛能，在工作上能獲得充分的發揮，不致養成被動、消極與依賴的心理，致形成人力資源的浪費。

(二)工作分配應顧及人的興趣: 人員的興趣各有不同，而工作的效果與工作興趣有着密切關係，凡所任工作與個人興趣相符者，不僅會提高情緒，且會增加工作產量及提高工作素質; 所任工作如與人員的興趣相背，則必情緒低落，影響工作績效。

(三)組織需配合人的願望: 人是有其願望的，人是希望自己能有發展前途的，因此組織內各種職務名稱，宜求其美化，不使擔任職務之人員因職稱之不雅而感到自卑。對人員所擔任的職務，一方面需擴大調任範圍，增加調任機會，使其在新職務上有較多的成就; 一方面更需增加人員的調升機會，使其對機關可提供更多的貢獻擔負更重的責任。

(四)重視及運用非正式組織: 人是合羣的，人由於同學、同鄉、同好、同志、同姓等因素，透過人際關係的運行，自然會產生了若干在正式組織編制以外之非正式組織。此種非正式組織是不拘形式的，屬於同一非正式組織之成員，聚集在一起的機會多，意見溝通機會亦多，對管理上各種措施的看法較為一致，且會產生了無形的領導者。此種非正式組織具有潛在的力量，管理當局對非正式組織如能運用得宜，可成為管理上的助力，如運用不得宜，將成為管理上的阻力。故管理當局不需禁止非正式組織，而需去瞭解它、運用它，使它成為管理的助力，運用它的意見溝通途徑，來彌補正式組織指揮監督系統的不足。

四、具有彈性: 從系統理論看, 組織是社會系統的一個部分, 組織與社會系統中之其他許多個部分間, 存有相互依賴與交互作用的關係, 其他許多個部分的變動, 均對組織會發生影響。 組織本身也是一個系統, 它是由管理、技術、人員、財務、業務等多個的部分所構成, 如這些構成的部分發生變動, 也會影響及組織本身。故組織是經常受着外在與內在各個部分 (或因素) 的影響, 為保持組織對此種影響的適應, 需使組織編制保持彈性。為期保持組織編制的彈性, 宜注意左列各點:

(一)不嚴定組織架構: 組織內部之層級及單位區分, 尤其是基層單位區分, 不宜嚴格限定, 更不需在組織法規中作明確規定, 以保持組織架構上之彈性, 俾能適應外在及內在環境的變動而作適度的調整。

(二)不嚴定職掌及權責: 各單位間固應區分職掌, 但職掌不宜嚴格的限定, 而應使之具有相當彈性, 俾組織之外在及內在環境因素有變動時, 能隨時作適應的調整。組織內各層級之權責固應作適度的劃分, 以期權有所屬責有所歸, 但權責之劃分亦不宜過於硬性, 而應使其具有彈性, 俾於必要時可調整其權責, 以利業務之推行。

(三)員額編制保持適度彈性: 組織所設置之各職稱之官等職等及各職稱之員額, 在規定上均宜保持彈性, 以利必要時之調整。保持彈性之方法, 可將各職稱之官等職等及員額, 作較大彈性幅度之規定, 以期在彈性幅度內可應業務需要隨時調整; 或將各職稱之員額, 不在組織法規或編制表內規定, 而改用預算控制, 俾可每年調整一次; 或將中下級各職稱之員額, 不再按職稱分別規定, 而只規定其總的員額, 至各別職稱之員額, 則由用人機關在總員額內, 根據需要自行調整。

(四)人員編組保持機動: 組織內各單位之員額配置如予固定, 則因各單位業務之增減或變動, 易使某單位感到人力不足或感到人力過剩。為免此種缺陷, 各單位之人員編組, 需予保持機動運用, 隨時得因業務

需要而增減人力。再組織遇及需處理某一臨時性任務，而任務之本身又非屬一個單位所能全權處理時，宜採任務編組（或專案小組）方式，從有關單位抽調人員組成小組，並指定一人主持或召集，專責處理該一任務，一俟任務完了，小組即行解散，原有人員分別歸還原有建制，以免增設單位或增加員額之困擾。

五、便於決策：處理業務需不斷的制作決策，而制作決策又是管理者之最主要責任，故從管理之觀點看，組織編制之設計，需便於決策之制訂，因而下列各點宜予注意：

(一)便於資訊之蒐集與管理：正確的決策，依賴於各種資訊之快速蒐集與處理，及隨時快速提供所需資訊，以供管理者決策之參考。因此，對業務繁複並需經常制訂決策之組織，可增設資訊單位。

(二)便於決策與管制：組織內各單位個別情況業務之決策，固可授權由各單位主管自行決定，但一般性的與涉及整個組織業務之決策，仍需由管理者負責制訂，並需對所屬作有效的管制，以求貫徹。因之對集權與分權界限之劃分，主管對所屬管制幅度的調整等，均需予以注意。

(三)諮詢制度之建立：對政策性及專案性重大事項，宜延攬專家學者參與研究，共商有效措施，並採下列方式彈性辦理，即成立常設諮詢機構，或個別延攬專家學者，或委託專家學者或學術機構作專題研究。

六、顧及平衡：為求組織能順利的存續與發展，尚需顧及某些方面的平衡。如

(一)分工與協調之平衡：分工之着眼在專業，如專業分工過於精細，則人員所處理之工作範圍越小，越缺少整體觀念，越不易顧及全局，團隊精神將受影響。協調之着眼在整體，越講求協調，越顧及整體，各單位的特性亦將喪失，各單位間的競爭作用亦將減少。組織編制之設計，偏向於分工或協調，對組織任務之達成均將有妨害，故二者需

求平衡，如技術部門及基層單位可偏向於分工，但中級以上單位則需顧及協調作用，高級單位及管理者，更需以整體利益為重，透過協調，求取整體的平衡。

(二)權力與責任之平衡：權力是處事的力量，有了權力始能要求他人作事及動用經費，並對工作進度予以管制。責任是成事的要求，如某甲對某事有責任，則表示某甲對某事負有工作成果的提供及達成所交任務之責任。故權力是賦予的，責任是要求的，當賦予權力時不僅需同時課以某種要求，而且賦予權力之大小應與所課之要求大小相當；如只賦予權力而不課以要求，則屬權力之濫用，如只課以要求而不賦予為達成要求所必需之權力，則其要求必將落空；故保持權力與責任間之平衡，為運行業務所必需。

(三)個體與整體之平衡：個體是人員個人，機關由人員所組成，每人皆有其不同的背景與需要，並希望能透過組織的力量來滿足其需要。故工作人員希望組織能瞭解其需要並協助其需要之滿足，否則會對組織引起反感，情形嚴重時，甚至會採取對組織不利之行動。整體是指整個組織，組織有組織的目標，組織更希望每一工作人員均能盡心盡力來達成組織目標，甚至希望捨棄個人的利益來達成組織目標，故組織的整體目標常為管理者所強調。由上所知，如過於強調個體利益，將害及整體目標的達成，如過於強調整體目標，又將損及個體的利益，故兩者皆有所偏。為求整體與個體的生存與發展，必須使個體與整體兼顧，亦即在實現個體利益的同時，必需達成整體的目標，及在達成整體目標的同時，必須實現個體的利益。

(四)貢獻與報酬之平衡：如工作人員對組織的貢獻，大於組織所給予的報酬，則人事將難安定，工作人員紛將求去，即使未有求去，亦必情緒低落，工作意願闌珊，工作潛力收斂，對組織之損失將遠超過因報

酬低所得之節省。如組織所支付之報酬，大於工作人員對組織之貢獻，則用人費增加，同時會增加進用人員之人情困擾，及產生冗員與閒員。故貢獻與報酬之間，需求取平衡，一分貢獻一分報酬，只有如此，才能鼓勵工作人員做事，眞正負起責任，經費的開支，才能眞正的發揮效果，不吝嗇不浪費。

第二節 政府機關組織編制

政府機關之組織編制，需以法規規定，有其不同之類型，組織法規中應訂之事項亦有其範圍，並各訂有處務規程以爲處理事務之依據。茲分項敍述於後。

第一項 組織法規體例

政府機關之組織法規體例，因中央機關與地方機關有別。

一、中央機關之組織以法律定之：依中央法規標準法第五條規定，「憲法或法律有明文規定，應以法律定之者，應以法律定之」，「關於國家各機關之組織者，應以法律定之」，故中央機關之組織，均以法律定之。其情形如下列：

(一)憲法明文規定應以法律定之者：如憲法第三十四條：「國民大會之組織以法律定之」；第六十一條：「行政院之組織以法律定之」；第七十六條：「立法院之組織以法律定之」；第八十二條：「司法院及各級法院之組織以法律定之」；第八十九條：「考試院之組織以法律定之」；第一百零六條：「監察院之組織以法律定之」。

(二)法律明文規定應以法律定之者：如中華民國總統府組織法第廿五條：「總統府設國策顧問委員會及戰略顧問委員會，其組織均另以法

律定之」；行政院組織法第三條：「行政院設內政部、外交部、國防部、財政部、教育部、法務部、經濟部、交通部、蒙藏委員會、僑務委員會；各部及各委員會之組織另以法律定之」；立法院組織法第廿一條：「立法院各委員會之組織另以法律定之」；司法院組織法第七條：「司法院設各級法院、行政法院及公務員懲戒委員會，其組織均另以法律定之」；考試院組織法第六條：「考試院設考選部、銓敘部，其組織另以法律定之」；監察院組織法第四條：「監察院設審計部，其組織另以法律定之」。

（三）國家機關之組織應以法律定之者：如行政院衛生署組織法第一條規定，衛生署掌理全國衛生行政事務；行政院國軍退除役官兵輔導委員會組織條例第一條規定，為統籌國軍退除役官兵輔導事宜，特設國軍退除役官兵輔導委員會，直隸行政院；行政院國家科學委員會組織條例第一條規定，行政院為加強發展科學及技術研究，設國家科學委員會。均屬其例。

以法律訂定機關之組織時，其名稱有者稱為組織法，有者稱為組織條例，有者稱為組織通則；其區分之情形為：

1. 組織法：推行一般政務之機關，大都以組織法名之，如中華民國總統府、行政院、立法院、司法院、考試院、監察院，及院所屬各部之組織。

2. 組織條例：推行特種政務之機關或部會所屬之機關，大都以組織條例名之，如國軍退除役官兵輔導委員會、國家科學委員會、及檢驗局、工業局等之組織。

3. 通則：若干業務性質及類型相同之機關，將其組織只制定一個法律，並共同適用於該種業務及類型之各機關者，則以組織通則名之，如財政部各地區國稅局組織通則，經濟部商品檢驗局所屬各分局組織通

則，均屬其例。

（四）根據法律授權以行政命令訂定者：部份中央機關之組織，基於法律之授權而以行政命令訂定者，稱為組織規程。如行政院組織法第十四條規定：行政院為處理特定事務，得於院內設各種委員會。行政院基於此一法律授權而設置之委員會，有行政院法規委員會等，其組織均以組織規程定之。又如財政部國有財產局組織條例第九條規定，本局於重要地區得設辦事處，其組織視業務需要由行政院定之；行政院衛生署國際港埠檢疫所組織通則第十三條規定，檢疫所得設檢疫分所、檢疫站、檢疫醫院、留驗所，其組織規程由行政院衛生署呈請行政院核定之；行政院國軍退除役官兵輔導委員會組織條例第十六條規定，本會因業務需要，得設各種附屬事業機構，其組織由會擬訂，呈請行政院核定之。以上均係法律授權行政院訂定組織規程之實例。

（五）根據憲法臨時條款由總統以命令公布者：動員戡亂時期臨時條款第五款規定，總統為適應動員戡亂需要，得調整中央政府之行政機構、人事機構及其組織。行政院在動員戡亂時期，為統籌所屬各級行政機關及公營事業機構之人事行政，加強管理，並儲備各項人才，前於五十六年七月廿七日，奉總統令公布行政院人事行政局組織規程。此一組織之名稱雖為組織規程，雖以命令公布，但因根據憲法臨時條款而發布，故其效力應與法律相等。

二、地方機關之組織以行政命令定之： 依據憲法第一百十二條規定，省得召集省民代表大會，依據省縣自治通則，制定省自治法，但不得與憲法牴觸；又第一百二十二條規定，縣得召集縣民代表大會，依據省縣自治通則，制定縣自治法，但不得與憲法及省自治法牴觸。現因省縣自治通則及省自治法與縣自治法均未有制定，故對省（直轄市）及縣（省轄市）之組織，均暫以行政命令以組織規程方式訂定施行。其情形

如下：

　　(一)逕由行政院核定者：如臺灣省政府合署辦公施行細則，臺北市、高雄市政府組織規程，因係行政院之直屬地方機關，故其組織法規由行政院逕行核定施行。

　　(二)由地方主管機關報由行政院核定者：如臺灣省政府合署辦公各單位，為應業務需要得設附屬機關或各種委員會，其組織規程由省政府擬報行政院核定之；臺北市、高雄市政府為應業務需要所設之附屬各機關，其組織規程由市政府擬報行政院核定之；又如臺灣省各縣（市）政府組織規程準則，由省政府報內政部轉呈行政院備案後施行。

　　(三)授權由臺灣省政府逕行核定者：對臺灣省政府所屬四級以下機關，其員額在若干人以下，且其職稱之職等均屬低職等（如委任五職等以下）者，其組織規程由行政院授權省政府逕行核定。

　　以上所述之組織法規，其一般名稱均以組織規程名之，但如同一組織規程可適用不同地區同性質之機關者，則以組織規程準則稱之，如各縣（市）政府組織規程準則，臺灣省鄉鎮區公所組織規程準則；至臺灣省政府之組織，係依省政府合署辦公暫行規程而訂定，故以辦事細則稱之。

第二項　組織類型

　　機關組織之類型，大別可分為定型與不定型兩類，而每一類又可分為若干種型式。茲簡述如下：

　　一、定型之組織：其型式較為固定，組織架構多在組織法規中明定，其中又可分為下列四種：

　　(一)只設業務單位或職位型式之組織：即於機關首長之下，設若干業務單位或職位，各業務單位設置若干職位及員額，不另設行政管理單

位或職位，其有關行政管理工作，指定由適當人員兼辦，或逕由上級機關兼辦。此種型式，大都適用於基層且業務較爲簡單及編制員額較少之機關，如交通部中央氣象局附屬測站組織通則第八條規定，各等測站有關人事、會計事項，均由本局人事室、會計室統籌辦理。

（二）並設業務及行政管理單位型式之組織：卽於機關首長之下，設業務單位及行政管理單位，各單位設置若干職位及員額。此種組織型式大都適用於規模較大之各級機關，爲數最多。其中業務單位數則視業務之繁簡區分，少則二個單位，多則可至十個單位以上；行政管理單位，則以設置主計、人事、總務等爲準。

（三）並設業務、行政管理及參贊幕僚單位型式之組織：卽於機關首長之下，除設業務單位及行政管理單位外，尚設有參贊幕僚職位或單位，各單位設置若干職位及員額。此種組織型式大都適用業務極爲繁複及主要擔負決策與監督任務之機關，如中央各部會、省市政府等。其中業務單位與行政管理單位之設置，與前述㈡之型式組織相似，參贊幕僚職位或單位，則有參事（室）、秘書（室）、視察（室）等。

（四）委員會型式之組織：此係委員制之組織，與前述㈠㈡㈢之首長制組織不同；委員會之最高權力機構爲委員會會議，凡屬重要事項需經委員會之決議，至決議案之執行及一般事項，則由主任委員負責，或由主任委員責成執行秘書或執行長負責，至主任委員或執行秘書或執行長之下，則分業務單位與行政管理單位等，辦理應辦事項。

二、不定型之組織：此種型式之組織，通常並不訂定組織法規，而多係根據命令而成立，必要時規定設置辦法以爲依據，其任務較爲特殊，常涉及若干機關或單位之權責，且有時間性，一俟任務完成或終止，其組織卽行裁撤。此種組織，因任務之不同約有下列三種：

（一）研究小組：爲研擬某一專案，由有關機關指派適當人員組織研

究小組並指定召集人，必要時並邀請學者專家參加，一俟專案研擬完成，研究小組即予撤銷；如銓敘部與行政院人事行政局代表所組成之退撫制度研究小組等。

(二)督導小組（或會報）：爲督導某一方案或政策之切實執行，由有關單位指派適當人員，並指定召集人，組成督導小組或會報督導執行；如行政院爲加強推動便民工作所成立之督導小組，爲整飭政風所成立之行政院政風督導會報等，當任務認爲已完成時即行撤銷。

(三)工作小組：爲處理某種工作，由有關機關指派適當人員組成工作小組，並指定召集人領導工作，一俟工作完成即行撤銷。

第三項　組織法規所定事項

一種組織法規，其所定事項主要有下列六項：

一、名稱： 即機關之名稱，從其名稱需能表示出機關之職權與地位。如行政院之「行政」係表明職權，「院」係表明地位；經濟部之「經濟」係表明職權，「部」係表明地位；工業局之「工業」係表明職權，「局」係表明地位；如其職權之行使只限於某一地區者，則需冠上地區字樣，如臺北市警察局之「臺北市」係表明地區；臺灣省公路局之「臺灣省」係表明地區等。

二、隸屬系統： 係表明本機關在指揮監督系統中之地位，亦即規定本機關在工作上需受何機關之監督，及本機關可監督何機關及人員；如內政部警政署組織條例第二條規定：「警政署承內政部部長之命，執行全國警察行政事務，統一指揮監督全國警察機關執行警察任務」。有些機關之組織法規，並未明文規定受何機關之監督，但其受監督之關係仍可就該機關組織法規之法源來認定，如行政院主計處組織法，雖未明文規定主計處受何機關監督，但主計處組織法係根據行政院組織法第五條

而訂定，故可解釋爲行政院主計處應受行政院之監督。對可監督何機關及人員之規定，其方式有下列兩種：

(一)爲中央部會之規定方式：如內政部組織法第一、第二、第三條分別規定：「內政部掌理全國內務行政事務」，「內政部對於各地方最高級行政長官，執行本部主管事務，有指示監督之權」，「內政部就主管事務，對於各地方最高級行政長官之命令或處分，認爲有違背法令或逾越權限者，得提經行政院會議議決後，停止或撤銷之」。

(二)爲一般機關之規定方式：如國有財產局組織條例第四條規定，局長承財政部部長之命綜理局務，並監督指揮所屬機構及職員；交通部民用航空局組織條例第五條規定，局長綜理局務，指揮監督所屬人員及機關。

三、區分層級及單位

(一)區分層級：大致而言，中央各部會及與部會相當之處局署，其層級區分爲三級，卽部會首長（副首長）爲一級，司處長（副司處長）爲二級，科長爲三級。中央部會所屬之各局處署，其層級多區分爲二級，卽局處署首長（或副首長）爲一級，科長（或組長或室主任）爲二級；但對業務繁複組織編制甚爲龐大之局，亦有設首長、組長、科長三級者，如經濟部商品檢驗局卽屬其例；至規模較小之機關，則不再分科。省市政府之各廳局處，其層級亦區分爲三級，卽首長（副首長）爲一級，科長爲二級，股長爲三級；廳處局所屬機關，則分首長及課長二級爲原則，但對業務繁複規模特大者，亦有設首長、處長、課長三級者，如臺灣省公路局；其致於課長之下再設股長者，如臺灣省鐵路管理局。

(二)區分單位：大致而言，以區分業務單位及行政管理單位者爲多，業務單位之多寡視業務之繁簡而定，行政管理單位則以設人事、主

計及總務之單位者爲多，但亦有將主計分設爲會計及統計兩單位者。至參贊、幕僚等單位，則僅中央部會及少數業務繁複，負有決策，且規模甚大之機關有設置。區分單位之方法，大部分係根據工作性質區分，小部分則根據工作程序、管轄地區、顧客及產品種類而區分；同一機關內上下層級之單位，其區分之方法可能又有不同，如一級單位根據工作性質區分，二級單位又根據工作程序區分等。

四、**劃分職掌**：各機關規定職掌之方式，有下列三種：

(一)先規定一綜合性職掌，而後再按單位規定職掌：如交通部組織法第一條規定，交通部規劃、建設、管理、經營全國國有鐵道、公路、電信、郵政、航政並監督公有及民營交通事業；而後於第七條至第十二條，分別規定路政司、郵電司、航政司、材料司、財務司、總務司等之職掌。

(二)逕按單位規定職掌：如監獄組織條例第二條規定，監獄設調查分類科、教化科、作業科、衞生科、戒護科、總務科；第三條至第八條，分別規定各該科之職掌。

(三)先逐項列出本機關之職掌，至各單位之職掌則由各機關另以辦事細則就機關職掌中自行分配者：如經濟部工業局組織條例第二條，規定工業局之職掌共十五項，局內設七組，各組之職掌如何分配，則另在工業局辦事細則中規定。

又各單位之職掌，如於組織法規中規定時，亦僅限於一級單位，至二級單位之職掌（如中央部會之科），則均在辦事細則中規定。

五、**員額編制**：員額編制係指職稱、官等、職等及員額而言。組織法規對員額編制之規定情形如下：

(一)職稱：係指職務之名稱。合理之職稱，需能從職稱之用辭中，顯示出該種職務所任工作之性質及程度或地位之高低。各機關公務人員

可用之職稱，均在組織法規中明定，組織法規未有明定之職稱，公務人員不可應用，機關首長亦不可令派。職稱依其是否為主管，可區分為主管職稱與非主管職稱兩類；非主管職稱依其所任工作性質，可區分為技術職稱及行政職稱兩類；各類職稱之較為一般性者舉例如下：

1. 主管職稱：中央機關適用者，有部長、次長、主任委員、副主任委員、司長、副司長、處長、副處長、局長、副局長、組長、副組長、科長等；地方機關適用者，有省主席、市長、廳長、副廳長、處長、副處長、局長、副局長、主任委員、副主任委員、縣長、科長、主任、所長、組長、股長等。

2. 非主管行政職稱：中央機關適用者，有參事、督學、秘書、視察、專門委員、專員、科員、組員、辦事員、助理員、雇員等；地方機關適用者，有專門委員、督學、視察、秘書、專員、科員、組員、辦事員、助理員、雇員等。

3. 非主管技術職稱：中央機關適用者，有技監、技正、技士、技佐、總工程司、副總工程司、正工程司、工程司、副工程司、助理工程司、工程員、助理工程員、主任醫師、主治醫師、住院總醫師、住院醫師、護士長、護士、助理護士等；地方機關除技監不用外，其餘與中央機關之技術職稱同。又上述技術職稱中，如總工程司、副總工程司、技正、主任醫師、護士長等，亦含有主管職務之性質。

(二)官等、職等：係指職稱所列之官等、職等，在現行組織法規中，其規定方式有下列三種：

1. 只規定官等者：原實施簡薦委任制之機關多適用之，卽各職稱以列單一官等為原則，如司法行政部之次長、參事、司長、秘書為簡任、科長、編審為薦任、科員、書記官為委任；衞生署之署長、副署長、主任秘書、參事、處長、室主任為簡任，科長、技正、專員為薦任，科員、

技佐爲委任，雇員爲僱用。對少數情形較爲特殊之職稱，亦有規定可以跨等者，其規定之方式又有兩種，一爲僅其中若干人可以跨等，如衞生署「技士九人至十五人，其中三人至五人薦任，餘委任」；另一種爲均可跨等者，如外交部「科員八十八至一百二十三人，委任或薦任」，是爲例外。又如臨時機關各職稱，則以簡派、薦派、委派等規定；警察官各職稱，則以警監、警正、警佐等規定之。

2. 只規定職等者：原實施職位分類之機關多適用之，卽各職稱所列之職等，以跨列若干職等爲原則，尤以非主管職稱爲然，如內政部及教育部之主任秘書、參事、司長、處長、專門委員，其職位均列第十至第十二職等；科長、專員，其職位均列第六至第九職等；科員、辦事員，其職位均列第一至第五職等；書記職位列第一至第三職等；至部分主管職稱則列單一職等，是爲例外，如內政部、教育部次長職位列第十四職等。地方機關各主管職稱之職等，則多有列單一職等之趨向，如省市局長、處長列第十二職等，科長列第九職等，股長列第七職等，縣市政府科、局長列第九職等。

3. 官等職等並列者：實施兩制合一後，新設機關組織法規或修正原有組織法規時多適用之，卽各職稱以列單一官等及跨列若干職等爲原則，如國立故宮博物院之主任秘書、處長、參事，職位均列簡任第十至第十二職等；編審、技正，職位均列薦任第七至第九職等。

(三)員額：組織法規對各職稱之員額規定情形如下：

1. 主管職稱：以規定一定員額爲原則，如置部長，局長一人、司長六人、處長三人等，因主管係屬機關或內部單位之主管，一機關，只置一首長，內部單位數及其職掌如在組織法規已有明文規定時，其單位主管之員額自亦應作定數規定。部分副首長、副主管及基層單位主管，其員額則多作彈性的規定，如置次長一至二人，副局長一至二人，科長

十五人至二十人等。

2. 非主管職稱：以彈性規定其員額爲原則，如置參事二至四人，專門委員五至十人，專員十至十五人，科員二十至三十人等。彈性幅度之大小，各機關不盡一致，如教育部組織法規定，置科員卅一人至六十二人，相差二倍；外交部組織法規定，置專門委員七人至二十人，相差將近三倍；產生此種情況之原因，可能爲遷就已有事實。

3. 不定員額之職稱：如行政院國家科學委員會組織條例規定，爲應業務需要得聘用顧問；財政部及法務部組織法均規定得酌用雇員；其員額不予明文規定，可隨業務需要編列預算核定後聘用及僱用。

上述職稱官等職等及員額，除職稱均在組織法規中明定外，凡屬組織法或條例或通則者，各職稱之官等職等及員額亦多在組織法條中明定；凡屬組織規程或準則者，各職稱之官等職等及員額，則多另以編制表定之。

六、其他事項：組織法規中所規定之其他事項多爲：

(一)因業務需要，得設附屬機關，其組織以法律定之爲原則，但亦有報經行政院核准卽可設置者。

(二)因業務需要，得設幕僚性及研究性之各種委員會，其需用人員以本機關法定編制員額內調用爲原則，但亦有得報經行政院核准可另設置員額者。

(三)處務規程（或稱辦事細則）由本機關定之，或由本機關擬訂報請上級機關核定。

第四項　處務規程

組織法規中，常有處務規程（或辦事細則）另定之規定。一般機關之處務規程，其主要內容包括下列四部分：

　　一、有關職掌之補充或具體規定：組織法規中雖訂有職掌，但其內容較爲原則性而不夠具體，又按單位分訂職掌時，多限於一級業務單位（如中央各部會之司處單位），而二級業務單位之科，則多未再分配其職掌。對行政管理單位如人事、會計、統計（或將會計統計合稱爲主計）等單位，多未逐項列舉職掌，而只規定依法律規定，辦理人事管理或歲計、會計、統計事項，殊有欠明確。又參事、秘書、視察、專門委員等非主管職稱之職掌，在組織法規中亦多未有規定。凡此均需在處務規程中予以補充，俾資遵循。

　　二、有關各層級間權責之規定：組織法規中通常只規定首長綜理本機關事務，並指揮監督所屬機構及職員，副首長輔助首長處理事務。至各一級單位主管及二級單位主管之權責爲何？參贊幕僚及研究性職務如參事、秘書、專門委員、視察等之權責如何？均有待於首長之授權並在處務規程中予以規定之必要。惟有如此，機關內之指揮監督關係方趨於明確，處理公務才能有條不紊，權有所屬責有所歸。

　　三、有關意見溝通之會報規定：對公務之處理，除循着指揮監督關係運行，並施行分層負責外，爲利有關問題之研討，政策方案辦法之研擬與檢討，需建立意見溝通網路，亦卽會報制度之建立，如何種職務人員參加會報？在何期間召開？研討問題之範圍如何？均需處務規程中予以明定。

　　四、有關一般行政管理事務之處理規定：如文書處理，規定公文書之處理程序，公文登記及檔案管理等事項及其權責。人事管理，規定人事案件之處理程序，差假勤惰之管理等事項。財務管理，規定預決算之編製，經費收支之處理及薪俸發放等程序。庶務管理，規定物品用具之採購、保管、領發，財產、辦公廳及宿舍之管理，及車輛之調配保養等事項。

第三節　公營事業組織編制

公營事業之組織編制，在基本型態上可分機關型態與公司型態兩類。屬於機關型態之組織編制，有以法律訂定者，有以組織規程訂定者；屬於公司型態之組織編制，有以公司章程規定者，有以除公司章程外並另訂組織規程者。茲簡要敍述於後。

第一項　機關型態之組織編制

機關型態之組織編制，多為交通事業及衛生事業所採行，如郵政、電信、公路、鐵路等事業均屬其例，但對情形較為特殊之金融事業及生產事業，亦有採行此種型態者。

一、以事業組織特別法規定者：其情形如下例

（一）中央銀行：依據中央銀行法而成立，在該法中規定理事會、監事會之組織及其職權，總裁及副總裁之設置及其職權，並得根據業務需要，報經行政院核准設置各局處。因中央銀行法之規定過簡，乃由中央銀行另擬訂中央銀行各局處室組織規程報經行政院核定施行。在其組織規程內，再規定各局處之組織及職掌，暨專員或科長以上之職稱及員額編制；其餘辦事員、助理員、雇員等之員額，則另以預算定其總員額，不再在組織規程中訂定，至各職稱之官等職等與分員額，則由中央銀行隨業務需要而決定並調整。

（二）郵政總局及電信總局：交通部所屬之郵政總局及電信總局，各依郵政總局組織法及電信總局組織條例而成立，組織法律中並規定單位區分及職掌暨一般職稱及員額，至各省區之郵政局及電信局暨其所屬各分局等之組織，則以組織規程訂定，報由交通部核定施行。有關各級郵

電機構之各種職稱之資位及其員額，均以預算員額處理，卽主管機關及立法機關只審定其總員額，在不超過總員額範圍內，各種職稱及其資位與分員額之配置，均由郵政總局及電信總局自行決定。

二、以組織規程規定者：如臺灣省菸酒公賣局，經由行政院核定其組織規程，內中除規定單位區分及其職掌外，並規定可用之職稱，各職稱之員額及職等，另以編制表訂定，其情形與地方行政機關之組織編制相似。其餘臺灣省公路局、臺灣鐵路管理局之組織編制處理方式，亦大致相若。

第二項　公司型態之組織編制

公司型態之組織編制，多爲生產事業及金融事業所採用，但對情形較爲特殊之交通事業，亦有採用此種型態者。

一、生產事業：一般國營及省市營之生產事業機構，大都採用公司制之組織，除依公司法規定訂定章程，規定董監事會組織及其職權，暨主要業務範圍外，另以組織規程規定其公司之內部組織，必要時並按所屬單位分別訂定其組織規程；有關內部單位區分、職掌、層次劃分等，均在組織規程中規定，至一般職稱及其職等與員額，除高級職稱及員額，有在組織規程中規定外，其餘中級以下之職稱及其員額，不再列入組織規程，而以預算總員額定之。主管機關審核其編制及立法機關審定其編制時，均只審核或審定其總員額，至在總員額內如何分配其各種職稱及其職等與分員額，則均授權由各公司自行決定。此種方式之處理組織編制，可增加組織之彈性，進而加強其對外界環境因素變動之適應能力。

二、金融事業：一般國家及省市行局及保險機構，大都採用公司制之組織，卽除依公司法之規定訂定章程，規定董監事會之組織及職權，

暨主要業務範圍外，對其行局及保險機構之內部組織，通常另以組織規程定之。組織規程中除規定單位區分及其職掌外，對中級主管以上人員（如科長以上）之職稱職等及員額，亦予明定；至中級以下非主管人員（如專員以下）之職稱及其職等與員額，改以預算控制，在預算中只定其總員額，各種職稱之職等及分員額，則由行局及保險機構根據業務需要自行決定與調整。

第三章　人事體制

人事體制，有其意義與一般原則，政府機關及公營事業中現行之人事體制，大致有職務分類制、官職分立制、職位分類制、資位職務制、及其他體制，茲分節敍述之。

第一節　意義及結構

人事體制有其意義，人事體制之結構，有精粗之別；列入結構之對象，有職務與職位之不同；列入結構之方法，又有預行定等法、分類標準法與因素評分法之分；均應視需要而定。茲分項簡述如後。

第一項　意　　義

體制，係指縱的性質與橫的程度區分，所交錯而成的結構，作為運行人事行政的軌道，其作用正與走棋用的棋盤相同。

一、縱的性質區分：縱的性質區分，其方法有依機關分與依業務分兩種：

(一)依機關區分：即以機關的主要業務之性質為準，將機關區分為

若干大類，如一般行政機關、外交機關、司法機關、技術機關、警察機關等。其優點爲區分簡單，易於瞭解；其缺點爲各類機關間業務有重複，如同屬會計業務及人事業務等，常因所在機關的不同，而被分入不同的類別，有失按性質分類的意義。

(二)依業務區分：卽以業務的性質爲準區分，凡屬同樣性質的業務，如會計業務及人事業務等，不論所在機關爲何，均分入同一類別。其優點爲能眞正做到按性質區分，其缺點爲業務類別與機關別間，形成一種錯綜複雜的關係。

再依業務區分時，又有粗分與細分之別：

1. 粗分：指將各機關的業務，依其性質之是否相同，作大致的區分，正如大學區分文、法、商、理、農、工、醫等學院之情況相似。其優點爲區分工作甚爲簡易，其缺點爲此種區分在人事行政上作用不大。

2. 細分：指將各機關的業務，依其性質之是否相同，在大致的區分之下，再作較精細的區分，正如大學的各院之下，再各區分若干個學系一樣，如工學院之下，再分土木工程、建築工程、水利工程、電力工程、機械工程、礦冶工程、化學工程等學系相似。其優點爲能眞正表現出性質區分的特性，其缺點爲如區分的類別過多，將增加人事行政工作的繁複。

二、橫的程度區分：橫的程度區分，其方法有下列三種：

(一)依機關地位區分：機關地位亦卽機關在整個組織體系中之層級，如中央機關之地位比省（市）機關爲高，而省（市）機關又比縣（市）機關爲高，鄉鎮（市）機關又比縣（市）機關爲低。再就中央機關而言，五院的地位又比部會爲高，部會所屬的局處等機關，其地位又比部會爲低等。故從機關組織體系，可自上而下排列出一系列的程度區分。此種區分之優點是簡便易行，但其缺點爲並不能眞正的代表職責程

度高低的區分。

(二)依資格區分：資格係指學識、經驗、技能等資歷而言，通常用考試、學歷、經驗表示。如高等考試及格之資格比普通考試及格資格爲高，大學畢業比高中畢業之資格爲高，五年的經驗比三年的經驗資格爲高。資格的區分，由於觀點的不同又分下列二種：

1. 依據所需資格區分：所需資格係指執行工作所需要的資格，如執行土木工程工作所需要的資格，是土木工程的學識、經驗及技能，如工作越繁複及困難，則所需資格之程度亦越高。

2. 依據所具資格區分：所具資格係指人員所具有的資格，如某甲大學法律系畢業，某乙具有人事工作經驗五年，某丙高級商業職業學校畢業，則此三人所具資格顯有不同，其程度高低亦有別。

機關裏的現職人員，其所具資格與現任工作所需資格兩者，並非常屬一致。有者爲所具資格高於所需資格，有者爲所需資格高於所具資格，此二種情況，均非理想。依所需資格區分之優點，爲便於羅致人員任職；依所具資格區分之優點，爲便於指派人員之工作；但均有「人與事」不易適切配合之缺點，必需二者同時區分，始能眞正達到人與事的適切配合。

(三)依職責程度區分：職責係指所任職務與責任，職責程度，係指職責之繁簡難易、責任輕重，及擔任職責所需資格水準之高低的綜合。因此，職責程度的區分，係按職務（職位）的程度高低爲準予以區分，與前述按機關層級或地位及資格爲準區分皆有不同。大致而言，職責程度之區分，方法較爲科學，區分之成果較爲客觀。此種區分之優點，爲切實客觀，與事實較爲符合；而其缺點爲手續甚繁，化費人力時間較多。

三、交錯而成的結構圖例

(一)依機關區分性質及依機關地位區分程度之結構

機關地位 機關性質	中央級機關	省(市)級機關	縣(市)級機關	鄉(鎮市)級機關
行 政 機 關				
司 法 機 關				
警 察 機 關				

(二)依業務區分性質及依資格區分程度之結構

資格程度 業務性質	博士學位並經考試及格	碩士學位並經考試及格	大學畢業並經考試及格	專科畢業並經考試及格	高中畢業並經考試及格	初中畢業並經考試及格
行 政 業 務						
技 術 業 務						
經濟建設業務						

(三)依業務區分性質及依職責區分程度之結構

職責程度 業務性質	極為繁重之職責	繁重之職責	一般性之職責	較為簡輕之職責	簡輕之職責	極為簡輕之職責
行 政 業 務						
技 術 業 務						
經濟建設業務						

　　區分結構圖例，除上列三種外，尚有依機關區分性質及依資格區分程度之結構，依機關區分性質及依職責區分程度之結構，及依業務區分性質及依機關地位區分程度之結構等。

四、爲運行人事行政的軌道

　　(一)凡屬同一小結構內之業務，因其性質相同程度相等，擔任該業務之人員，其考選可適用同一等別與類科，同一應考資格與應試科目；其任用可適用同一任用資格；其考績可適用同一考績標準。

　　(二)凡屬性質相同而程度不等之左右各小結構間，可作爲人員晉升與發展的途徑。

　　(三)凡屬程度相等而性質不同之上下各小結構間，其人員之俸給可適用同一幅度的標準；其人員相互間可作有條件的調任。

五、建立人事體制需考慮之問題：一種人事體制的建立，需考慮之問題有三，即體制結構之爲精或粗，列入結構之對象爲職務或職位，及列入結構之方法爲預行定等法或分類標準法或因素評分法，須對此三個問題有所考慮並決定後，始可進一步建立所需要的人事體制。對此三問題另於第二至第四項中簡述之。

第二項　體制結構之精粗

　　性質與程度區分之爲細分或粗分，可影響及體制結構之精粗。

　　一、粗廣的結構：當性質及程度的區分均爲粗廣時，則由縱橫區分所交錯而成的結構亦屬粗廣。如原有簡薦委任制中，將政府各機關，依其性質區分爲數大類（即行政、外交、司法、技術、警察、審計會計、派用等），再依其所需資格之高低，區分爲數個職等（即簡任、薦任、委任），如此交錯結果，其區分結構極爲粗廣。

　　二、精細的結構：當性質及程度的區分均爲精細時，則由縱橫區分

所交錯而成的結構亦屬精細。如原有職位分類制中，將各機關的職位，依其工作性質區分爲一百五十九個職系，再依其工作繁簡難易、責任輕重及所需資格條件之高低，區分爲十四職等，如此交錯結果，其區分結構亦極爲精細。

第三項　列入結構之對象

有了結構後，爲便於各機關用人，必須將各機關之員額編制列入結構，至列入結構之對象，有下列二種：

一、以職務爲對象列入結構

(一)職務：係分配同一職稱人員所擔任之工作與責任，職稱係職務之名稱，通常在組織法規中規定，如局長、技正、科長、技士、科員等是。在本意上，職稱應可代表職務的工作與責任，但因各機關業務的變化甚大，而可用的職稱爲數甚少，故有時職稱並不能眞正代表職務的內涵，如技士，只能在性質上表示是技術職務而已。

(二)將職務列入結構：係將各機關組織法規所定之職務，視其所任工作的性質與責任的程度及擔任該種職務所需資格之高低，列入結構內的適當位置，其情形如下圖例：

結構　資格程度　業務性質	博士學位並考試及格	碩士學位並考試及格	學士學位並考試及格	專科畢業並考試及格	高中畢業並考試及格
行 政 業 務	司長 處長 參事	專門委員	科長 專員	科 員	辦 事 員
技 術 業 務	技監 總工程司	技正 副總工程司	技正 正工程司	技士 工程司	技佐 工程員

以職務爲對象列入結構，作業程序簡單，但因職務爲數甚少，每一

職務之工作與責任甚爲廣泛，故根據職務所列結構之資格而選用人員時，人與事不易密切配合。

二、以職位爲對象列入結構

(一)職位：係指分配由一個工作人員所擔任的職務與責任，故職位的內容是工作，而非指擔任工作的人。一個機關的任務，必須由首長經由各級主管分配由各工作人員擔任，透過分工合作方式，以完成機關的任務，因此每一工作人員所擔任的職務與責任，只是機關任務中之一小部分而已。再機關的業務是經常在變的，有時有新增的業務，有時原有的業務會廢止，有時原有業務的工作量會增加或減少，因此，一個工作人員所擔任的工作亦不是永遠不變的，事實上是需根據機關業務的變動，而隨時調整的。

(二)將職位列入結構：職位之列入結構，通常是先研究職位的工作是屬於何種性質，如文書工作性質、土木工程性質等；而後再研究職位的職責程度，如職責極爲繁重或較爲簡輕等；當性質與程度均有瞭解後，再將該職位列入結構中之適當位置。其情形如下圖例：

結構 業務性質 ＼ 職責程度	極爲繁重之職責	繁重之職責	一般之職責	較爲簡輕之職責	簡輕之職責	極爲簡輕之職責
文書業務		某甲所擔任之職位		某乙所擔任之職位		某丙所擔任之職位
土木工程業務	某丁所擔任之職位	某戊所擔任之職位		某己所擔任之職位		
衛生行政業務			某庚所擔任之職位	某辛所擔任之職位	某壬所擔任之職位	

以職位爲對象列入結構，其作業手續甚爲繁複，且當職位工作內容有調整時，又需重新改列結構；但其優點爲列入結構之作業極爲確實，

根據職位所列結構之資格選用人員時，可做到人與事之適切配合。

第四項　列入結構之方法

將各機關之職務或職位，列入結構之方法，大致有下列三種：

一、預行定等法

(一)職務之列入結構：就各機關組織法規中所定之職務，預判其職務工作之性質及所需資格之高低，列入適當之結構，並訂入組織法規，以為各職務進用人員之依據。

(二)職位之列入結構：就各機關之職位，判斷其工作所屬之性質及職位職責程度與所需資格水準之高低，列入適當之結構，並訂入組織法規或編入年度經費預算，以為進用各職位工作人員之依據。

(三)優缺點：預行定等法之優點，為作業手續簡便，並可在用人之前，預為決定各職務、職位之結構位置，對用人不會發生影響；其缺點為各職務、職位所列之結構位置，與各職務、職位之內容，不易適切配合，因而根據所列結構所進用之人員，其所具條件與其所任工作之間，亦難適切配合，致影響工作效率與情緒。

二、分類標準法

(一)建立分類標準：就區分之結構，對其每一小結構中應有之性質與程度的界說，先建立書面的標準，以為辦理分類之依據。

(二)分析職責：對各職務、職位之性質與其程度及所需資格水準之高低，加以分析瞭解。

(三)列入結構：根據各職務、職位之內容，與前述分類標準相比較，以決定各職務、職位應歸屬於何一小結構。

(四)優缺點：所建立之分類標準能否具體確實？對各種職務、職位之職責內容能否作切實瞭解？及能否依其職責內容歸入適當的小結構？

爲適用此種方法成敗之所繫。又適用此種方法，人事作業程序甚繁，明確而具體之分類標準不易建立，且各職稱、職位所列之小結構，常因其職責內容之變動而需作經常的調整，是爲此種方法之缺點；但應用此種方法所列之小結構，與職務、職位之職責內容均能相符，所據以遴選之人員，與其所擔任之工作亦能配合，又爲其優點。

三、因素評分法

(一)訂定職系及評分標準：就分析職務、職位之性質與品評程度時所應考慮之因素，分別訂定職系說明及評分標準，以爲辦理之依據。

(二)分析職責：瞭解各職務、職位之職責內容，亦卽對其性質與其程度及所需資格水準之高低，加以分析瞭解。

(三)列入結構：根據各職務、職位之內容，按其性質與職系相比較，及按因素與評分標準相比較，以決定所屬職系及決定各該因素應得分數，再將同一職務、職位之各因素應得分數計算總分數，並根據總分數，換算應列之職等。

(四)優缺點：適用此種方法之人事作業程序，甚爲繁瑣，明確而具體之評分標準不易建立，且各職務、職位所列之小結構，常因其職責內容變動及分數變更，而需作經常的調整，此乃其缺點；但根據此種方法所列之小結構，與職務、職位之職責內容較爲切合，當據此遴選人員及核定薪資時，自較爲可靠，又爲其優點。

第五項　人事體制之類型

根據以上第二至第四項所述體制結構之爲精或粗，列入結構對象之爲職務或職位，列入結構方法之爲預行定等法、分類標準法或因素評分法，可有十二種不同的組合，亦卽可有十二種不同的人事體制。但事實上政府機關現今所適用者，主要爲職務分類制及官職分立制兩種；公營

事業所適用者，主要為職位分類制及資位職務制兩種。以上四種人事體制，分別在第二至第五節中敍述之，至適用範圍極小之其他人事體制，則於第六節中簡述之。

第二節　職務分類制

職務分類制，或稱官職並立職務分類制，係屬較粗廣的性質區分與較精細的程度區分為結構，以職務為對象，並應用分類標準法將職務列入結構之人事體制。建立依據為公務人員任用法及其施行細則；建立程序，分為預定體制結構，訂定分類標準，制訂職務說明書，辦理職務歸系列等。在政府機關中，目前除警察機關外均適用之，玆分項述後。

第一項　預定體制結構

體制結構中之程度區分，多以法律明定；體制結構中之性質區分，則多由主管機關以行政命令規定。

　　一、性質區分：各機關組織法規所定之職務，依其工作性質及所需學識之是否相似，區分為職系；工作性質相近之職系再歸納為職組。

　　二、程度區分：各機關組織法規所定之職務，依其擬任人員之任命層次及所需基本資格條件範圍，區分為簡任、薦任、委任三個官等；又依各種職務之職責程度及所需資格條件，區分為第一至第十四職等。再將官等與職等予以配合，即第一至第五職等與委任官等相配合，第六至第九職等與薦任官等相配合，第十至第十四職等與簡任官等相配合。其情形如下：

官等	職等	職 組				職 組		
		職 系	職 系	職 系	職 系	職 系	職 系	職 系
簡任	十四							
	十三							
	十二							
	十一							
	十							
薦任	九							
	八							
	七							
	六							
委任	五							
	四							
	三							
	二							
	一							

　　三、結構精粗：關於程度之區分，係爲公務人員任用法所明定，除非修正法律，不可能有所改變。將各機關之職務依其職責程度及所需資格條件，區分爲十四個職等，已屬較爲精細之區分。關於性質之區分，在公務人員任用法中，只規定有職系與職組之名稱，職系爲職務工作性質及所需學識之區分，而職組爲工作性質相近職系之歸納，故職系之上有職組，職組之下有職系。至政府機關之職務，究應區分爲多少個職系，每個職系之內涵如何，究應歸納爲多少個職組，則由法律授權由考試院定之，其區分之精粗則由考試院視業務特性及管理上之需要決定。

第二項　訂定分類標準

所稱分類標準，指將各機關職務予以分類（亦即歸系列等時）所依據之標準，包括職系說明書及職等標準二者，依公務人員任用法規定，分類標準由考試院定之。其情形如下：

一、區分職系及訂定職系說明書

(一)區分職系：

1. 職系之意義：係指工作性質及所需學識相似之職務。故職系為職務之聚合，聚合為同一職系之職務其工作性質及所需學識必須相似。其中所稱工作性質，係指職務所包括之工作的性質，如擔任一般行政工作、教育工作、財務工作之職務，因其工作性質並不相似，故不得列為同一職系；其中所稱所需學識，係指擔任職務工作所需要之學識、經驗與技能，如擔任教育職務所需之學識，與擔任財務工作所需之學識不同，故從所需學識觀點，教育工作與財務工作，亦不得列為同一職系。

2. 職系區分過細與過粗之利弊：如職系區分過細，在職務分類上將增加許多不必要的文書，如訂定更多的職系說明書，遇有職務之工作稍有改變時，即可能需要重新辦理職務歸系，各職務人員調任之範圍將予縮小，增加人員調度上之困擾。如職系區分過粗，則將工作性質及所需學識並不相似之職務，亦勉予列為同一職系，對人員遴選，亦將失去依據，依職系所羅致之人員，亦難作適才適所的安排。故職系之區分過精與過粗，均將弊多於利，應設法避免，大致而言，技術性職務，因重視專才專業，人員調任機會較少，所需學識亦各有專精，故其職系之區分可較精細；行政管理性職務，只需適才適所，人員調任機會較多，所需學識亦具有相當的共同性，故其職系之區分可較粗廣。

(二)制訂職系說明書：

1. 職系說明書之意義: 係指說明每一職系工作性質之文書。凡工作性質及所需學識相似之職務，均列為同一職系，因此一個職系所包括之職務，通常有多個，而這些職務之工作性質及所需學識又屬相似，但工作如何區分性質，又內涵如何，則有待職系說明書中加以敘述。

2. 職系說明書之作用: 為決定一個職務所屬職系之依據，及用以表明各種專業區分之情況。

3. 職系說明書之構成: 一份職系說明書，其內容通常包括下列四個部分，即(1)職系名稱及編號; (2)一般敘述，乃職系說明書中開頭部分之敘述，其格式多為「本職系所包括之職務，其職責係基於一般……學識（各一般行政職系適用），或其職責係基於……方面之專門學識（各專業行政職系適用），或其職責係基本……專門技術（各技術職系適用），或其職責係基於……學理（各學術研究職系適用）; (3)處理階段之說明，如計畫、研究、擬議、審核、督導、實施等，凡職系內所包括職務多且所跨職責幅度大者，則所用階段較多; (4)代表性職務或工作之說明。

4. 職系與職組: 經考試院核定公告之職系共 55 種，並經歸納為行政及技術二大類，及 27 個職組。現行職組與職系之名稱及配置及職系說明書舉例如下:

(1) 職組與職系之名稱及配置:

代號	類 別	代號	職 組 名 稱	代 號	職 系 名 稱
03	行政類	31	普 通 行 政	3101	一般行政職系
				3102	一般民政職系
				3103	僑務行政職系

				3104	社會行政職系
				3105	人事行政職系
				3106	法制職系
				3107	地政職系
	32	教育新聞行政		3201	文教行政職系
				3202	新聞編譯職系
				3203	圖書博物管理職系
	33	財 務 行 政		3301	財稅行政職系
				3302	金融保險職系
				3303	會計審計職系
				3304	統計職系
	34	法 務 行 政		3401	司法行政職系
				3402	安全保防職系
				3403	政風職系
	35	經 建 行 政		3501	經建行政職系
				3502	企業管理職系
				3503	交通行政職系

		36	外 交 事 務	3601	外交事務職系
		37	審　　檢	3701	審檢職系
		38	警　　政	3801	警察行政職系
		39	衛 生 行 政	3901	衛生環保行政職系
06	技術類	61	農 林 技 術	6101	農業技術職系
				6102	林業技術職系
				6103	水產技術職系
				6104	畜牧獸醫職系
		62	土 木 工 程	6201	土木工程職系
		63	機 械 工 程	6301	機械工程職系
		64	電 機 工 程	6401	電力工程職系
				6402	電子工程職系
		65	資 訊 處 理	6501	資訊處理職系
		66	物　　理	6601	物理職系
				6602	原子能職系
		67	工　　業	6701	化學工程職系
				6702	工業工程職系

68	檢　　　驗	6801	檢驗職系
69	地　質　礦　冶	6901	地質職系
		6902	礦冶材料職系
71	測　量　製　圖	7101	測量製圖職系
72	醫　　　療	7201	醫療職系
		7202	牙醫職系
73	醫　　　護	7301	護理助產職系
		7302	醫事技術職系
		7303	藥事職系
74	刑　事　鑑　識	7401	法醫職系
		7402	刑事鑑識職系
75	交　通　技　術	7501	交通技術職系
		7502	航空駕駛職系
		7503	船舶駕駛職系
76	天　文　氣　象	7601	天文氣象職系
77	技　　　藝	7701	技藝職系
78	攝　影　放　映	7801	攝影放映職系
79	衛　生　技　術	7901	衛生環保技術職系

(2) 職系說明書舉例:

人事行政職系——

本職系之職務係基於人事行政、考試技術、職務分類技術、員工訓練等知能，對下列工作從事計畫、研究、擬議、審核、督導及執行等:

①機關組織、員額編制、公務人員之任免、遷調、級俸、服務、考績、獎懲、進修、保障、保險、撫邮、福利、退休、資遣、養老、登記等。

②有關公務人員暨專門職業技術人員之考選，考試技術之改進，考試科目之修訂，命題閱卷方法之研擬與安全措施，各項測驗之策劃與準備，有關考試資料之蒐集與保管等。

③公務職務之歸系、列等，規章之研擬與解答，以及資料之蒐集與保管。

④對新進或在職員工之訓練與輔導。

經建行政職系——

本職系之職務係基於經建行政、商業行政、水利行政、林業行政、漁業行政、畜牧行政、獸醫行政、農業經濟、農業行政、田糧行政、工業行政、鹽務管理及稅課、礦業行政、科技行政、自然保育、都市計畫、地理行政等知能，對下列工作從事計畫、研究、擬議、審核、督導及執行等:

①經建行政: 含經濟建設行政之推行，農林、漁牧、水利、工商、國際貿易、礦業、營建等各項綜合性業務或相關之業務等。

②商業行政: 含公司行號之登記，商標註冊，商品檢驗，商品展覽，國際貿易推廣，國內外商情調查，物資調節供應，市場管理，駐外經濟機構之輔導，投資之核准、管理、監督、調查、統計、分析等。

③水利行政: 含農業水土資源開發利用、調查、規劃、督導、防

洪、灌溉、排水、水權登記，河川管理，災害調查，水利事業指導，水利糾紛之仲裁調解，水利會費徵收，抽水設施設置等。

④林業行政：含一般林政推行、造林計畫、防火宣導、盜林防止、林業經營管理、林業調查統計、林政宣傳、林地管理、公私有林造林獎勵、林地糾紛調解、森林遊樂區管理等。

⑤漁業行政：含漁業登記及取締，漁業增產獎勵，漁業資金貸放，漁船漁具貸放，漁業調查統計，漁業人員儲訓，漁用物資供應，魚市場管理，漁會輔導，漁貨儲運供銷，漁業災難防護、糾紛仲裁、調處等。

⑥畜牧行政：含畜牧經濟調查，牧場管理，耕牛保護，增產獎勵，畜禽市場管理，畜產加工業輔導等。

⑦獸醫行政：含獸醫政策、法規、獸醫公共衛生事務之研擬、推動、管理，獸醫人員及診療機構之管理、獸醫團體之輔導，動物疾病防治、人畜共同傳染病防治、檢疫之規劃及執行，動物用藥品、衛生資材及動物性產品查驗之管理等事項。

⑧農業經濟：含農業政策發展計畫之釐訂考評、農業經濟之調查研究、資料之統計分析等。

⑨農業行政：含農業改進計畫、農村地區發展規劃、增產競賽、指導深耕、選種、農業宣傳、農業推廣、耕地使用管理、自耕地扶植、施肥及防病蟲害指導，農作物災害補助與協調和解洽賠，農民組織輔導、農業普查、農場經營管理，肥料及飼料廠商管理，農機融資貸款等。

⑩田糧行政：含糧食、食品、食鹽、雜糧、飼料等之收購，搬運、儲存、配銷、糧食生產、消費、存糧之調查管制，糧商管理、田賦徵實、地價收付，肥料實物及生產資金之貸放、換穀，米穀加工等。

⑪工業行政：含工業計畫，電力計畫，國家標準，工業安全，工廠登記、調查、管理，工業技師之登記，民營工業輔導，工業專利品特

許，度量衡檢定等。

⑫鹽務管理：含食鹽生產計畫、製鹽許可、成本核算、食鹽運銷、鹽場管理、私鹽取締罰鍰及賠償收入之報繳單照憑證管理等。

⑬礦業行政：含礦權創設、變更、撤銷、登記，礦業生產獎勵，礦藏勘測籌劃，爆炸應用物品管理，礦地安全設施檢護，礦產運銷、價格擬訂，礦權糾紛調解等。

⑭科技行政：含科技發展計畫之釐訂考評，科技研究發展申請案件之審核、補助，科技人才之培育、延攬、獎助，科技資料之蒐集，國際科技合作及其他相關之業務。

⑮自然保育：含國家公園管理，山坡地保育管理，治山防洪，集水區維護，珍貴稀有動植物生態保育區及自然保育區之計畫、經營、管理、宣傳、督導等。

⑯都市計畫：含都市及區域計畫，土地使用管制，公共設施計畫，都市及區域開發、建設、更新之規劃推動及其他相關業務。

⑰地理行政：含地理特性之調查、記錄，地理資訊系統之建立、管理，地圖之應用與保存等。

土木工程職系——

本職系之職務係基於一般工程、土木工程、結構工程、水利工程、交通工程、環境工程、建築工程等知能，對下列工作從事計畫、研究、擬議、審核、督導及執行等：

①一般工程：含工程材料之應力與應變之分析，工程材料之物理性質與化學性質。②土木工程：含建築、結構、水利、環境及交通等二種以上工程或其他土木工程之測繪、設計、檢查、裝具器材管理等與其附屬設備之施工圖說、施工說明書之擬訂，工程器材規格與工程預算之擬訂及審核、建築物或有關結構物之保養、營建、施工裝置、檢驗、管

理、擴建、修改、重建與修繕等。③結構工程、④水利工程、⑤交通工程、⑥環境工程、⑦建築工程。

醫療職系——

本職系之職務係基於醫學之知能，爲疾病之治療，對內、外、眼、耳、鼻、喉、皮膚、泌尿、小兒、婦產、痲瘋病、結核病、傳染病、精神病、復健、家庭醫學等各科門診治療，住院臨床處置，病患痳醉手術治療，可疑病症報告、會診，病患住院、出院、轉科決定，病患生活指導，國民健康檢查，醫療診斷、檢驗，及出生、死亡證明書類簽發，醫療學術報告及其他有關醫療急救、救護診療等，從事計畫、研究、擬議、審核、督導及執行等。

二、區分職等及訂定職等標準

(一)區分職等：

1. 職等之意義：係指職責程度及所需資格條件之區分。各種職務之職責程度及所需資格條件之高低不等，爲便於各種職務之列等，須建立爲職務列等之依據的共同職等。依公務人員任用法規定，共同職等區分爲十四個，自最低之第一職等至最高之第十四職等，其中第一至第五職等與委任官等相配合，第六至第九職等與薦任官等相配合，第十至第十四職等與簡任官等相配合。

因職等是各種職務之職責程度及所需資格條件之區分，故與按工作性質及所需學識區分之職系不同。所謂職責程度，係指工作之繁簡難易、責任重輕而言，所謂所需資格條件，係指擔任職務所需資格條件之高低而言。再所謂工作繁簡難易、責任重輕，爲便於分析，通常又將之區分爲七個因素，連同所需資格合計爲八個因素，區分情形如下表所示：

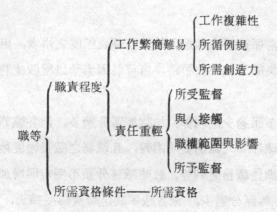

上列八個因素，各有其較爲公認的內涵，亦有稱其爲定義者，八個因素之定義如下：

①工作複雜性：指處理工作時，所需運用之學識、技能之廣度與深度。

②所循例規：指工作時需應用法令、手冊、事例等之繁簡，及使用判斷上之困難程度。

③所需創造力：指工作處理上所需機智、審辨、規劃、革新及創造能力之程度。

④所受監督：指上級施於本職務之監督，包括工作前之指示、工作中之督導、及工作成果之考核。

⑤與人接觸：指處理工作時，與人接觸之性質、重要性及困難之程度。

⑥職權範圍與影響：指本職務所作之建議或決定之性質、效力及影響程度。

⑦所予監督：指本職務施於所屬之監督，包括工作前之指示、工作中之督導、工作成果之考核，及所轄員工之人數。

⑧所需資格：指擔任本職務工作所需具備之任用資格或教育、經

驗、訓練等。

上述八個因素通常係被用來衡量各種職務職責程度之用者，但認有必要時或依所衡量結果顯示出不公平時，自可將因素予以增減或將其原有內涵予以修正。

2. 職等區分過多與過少之利弊：如職等區分過多，則各職等間之職責幅度縮小，上下職等間之區別更將困難，且職務之職責程度稍有提高或降低，即須重新調整職務之列等，致使職務分類不穩定與增加職務分類之工作量。如職等區分過少，則各職等間之職責幅度擴大，職務之職責程度如有提高或降低，仍將列在原職等，不僅減少人員的晉升機會，且有碍同工同酬的實現。

(二)制訂職等標準：

1. 職等標準之意義：係指敍述每一職等之工作繁簡難易、責任重輕及所需資格條件程度之文書。公務人員任用法所定之十四個職等，每一職等之工作繁簡難易、責任重輕及所需資格條件之程度，均須在職等標準中予以敍述。又所謂工作繁簡難易、責任重輕及所需資格條件之程度敍述，為期較為具體與明確，多係按前述八個因素分別敍述。

2. 職等標準之作用：為決定一個職務所屬職等之依據，及用以表明職責程度高低之區別所在。

3. 職等標準之構成：一個職等之職等標準，通常由四個部分所構成，即①一般敍述，乃職等標準中開頭部分之敍述，先用「本職等所包括之職務」開始，接着敍述本職等內各職務受上級的監督關係（如受上級的政策指示、行政指示、重點監督、一般監督、嚴密監督等），及對所屬的監督關係（如給予行政指示、重點監督、一般監督、嚴密監督等），再敍述處理工作所需之知能之廣度與深度；②職務類型舉例，就本職等各種職務中之特別重要者或為數較多之職務，作為實例予以列舉，以增

加一般人員對職等標準程度內容之了解，並增加「及其他職責程度相當之職務」文句，以概其餘；③職責程度之敍述，就「與人接觸」、「所循例規」、「所需創造力」、「職權範圍與影響」等因素觀點，敍述該職等程度之實況；④所需資格及能力，敍述擔任本職等各職務之人員，需具有之有關考試及格、學識、經驗、技能及能力之具體條件。

　　4. 職等與官等之關係：依公務人員任用法規定，職等係職責程度及所需資格條件之區分，故職等除屬職責程度之區分外，更屬任用資格高低之區分，如第二職等之任用資格較第一職等爲高，第九職等之任用資格較第八職等爲高；而官等係任命層次及所需基本資格條件範圍之區分，故官等除屬所需基本資格條件範圍之區分，與職等之所需資格條件之區分，具有職責程度之小區分與大區分之意義外，官等尚有任命層次之區分的意義，亦卽簡任、荐任、委任各官等人員之任命程序，可作不同的規定，故官等與人的關係較爲密切，公務人員經依法取得之官等，亦給予應有的保障。

　　5. 職等標準舉例：

　　(1) 第一職等職等標準：本職等所包括之職務，其職責係在法律規定及直接監督下，運用初步基本學識或粗淺之初步專業學識以辦理簡易工作。有時需要與他人作簡單說明或解答性之接觸，有時須自行作適當之決定或安排。

　　充任本職等各職務之人員，須具有下列資格之一者：

　　①經公務人員考試法所定特種考試之丁等考試或委任官等升等考試或其相當考試及格者。

　　②前經分類職位公務人員第一職等考試及格者。

　　③依公務人員任用法律銓敍合格實授，或其他有關法律經銓敍機關認定具有第一職等任用資格者。

(2) 第五職等職等標準：本職等所包括之職務，其職責係在法律規定及一般監督下，運用專業學識獨立判斷以：①主持或主管職責稍複雜之單位業務；②辦理技術或各專業方面複雜事項之計畫、設計、擬議、或業務解釋；③辦理其他職責程度相當業務。在處理業務時，通常需要與機關內外相當人員接觸，說明本單位主要業務，或討論職務上計畫、設計、擬議事項，增進了解或協調。並需建議、創新、決定各該單位工作方法或程序。其對本單位或機關業務進行或改進，就職務上所作決定或建議有影響力。

充任本職等各職務之人員，須具有下列資格之一者：

①前經分類職位公務人員第五職等性質相近職系考試及格者。

②曾任本職系或同職組各職系第四職等職務，經依法取得升等任用資格者。

③依公務人員任用法律銓敍合格實授，或其他有關法律經銓敍機關認定具有第五職等本職系或同職組各職系任用資格者。

(3) 第九職等職等標準：本職等所包括之職務，其職責係在法律規定及重點監督下，運用極為專精之學識獨立判斷以：①獨立執行職務；②主持或主管中央各部會以下，或省市或縣市職責甚繁重之單位或機關業務；③襄助首長處理職責最繁重之機關業務；④辦理技術或各專業方面綜合性甚繁重事項之計畫、設計、研究或審理業務；⑤辦理其他職責程度相當業務。在處理業務時，通常需要與機關內外相當人員或地方民意機關接觸，推行本單位或機關主要業務，或探討職務上計畫、設計、研究、審理事項，爭取支持合作或獲取共同結論。並需建議、創新、決定本單位或機關業務方針、原則、新制度、新工作方法。其對本單位或機關業務方針、原則、新方法之發展，就職務上所作決定或建議，有約束力或影響力。

充任本職等各職務之人員，須符合下列兩種條件：

①具有下列資格之一者：

　a 前經分類職位公務人員第九職等性質相近職系考試及格者。

　b 曾任本職系或同職組各職系第八職等職務，經依法取得升等任用資格者。

　c 依公務人員任用法律銓敍合格實授，或其他有關法律經銓敍機關認定具有第九職等本職系或同職組各職系任用資格者。

②具有領導才能或從事研究之能力。

　(4) 第十四職等職等標準：本職等所包括之職務，其職責係在法律規定及政策指示下，運用極為廣博之學識暨卓越之行政或專業經驗獨立判斷以執行職務，或襄助中央主管機關長官，處理各該機關全盤最艱巨業務，或辦理其他職責程度相當業務。在處理業務時，經常需要與本機關內外高級人員或中央級民意機關接觸，推行本機關政策及重要業務，爭取各方面之支持合作。並需建議或創新各該機關政策、施政計畫、業務方針、或對國家具有深遠影響之新觀念、新制度。其對國家政策或本機關施政方針，就職務上所作決定或建議有拘束力或影響力。

充任本職等各職務之人員，須符合下列兩種條件：

①具有下列資格之一者：

　a 曾任第十三等職務，經依法取得升等任用資格者。

　b 依公務人員任用法律銓敍合格實授，或其他有關法律經銓敍機關認定具有第十四職等任用資格者。

②學驗聲譽卓著，並具有非常卓越之領導能力。

三、分類標準之修訂： 依公務人員任用法施行細則規定，職等標準、職系、職組及職系說明書，應視機關業務之變動及發展情形，隨時修正之。於此需說明者，職等標準之修正，只限於各職等職責程度之修

正，而不得增加或減少職等，蓋十四個職等係法所明定也。至職組及職系說明書之修正，不但可修正其內容，且亦可增加或減少或歸併或再細分職系及職組。

<h2 style="text-align:center">第三項　訂定職務說明書</h2>

依公務人員任用法規定，各機關對組織法規所定之職務，應訂定職務說明書，作為辦理職務歸系、列等，及為該職務人員工作指派及考核之依據。茲簡述如下。

一、**職務說明書之意義**：係指說明每一職務之工作性質及責任之文書。任何一種職務，其所需處理之工作，均包括有工作之性質及工作之責任二者，從前者可認定該種職務係屬何種性質，從後者可認定該種職務之職責程度係屬何種水準。故職務說明書亦是最能顯示一種職務之特性（包括工作性質與工作程度兩方面之特性）的文書，吾人欲了解職務的內涵，最好是從職務說明書中去了解。

二、**職務說明書之作用**：依公務人員任用法及其施行細則之規定，職務說明書之作用有四如下：

(一)作為辦理職務歸系、列等之依據：當決定一種職務應屬何一職系及何一職等時，主要係就職務說明書之內容與職系說明書及職等標準相比較後而定者。歸系列等之詳細情形見以下第四項之敍述。

(二)作為該職務人員工作指派之依據：各機關組織法規所定之職務，有的職務只置一人，有的職務則置若干人，不論一個職務所置人數多寡，主管人員對該等人員之工作指派，均需以該職務說明書中所列之工作為依據。如某職務有工作五項，如只置一人，則此人需處理此五項工作，如置有三人，則該三人之工作亦以此五項工作為範圍，惟指派工作之方法可有數種，一為此三人每人均處理五項工作（三人工作相同），

二爲此三人各別處理此五項工作中之一項或二項（三人工作各有不同），三爲此三人各別處理此五項工作中之數項（三人工作有部分相同有部分不同）。

(三)作爲該職務人員工作考核之依據：主管人員對所屬人員之工作考核，亦需以該所屬職務說明書之內容爲依據，如考核之工作範圍，以依職務說明書所指派之工作爲範圍，工作績效以職務說明書中所要求之績效或所定之工作標準爲考評之依據，操行、學識、才能亦需以職務說明書中所期望具備者爲依據。故職務說明書在人事行政上可發揮多方面的作用。

(四)作爲了解該職務內容之依據：吾人欲了解一種職務之內容，最可靠的資料即爲該職務之職務說明書，從職務說明書中可了解該職務之工作性質、工作範圍、職責程度高低，擔任該職務人員所需具備之各種資格條件，及處理該職務工作時所需達到之要求等。

三、職務說明書之訂定：依公務人員任用法規定，各機關對組織法規所定之職務，應賦予一定範圍之工作項目，適當之工作量及明確之工作權責，並訂定職務說明書。又依同法施行細則規定，職務說明書訂定辦法由銓敘部定之。其情形如下：

(一)賦予一定範圍之工作項目：各機關依其組織法規及辦事細則或處務規程所定之各項職掌，並參考年度施政計畫，可列出一機關應行處理之各種工作，並對每種工作給予適當名稱，即爲工作項目。設某機關共有一百個工作項目，組織法規中定有十種職務，則可將此一百個工作項目，分別賦予至十種職務，使每種職務均有一定範圍的工作項目。惟爲期工作項目能盡量與各種職務相配合起見，在賦予工作項目時，須注意下列各點，即 1.所賦予工作項目之性質，應與職務之特性保持一致，如科員職務宜賦予行政管理性的工作項目，技士職務宜賦予技術性的工

作項目，科長職務宜賦予監督性的工作項目；2.所賦予工作項目之職責程度，應與職務之地位高低保持一致，如辦事員職務應賦予職責程度低的工作項目，科員應賦予職責程度略高的工作項目，專員職務工作項目之職責程度又需較科員職務之工作項目爲高等；3.凡賦予同一職務之工作項目，其性質盡量相同，其職責程度盡量相同。

（二）賦予明確的工作權責：處理工作之權責，通常可劃分爲下列三種，卽1.擬辦權責，其特點爲對工作之處理，只能提供建議及意見而無權決定，對所提供之建議及意見是否恰當固負有責任，但通常不負成敗之最後責任；2.審核權責，其特點爲對所提供之建議及方法，有審查其是否合法及恰當之責，如認爲不恰當時，只可提出自己的看法，仍無權決定，故亦不負工作成敗之最後責任；3.核定權責，其特點爲對工作之處理，有最後決定權，因而亦負有工作成敗之最後責任。對賦予一個職務之各個工作項目，職務人員在處理時究竟具有何種權責，則須在該職務之職務說明書中，按工作項目分別予以決定。

（三）賦予適當的工作量：爲免增加閒員，對各職務在員額編制內所任用之人員數額，須以工作量爲主要依據。如某職務各工作項目之工作量，由一個人員卽可擔任時，則以任用一人爲限；如工作量增加致需由二個人員方能擔任時，則可再任用一人，以免影響工作之進行。

（四）訂定職務說明書之程序：依職務說明書訂定辦法之規定，其程序爲1.擬塡：由現職人員依據職務說明書所定項目，據實擬塡，如無現職人員之職務，由機關指定適當人員擬塡；2.核正：經擬塡之職務說明書，由單位主管核轉人事單位切實核正，並擬具所歸職系陳機關首長核轉歸系機關；3.核定：由歸系機關核定，並函送銓敍機關備查。又職務原有之工作項目或職責程度發生異動，無論是否需要變更職系或官等職等，均應修正其職務說明書，並依規定程序函銓敍機關備查。再同一單

位職稱相同，所任工作項目相同，職責程度及所需資格均屬相同之各職務，得由人事單位規劃，予以統一訂定一共同職務說明書。

　　四、職務說明書之構成：依職務說明書訂定辦法規定，一份理想的職務說明書，應包括下列十項，其中(八)(十)兩項自七十九年起已刪除。

　　(一)職務編號：指每一職務之代替號碼，包括本機關單位之代號及本職務之代號。

　　(二)職稱：指每一職務之稱謂，亦即組織法規或員額編制表所定之職務名稱。

　　(三)所在單位：指職務所隸屬之單位。

　　(四)官等職等：指職務所列之官等職等。

　　(五)職系：指本職務所歸之職系。

　　(六)工作項目：依機關組織法規、業務職掌依序填列工作項目，並註明各所佔時間百分比。

　　(七)工作權責：指基於職掌所為之建議與所作之決定，對機關業務或社會大衆之利益所生之效果。

　　(八)資格條件：依職等標準所定擔任本職務最低職等之任用資格。

　　(九)所需知能：依職等標準說明本職務所需之學識、才能、技術、訓練、經驗、所需創造力以及領導能力等。

　　(十)作業方法：依工作項目分別說明工作流程，所受及所予監督，機具使用以及法令規章之運用等。

　　五、職務說明書舉例

臺灣省農業試驗所 375060300 G	職　務　說　明　書	一、 職務 編號	○三—○八
二、 職稱	副研究員	三、 所在 單位	農藝系

四、官等職等	薦任第七至第九職等	五、職系	農業技術職
六、工作項目	一、主持與農業試驗有關之試驗統計方法研究。 二、主持作物族羣遺傳學及統計遺傳學之研究。 三、主持農業試驗研究資料之電腦化及系統化處理。 四、協助各系同仁解決各種試驗統計上之問題。 五、其他上級交辦事項。		
七、工作權責	一、本職務由所長及系主任指揮監督。 二、本職務指揮監督本研究室員工從事各項試驗研究。		
八、資格條件	一、具有相關科系博士學位或碩士學位並從事研究工作三年以上者。 二、大學院校相關科系畢業經高考及格並有十年以上研究經驗者。		
九、所需知能	一、需精通數理統計學、試驗設計學、生物統計學、遺傳學、族羣遺傳學、統計遺傳學、作物育種學、生態學、資訊科學、電腦軟體設計學及其他各種農業科學之豐富知識。 二、處理工作時應有獨立思考、規劃、分析、研究等能力。		
十、作業方法	一、在作業前上級予以重點之指示，例行案件可自依規定辦理，工作程序、方法、步驟得自行研判規劃處理。 二、處理工作時須經常與所長、系主任及有關單位人員接觸協商研討等。 三、本職務處理前項工作項目時，視工作需要情形與有關單位人員聯繫，商討交換意見，充分準備各項工具、儀器以及田間之各項工作。		
備註			
機關首長		人事主管	填表人

中 華 民 國 七十五 年 十二 月 十八 日

說明	一、本說明書共分十欄，其中第二、三、六、七、十各欄由現職人員填寫，其他各欄由人事單位填寫。 二、現職人員應依規定據實擬填，如無現職人員之職務，得由機關指定適當人員擬填，送由單位主管核轉人事單位切實核正並擬具其所應歸之職系，陳機關首長核送歸系機關。

第四項　辦理職務歸系列等

各機關組織法規所定之職務，訂定職務說明書後，依公務人員任用法及其施行細則規定，應即就職系說明書所定之業務性質，歸入適當之職系；依職務說明書所定之職責程度及資格條件，依職等標準列入適當之職等；是爲職務之歸系列等。其情形如下：

一、職務歸系列等之意義：係指將各機關組織法規所定之職務，分別決定其所屬之職系及職等，以爲處理該職務人員考試、任用、俸給、考績業務之準據。故人事體制如只有空的結構，在人事行政上並無作用，必須將各種職務列入結構（亦即歸系列等）後，始能作爲運行人事行政的軌道。

二、職務歸系列等之作用

(一)在考試上的作用：當職務歸系後，舉辦該職務新進人員之考選時，即以所歸職系爲準設定考試類科；職務列等後，該職務新進人員考選之應考資格，即以所列職等爲準訂定；應試科目則以該職務說明書中所須資格條件爲準而擬定。各職務原有人員晉升至同職系或同職組之較高職等其他職務時，除得經由考績升等者外；須經升官等考試及格。

(二)在任用上的作用：當職務歸系列等後，凡屬同一職系職等之各職務人員，其任用資格相同，擔任職務所需之各種資格條件相同；公務人員晉升途徑，可經由歸系列等而顯示出來，即較低職等之職務人員，根據考試或考績可晉升至同職系或同職組之較高職等的職務；公務人員之遷調範圍亦可經由歸系列等而限定，如在同職系同職等之各種職務間可予調任，在同職組之各職系同職等之各種職務間亦可予調任，如需調至不同職組同職等之職務時，則需經過其他認定的程序方可。

(三)在俸給上的作用：當職務歸系列等後，凡列入同一職等之職

務人員，其本俸與年功俸依同一標準支給；凡屬同一職系職等之職務人員，其加給之給予原則上亦依同一標準辦理，但如工作地區有不同時，其地域加給得分別規定。

(四)在考績上的作用： 當職務歸系列等後， 凡列入同一職系職等之職務人員，其考績標準原則上應屬相當，但如所處理之工作項目不同且各別定有工作標準時，則可適用不同的標準辦理考績。

(五)在其他方面之作用：當職務歸系列等後，凡列入同一職系職等之職務人員，其訓練進修可適用同一的課程，其命令退休年齡可作統一的規定；列入較高職等之職務人員，其訓練進修應注重於理論性及領導管理的課程，列入中間職等之職務人員，應以專業性課程爲主，列入較低職等之職務人員， 應以實務性課程爲主； 再列入較高職等之職務人員，其命令退休年齡可較中間職等職務者略高，而列入中間職等之職務人員，其命令退休年齡又可比較低職等之職務人員略高。

三、職務歸系： 依職務歸系辦法規定，其要點爲

(一)歸系之依據： 職務歸系，係根據職務說明書所定之工作性質，依職系說明書暨其他有關規定，歸入適當之職系。

(二)歸系之原則： 將職務歸入職系時，應注意下列原則的應用， 即 1.一職務之全部工作項目性質，均屬於同一職系者，以其工作性質爲準歸系； 2.一職務之各工作項目性質，分別屬於兩職系以上，而各項工作責任程度不相當者，以其責任程度較高之工作性質爲準歸系； 3.一職務之各項工作項目性質，分別屬於兩職系以上，而各項工作責任程度相當者，以其工作時間較多之工作性質爲準歸系。

一職務之各工作項目性質，分別屬於兩職系以上，而各項工作責任程度相當，工作時間相同者，如係非主管職務，應調整工作後，再依上述原則歸系；如係主管職務，因業務需要必須同時歸入兩職系時，應報

經銓敍部核准。

(三)歸系之程序: 將職務歸入職系時，應經下列程序，即 1.所在機關擬議: 各職務所在機關，應設職務歸系小組，由機關首長遴派三人至五人組成，負責擬議職務之歸系，報由歸系機關或其受委託機關核辦; 2.歸系機關審核: 歸系機關或其受委託機關，應設置職務歸系審議委員會，置委員十至十五人，負責職務歸系之審核; 3.銓敍部核備: 經辦理歸系之職務，應由歸系機關送銓敍部核備。再歸系機關及銓敍部，如認有歸系欠當時，得通知重行核議; 又各機關對所屬職務之歸系如有異議，得於規定期限內申請複核，但以一次為限。

四、職務列等

(一)列等之依據: 職務列等，係按職務說明書所定之職責程度及資格條件，與職等標準相比較後，決定職務應列之職等。

(二)列等之彈性運用: 當職務如能直接依職等標準列等，自應按職等標準列等，但如由於職等標準敍述之過於抽象，致與職務說明書難作正確之比較時; 或為便利一職務人員之羅致及鼓勵一職務人員之久任起見，則可作下列的彈性運用:

1. 設計內容較明確具體之因素程度區分及配分表，作為評定各種職務職責程度分數之依據，再根據所得分數換算應列之職等。惟應用此種列等輔助辦法時，需經列等主管機關的核准。

2. 將職務跨等: 依公務人員任用法及其施行細則規定，必要時一個職務得列兩個至三個職等，而跨等之方法有(1)跨應列職等之上一或下一個職等（合計為兩個職等）; (2)跨應列職等之上一及下一個職等; (3)跨應列職等之上兩個職等; (4)跨應列職等之下兩個職等（合計均為三個職等）。

(三)訂定職務列等表: 依公務人員任用法及其施行細則規定，職務

列等表，係指將各種職務，按其職責程度依序列入適當職等之文書，並按機關層次、業務性質，訂定職務列等表。行政院及所屬各機關之職務列等表，由銓敍部會同行政院人事行政局擬訂，報請考試院核定；其餘機關之職務列等表由考試院定之。

職務列等表旣須按機關層次及業務性質訂定，則機關層次及業務性質區分之多寡，將影響及職務列等表數之多寡。以機關層次言，在中央機關，其層次可區分爲國民大會、總統府及五院，各部會處局署，各部會處局署之直屬機關，各部會處局署所屬二級以下機關等層次；地方機關則可分省市政府及各廳處局，各廳處局直屬機關，各廳處局所屬二級以下機關等層次；縣市政府，縣市政府所屬機關；鄉鎮區公所及所屬機關等層次。以業務性質言，在中央機關中，可分一般政務機關、國家安全機關、司法機關、駐外機關等；在地方機關中，可分一般政務機關、地方民意機關、地方選舉機關、金馬地區機關等。現行職務列等表，共計八十餘種。職務列等表舉例，如下頁所示。

（四）製作本機關職務歸系列等表：各機關如將本機關組織法規所定之職務，依其歸系及列等結果，製成本機關職務歸系列等表，則對本機關各職務人員之進用、任審、升遷及調任人事作業，將更有幫助。

各部會局處署代表性職務列等表

官等	職等	代表性職務
簡任	十四	常務次長、副主任委員、副局長、副署長
	十三	秘書長
	十二	
	十一	副秘書長
	十	參事、技監、司長、處長、主任秘書、副司長、副處長、專門委員兼辦
薦任	九	科長、主任、視察、秘書、技正、專門委員、專員
	八	編輯
	七	
	六	
委任	五	科員、技士、助理、辦事員、佐理、書記
	四	
	三	
	二	
	一	

五、職務歸系列等之調整：當一個職務予以歸系列等後，遇及職務說明書內容有重大修正時，或原有職系有重大修正時，或職等標準職責程度有修正時，需考慮調整原有職務之歸系或列等。

第三節　官職分立制

政府機關中，除絕大部分實施職務分類制外，而警察機關及海關則實施官職分立制，但警察機關組織法規所定之一般行政人員及技術人員及海關之人事主計人員，則仍適用職務分類制。官職分立制，係屬較粗廣的性質區分與較精細的程度區分爲結構，以職務爲對象，並應用預行定等法將職務列入結構之人事體制。茲分項簡述如下。

第一項　預定體制結構

體制結構中之程度區分，以法律定之；性質區分則由法律定之或由主管機關以命令定之。

一、性質區分：海關所執行之任務，由法律定爲關務及技術兩類，警察機關所執行之任務，由主管機關區分爲行政警察、保安警察、交通警察、衞生警察、消防警察、刑事警察、特種警察、民防、督察、警察教育等十種。以上區分，旣無職系之名，更無職系說明書之訂定。

二、程度區分：依警察人員管理條例規定，探官等與官階並列，官等分警監、警正、警佐三等，每等之內再各分一、二、三、四四階，均以第一階爲最高。依關務人員人事條例規定，關務人員探官稱與職務分立，並與公務人員之官等職等配合，官稱分監、正、高員、員及佐五種，各分若干官階。

三、體制結構：從性質區分與程度區分所交錯而成的結構如下：

警察人員體制結構

官等	職務官階	行政	保安	交通
警監	一　階			
	二　階			
	三　階			
	四　階			
警正	一　階			
	二　階			
	三　階			
	四　階			
警佐	一　階			
	二　階			
	三　階			
	四　階			

關務人員體制結構

官等	職等	官稱、官階					
簡	14						
	13	關	技	一階			
	12	務	術	二階			
	11			三階			
任	10	監	監	四階			
薦	9	關務	技術	一階			
	8	正	正	二階	高級關務員	高級技術員	一階
	7						二階
任	6						三階
委	5	關	技	一階			
	4	務	術	二階			
	3	員	員	三階	關務佐	技術佐	一階
任	2						二階
	1						三階

第二項　將職務列入結構

　　列入體制結構之對象為職務，將職務列入結構之結果，警察機關應訂定警察人員職務等階表，海關應訂定關務人員職務稱（官稱）階（官階）表。

　　一、以職務為對象列入結構：各警察機關及海關組織法規所定各種職務，依其任務之性質及職務之繁重性、地位高低及擔任職務所需資格之高低，分別列入適當之類別與等階及稱階。如職務之繁重性、地位高低及所需資格高低之幅度甚大者，則可跨等階或稱階。但每一職務並無職務說明書之訂定，列入結構時，除組織法規另有規定外，需參考下列原則，根據判斷決定其等階及稱階：

　　（一）主管職務之等階及稱階高於非主管之等階及稱階：如一機關之

首長職務，其等階及稱階應比所有非主管職務爲高；一科之科長職務，其等階及稱階應比科內所有非主管職務爲高。

(二)上級主管職務之等階及稱階高於所屬主管之等階及稱階：如首長職務之等階及稱階應高於所屬各級主管之等階及稱階，科長職務之等階及稱階應高於所屬股長職務之等階及稱階。

(三)高層級機關職務之等階及稱階高於低層級機關相關職務之等階及稱階：如高層級機關首長職務之等階及稱階，應高於所屬機關首長之等階及稱階；高層級機關秘書應高於所屬機關秘書之等階及稱階。

(四)同一機關內非主管職務之等階及稱階依其地位高低排列：如警察機關及海關常用之非主管職務，有專門委員、督察、秘書、專員、科員、課員、督察員、分局員、工程員、巡官、巡佐、辦事員、隊員等，在觀念上認爲地位之高低，亦大致作如此的排列，因而在列等時，則高職務之等階及稱階應高於低一職務之等階及稱階。

二、**職務之跨等階及稱階與職務高低之認定**：警察機關及海關間之層級甚多，職務種類甚爲複雜，及爲鼓勵人員久任起見，致將職務列等之結果，常出現同一職務有跨階甚有跨等及稱之現象，且有跨至四個階者。因此對跨階之職務，其職務高低應如何認定，須有一定的原則作爲依據，以利升遷途徑之制定。一般而言，其認定職務高低之原則爲：

(一)最高等稱階不相同者，以最高等稱階較高之職務爲較高職務。

(二)最高等稱階相同而最低等稱階不相同者，以最低等稱階較高之職務爲較高職務。

上述認定職務高低之原則，對其他人事體制中之跨等職務，亦同樣適用。

三、**訂定職務等階及稱階表**：將各機關之職務列入結構後，即可按機關層次訂定職務等階表及職務稱階表，並報考試院核定後施行。

四、**職務等階表之修正**：遇及機關之組織法規有修正，致原定職務有增減，或對職務之等階及稱階有變動時，則對原定之職務等階表及職務稱階表，亦需隨同修正。

五、**警察機關職務等階表及海關職務稱階表舉例**

內政部警政署

官等	官階	本俸俸級	本俸俸額	職務名稱
警監	一階	一	680	署長
		二	650	
	二階	一	625	主任秘書
		二	600	
	三階	一	575	組長室主任
		二	550	
	四階	一	525	
		二	500	
		三	475	
警正	一階	一	450	秘書
		二	430	
		三	410	
	二階	一	390	專員／組
		二	370	
		三	350	
	三階	一	330	
		二	310	
		三	290	
	四階	一	275	
		二	260	
		三	245	
警佐	一階	一	230	員
		二	220	
		三	210	
	二階	一	200	
		二	190	
		三	180	
	三階	一	170	
		二	160	
		三	150	
	四階	一	140	
		二	130	
		三	120	
		四	110	
		五	100	
		六	90	

財政部關稅總局

官等	職等	官稱	官階	職務名稱
簡任	十四			
	十三	關務（技術）監	一階	總局長
	十二		二階	研究委員／處長
	十一		三階	
任	十		四階	工程司／秘書
薦任	九	關務（技術）正／高級關務（技術）員	一階	秘書／科長／專員／設計師
	八		二階（一階）	
	七		三階（二階）	
任	六		三階	科員
委	五	關務（技術）員	一階	工程員
	四		二階	辦事員
	三	關務（技術）佐	三階／一階	
	二		二階	
任	一		三階	書記

第四節　職位分類制

職位分類制，又稱職位評價制，在公營之生產事業機構，如經濟部所屬之各公司，臺灣省政府所屬生產事業機構，及臺北市政府所屬之臺北自來水事業處等，均適用之。但各生產事業所採行者，又不盡相同。茲以經濟部所屬生產事業機構所用者爲準，簡述如下。

第一項　預定體制結構

體制結構中之性質與程度區分，　目前均由主管機關以行政命令定之。

　　一、性質區分及訂定職組職系定義：將生產事業機構之業務，依其性質先作大致的區分，　稱爲職組；再將同一職組之業務作較精細之區分，稱爲職系，每一職組中包括有若干職系。以經濟部所屬事業言，計共區分企業管理、一般管理、人事及工業關係、財務、主計、業務、理論科學、工程、生物科學、醫療、物料、運輸等十二個職組，五十餘個職系。每一職組及職系，均以書面文字訂定其定義，以憑辦理職位歸系之依據。職組職系之定義如下例：

　　(一)人事及工業關係職組定義：本職組所包括之職系，其職責爲籌劃、管理、監督或執行下列工作，1.有關人事管理之工作；2.附設學校與員工訓練工作；3.員工關係與福利工作。

　　(二)人事及工業關係職組中人事管理職系定義：本職系所包括之職位，其職責爲籌劃、管理、監督或執行下列工作，1.組織職掌與人員編制配合之擬訂；2.各項人事管理工作，包括考選、任免、調遷、考績、獎懲、待遇服役、撫邮及退休等；3.無法隸入本職組其他職系有關本職

組之綜合性工作。

二、區分程度及訂定評分標準：將生產事業各職位之任務與責任，依其職責程度之高低區分職等， 並訂定職位評分標準， 以利職位之歸等。

(一)訂定職等： 將業務之職責程度，區分爲十五個職等，以第一職等爲最低，第十五職等爲最高。

(二)訂定職位評分標準： 評分標準，按品評職位所用之七個因素，每個予以區分爲若干程度， 每一程度內容作文字說明， 並配以適當分數。評分表如第 121～127 頁所示。

(三)訂定分數換算職等表：將各職位依評分標準評定分數，再換算爲應列之職等。換算標準如下：

職等	一等	二等	三等	四等	五等	六等	七等	八等	九等	十等	十一等	十二等	十三等	十四等	十五等
分數	60分	65~95	105~140	150~190	210~230	235~245	250~270	275~290	295~310	315~325	330~355	360~400	410~460	470~540	550以上

第二項　辦理職位歸級

所謂職位歸級， 包括職位調查， 確定職系， 職位品評列等三種工作。茲簡述如下：

一、職位調查： 辦理職位歸級， 需先了解職位的內容，職位有其意義， 職位內容通常經由製表調查而獲悉。

(一)職位之意義： 指分派一工作人員之職務與責任。故職位之內容是職務與責任，簡單的說就是工作，而非擔任工作的人。

(二)職位調查： 通常爲製作職位調查表，分由各工作人員就自己職

位之工作情況，按表列項目予以填寫，並經由主管人員之審查。爲求職位內容之詳確，除製表調查外，必要時並作實地調查，以作補充及校正。其他如組織規程、辦事細則、授權辦法、組織系統表、工作歷程圖、職責分配表等，於職位調查時亦須加蒐集。職位調查表式及職責內容填寫說明如下：

1. 職位歸級調查表：

注意: 一、填表前請先閱填寫說明。
二、填表人請填寫一式四份。

組織及職位編號	

甲、一般項目

姓　名		職稱	
服務機構		工作地點	
填報原因			

本表所填職務與責任係屬正確完備	填表人簽名蓋章	年　月　日

乙、審查情形

主　管	職　稱	姓　名	簽　章	日　期
直接主管				年　月　日
間接主管				年　月　日
單位主管				年　月　日

本表所填各項均係正確完備

丙、核定情形

機關名稱	歸級職稱	職組	職系	職等	分類體系編號	核定人簽章	日　期
初核單位							年　月　日
複核單位							年　月　日
核定單位							年　月　日

職責內容　（請參考本表所附之「職責內容填寫
　　　　　　說明」與「實例」填寫一式四份。）

2.　職責內容填寫說明：

　　為使各現職工作同仁，填寫職責內容詳盡起見，本調查表係採分項
敍述方式填寫。填寫人員對職責內容之第一項，應敍明所任職位辦理之
各項工作。第二至第七項，應敍明各項工作之難度、重要性、以及其責
任之大小。第八項應敍明擔任本職位所需具備之知識、技術、能力、學
經歷等。其中第二項至七項與第一項中各項工作之關係、以及第一項至
第七項對第八項之關係，均係相互關聯，前後呼應，填寫時，希予特別
注意及之。茲列舉職責項目填寫內容要點如次：

(1)　工作性質與目的（卽工作之複雜性）：

　　①概述：簡述本職位所服務單位之任務以及本職位在該單位中之位
　　　置與工作之目的。

　　②所任工作項目：分項列舉所擔任之工作，對每項工作之內容，予
　　　以扼要說明，務能顯示辦理各項工作所需應用知識、技術能力之
　　　廣度與深度，並於各該項工作之後，分別注明所佔全部時間之百
　　　分比。各項工作項目填寫之順序，可依據工作之程序或重要性為
　　　次第，以能表現工作之全貌為最佳。

(2) 所予監督：

①如有監督他人工作，（無則免填）則敍述受本職位直接監督與間接監督之人數與職稱。如所監督之人數在十個以上時，除填所列監督人數之總額外，僅須摘要填述其中十人之職稱。

②對所屬人員工作監督之性質、範圍與方式，予以詳細敍述或舉例說明。其中應包括對屬員工作之規劃與設計，對屬員工作之指派方法，以及對屬員工作成果在時間與質量方面之考核等。

(3) 所受監督：

①敍述對本職位直接監督主管之職稱。

②直接監督主管對本職位工作監督之性質與程度，予以詳爲敍述或舉例說明。其中應包括工作辦理前，主管對工作指示之詳簡程度。（如對工作成果之要求，有逐項詳明之指示；或僅以達成最終工作目的概括指示之；或僅以工作總目標概括指示之）。工作進行期中，主管對工作方法指導之情形。工作完成後，主管對工作審核之方式與程度。

③本職位工作上所必需請示上級主管決定之事項與理由，詳予敍述或舉例說明。

(4) 所循例規：

①填列本職位日常工作所需應用之法律、規章、命令、事例或書刊。

②敍述本職位處理工作與決定事項時，引用法律、規章、命令、事例及書刊等，所需判斷能力之程度。其中應說明應用法律、規章、命令、事例及書刊時，所需予以適當解釋、引伸、或裁酌之困難程度，以及運用判斷力時所須具有之專業知識、經驗與訓練。

(5) 工作效果及範圍（卽言行之效力與影響）：

①本職位基於職掌所爲之建議與所作之決定，對機構之業務或社會上一般人民之權益，將發生何種效果及影響？予以詳爲敍述或舉例說明。

②本職位在工作上所能自行作主處理之權限與效力如何？以及在工作上之措施與決定，所受之限制與約束如何？予以詳爲敍述或舉例說明。

③敍述本職位處理工作，如有錯誤，對人員、機器、原料、設備、資金、業務、工作成果、他人生命、權益等，將發生何種影響或損害？發生影響或損害之可能性、範圍及程度如何？其中應敍明改正錯誤之可能性，與改正錯誤之代價，以及錯誤是否容易發現。

④敍述本職位對工作上所保有之機密，如有洩漏，將發生何種影響或損害？發生影響或損害之可能性、程度及範圍如何？

(6) 所需創造力：

①敍述本職位工作上所需之審辨、變更、及改進能力。又如何審辨、變更與改進？以及審辨、變更與改進之內容與程度如何？（所謂審辨──指對不合規定或與規定不盡符合事項之及時注意與辨別能力。變更──指對規定稍有偏離事項之變通處理能力。改進──指對工作上所需改變成規或改進舊法能力）。

②就本職位工作上爲求達成工作目標或解決工作問題時，所需啓始、創革、以及判斷等之智能程度，予以詳爲敍述或舉例說明。（所謂啓始──指對工作上無章則例規可循所爲之措施。創革──指對工作上所需之建樹與發明。判斷──指對工作上適當行動策略之決定）。

(7) 與人接觸:

　①敍述本職位因處理工作之需要、除主管與屬員外，經常與他人接觸之範圍、目的、性質、方式與次數等。應摘要列述處理某項工作須與何人接觸，其接觸之目的安在? 重要性如何? 以及接觸之方式與次數之多寡。

　②本職位工作需要與人接觸，如供求資料、交換意見、解釋疑難、說服他人採取措施等，其困難之情形與程度如何? 又如何解決其困難? 予以詳述或舉例說明。

(8) 所需資格:

　　就擔任本職位工作所需具備之知識、技術、能力、資質、教育、經驗、訓練、體能、以及其他資格等之程度與內容，予以詳為敍述。

(9) 其 他:

　　舉凡特殊之知識、技能、工作環境及其他值得考慮之因素，足以影響其工作之職責，而未包括前列各項目之內者，均於此項中予以詳述。

　二、確定職系: 將各職位就其有關工作性質方面之敍述，與職系定義相比較，依據下列原則，確定其應屬之職系。

　(一)凡一職位所擔任之工作內容，俱屬同一職系者，則逕行歸入該職系。

　(二)凡一職位之工作內容，分屬同一職組內兩個以上職系者，則以其工作時間超過 50% 者為準歸入適當之職系; 如各項工作時間均未達50%，則歸入其所屬職組之綜合性職系。

　(三)凡一職位工作內容，跨越兩個以上之職組，以所佔時間最多者為準歸入適當職系，如所佔時間相同，則以主管人員認定之最主要工作歸入之。

三、**評分列等:** 將確定爲同一職系之職位，再就職位調查表中有關
職責程度方面之敍述，依評分標準，評定各職位應得分數，而後按所得
分數依分數換算職等表，換算爲應列之職等。

四、**辦理歸級之程序:** 通常分㈠由各職位所在單位初評；㈡再由各
事業機構複評；㈢首長核定；三個程序進行。

第三項　職位管理與職位分類標準之修訂

一、**職位管理:** 職位歸級係以職位之職務與責任爲中心，而各職位
之職務與責任是常在變動的，故職位歸級後，尚須作職位之管理；當一
個職位歸級後，如遇及職務與責任有重大變動時，應卽再塡寫職位調查
表，並重辦確定職系與評分列等。

二、**職位分類標準之修正:** 職位分類標準係以事業之業務爲依據，
而各事業之業務係在不斷的發展與更新，故職位分類標準亦須配合修
正。當遇及事業之業務有重大更新與發展時，應卽檢討原有職組職系區
分，如發現有區分不確當者，應卽予以增加或減少或調整職組、職系，
並修正原有之職組、職系定義；又如由於業務之重大更新與發展，致原
有評分標準有不適當時，亦應作配合的修正。

第五節　資位職務制

公營交通事業，均適用資位職務制，如郵政、電信、鐵路、公路、
航運、港埠等事業之人員，其人事管理均以此種體制爲基礎。資位職務
制，是以粗廣的性質區分與較粗廣的程度區分爲結構，以職務爲對象，
並採用預行定等法將職務列入結構之人事體制。茲分項簡述如後。

第一項　預定體制結構

體制結構中之性質區分與程度區分，均由法律定之。

一、性質區分： 依交通事業人員任用條例規定，交通事業人員之資位，依其性質分業務類、技術類兩類，另總務人員取得資位者列為總務類，未取得資位者則適用職務分類制之規定。各類別之內涵，並無有如職系說明書之訂定。

二、程度區分： 依交通事業人員任用條例規定，交通事業人員資位，依其所需資格之高低，區分為長級、副長級、高員級、員級、佐級、士級六級。各資位之程度高低，亦無有如職等標準之訂定。

三、體制結構： 資位職務制之體制結構如下表所示

程度區分 ＼ 職務 ＼ 性質區分	業　務　類	技　術　類	總　務　類
長　　　級			
副　長　級			
高　員　級			
員　　　級			
佐　　　級			
士　　　級			

四、體制結構之穩定性： 因性質區分之類別與程度區分之資位，均在條例中明文規定，除非法有修正，無法由行政命令變更，故其結構具

有穩定性，此與職務分類制、官職分立制、職位分類制之結構，可以行政命令作或大或小幅度之改變者不同。

第二項　將職務列入結構

將交通事業組織法規所定之職務，採用區分類別與預行定等法列入。

一、區分職務類別： 職務從其名稱，認定工作性質與區分類別。如局長、副局長、處長、科長、主任、業務員等，區分爲業務類；總務科長、人事主任、會計主任等，區分爲總務類；工程司、技術員、司機等區分爲技術類。因係根據職務名稱而認定其類別，故其可靠性較差。

二、區分職務資位： 職務從其名稱及隸屬關係，認定其應屬資位之高低。如局長、副局長，因其爲正副首長、地位高、職務繁重，故宜列入長級資位；工程司、科長、人事主任，或爲單位主管或爲高級技術人員，故宜列入副長級或高員級資位；業務員、技術員，受單位主管指揮監督，處理一般性工作，宜列入高員級或員級資位；司機係屬操作性工作，宜列入佐級或士級資位等。

三、編製職務資位表： 將職務分類並列入資位後，則可編製職務資位表，以爲運行人事管理之軌道。其情形如下例：

薪級	薪點	類別　業務類
1	800	
2	790	
3	780	
4	750	
5	730	
6	710	
7	690	
8	670	
9	650	
10	630	
11	610	
12	590	
13	550	
14	535	
15	520	
16	505	
17	490	
18	475	
19	460	
20	445	
21	430	
22	415	
23	400	
24	385	
25	370	
26	360	
27	350	
28	340	
29	330	
30	320	
31	310	
32	300	
33	290	
34	280	
35	270	
36	260	
37	250	
38	240	
39	230	
40	220	
41	210	
42	200	
43	190	
44	180	
45	170	
46	160	

業務長：局長、副局長、港務長

副業務長：室副主任、所主任（員工訓練所）。處長、分局長、廠長、組長、室主任、會計主任、副港務長、主任秘書

高級業務員：乙丙等人事主任、丙等人事主任、室副主任、所副主任、所主任（員工訓練所）、秘書、課長、專員、視察、副所長、副廠長、總務副主任、帳務檢查員、臺長、站長、教務員、訓導員、課員。材料配件庫主任、倉庫主任、副主

業務員：股長、臺長、站長、教務員、訓導員、帳務檢查員、查員、稽查、總務主任、材料配件庫主任、倉庫主任、副主任、丙等人事主任、副主

業務佐：材料員、辦事員、佐理員、助理員、倉庫副管理員。

業務士：佐理員、助理員、倉庫副管理員、辦事員、雇員。

各類業務工

職　務　薪　給　表（港務）

技　　術　　類					
技術長	副技術長	高級技術員	技術員	技術佐	技術士
局長、副局長、總工程司、港務長。	副廠長、辦事處主任。局、港務長、主任工程司、正工程司、副局長、組長、處長、廠長、工程處副處長、分副港務長、工程處副處長、副總工程司、主任秘書、	課長、副工程司。所主任、所副主任、貨櫃場、谷倉副主任、技士、幫工程司、股長、臺長、站長、工務員、長、工程處副處長、主任工程正、副廠長、工程處主任工程副港務長、辦事處主任、分局港、主任工程司、正工程司副處長、所	勞工安全管理員。股長、谷倉副主任、臺長、站長、所主任、所副主任、貨櫃技士、幫工程司、工務員、	技佐、繪圖員、監工員。技佐、監工員、繪圖員。	技術各類領班、副領班。技術各類領班、副領班及匠工。

第六節　其他體制

除以上第二至第五節所述之四種人事體制外，尚有金融事業之職務責任制，一般機關之聘用制及雇用制。茲簡述如後。

第一項　職務責任制

各公營金融事業，原公布有國家銀行職員任免條例，將國家銀行職員分爲一、二、三、四四等，但該條例並未正式實施，因而各金融事業乃採職務責任制，作爲人事管理之運行軌道。

一、區分性質：各金融事業，其業務均屬同一性質，故不再作性質的細分；另公營保險事業亦採此種體制。故就性質區分，可區分爲金融業務與保險業務兩類，但無類似職系說明書之規定。

二、區分程度：將金融及保險業務，依其職責程度區分爲十五個職等，但各職等亦無類似職等標準或評分標準之規定。

三、將職位列等：由各金融及保險事業，將組織規程中所定之職位，就其所任工作繁簡難易及職責程度，根據判斷，逕行列入職等，除職位說明書外，亦無客觀方法予以區分等別。並將列等結果，制作職務列等表如下例：

職等	職　　　　　　　　　　　　　　　　　稱
15	副總經理、顧問
14	室主任、部經理、專門委員、一等分行經理
13	室副主任、部副經理、一等分行副經理、二、三等分行經理、研究員

12	總行一等分行襄理、二、三等分行副經理、高級專員、秘書、稽核
11	科長、一等分行課長、二、三等分行襄理、中級專員、助理秘書、助理稽核
10	副科長、一等分行副課長、二、三等分行課長、初級專員
9	二、三等分行副課長、倉庫管理員
8	辦　　事　　員
7	助　　理　　員
6	練　　習　　生
5	雇　　　　員
4	司　機、技　工
2	工　　　　友

第二項　聘用及雇用制

在政府機關及公營事業中，尚有少數人員係適用聘用制與雇用制者。派用制人員，則分別適用前述職務分類及職位分類制。

一、聘用制

(一)適用範圍：各機關爲發展科學技術，或執行專門性之業務，或專司技術性研究設計工作，且非本機關現有人員所能勝任者，得以聘用制，以契約定期聘用人員處理。

(二)體制結構：對性質區分，並無規定，但以專門性業務及技術性研究設計工作爲主。對程度區分法無明定，但行政院爲期所屬各機關不

致濫用約聘制起見，曾訂有若干補充規定，如所擔任工作之職責，相當於職務分類制薦任第六至簡任第十三職等之職責時，應以聘用具有各該職等學識技能水準之人員擔任爲原則，故聘用制之職責程度亦可說是區分爲八個職等（卽自薦任第六職等起至簡任第十三職等止）。

二、雇用制

(一)適用範圍：各機關對簡易之文書性、操作性、管理性工作，得採雇用制。雇用人員如以契約方式僱用時，則稱約雇制。

(二)體制結構：雇用制，旣不再作性質的區分，其職責程度均在委任第一職等以下，亦不再區分職等，所有雇用人員之人事管理，均用同一標準處理。約雇制，亦不再作性質區分，但對職責程度則比照職務分類制委任第一至第五職等職責程度，區分爲五個職等，將各約雇人員之工作，依其職責程度之不同，列入適當之職等，並以約雇具有各該職等學識技能水準之人員擔任爲原則。

第 107 頁所述七個因素之評分表如後：

1. 工作複雜性

指辦理工作時所需知識、技術、能力之廣度與深度

因素定義	工作複雜性

程度	定義	中點(分數)
第一程度	範圍狹窄界限明確之單純工作，僅包括數種相關之工作上直接相關項目，或數種不相關聯之反覆性工作項目，其逐項或全部工作，均無須特殊知識與技能。	7
第二程度	工作中僅需具備基本相似之知識、技能與方法。	27
第三程度	工作中須具備數種知識、技能、方法及準則，此項知識、技能、方法雖係基本相關，但常屬不相同之專業。	65
第四程度	工作中包括多種本質上不同之門類，所需知識、方法、準則及日標，非但基本不相關聯，且顯於截然不同之業務。	96

2. 所受監督

指上級對於本職位工作監督之性質及程度、包括工作之指派、工作方法之指導以及工作成果之考核

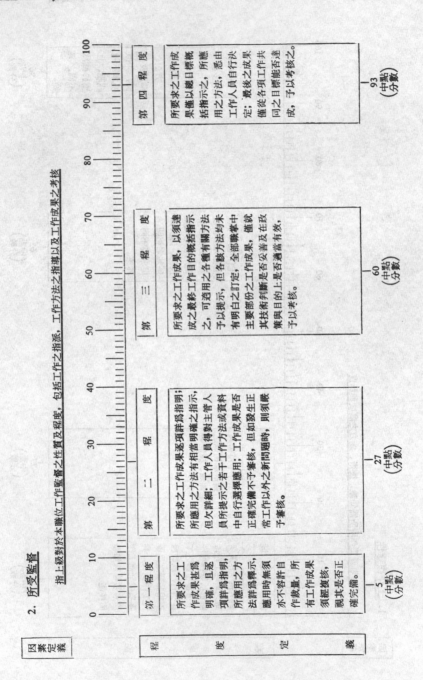

因素定義

程度

	第一程度	第二程度	第三程度	第四程度
定義	所要求之工作成果甚為明確、且逐項詳為指明、所應用之方法亦詳為提示、應用時無須亦不容許自行斟量、所有工作成果須經複核、視其是否正確完備。	所要求之工作成果逐項詳為指明；所應用之方法有相當明確之指示、但欠詳細；工作人員得對主管人員所提示之若干工作方法或資料中自行選擇應用；工作成果是否正確完備不予審核、但如發生正常工作以外之新問題時、則須隨時予審核。	所要求之工作成果、以須達成之最終工作目的之概括指示之、可適用之各種有關方法予以提示、但各該方法均未有明白之訂定、全部職掌中主要部份之工作成果、僅就其技術判斷是否妥善及在政策與目的上是否適當有效、予以考核。	所要求之工作成果僅僅以總目標概括指示之、所應用之方法、悉由工作人員自行決定；最後之成果僅使從各項工作共同之目標能否達成、予以考核之。
	5（中點）（分數）	27（中點）（分數）	60（中點）（分數）	93（中點）（分數）

3. 所循例規

指處理工作與決定事項所引用法令、規章、成規、準例或其他軌例所需判斷力之難度

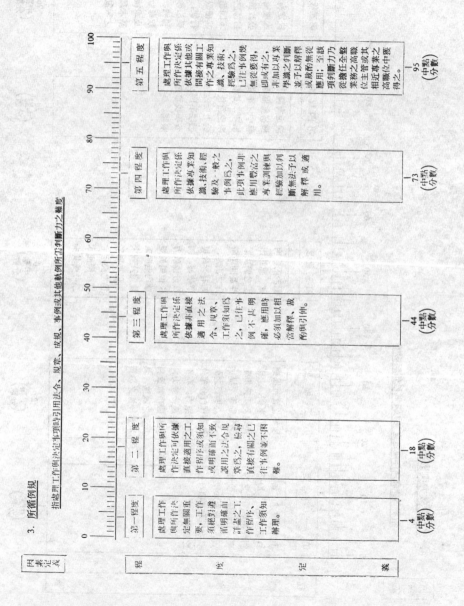

因素定義　程度定義

第一程度	第二程度	第三程度	第四程度	第五程度
處理工作與決定事項無關重要，工作須依明確之工作程序、工作須知辦理。	處理工作與決定可依據直接適用之工作程序或須知，或說明文件而作成，引用之法令須知簡明而直接有關之工作，例規並不困難。	處理工作與決定事項所依據決定係依據非直接適用之法令、規章、成規，工作有知悉之，已往事例不甚明確，應用時必須加以相當解釋，故酌例與引伸。	處理工作與決定事項所依據決定係依據本身專業知識、技術、經驗及一般之事例己，應用概況之學業訓練與經驗無法加以判斷無法子以解釋或適用。	處理工作與決定事項所依據決定係依據其他相關工作之專業技術、知識、經驗為之，已往事例無從獲得，即或有之，非加以以某學識之判斷並予以解釋或酌例無從應用；至於項判斷力乃從擔任全盤業務之高職位主管或其高職位之中度得之。
4（中點 分數）	18（中點 分數）	44（中點 分數）	73（中點 分數）	95（中點 分數）

4. 言行之效力與影響

指所為建議所作決定之效力及其性質與影響

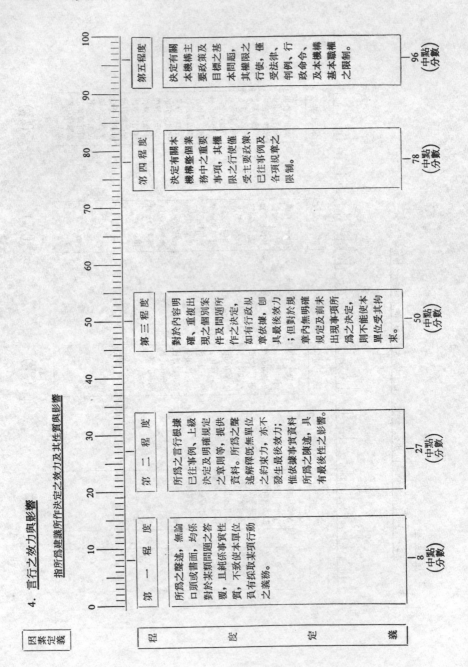

5. 所需創造力

指達成工作目標或解決工作問題，所需創始、思考、與革新能力之程度

因素定義			
程度定義			
第一程度	第二程度	第三程度	第四程度
工作內容純屬機械性或例行性，無需創始力或思考力。	工作上需具審辨能力，但對現行工作方法之變更處理，係依據原定辦法或事例為之，尚未達到革新之程度。	工作上需謀求新途徑或擬具新辦法，但尚未達到發展具新理論之程度。	工作上需要對一項新事項全盤加以廣泛而深入之研究，從而達成一項新觀念或新理論。
3（中點）（分數）	24（中點）（分數）	64（中點）（分數）	95（中點）（分數）

（刻度：0　10　20　30　40　50　60　70　80　90　100）

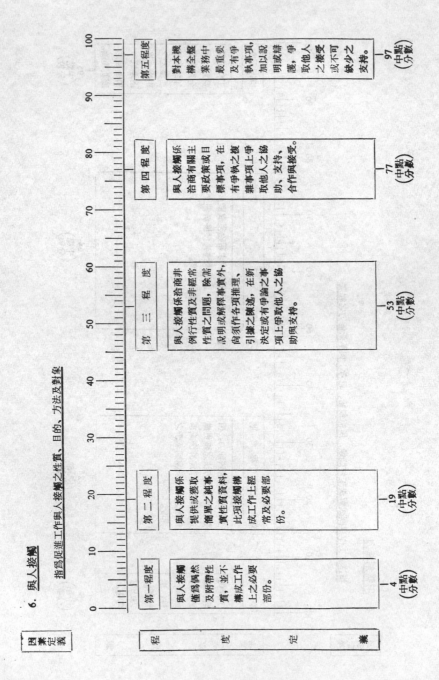

6. 與人接觸

指爲促進工作與人接觸之性質、目的、方法及對象

因素定義

程度定義

	第一程度	第二程度	第三程度	第四程度	第五程度
定義	與人接觸僅爲偶然及附帶性質，並不構成工作上之必要部份。	與人接觸係提供或邀取簡單之純事實性質資料，此項接觸構成工作上經常及必要部份。	與人接觸係洽商非例行性質及非經常性質之問題，除常說明或解釋事實外，尚需作各項推理、引述之陳述、在新決定或爭論之事項上爭取他人之協助與與接受。	與人接觸係洽商有關主要政策或主要事項，在有爭執之項目、雜事項上爭取他人之協助、支持、合作與接觸。	對本機構全盤業務中最重要及有爭執事項，加以說明或辯護，爭取他人之接受，或不可缺少之支持。
中點（分數）	4	19	53	77	97

7. 所予監督

丙素定義：指對屬員工作監督之性質及程度，包括指派工作，指示工作方法，考核工作成果，所統屬之多少。

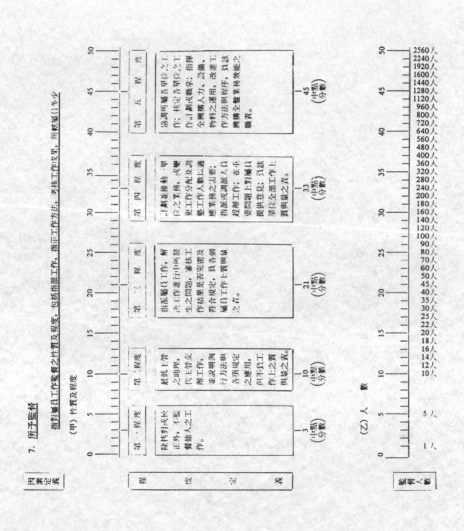

（甲）性質及程度

程度	定義	中點（分數）
次一程度	除核對成果正外，不需督察他人之工作。	3
次二程度	按低工資之助理，代主管安排工作，並說明例行方法與各項規定之應用，但不負工作之質與量之責。	
次三程度	指派屬員工作，解決工作進行中所發生之問題，審核工作結果是否完密及符合規定，負各個屬員工作上質與量之責。	21
次四程度	計劃並推動一單位之業務，或變更工作分配以及調整工作人數以適應業務之需要，指派或調派人員承辦工作，提供意見；在不需問題上對屬員負全部工作上質與量之責。	33
次五程度	協調所屬各甲位之工作；核定各甲位工作計劃成職業；指揮全機構之人力，設備，物料之運用，改進工作方法須保序，負該機構全盤業務效能之職責。	45

（乙）人數

監督人數：2560人 2240人 1920人 1600人 1440人 1280人 1120人 960人 800人 720人 640人 560人 480人 400人 360人 320人 280人 240人 200人 180人 160人 140人 120人 100人 90人 80人 70人 60人 50人 45人 40人 35人 30人 25人 22人 20人 18人 16人 14人 12人 10人 5人 1人

第四章 考 試

　　考試有其意義與一般原則。大致而言，考試可分公務人員考試，專門職業及技術人員考試，公職候選人考試三大類，舉行考試有其一般程序。茲分節敍述如後。

第一節　意義及一般原則

第一項　意　義

　　考試，係配合任用需要，就擬任職務所需能力條件，選定適當方式，從應考人中遴選優秀之程序。茲再說明如下：

　　一、考試需配合任用需要：考試是爲機關任用的需要、社會執業的需要及公職選舉的需要而舉辦，因此根據任用上、執業上及選舉上需要人數及其類別與等級，及需要人員的時機等，即可決定舉辦考試之類科及等別，舉辦考試的時機，及考試時應行錄取的名額。

　　二、考試須就擬任職務所需能力條件予以考選：考試之目的在遴選優秀人員任職，因此在考試前須先就擬任職務之工作予以了解，再根據

工作擬定擔任工作所需之能力條件，而後根據所需能力條件，予以考選，以期考試及格者能勝任職務。

　　三、考試時需選擇適當的考試方式：用以測定應考人能力的方式有多種，究竟適用何種方式？需根據擬予測定之學識、技能及能力之內容而定，如測定學識宜用筆試方式，測定技能宜用實地考試方式，測定能力宜用口試或測驗方式等。

　　四、考試是從應考人中遴選優秀之一種程序：考試本身只是一種程序，運用此一程序，可從多數的應考人中，遴選出優秀的人員。

第二項　一般原則

　　為期考試工作能切實有效，真正選出優秀人員，則需注意下列原則。

　　一、考試係基於人的能力有個別差異、能力可以測量及工作績效可以預測說為依據

　　(一)個別差異說：人由於遺傳、成熟、環境與學習等之不同，致產生了各人間的個別差異。吾人常說「人心之不同，各如其面」，「每一個人都有若干方面像所有的人，若干方面像一部分人，若干方面什麼人都不像」。次如各人的生理方面特質來說，如體型、體力、體能等，決不會完全相同；再如姿態方面特質看，各人的言行、舉止、神情、姿態、聲調等，亦多有差別；又如心態方面特質看，各人對事物的認定、好惡、盼待、評斷等，亦不會完全相同；各人的動機、情緒、認知、觀念等，亦各有差異。由於人有個別差異的存在，從多數人中遴選優秀的考選，始有著理論的基礎。

　　(二)能力測量說：心理學家認為人的能力是可以測量的，並發展出各種用以測量人之各種能力的技術；如以人格測驗來了解人的人格，以

智力測驗來測定人的智力高低，以性向測驗來判斷人的性向，以成就測驗來測定人在學識、經驗及技能方面的成就，以體格檢查來認定人體各部軀的功能。由於人的能力可以測量，使從眾多人員中遴選優秀的工作者成爲可能。

(三)預測績效說：心理學家認爲個人將來在工作上的績效，是可以預測的。預測的方法，則爲從考選的成績高低，來預測將來任職後在工作上表現出績效的優劣。如考選方法越正確，考選內容與工作績效的關係越密切，則其預測性越高。由於工作績效可以預測，使得根據考選成績高低決定錄取與否，乃成爲理所當然。

二、考試前應訂定擬任職務所需能力條件：考選人員之目的在遴選優秀者擔任職務，而各種職務之性質及職責程度又各有不同，因而擔任各種職務之能力條件，包括智力、性向、成就（卽所需學識、經驗與技能）自有不同。在舉行考試前，對擔任職務所需之能力條件，須視擬任職務之性質及職責程度而訂定，而後始能根據所需能力條件舉行考選。

三、考選係運用抽樣原則進行：所謂抽樣原則，就是從多數的事物中，隨意抽出若干事物作爲選樣，就選樣的研究結果，來判斷多數事物的結果。考試亦是如此，擔任職務所需要的能力條件，其範圍甚廣，欲就能力條件的全部內容均加以考選，事實上爲不可能；就以所需之各種學識經驗與技能來說，欲將全部學識、經驗及技能均加以考選，亦不可能；因此只能從所需要的各種能力條件中或所需要的各種學識經驗與技能中，任意選擇若干種作成命題，對應考人加以測驗，就此部分測驗所得成績的高低，來推斷應考人對全部能力條件之成績的高低。

四、對能力的測量應注意信度、效度、客觀、便利

(一)講求信度：信度（Reliability）指一種測驗分數的可靠性或穩定性。如對同一應考者，隔一段期間後再作第二次測驗，視其前後兩次

測驗分數是否相近，如極爲相近則表示該測驗具有可靠性或穩定性，亦即信度高； 如相距甚遠則表示該測驗不具可靠性或穩定性， 亦即信度低；如信度低則無法達到所欲測量的目的。表示信度高低的方法，多用相關係數 (Correlation Coefficient) 表示，相關係數值介於 -1 至 $+1$之間，-1 爲負相關的最高係數，$+1$ 爲正相關的最高係數。一般而言，如相關係數能達 0.8 以上的測驗，在考選上已有應用的價值。

（二）注意效度： 效度 (Validity) 指一種測驗能測量到它所企圖測量的程度，測驗的效度愈高，則愈能達到所欲測量的目的。效度通常可分下列兩種：

1. 內容效度： 指測驗的內容或材料， 是否包括具有代表性的樣本。如測驗用的樣本能涵蓋所有材料的重點與基本原則，並能按內容份量比例分配適當的試題數，則認爲內容效度良好。

2. 效標關聯效度： 效標關聯效度 (Criterion-related Validity)是以一種測驗的得分與效標之間的相關係數，以表示測驗效度的高低，如測驗所得分數與效標間的相關係數高，則表示該測驗的效度高。惟效標的資料，有的係以現成資料作爲依據者（如參加高考的得分，與在大學校內考試得分的效標相比較）， 有的需賴長期追踪始能建立者（如參加高考的得分， 與分發任用後在考績上得分的效標相比較）。 將測驗成績與現有資料的效標間的相關係數，稱爲同時效度；將測驗成績與長期追踪建立的效標間的相關係數，稱爲預測效度。

如效度的相關係數能達 0.3 以上時，在考選上已認爲有應用價值。

（三）評分客觀： 對考試成績的評定，需力求客觀，儘量避免主觀的判斷， 故以應用測驗題爲佳； 如必需用申論題，且試卷需由多人詳閱時，各評閱人員對評分需事先商定標準，如能事先訂出評分標準則更爲理想。

(四)作業便利：如考試程序不宜過繁，手續應求簡化，自報名至錄取的考試期程應酌量縮短，對應考人之答題方式，應盡量給予方便，評閱試卷酌用電腦等。

五、考試須配合任用計畫：如就公務人員考試言，須配合任用計畫舉行，亦即各機關需用何種類科、等別及職務之人員？各需人員若干？均應根據業務發展趨向，訂定任用計畫，而後再配合任用計畫舉行考選。又如專門職業及技術人員言，須配合社會需求，訂定考試類科及等別，必要時並擬定錄取名額，而後再舉行考選。

六、考試以公開競爭爲原則非公開而競爭及個別甄選爲例外

(一)公開競爭：所謂公開競爭，指要有足夠的宣傳，使大衆均能知悉用人機關辦理考選；對參加考選者要不分黨派、種族、膚色、血統、宗敎、性別，一視同仁；憑成績決定錄取；競爭考試結果需予公布，使大衆均能了解並可查詢。政府機關之用人，大都規定應經由公開競爭考試及格，如我國憲法第八十五條：「公務人員之選拔，應實行公開競爭之考試制度」；又公務人員考試法第二條，亦有類似的規定。

(二)非公開而競爭：即參加考試者，只限於某種機關之現職人員，或在某機關內經任職一定期間支俸並達某一標準之現職人員，而機關外之人員或非現職人員均不得參加。此種考試在參加人員相互間雖仍具有競爭性質，但並不對外公開，如各機關所舉行升等考試，因改變制度對現職人員之未具任用資格者所舉行之銓定任用資格考試，均屬之。

(三)個別甄選：所謂個別甄選，係由用人機關以個案甄別遴選，凡用人機關認爲某人的條件與所需資格條件相符時，即可遴選進用，參加考選的人員亦可爲多人，亦可只有一人。此種甄選方式雖爲用人所必需，且亦爲各國所共有的現象，但對其適用均加以嚴格的限制。如遇有下列情況時可予應用，即１以公開競爭方式無法遴選到合適人員時；　２

報考人數尚不足需求人數時； 3.所需具備的能力條件極爲特殊，無法用一般遴選方法遴選時； 4.進用擔任臨時性工作之人員時； 5.對原已離職人員予以再任時等。如係政府機關，適用此種方式遴選人員時通常需經人事主管機關的許可。

七、舉行考試須設定考試等別與類科： 考試等別之區分多由法律明定，如公務人員考試分高等考試及普通考試兩個等別，必要時並得區分爲甲等、乙等、丙等、丁等四個等別；專門職業及技術人員考試之等別亦同。在舉行考試時究應舉辦何種等別之考試，則須視擬任職務之職等高低而定。考試類科之區分，則由考試院定之。在舉行考試之等別中，究應舉辦何種類科的考試，則須視擬任職務之性質或所屬職系之不同而定。當舉行一次考試時，等別可包括二個以上，類科可包括數十乃至一百多個。

八、舉行考試時須規定應考資格、年齡及應試科目： 高等及普通考試、甲等、乙等、丙等及丁等特種考試之應考資格，其學歷之等級及經歷年數，係在考試法中明定，但對各類科之應考資格，包括學歷之系科及經驗之性質，則由考試院定之。各等別考試應考之年齡及各類科考試之應試科目，亦由法律授權考試院視需要及類科性質與擔任職務所需能力條件定之。

九、規定應考人之基本資格及消極資格： 各等別及類科考試之應考資格與應試科目及年齡，按等別及類科之不同分別規定外，對應考人尚有基本應考資格及消極應考資格之規定。所謂基本應考資格，乃各等別及類科考試應考人所必須同樣具備之資格，如未有具備則不得應考。所謂消極應考資格，係各等別及類科考試之應考人均不得具備之資格，如一有具備則喪失應考的資格。此種基本應考資格及消極應考資格，均爲法所明定，且各等別及類科考試之應考人均屬相同。

十、根據應試科目選用考試方式：考試方式是用來測量成績的一種工具，透過此種工具的運用，卽可測量出應考人對各應試科目的成績。為期測量更能確實，考試方式應規定有多種，並根據應試科目的內容（如為學識、技術、技能、語言能力等），選用最能確實測量出該種內容之考選方式予以測量。較常用的考選方式，有筆試、口試、實地考試、測驗、著作發明審查等。

十一、考試須依成績錄取：考選人員之最高原則是擇優錄取，故根據任用計畫或執業需求錄取人員時，須依所有應考人所得成績之高低擇優錄取，若此應考人中之優秀者可被錄用。但亦有基於政治上理由，對某特定地區之應考者，為期該特定地區之職務儘量由該地區人員擔任時，亦有規定按地區分別訂定錄取名額者。如憲法第八十五條所定「應按省區分別規定名額」，及臺灣省多年來所舉辦之「分區報名分區錄取分區分發」的基層公務人員特種考試，均屬其例。

十二、舉辦考試須經一定程序：我國舉辦考試，需遵守一定的程序。一方面表示對掄才大典的重視，一方面為的是嚴守關防防止作弊。程序中之重要者有事先公告，開始受理報名，審查應考資格，成立試務處，派定典試委員長（主試委員長）及典試委員，召開第一次典試會，聘請命題委員、閱卷委員、口試委員，分配命題工作、評閱試卷日期等，接着典試委員長及有關人員入闈，核定試題並製印試題，舉行考試，評閱試卷，計算分數，舉行第二次典試會，決定錄取標準及錄取名額，放榜，舉辦訓練實習，頒發考試及格證書等。由於程序繁，所需時間亦較長，通常自公告日起至發榜止，約需六個月。

十三、考試須具適度彈性：舉行考試固須經一定程序，但同時亦須保持相當的彈性，以應機關用人或社會人力供需等情況變化之需要。如公務人員之各種考試，得合併或單獨舉行，舉行考試時得一試或分試辦

理，得分區分地或不分區分地舉行，得全程或分階段舉行，考試類科、區域、地點、日期等由考試院視需要定之，考試方式視應試科目內容選用等，均爲法所明定可彈性運用者。

第二節 公務人員之考試

公務人員考試有其基本政策，亦須遵守某些重要規定，高等及普通考試、特種考試、升等考試、檢定考試各有其特點，茲分項述後。

第一項 公務人員考試之基本政策

舉辦各種公務人員考試時，對下列基本政策，均應遵守。

一、公務人員之任用以考試定其資格： 公務人員有其範圍，擔任公務人員須具有任用資格，而任用資格須以考試定之。茲分析如下：

(一)公務人員之範圍：依施行細則規定，適用公務人員考試法之公務人員，包括 1.中央政府及其所屬各機關公務人員； 2.地方政府及其所屬各機關公務人員； 3.各級民意機關公務人員； 4.各級公立學校職員； 5.公營事業機構從業人員； 6.其他依法應經考試之公務人員。以上各類公務人員中有依法不受任用資格限制者不適用之，如政務員不需任用資格，機要人員得不受任用資格限制，自得不適用之。

再從上列公務人員之範圍言，較納入銓敍之公務人員範圍爲廣，故凡納入銓敍範圍之公務人員，自適用公務人員考試法之規定，但適用考試法之公務人員，卻不一定卽納入銓敍範圍（至少目前是如此），如公立學校職員、公營生產及金融事業從業人員，卽屬其例。

(二)公務人員之任用資格須以考試定之：擔任公務人員者須具有任用資格，而任用資格之取得，又須經由考試，但此乃目標性的規定，在

目前對部分情形特殊之公務人員，其任用資格固可經由考試而取得，卻並不限於考試及格，凡具有特定之學歷、經歷或著作者，亦得取得任用資格，擔任公務人員，但此種情況須有任用之特別法依據者為限，如技術人員任用條例、派用人員派用條例，對其任用及派用資格之取得，並不以經由考試為限。

二、考試本為事擇人考用合一之旨舉行

(一)為事擇人：即為職務工作之需要而遴選人員。各機關之工作，均分配由各職務擔任，每一職務均有其一定範圍工作項目，適當工作量及明確工作權責，並訂定職務說明書。因此，舉行考試時，亦應根據職務說明書之內容遴選最優秀之人員來擔任職務，如技術性職務即需遴選技術人員擔任，職責程度高之職務即需遴選資格水準高之人員擔任。

(二)考用合一：即使考試與任用作最適切之配合。如舉辦考試之類科需與擬任職務之職系相配合，考試之等別與應考資格需與擬任職務之職等相配合，考試之科目需與擔任擬任職務所需學識、經驗、技能相配合，考試時間需與用人時機相配合，錄取人數需與職缺數相配合，考試及格人員擬任之職務，其職系及職等需與考試類科等別相配合。

當為事擇人、考用合一後，考試及格人員其專長可在擬任職務上充分發揮，一個職務可由最適當之考試及格人員擔任，考試用人之理想方得實現。

三、考試應公開競爭方式行之：所謂公開競爭，包括下列各種意義，即(一)要有足夠的宣傳，使大眾均能知悉用人機關辦理考選；(二)要給予充分時間的報考機會；(三)應考資格應以必要的學歷經歷及年齡為限；(四)對應考人不得有黨派、種族、膚色、血統、宗教、性別等限制；(五)考試及格後任用職務的類別及高低需與其考試及格的類科、等別及成績高低決定；(六)考試結果需予公布，使大眾均可了解並可查

詢。當考試越能公開舉行，應考人越多，相互間競爭越激烈，被錄取人員越是優秀，越能符合考試用人的本意。

四、考試應配合任用計畫辦理

(一)任用計畫的意義：指各機關對將來需予任用之人員，預爲估計並訂定計畫，以期依次考選用人不虞匱乏。

(二)任用計畫的訂定：通常需經由下列步驟：

1. 預測本機關將來業務的發展：業務發展包括正發展（卽業務的擴增）及負發展（卽業務的緊縮），對業務發展的預測，可參考本機關過去業務的發展情況而作大致的推斷。但如今後的大環境有重大改變，而業務將不再作持續的發展時，則需另作推斷，不能再以過去的發展情況爲準。

2. 根據業務發展估計將來需用人員：用人需根據業務，故將來需用人員的估計，自應根據業務發展的預測爲準。估計需用人力時所用方法，有總體方法與個體方法兩類，每類方法中又可設計出若干種方法，較爲常用者爲總體方法中之人力結構分析法，其估計公式：將來需用人員＝現有人員±將來擴展或緊縮業務所需增加或減少之人員－因技術或設備改良所可節省之人員。

3. 公務人員年度任用計畫作業要點：銓敍部爲期各機關訂定公務人員年度任用計畫有所依據，特規定作業要點如下：

(1) 公務人員年度任用計畫（以下簡稱年度任用計畫），係指公務人員高等暨普通考試及各種公務人員特種考試及格人員之按年分發任用而言。

(2) 各機關需用各種公務人員之缺額調查、職缺管制、分發任用等事項，除其他法規另有規定者從其規定外，應依本要點辦理。

(3) 年度任用計畫，由銓敍部編訂之，但行政院暨其所屬機關由

行政院人事行政局編訂之。

　　(4) 銓敘部及行政院人事行政局應先分別函請各主管機關轉知各機關於每年一月底前造具本機關次年度（當年七月一日至次年六月三十日）之公務人員任用計畫表，送由各該主管機關彙整，於當年二月底前函送銓敘部或行政院人事行政局編訂年度任用計畫，於當年三月十五日前函送考選部配合辦理考試。

　　各機關如因新訂或修正組織編制、增加員額等必要原因，最遲應於該年五月底前依前項程序函請考選部增列預定任用人數。

　　各機關因政策之需要，得依規定適時造具年度公務人員任用計畫表，依第一項程序函請考選部舉辦該項特種考試。

　　(5) 各機關編制內人員因退休、資遣、辭職、調職、死亡及其他職務異動所產生之職缺新增編制（預算）員額之確實職缺，以及參考前二年人員出缺異動情形所預估之職缺，均應將其職缺或遞遣之職缺列入本機關之年度公務人員任用計畫表，如有匿缺不報，應由主管機關查明責任處理。

　　(6) 經列入年度任用計畫之職缺，各機關應自行管制，作為分發（配）當年七月一日至次年六月三十日內舉辦之各種考試錄取人員實務訓練或實習、學習之用，不得自行遴用。

　　(7) 經列入年度任用計畫管制之職缺，在未分發（配）考試錄取人員期間，各機關得衡酌實際需要，依各機關職務代理應行注意事項之規定，僱用職務代理人。

　　前項僱用職務代理人之職缺，各機關仍應確實掌握，俾於分發（配）人員時可立即接受報到實施實務訓練、實習或學習。

　　(8) 各機關造具年度公務人員任用計畫表時，應按表內項目將任用職別（官等、職等、職組、職系、職務）、需用名額、職缺所在機關

名稱、工作所在地點，及需用時間等逐一填列，以利分發（配）。

五、基本政策的例外：以上四點，爲公務人員考試法所明定，自應遵守，但事實上由於其他有關任用之特別法規的並存或由於執行技術未能達到要求，對以上規定亦有例外或未有完全做到者，其情形如下：

(一)以考試定其資格之例外：如依現行技術人員任用條例規定，取得任用資格並不以考試及格爲限，凡具有相當學歷或經歷或學歷及經歷或著作者，亦可以技術職務任用；其他如蒙藏邊區人員之任用、派用人員之派用、戰地公務人員之選派等，依各該有關條例之規定，均不限於考試取得資格。

(二)考用合一之從寬解析：嚴格言之，考用合一應做到用什麼人就考什麼人，用多少人就考多少人，什麼時候用人就什麼時候考人。但由於舉辦考試須經相當時日，考試錄取人員須經訓練，又分發後並非每人均能如期報到，而職缺又是斷斷續續的零星的出缺，爲免影響各機關業務，對需用人員不僅在時間上需提前舉行考試，且錄取人數亦應較預估職缺略爲增加，列册遇缺分發，以期眞正做到考用配合。

(三)公開競爭之例外：嚴格言之，凡遇有職缺需補用人員時，均需公開競爭方式舉行考試用人。但爲鼓勵現職人員之工作情緒，增加現職人員之晉升機會或使現職人員早日取得任用資格計，在公務人員考試法中亦規定有升官等考試，當舉行此種考試時，參加人員係限於某種機關中具有特定條件之現職人員爲限，所謂競爭亦只是此種人員之相互競爭而已；至因改制而舉行之銓定任用資格考試，其參加人員亦只限於改制機關之現職人員而已；又如依退除役軍人考試比敍條例規定，參加退除役軍人轉任公務人員考試者，亦只限於退除役之軍人方得參加，並非完全的公開競爭考選。

第二項　公務人員考試之重要規定

舉行公務人員考試時，對某些重要事項，必須根據職缺之性質、職等及缺額，有所規定，以便據以辦理。玆簡說如下：

一、考試種別： 主要分下列四種，視考選的需要決定之：

(一)高等及普通考試：爲最主要之公務人員考試，每年或間年舉行一次，遇有必要得臨時舉行之。

(二)特種考試：爲適應特殊需要而舉行，又有一般的特種考試與性質特殊之特種考試之分。

(三)升等考試：爲現職人員取得高一官等任用資格所舉行之考試。

(四)檢定考試：爲檢定是否具有應考資格之學力的考試。

二、考試等別： 基本上分爲四個等別，視職缺之職等高低決定之：

(一)高等及普通考試：具有專科以上學校畢業者得應高等考試，考試及格者取得薦任第六職等任用資格；高等考試必要時得按學歷分級舉行，即具有碩士以上學位者得應高等考試一級考試，考試及格者取得薦任第七職等任用資格；具有專科以上學校畢業者得應高等考試二級考試，考試及格者，取得薦任第六職等任用資格。具有高級中等學校畢業者得應普通考試，考試及格者取得委任第三職等任用資格。

(二)特種考試：依其應考資格之高低區分爲甲等考試、乙等考試（與高等考試相當）、丙等考試（與普通考試相當）、丁等考試四個等別。特種考試甲等考試及格者取得簡任第十職等任用資格，乙等考試及格者取得薦任第六職等任用資格，丙等考試及格者取得委任第三職等任用資格，丁等考試及格者取得委任第一職等任用資格。

至性質特殊之特種考試，其等別則於考試規則中定之。

(三)升等考試：分三個等別，即雇員升委任官等、委任升薦任官

等、薦任升簡任官等三種，具有特定之應考資格者方得參加，升官等考
試及格者，分別取得委任第一職等、薦任第六職等、簡任第十職等任用
資格。

（四）檢定考試：分高等檢定考試及普通檢定考試兩個等別，另有中
醫師檢定考試。

三、考試類科： 舉行各種別及等別之考試時，均需視職缺的性質，
規定考試類科。類科係屬性質的區分，為期考用配合，考試類科需與擬
任職務所屬之職系相配合，亦即考試類科應依出缺職務所歸之職系而擬
定，如一職系所包括之內容過於廣泛，致一個考試類科難以適應需要
時，則可在同一類科中分若干組別，如一般行政類科之下，再分事務管
理、文書管理、政策規劃分析等組，以期考用更能配合。

四、應考資格： 各等別及類科之考試，均應規定其應考資格，應考
資格之內涵及其資格標準如下：

（一）應考資格之內涵：分下列三部分

1. 基本應考資格：應公務人員考試者，需具有中華民國國民之條
件，亦即需具有中華民國之國籍。

2. 消極應考資格：依公務人員考試法第六條規定，具有下列各種
情事之一者不得應考，即 (1) 犯刑法內亂罪外患罪，經判決確定者；
(2) 曾服公務有侵佔公有財物或收受賄賂行為，經判決確定者；(3) 褫
奪公權尚未復權者；(4) 受禁治產宣告，尚未撤銷者；(5) 吸食鴉片或
其他毒品者。以上 (1)(2) 情事，在未有依法赦免前，將不得應考；(3)
(4)(5)情事，在該期間不得應考，如期間已過（如已復權、已撤銷、已
不吸食），則可應考。

以上基本應考資格及消極應考資格，係所有等別及類科均屬相同，
故用法條作統一規定，以便遵守。

3. 能力應考資格: 通常指應考人應具之學歷、經歷、體格、年齡等條件而言, 其中學歷、經歷之標準, 多因考試等別之不同由法律分別規定, 學歷、經歷之性質, 則因考試類科之不同由法律授權考試院以命令分別規定。至體格標準及年齡條件, 亦由法律授權考試院視考試等別類科之需要, 另以命令定之。

(二)能力應考資格之標準: 依公務人員考試法之規定其標準為:

1. 高等及普通考試之應考資格

(1) 高等考試: 具有下列資格之一者得應公務人員高等考試, ①公立或立案之私立專科以上學校或經教育部承認之國外專科以上學校相當系科畢業者; ②高等檢定考試相當類科及格者; ③普通考試相當類科及格滿三年者。

(2) 普通考試: 具有下列資格之一者得應公務人員普通考試, ①具有應高等考試之①②資格之一者; ②公立或立案之私立高級中等學校畢業者; ③普通檢定考試相當類科及格者; ④特種考試之丁等考試及格滿三年者。

2. 特種考試之應考資格

(1) 特種考試之甲等考試: 具有下列資格之一者得應甲等考試, ①公立或立案之私立大學研究院所, 或經教育部承認之國外大學研究院所, 得有博士學位, 並任專攻學科有關工作二年以上, 成績優良有證明文件者; ②公立或立案之私立大學研究院所, 或教育部承認之國外大學研究院所, 得有碩士學位, 並任專攻學科有關工作四年以上, 成績優良, 有證明文件者; ③曾任公立或立案之私立專科以上學校教授, 或曾任副教授三年以上, 經教育部審查合格, 成績優良, 有證明文件者; ④高等考試及格並就其錄取類科, 在機關服務六年以上, 成績優良, 有證明文件者; ⑤公立或立案之私立獨立學院以上學校畢業, 或經教育部承

認之國外獨立學院以上學校畢業，並曾任民選縣（市）長滿六年，成績優良，有證明文件者；⑥公立或立案之私立獨立學院以上學校畢業，或經教育部承認之國外獨立學院以上學校畢業，或高等考試及格，曾任公營事業機構董事長或總經理三年以上，或副總經理六年以上，成績優良，有證明文件者。

(2) 特種考試之乙等考試：準用高等考試之規定。

(3) 特種考試之丙等考試：準用普通考試之規定。

(4) 特種考試之丁等考試：具有下列資格之一者得應丁等考試，①具有應普通考試之①②⑧資格之一者；②國民中學、初級中等學校畢業或具有國民中學同等學力者。

至性質特殊之特種考試，其應考資格則於考試規則中規定。

3. 升等考試之應考資格：大致爲

(1) 委任官等之升等考試： 現職雇員已支雇員本薪最高薪點滿一年者，得應委任官等之升等考試。

(2) 薦任官等之升等考試： 現任委任第五職等或具法定任用資格現任相當第五職等職務一年以上並敍第五職等本俸最高階者得應考之。

(3) 簡任官等之升等考試： 現任薦任第九職等或具法定任用資格現任相當第九職等職務一年以上並敍薦任第九職本俸最高階者得應考之。

4. 檢定考試， 除高普檢年齡有22、18歲以上限外，無應考資格。

(三)各類科之應考資格：依公務人員考試法規定，各種公務人員考試之應考資格，除法律規定外，其分類分科之應考資格條件，由考試院定之。因此考試院訂定分類分科之應考資格條件時，不得與法定之應考資格標準相牴觸，在法定之彈性範圍內，始得由考試院補充規定。其情形如下例：

1. 在法定應考資格標準中定有「……相當系科畢業者」：何種系

科認爲相當系科，可由考試院按考試類科分別列舉規定之。

2. 在法定應考資格標準中定有「……並任專攻學科有關工作×年以上者……」：何種學科之有關工作爲何種工作，可由考試院按考試類科或專攻學科分別規定有關工作之範圍。

3. 在法定應考資格標準中定有「……成績優良……」：考績分數在多少分以上方認爲成績優良，可由考試院定之。

4. 在法中未定有應考資格標準者：如銓定任用資格考試，在法中並未定有應考資格標準，自得由考試院定之。

五、應試科目：應試科目，依考試等別及類科，法律授權由考試院定之。其訂定之情形如下：

(一)訂定應試科目時應參考之資料：包括1.屬於該考試類科及等別之各出缺職務之工作情況及擔任該職務所需之學識、法規、經驗與技能等條件；2.與該考試類科及等別相當之學校系科中必修之重要課程；3.擔任公務人員需具備之一般學識與才能。

(二)訂定應試科目時應注意之點：包括1.應試科目以五至十科爲原則，過少與過多均有不宜；2.應試科目之程度水準應與應考資格中所定之學歷相當，如應考資格中除學歷外尚須有經歷者，則應試科目之程度應較所定學歷爲高；3.應試科目不應以學識、法規爲限，擔任職務所必需之經驗、技能及能力，亦應包括在內。

(三)應試科目之區分：應試科目是否爲各類科所共有或專有，可區分爲共同科目與專業科目兩種，前者爲各類科所共有，後者爲特定類科所專有。

六、選用考試方式：考試方式有其特定意義。依公務人員考試法規定，考試方式有筆試、口試、測驗、實地考試、審查著作或發明、審查知能有關學歷經歷證明及論文等六種，各有其特性及功用，需視應試科

目之內容選用之。茲簡說如下：

(一)考試方式之意義：係測量應考人能力的工具，應考人之能力條件是否具備、及具備至何種程度，均需運用考試方式來測量後始可認定，其情形與重量用秤來測量，長度用尺來測量，容量用公升來測量相同，由於能力之性質各有不同，故需用不同的考試方式來分別測量。

(二)各種考試方式的功用

1. 筆試：指以書寫方式使用試卷作答之考試方式，對學識性之筆試科目常用之。依試題之作法，又有申論式試題及測驗式試題之分。申論式試題之優點，除可測量應考人對某方面學識之了解程度外，並可測量文字表達能力、組織及分析能力，其缺點為評定成績高低時，不易訂定客觀標準，致對同一試卷由不同的人評閱時，其評分可能有差別。測驗式試題之優缺點，則大致與筆試相反。

2. 口試：指主考人與應考人以面對面談話之考試方式，對需了解應考人之儀表、風度、言辭、才識、志趣，及其家庭、教育、交友等背景時常用之。依口試規則規定，口試以個別或集體方式行之，並得視考試類科及應考人數，分組舉行。口試項目，分儀表（佔 20 ％）、言辭（佔30％）、才識（佔50％），但得視考試性質變更之。

3. 測驗：指心理測驗、技能測驗或體能測驗。對需了解應考人之人格、智力、性向，及身體各部軀之功能及特種運動技巧時常用之。心理測驗依其測驗項目的不同，又可分人格測驗、智力測驗、性向測驗，測驗題需由心理學家設計，人格測驗並需由心理學家來主持；技能測驗依其測驗項目的不同，又可分手指技巧、手及眼的聯動、手足及眼的聯動、估計物體大小、估計物體重量、估計物體運動速度、各種機械操作等測驗；體能測驗依其項目之不同，又可分敏銳視覺、敏銳聽覺、敏銳觸覺、在危險環境中工作、反應動作、體力等測驗。

4. 實地考試: 指運用機具實作試題之考試方式，對需了解實作技術時常用之。依實地考試規則規定，考試項目分一般知識（佔 10 ％）、實務經驗（佔 30 ％）、專業知能及實地操作（佔 60 ％），但得視考試性質變更之。

5. 著作或發明審查: 指審查應考人之專門學術著作或發明之考試方式， 對需了解應考人在學術上之造詣時常用之， 如特種考試甲等考試、大專教師資格之認定等，多用此種考試方式。爲免著作或發明之浮濫， 對送審之著作及發明多有限制， 如所送著作須與應考類科有關，並須於最近五年內出版及字數在三萬字以上；所送發明須與應考類科有關，並須檢附發明憑證、圖式、樣品或模型。

6. 審查知能有關學歷經歷證明及論文: 指審查應考人之專門性的學歷、經歷證明文件及論文之考試方式。此種考試方式審查之對象包括學歷證明文件、經歷證明文件及論文三種，學歷證明文件指畢業證書，經歷證明文件指曾任之各種職務經歷證明，論文指討論專題之文章，應考人所送審之學歷、經歷與論文，須與應考類科所需知能有關。此種考選方式，對需了解應考人之專精的科學技術之學識、經驗與造詣時適用之。

(三)考選方式之選用: 各種考選方式既各有其功用，爲期發揮考選方式之功能，則應視應試科目之內容作適當的選用，如對考試方式選用不當，則將影響及測量的可靠性。再就常理而論，筆試方式對應考人費時較長， 約束較多， 亦較爲嚴格， 其餘各種考選方式則不若筆試之嚴密，爲免考選工作草率或浮濫，在公務人員考試法中特明定在同一考試中選用考試方式時，除得選用筆試一種方式外，選用筆試以外之其他方式者，必須選用二種以上行之。

七、公務人員考試總成績之計算: 依公務人員考試總成績計算規則

規定，其要點爲：

(一)筆試科目分普通科目及專業科目者，其成績分別平均計算。筆試科目有一科成績爲零分，或專業科目平均不滿五十分者，均不予及格，

(二)公務人員高等考試或乙等特種考試，其行政人員類科之普通科目占總成績百分之廿五，專業科目佔百分之七十五；其技術人員類科之普通科目占總成績百分之二十，專業科目佔百分之八十。

(三)公務人員普通考試或丙等特種考試，其行政人員類科之普通科目占總成績百分之四十，專業科目占百分之六十；其技術人員類科之普通科占佔百分之三十，專業科目占百分之七十。

(四)公務人員丁等特種考試，各科目成績平均計算。

(五)筆試與口試併同舉行者，筆試成績占百分之九十，口試成績占百分之十。

(六)考試程序列有訓練者，其訓練成績單獨計算。

(七)爲因應性質特殊之考試，其考試規則中已另定總成績之計算者，依其規定。

第三項　高等及普通考試

高等及普通考試，爲考試院主動統籌、規模最大、且一年舉行一次之全國性公務人員考試，亦最受社會人士的重視，與考試及格人員最受用人機關歡迎之考試。考選部每年舉行高等及普通考試前，除予公告外，並編印應考須知，詳載考試類科及應試科目、應考資格、考試日期、考試地點、需用人數等資料，以供應考人參考。以上之公告、等別類科、應試科目、應考資格等，均須經考試院院會通過。茲以七十八年全國性公務人員高等暨普通考試應考須知爲例，簡述其要點如下：

一、考試等別及類科

(一)高等考試: 分行政人員及技術人員二大類，行政類分三十九個科組; 技術類分四十二個科組。

(二)普通考試: 分行政人員及技術人員二大類，行政類分三十一個科組; 技術類分二十二個科組。

二、應考資格及應試科目: 按考試等別及類科組分別規定。

三、考試日期及地點: 高等考試爲八月廿一至廿三日，普通考試爲八月廿四日至廿五日。考試地點分設爲臺北市、臺中市、高雄市三個考區。

四、考試方式: 均採筆試方式，絕大部分應試科目採申論式試題，少部分應試科目採測驗式試題或兼採申論式與測驗式試題。

五、體格檢查: 一律於筆試成績及格後辦理，體檢不合者不予訓練，逾期未交體格檢查表者，視爲體檢不合格。

六、訓練、頒發證書及分發任用: 公務人員高等及普通考試及格（指筆試及格）者，按錄取類科組接受訓練，訓練期滿成績及格者，發給證書，並由分發機關分發任用。

七、錄取名額: 高等及普通考試各省區錄取名額，按考試法第十三條規定辦理。

八、其他事項: 如後備軍人應考者之優待，華僑回國參加考試之優待，成績之計算等。

九、報名手續: 於規定日期內報名，一律通訊報名，填具報名履歷表正副表各一張，檢附應考資格證明文件及回件專用信封及寄發成績單專用信封各一，照片一式三張，及報名費郵政劃撥單，一併寄考選部高普考司。

十、高等及普通考試類、系、科應考資格、應試科目表舉例

(一)八十一年高等考試考試類、系、科與應考資格舉例:

1.高等考試一級考試應考資格表舉例

類		科		應　考　資　格	備註
類別	職系	科別編號	科別		
行政人員	一般行政	101	行政	公立或立案之私立大學研究院所或經教育部承認之國外大學研究院所畢業得有文學、法學、商學、管理、教育或其他相近院所碩士以上學位證書者。	
	人事行政	102	人事行政	公立或立案之私立大學研究院所或經教育部承認之國外大學研究院所畢業得有法學、商學、管理、教育或其他相近院所碩士以上學位證書者。	
	法制	103	法制	公立或立案之私立大學研究院所或經教育部承認之國外大學研究院所畢業得有法學或其他相近院所碩士以上學位證書者。	
	文教行政	104	教育行政	公立或立案之私立大學研究院所或經教育部承認之國外大學研究院所畢業得有碩士以上學位證書者。	
	財稅行政	105	財稅行政稅務組	公立或立案之私立大學研究院所或經教育部承認之國外大學研究院所畢業得有商學、理學、工學、農學、管理或其他相近院所碩士以上學位證書者。	
		106	證券管理財務組	公立或立案之私立大學研究院所或經教育部承認之國外大學研究院所畢業得有商學、法學、管理或其他相近院所碩士以上學位證書者。	
	金融保險	107	金融業務組	公立或立案之私立大學研究院所或經教育部承認之國外大學研究院所畢業得有商學、法學、管理或其他相近院所碩士以上學位證書者。	
	經建行政	108	經濟分析	公立或立案之私立大學研究院所或經教育部承認之國外大學研究院所畢業得有商學、法學、管理或其他相近院所碩士以上學位證書者。	
技術人員	農業技術	109	生物資源動物組	公立或立案之私立大學研究院所或經教育部承認之國外大學研究院所畢業得有理學、農學、科學教育或其他相近院所碩士以上學位證書者。	
	土木工程	110	土木工程	公立或立案之私立大學研究院所或經教育部承認之國外大學研究院所畢業得有工學、農學、理學或其他相近院所碩士以上學位證書者。	
		111	建築工程	公立或立案之私立大學研究院所或經教育部承認之國外大學研究院所畢業得有工學或其他相近院所碩士以上學位證書者。	
		112	水利工程	公立或立案之私立大學研究院所或經教育部承認之國外大學研究院所畢業得有工學、農學、理學或其他相近院所碩士以上學位證書者。	

2.高等考試二級考試應考資格表舉例

類		科		應　　　考　　　資　　　格			備
類別	職系	科別編號	科別	第　　一　　款	第 二 款	第 三 款	註
行政人員	一般行政	01	行政	公立或立案之私立專科以上學校或經教育部承認之國外專科以上學校各系科畢業得有證書者。	經高等檢定考試相當類科及格者。	經普通考試相當類科及格滿三年者。	
	一般民政	02	民政	公立或立案之私立專科以上學校或經教育部承認之國外專科以上學校各系科畢業得有證書者。	同　　上	同　　上	
		03	戶政	公立或立案之私立專科以上學校或經教育部承認之國外專科以上學校各系科畢業得有證書者。	同　　上	同　　上	
		04	兵役行政	公立或立案之私立專科以上學校或經教育部承認之國外專科以上學校各系科畢業得有證書者。	同　　上	同　　上	
	僑務行政	05	僑務行政	公立或立案之私立專科以上學校或經教育部承認之國外專科以上學校各系科畢業得有證書者。	同　　上	同　　上	
	社會行政	06	社會行政	公立或立案之私立專科以上學校或經教育部承認之國外專科以上學校各系科畢業得有證書者。	同　　上	同　　上	
		07	勞工行政	公立或立案之私立專科以上學校或經教育部承認之國外專科以上學校各系科畢業得有證書者。	同　　上	同　　上	
		08	合作行政	公立或立案之私立專科以上學校或經教育部承認之國外專科以上學校各系科畢業得有證書者。	同　　上	同　　上	
	人事行政	09	人事行政	公立或立案之私立專科以上學校或經教育部承認之國外專科以上學校各系科畢業得有證書者。	同　　上	同　　上	
	法制	10	法制	公立或立案之私立專科以上學校或經教育部承認之國外專科以上學校法律、政治、行政各系科畢業得有證書者。	同　　上	同　　上	
	土地行政	11	土地行政	公立或立案之私立專科以上學校或經教育部承認之國外專科以上			

				經高等檢定考試相當類科及格者。	經普通考試相當類科及格滿三年者。
行政人員			學校地政、測量、政治、經濟、農業經濟、法律、公共行政、行政管理、土地資源、都市計畫、財稅、合作、合作經濟、土地管理、地理、土木工程、軍事工程、建築、水土保持、企業管理、資訊管理、營建技術、水利工程、森林、農業工程科農田水利組各系科組畢業得有證書者。		
文教行政	12	文化行政	公立或立案之私立專科以上學校或經教育部承認之國外專科以上學校各系科畢業得有證書者。	同　　上	同　　上
	13	教育行政	公立或立案之私立專科以上學校或經教育部承認之國外專科以上學校各系科畢業得有證書者。	同　　上	同　　上
新聞編譯	14	新聞行政	公立或立案之私立專科以上學校或經教育部承認之國外專科以上學校新聞、報業行政、外交、法律、政治、行政、行政管理、公共行政、公共關係、經濟、商學、歷史、地理、中國文學、外國語文、大眾傳播、編輯採訪、廣播電視、商業廣告、電影、電影編導、電影技術、印刷工程、美術印刷、印刷攝影、圖書資料、社會、社會工作、教育資料、銀行、邊政、財稅、銀行保險各系科畢業得有證書者。	同　　上	同　　上
圖書博物管理	15	圖書館管理	公立或立案之私立專科以上學校或經教育部承認之國外專科以上學校各系科畢業得有證書者。	同　　上	同　　上
	16	史料編纂	公立或立案之私立專科以上學校或經教育部承認之國外專科以上學校各系科畢業得有證書者。	同　　上	同　　上
財稅行政	17	財務行政	公立或立案之私立專科以上學校或經教育部承認之國外專科以上學校財稅、經濟、商學、銀行、保險、會計、統計、財務金融、國際貿易、企業管理、工業管理、交通管理、合作、合作經濟、觀光事業、商用（業）數學、應用數學、航(海)運管理、電子計		

				經高等檢定考試相當類科及格者。	經普通考試相當類科及格滿三年者。
行政人員	18	稅務行政	算機應用、電子計算機科學、電子計算機工程、資訊科學、資訊管理、資訊工程、農業經濟、農產運銷、管理科學、事業經營、運輸工程與管理、運輸管理、法律、公共行政、行政管理、地政、商業文書、商業教育、土地管理、交通工程與管理、勞工關係、市政、事務管理、秘書事務、商業設計、工業管理技術、醫務管理、職教系商業師資組、海洋運輸、財政、工商管理各系科組畢業得有證書者。		
	19	財稅行政法務組	公立或立案之私立專科以上學校或經教育部承認之國外專科以上學校法律、政治、行政各系科畢業得有證書者。	同　　上	同　　上
金融保險	20	金融業務組	公立或立案之私立專科以上學校或經教育部承認之國外專科以上學校財稅、經濟、商學、銀行、保險、會計、統計、財務金融、國際貿易、企業管理、工業管理、交通管理、合作、合作經濟、觀光事業、商用(業)數學、應用數學、航(海)運管理、電子計算機應用、電子計算機科學、電子計算機工程、資訊科學、資訊管理、資訊工程、農業經濟、農產運銷、管理科學、事業經營、運輸工程與管理、運輸管理、法律、公共行政、行政管理、地政、商業文書、商業教育、土地管理、交通工程與管理、勞工關係、市政、事務管理、秘書事務、商業設計、工業管理技術、醫務管理、職教系商業師資組、海洋運輸、財政、工商管理各系科組畢業得有證書者。	同　　上	同　　上
	21	金融法務組	公立或立案之私立專科以上學校或經教育部承認之國外專科以上學校法律、政治、行政各系科畢業得有證書者。	同　　上	同　　上
	22	保險	公立或立案之私立專科以上學校或經教育部承認之國外專科以上學校經濟、財稅、商學、銀行、		

類別 職系	編號	科別	第一款	第三款	第四款
			保險、會計、統計、國際貿易、企業管理、工業管理、交通管理、合作、合作經濟、觀光事業、商用（業）數學、應用數學、航（海）運管理、電子計算機應用、電子計算機科學、電子計算機工程、資訊科學、資訊管理、資訊工程、農業經濟、農產運銷、管理科學、事業經營、運輸工程與管理、運輸管理、法律、公共行政、行政管理、地政、商業文書、商業教育、土地管理、交通工程與管理、勞工關係、市政、事務管理、秘書事務、商業設計、工業管理技術、醫務管理、職教系商業師資組、海洋運輸、財政、工商管理各系科組畢業得有證書者。	經高等檢定考試相當類科及格者。	經普通考試相當類科及格滿三年者。
會計審計	23	會計審計	公立或立案之私立專科以上學校或經教育部承認之國外專科以上學校會計、統計、經濟、財稅、財政、合作、合作經濟、銀行、保險、商學、商業教育、國際貿易……各系科畢業得有證書者。	同　上	同　上

(二)八十一年普通考試考試類、系、科與應考資格舉例：

類別	職系	科別編號	科別	第一款	第二款	第三款	第四款	備註
行政人員	一般行政	01	行政	有高等考試應考資格第一、二兩款資格之一者。	公立或立案之私立高級中等學校畢業得有證書者。	經普通檢定考試相當類科及格者。	經特種考試之丁等考試及格滿三年者。	
	一般民政	02	戶政	同　上	同　上	同　上	同　上	
		03	兵役行政	同　上	同　上	同　上	同　上	
		04	村里幹事	同　上	同　上	同　上	同　上	

行政人員	僑務行政	05	僑務行政	有高等考試應考資格第一、二兩款資格之一者。		公立或立案之私立高級中等學校畢業得有證書者。		經普通檢定考試相當類科及格者。		經特種考試之丁等考試及格滿三年者。	
社會行政	社會行政	06	社會行政	同	上	同	上	同	上	同	上
		07	家政	同	上	同	上	同	上	同	上
		08	保育人員	同	上	同	上	同	上	同	上
人事行政		09	人事行政	同	上	同	上	同	上	同	上
地政		10	土地行政	同	上	同	上	同	上	同	上
文教行政		11	文化行政	同	上	同	上	同	上	同	上
		12	教育行政	同	上	同	上	同	上	同	上
		13	體育行政	同	上	同	上	同	上	同	上
新聞編譯		14	新聞廣播	同	上	同	上	同	上	同	上
圖書博物管理		15	圖書館管理	同	上	同	上	同	上	同	上
財稅行政		16	財務行政	同	上	同	上	同	上	同	上
		17	稅務行政	同	上	同	上	同	上	同	上
金融保險		18	金融	同	上	同	上	同	上	同	上
會計審計		19	會計審計	同	上	同	上	同	上	同	上
統計		20	統計	同	上	同	上	同	上	同	上
經建行政		21	經濟行政	同	上	同	上	同	上	同	上
		22	國際貿易	同	上	同	上	同	上	同	上
		23	農業經濟	同	上	同	上	同	上	同	上
企業管理		24	企業管理	同	上	同	上	同	上	同	上
交通行政		25	運輸行政	同	上	同	上	同	上	同	上

(三)八十一年高等考試考試類、系、科與應試科目表舉例:

1.高等考試一級考試各類科應試科目表舉例

類別	科別編號	科別	應	試		科		目
行政人員	101	行政	國父遺教（三民主義、建國方略、建國大綱）及中華民國憲法	行政學研究	政治學研究	行政法研究	民法刑法總則研究	國文（論文及公文）
	102	人事行政	國父遺教（三民主義、建國方略、建國大綱）及中華民國憲法	行政學研究	各國人事制度研究	行政法研究	人事行政學研究（包括考銓制度與法規）	國文（論文及公文）
	103	法制	國父遺教（三民主義、建國方略、建國大綱）及中華民國憲法	刑法	民法	行政法研究	立法程序與技術及民事訴訟法	國文（論文及公文）
	104	教育行政	國父遺教（三民主義、建國方略、建國大綱）及中華民國憲法	中外教育史	教育哲學	教育計畫與評鑑研究	教育行政學研究（包括主要教育法規）	國文（論文及公文）
	105	財稅行政稅務組	國父遺教（三民主義、建國方略、建國大綱）及中華民國憲法	財政學研究	民法	稅務法規	經濟學研究	國文（論文及公文）
	106	證券管理財務組	國父遺教（三民主義、建國方略、建國大綱）及中華民國憲法	證券管理理論與制度	會計學研究	財務分析研究	證券管理法規研究	國文（論文及公文）

2.高等考試二級考試各類科應試科目表舉例

類別	科別編號	科別	應		試		科			目
行政人員	01	行政	行政法	行政學	政治學	比較政府	經濟學	民法概要及刑法概要	※國父遺教（三民主義、建國方略、建國大綱）及中華民國憲法	國文（論文及公文）
	02	民政	行政法	行政學	政治學	地方政府與自治	自治法規與選舉法規	民法概要及刑法概要	※國父遺教（三民主義、建國方略、建國大綱）及中華民國憲法	國文（論文及公文）
	03	戶政	行政法	行政學	社會調查與人口統計	地方政府與自治	戶籍法規	民法概要及刑法概要	※國父遺教（三民主義、建國方略、建國大綱）及中華民國憲法	國文（論文及公文）
	04	兵役行政	行政法	行政學	政治學	兵役法規及制度	戶籍法規	民法概要及刑法概要	※國父遺教（三民主義、建國方略、建國大綱）及中華民國憲法	國文（論文及公文）
	05	僑務行政	行政法	國際關係	政治學	△英文△西班牙文△日文△德文△法文△阿拉伯文△韓文（均包括作文、翻譯、應用文）	僑務行政（包括僑務法規）	國際貿易	※國父遺教（三民主義、建國方略、建國大綱）及中華民國憲法	國文（論文及公文）

行政人員	06	社會行政	行政法	社會行政	社會調查與研究	社會政策與社會立法	社會工作	社會福利服務	※國父遺教（三民主義、建國方略、建國大綱）及中華民國憲法	國文（論文及公文）
	07	勞工行政	行政法	勞工政策及勞工運動史	勞資關係及勞工立法	勞工行政與勞工檢查	社會工作	就業安全制度	※國父遺教（三民主義、建國方略、建國大綱）及中華民國憲法	國文（論文及公文）
	08	合作行政	貨幣銀行學	合作經濟學	會計學	合作法規與制度（包括各國合作制度）	經濟學	民法（親屬編及繼承編除外）	※國父遺教（三民主義、建國方略、建國大綱）及中華民國憲法	國文（論文及公文）
	09	人事行政	行政法	行政學	各國人事制度	心理學	人事行政學（包括考銓制度與法規）	民法概要及刑法概要	※國父遺教（三民主義、建國方略、建國大綱）及中華民國憲法	國文（論文及公文）
	10	法制	行政法	刑法	民事訴訟法概要及刑事訴訟法概要	商事法	立法程序與技術	民法	※國父遺教（三民主義、建國方略、建國大綱）及中華民國憲法	國文（論文及公文）
	11	土地行政	土地法規	民法總則及物權編	土地行政及土地政策	土地經濟學	土地利用（包括土地使用管制及土地重劃）	土地登記	※國父遺教（三民主義、建國方略、建國大綱）及中華民國憲法	國文（論文及公文）

(四)八十一年普通考試類、系、科與應試科目表舉例

類別	科別編號	科別	應　　試　　科　　目					
行政人員	01	行政	※三民主義及中華民國憲法概要	※經濟學概要	行政法概要	※行政學概要	法學緒論	※本國歷史及地理概要	國文(論文及公文)
	02	戶政	※三民主義及中華民國憲法概要	地方政府與自治概要	行政法概要	戶籍法規概要	民法親屬編概要及繼承編概要	※本國歷史及地理概要	國文(論文及公文)
	03	兵役行政	※三民主義及中華民國憲法概要	兵役行政概要	行政法概要	兵役法規概要	刑法概要	※本國歷史及地理概要	國文(論文及公文)
	04	村里幹事	※三民主義及中華民國憲法概要	地方政府與自治概要	行政法概要	※行政學概要	民法總則概要	※本國歷史及地理概要	國文(論文及公文)
	05	僑務行政	※三民主義及中華民國憲法概要	僑務行政概要	國際關係概要	※行政學概要	△英文△西班牙文△日文△法文△德文△韓文△阿拉伯文	※本國歷史及地理概要	國文(論文及公文)
	06	社會行政	※三民主義及中華民國憲法概要	社會行政概要	社會學概要	社會工作概要	社會調查及統計概要	※本國歷史及地理概要	國文(論文及公文)
	07	家政	※三民主義及中華民國憲法概要	家政概要	兒童發展與保育概要	社會工作概要	食物營養與衛生概要	※本國歷史及地理概要	國文(論文及公文)
	08	保育人員	※三民主義及中華民國憲法概要	社會行政概要	◎兒童保育概要	社會工作概要	親職教育概要	※本國歷史及地理概要	國文(論文及公文)

行政人員	09	人事行政	※三民主義及中華民國憲法概要	人事行政概要（包括主要考銓法規）	行政法概要	※行政學概要	心理學概要	※本國歷史及地理概要	國文（論文及公文）
	10	土地行政	※三民主義及中華民國憲法概要	土地經濟學概要	土地登記概要	土地行政及土地法概要	民法物權編概要	※本國歷史及地理概要	國文（論文及公文）
	11	文化行政	※三民主義及中華民國憲法概要	中國文學概要	行政法概要（包括主要文化法規）	藝術概要	中西文化史概要	※本國歷史及地理概要	國文（論文及公文）
	12	教育行政	※三民主義及中華民國憲法概要	教育測驗及統計概要	教育概論	教育行政概要	教育心理學概要	※本國歷史及地理概要	國文（論文及公文）
	13	體育行政	※三民主義及中華民國憲法概要	體育概論	教育概論	體育行政概要	運動訓練概要	※本國歷史及地理概要	國文（論文及公文）
	14	新聞廣播	※三民主義及中華民國憲法概要	新聞學概要	△閩南語播音△客語播音（實地考試）	國語播音（實地考試）	△英文△西班牙文△法文△日文△德文	※本國歷史及地理概要	國文（論文及公文）
	15	圖書館管理	※三民主義及中華民國憲法概要	中文參考資料	◎圖書館管理概要	中文圖書分類編目	圖書館自動化概要	※本國歷史及地理概要	國文（論文及公文）
	16	財務行政	※三民主義及中華民國憲法概要	※經濟學概要	◎財政學概要	財務法規概要	會計學概要	※本國歷史及地理概要	國文（論文及公文）
	17	稅務行政	※三民主義及中華民國憲法概要	※經濟學概要	◎財政學概要	稅務法規概要	會計學概要	※本國歷史及地理概要	國文（論文及公文）

第四項　特種考試

依公務人員考試法規定，各機關為適應特殊需要，得舉辦特種考試。茲就舉辦特種考試情形，簡述如下：

一、舉辦特種考試，須訂定特種考試規則： 各機關因特殊需要請辦特種考試時，多擬定考試規則，報經考試院核定後辦理。現行之特種考試規則，為數甚多，大致可歸納為兩類，即一為不冠年度之特種考試規則，係各年均可適用者；一為冠年度之特種考試規則，只適用於該年度者；前者已成為一種制度，後者只為當時需要而訂定，年度一過卽為無效者。茲簡述如下：

(一)不冠年度之特種考試規則：較為重要者，有特種考試公務人員甲等考試規則、特種考試司法人員考試規則、特種考試外交領事暨國際新聞人員考試規則、特種考試警察人員考試規則、雇員考試規則等。茲以司法、外交領事暨國際新聞人員特種考試規則為例，說明其一般內容如下：

1. 規定考試等別及類科：如司法人員考試，分乙等司法人員，包括推事檢察官、公設辯護人、監獄官、觀護人、法醫師各類科；丙等司法人員，包括法院書記官、監所管理員、法院檢驗員各類科。

2. 規定應考資格及應試科目：應考資格之程度因考試等別而不同，應考資格之系科及經驗按考試類科規定；又如外交領事及國際新聞人員並對應考人之應考年齡規定在廿二歲至卅五歲（現職人員年齡為五十五歲以下）。此種考試之應考資格與應試科目，多以附表方式規定。

3. 規定試次：如司法人員及外交使領暨國際新聞人員考試，均分兩個試次舉行，卽第一試為筆試（含外語或專門知識口試及筆試）、第二試為口試；第一試未錄取者不得應第二試，第二試成績以六十分為最

低錄取標準。

4. 規定成績計算標準：如司法人員特種考試，考試總成績以筆試成績佔百分之九十，口試成績佔百分之十，合併計算；筆試成績之計算，乙等考試普通科目佔百分之二十五，專業科目佔百分之七十五；丙等考試普通科目佔百分之四十，專業科目佔百分之六十；又各科目中有一科成績爲零分或專業科目平均成績不滿五十五分者，均不錄取；又如外交領事及國際新聞人員，國文、外國文、外語口試三科成績，其中有一科評分不滿五十分者，總成績雖達錄取標準，仍不予錄取。

5. 規定訓練或學習：如司法人員考試規則規定，本考試錄取人員，除乙等法醫師及丙等法院檢驗員，於考試錄取後，即取得考試及格資格外，其他各等類人員，須由司法院或法務部予以學習或訓練，學習或訓練期滿，經考試院核定成績合格者，頒發考試及格證書，並由司法院或法務部依次派用。又如外交領事及國際新聞人員考試規則規定，本考試錄取人員，由外交部、行政院新聞局分別予以專業訓練或學習，其訓練或學習成績合格並送由考選部核定者，始完成考試程序，報請考試院發給考試及格證書。以上所定之訓練或學習，均屬考試程序之一部分，與一般機關所舉辦之職前訓練，在效果上各有不同。

(二)冠年度之特種考試規則：如特種考試臺灣省基層公務人員考試規則、特種考試關務人員考試規則、特種考試退除役軍人轉任公務人員考試規則等，均係冠年度者。因係冠年度，故以該年度之考試爲限，如以後需再舉行考試，則應再訂定考試規則辦理。

冠年度之特種考試規則，其內容大致與不冠年度之特種考試規則相同，包括考試等別、類科、應考資格與應試科目、考試分次、成績計算、及考試及格人員之學習、訓練或實習等。

(三)其他事項：不論爲不冠年度或冠年度之特種考試，除上述之考

試規則外，尚須規定公告事項，明示各等別及類科之錄取名額、報名日期、地點、考試日期、地點等事項。再辦理考試時，由考試院組織典試委員會主持典試事宜，其試務由考選部辦理，或委託請辦考試機關辦理。考試辦理竣事後，典試委員會及辦理試務機構，應將辦理典試及試務情形，連同關係文件送由考選部轉呈考試院備案。

二、一般的特種考試：係指其考試等別用甲等、乙等、丙等及丁等區分之特種考試，各機關基於特殊需要所請辦之特種考試，（如上述之各種特種考試）均屬此類特種考試。舉辦一般的特種考試時，除需訂定考試規則以憑辦理外，其要點如下：

(一)考試等別：依甲等、乙等、丙等及丁等區分，視職缺之職等高低定之。通常甲等特種考試訂有專用的考試規則，故亦單獨舉行，並由考試院統籌辦理。至乙等、丙等及丁等之特種考試，則多合併舉行，但亦有分別舉行者。

(二)考試類科：視職缺之性質定之。

(三)應考資格：各等別及類科應考資格，由考試院依公務人員考試法所定之基本應考資格範圍內，視職缺性質分別定之。

(四)應試科目：各等別類科之應試科目，由考試院根據執行職缺所需學識、經驗、技能等定之。

(五)考試方式：視應試科目內容選用之。

三、性質特殊的特種考試：依公務人員考試法施行細則規定，特種考試性質特殊，非甲等、乙等、丙等、丁等所能比照者，或雖予比照但其應考資格並不依公務人員考試法之規定者，得舉行此類特種考試。如政府依據組織法及其他特別法規定所舉辦之銓定任用資格考試及轉任公務人員檢覈，均屬其例。茲簡說如下：

(一)銓定任用資格考試：係原未納入銓敍任用範圍之機關，於納入

銓敍範圍時，或遇及機關改變人事制度時，對其建制或改制前已經任職而未具新制任用資格之公務人員，舉辦銓定任用資格考試，經考試及格者，取得新制之任用資格。

1. 銓定任用資格考試與一般考試之不同處，有下列各點：

（1）銓定任用資格考試之目的，在使原已任職之人員取得現職在新制上所需之任用資格；而一般考試，在遴選非現職人員任職，或使現職人員取得較高職等之任用資格，俟機調任較高職等之職務。

（2）銓定任用資格考試，係基於改制之需要而舉辦；而一般考試，依原有制度舉辦，並不構成改制。

（3）銓定任用資格考試通常為一次性者，並需在限期內辦理完竣，如參加銓定任用資格考試而未及格時，即需免除或降任職務或暫准繼續任職；而一般考試，係根據需要辦理，並無次數限制。

（4）銓定任用資格考試，係以法律明文規定舉辦者為限；而一般考試，於各用人機關請求時即可舉辦。

2. 近年舉辦銓定任用資格考試情況：

（1）實施考試用人時現職人員銓定任用資格考試：四十三年一月公務人員任用法修正公佈，其第四條規定，公務人員應以考試及格者，依法銓敍合格者，依法升等任用者為限。為期本法修正前已到職，而未具考試及格或銓敍合格，或依法升等任用之簡薦委公務人員，取得任用資格，乃依當時公務人員任用法第五條，「各機關現任人員，在本法施行前任職而未具有前條任用資格者，由考試院以考試方法，限期銓定其任用資格」規定，訂定現職人員銓定資格考試規則。其中規定銓定資格考試分甲、乙、丙、丁四種，現任簡任職或相當簡任職務人員，應甲種銓定考試；現任薦任職或相當薦任職務人員，應乙種銓定考試；現任中級以上委任職或相當中級以上委任職務人員，應丙種銓定考試；現任初

級委任職或相當初級委任職務人員，應丁種銓定考試。各機關應於公務人員任用法施行後十個月內，將現職未經考試及格或銓敍合格之人員，按其等階，造具名冊及服務成績表，彙送銓敍部查核。銓定考試成績，筆試佔六〇％，口試佔一〇％，服務成績佔三〇％，合計為總成績，但筆試成績不及格者，仍認為不及格。銓定考試應考人，以應試二次為限，第一次不及格者得應第二次考試，仍不及格時，除丁種外，得視其成績，按所報種別低一種錄取。

　　(2) 現職派用人員銓定任用資格考試：各機關派用人員之設置，依派用人員派用條例規定，係以臨時機關或有期限之臨時專任職務為限。但在派用條例施行前，各機關組織中原定之簡派、薦派或委派職等之職務，經認定非屬臨時機關或有期限之臨時專任職務者，應一律就原有職務分別改為簡任、薦任或委任，原任人員並予轉任，其未具法定任用資格者，由考試院以考試方法，限期銓定其任用資格，其考試辦法由考試院定之。考試院乃訂定現職派用人員銓定任用資格考試辦法，其中規定本考試分三等，現職簡派人員未具簡任資格者，得應銓定簡任任用資格考試；現職薦派人員未具薦任資格者，得應銓定薦任任用資格考試；現職委派人員未具委任資格者，得應銓定委任任用資格考試；銓定簡任任用資格考試以口試或實地考試成績佔五〇％，服務成績佔五〇％；銓定薦任任用資格考試，筆試口試成績各佔二五％，服務成績佔五〇％；銓定委任任用資格考試，筆試及服務成績各佔五〇％。應行銓定任用資格之現職派用人員，應自考試辦法施行之日起，一年半期間內，以考試定其任用資格。本考試應考人以參加二次為限，第一次考試不及格者得參加第二次考試，仍不及格時，除銓定委任任用資格者外，得降等錄取。

　　(3) 金馬地區現職公務人員銓定任用資格考試：依戰地公務人員

管理條例規定，戰地公務人員之選派，如適用法定資格有困難時，得由戰地最高行政長官斟酌該管地區實際情形，並按職務上必要之學識經驗才能體力等標準，就隨軍前進之戰地工作人員，原任敵後之我方工作人員或游擊人員，各機關儲備登記人員，陷留匪區之我方忠貞人員，反正立功人員，中等以上學校畢業生及其他志願或適於戰地工作人員中選派之。故戰地公務人員，並非一定即具有合法任用資格者。依本條例選派人員，於該管地區恢復常態時，除具有法定資格者以選派等級予以晉敍外，其未具法定資格者，得就其原任職務及服務成績，由考試院從優銓定其任用資格（戰管例八）。考試院為使金馬地區現職公務人員之未具任用資格者，早日取得任用資格起見，乃訂定金馬地區現職公務人員銓定資格考試規則，於五十五年五月十七日公布。其中規定本考試分乙、丙、丁三等，現任相當薦任職人員，連續服務戰地二年以上，擔任現職滿一年者，得應乙等考試；現任相當中級以上委任職人員，連續服務戰地二年以上，擔任現職滿一年者，得應丙等考試；現任相當初級委任職人員，連服續務戰地二年以上，擔任現職滿一年者，得應丁等考試。本考試以筆試及服務成績審查方式行之，筆試成績佔七〇％，服務成績佔三〇％，合併計算為總成績，以滿六十分為及格標準。

　　(4) 經濟建設委員會及農業委員會銓定任用資格考試：依行政院經濟建設委員會及農業委員會組織條例規定，本條例施行前，原以臨時機關性質依派用人員派用條例審定准予登記有案之現職人員，未具公務人員任用資格者，由考試院以考試方法限期銓定其任用資格，考試辦法由考試院定之。依考試院於七十四年四月發布之經濟建設委員會現職派用人員銓定任用資格考試辦法規定（農業委員會之考試辦法內容大致相同），其要點包括：　A．未具法定任用資格者，自本辦法施行之日起一年內，以考試銓定其任用資格；　B．本考試分下列三等，即現職簡派人

員未具簡任資格者得應簡任任用資格考試，現職薦派人員未具薦任資格者得應銓定薦任任用資格考試，現職委派人員未具委任資格者得應銓定委任任用資格考試；C．本考試以筆試、著作審查、口試、實地考試及服務成績審查等方式行之；D．本考試成績之計算，簡任任用資格考試著作審查或筆試（專業科目一科）成績佔 70%、服務成績佔 30%，薦任任用資格考試筆試（普通科目一科專業科目二科）成績佔 70%、服務成績佔 30%，委任任用資格考試筆試（普通科目一科專業科目二科）成績佔 70%、服務成績佔 30%；E．應考人參加本考試以一次為限，考試不及格者，除委任任用資格考試外，得降等錄用；F．本考試及格人員由考試院發給及格證書，並由考選部將及格人員名冊，分送銓敘部及行政院人事行政局。

　　(二)轉任公務人員檢覈：國軍上校以上軍官，因就任外職而停役，轉任公務人員尚未取得任用資格者，依後備軍人轉任公職考試比敘條例規定，其考試得以檢覈行之。考試院乃訂定國軍上校以上軍官外職停役轉任公務人員檢覈規則，以檢覈方法取得任用資格，至一般後備軍人欲取得公務人員任用資格者，需經特種考試及格。依檢覈規則規定，國軍上校以上軍官，經國防部核准外職停役而轉任簡任或相當簡任或薦任第八職等以上之正副主管或重要職務，且與曾任之軍職經歷或軍職專長性質相近者，得聲請檢覈，將級軍官轉任簡任第十職等以上職務者，以審查證件及口試方式行之，將級軍官轉任薦任第八、第九職等職務及上校以上軍官轉任者應予筆試、口試或實地考試，檢覈合格者，取得公務人員任用資格。

　　四、公營事業人員之考試：目前各種公營事業，依其特性及業務範圍，約可分交通事業、生產事業、金融事業三大類。事業人員之進用，多採考試用人，其考試與政府機關公務人員特種考試相當；有關規定，

亦多依照特種考試之規定辦理。惟因公營事業人員之分等，與政府機關公務人員之職等不盡相同，故考試用人時，亦有若干不同之處。玆分述如下：

(一)交通事業人員考試：依交通事業人員考試規則規定，其要點爲：

1. 考試類級及科別：分業務及技術兩大類，每類又分若干級，每級之中又得視需要區分科別，其情形如下：

(1) 業務類：分高級業務員、業務員、業務佐、業務士四級。其中高級業務員、業務員、業務佐三級，又依郵政、電信、鐵路、公路等業別之不同，分別區分爲科別，如鐵路則分運輸營業、餐旅服務、會計、材料管理、人事行政、人事查核、事務管理、資訊處理等科別。

(2) 技術類；分高級技術員、技術員、技術佐、技術士四級。其中高級技術員、技術員、技術佐三級，又依郵政、電信、鐵路、公路等業別之不同，分別區分爲科別，如電信則分土木工程、建築工程、機械工程、電機工程、電子計算機等科別。

2. 應考資格及應試科目：應考資格按級別分別規定，除學歷、經歷之資格外，尚有年齡之限制。應試科目，按類別、級別及科別規定。

3. 成績計算：本考試除筆試外，得按各業需要另予口試；筆試科目中普通科目與專業科目占總成績之百分比，按業別、技術、技能測驗及類科與級別，分別規定，專業科目成績不滿五十分者，不予錄取。

4. 訓練及學習：考試錄取人員，得視事業需要予以訓練及學習，俟訓練學習期滿，考核成績合格者，始完成考試程序。

(二)生產事業人員考試：經濟部所屬之事業均屬生產事業，經濟部對所屬事業人員之進用，除管理部分人員係由一般公務人員考試及格者分發任用外，其餘有關技術及企業管理人員，原係由部委託有關機關辦理甄選，自六十六年爲期建立考試用人制度，乃訂定「經濟部所屬事業

機構人員考試暫行辦法」一種，原定試行一年，嗣因績效良好，乃延長適用期間。依該暫行辦法規定，其要點如下：

　　1. 考試等別：經濟部所屬事業機構分類職位新進人員考試，分第六、第五兩職等舉行，其應考資格為公立或立案之私立大學或經教育部承認之國外大學有關學系畢業者，得應第六職等考試；公立或立案之私立專科學校或經教育部承認之國外專科學校有關學系畢業者，得應第五職等考試。應考之年齡性別，依類科之性質定之。

　　2. 考試方式：本考試得就筆試、口試、測驗、實地考試、著作發明審查等方式選擇行之，特殊或稀少科技人員，得採檢覈方式辦理。

　　3. 實習：錄取人員由經濟部分發各事業機構實習半年，期滿考核成績合格者始完成考試程序。

　　(三)金融事業人員考試：中央及地方金融及保險事業人員之進用，除分發高普考試有關等別及類科考試及格人員任用外，亦間有舉辦金融事業人員特考以應需要者，如七十八年則訂有該年特種考試關務、稅務、金融保險人員考試規則。其重要規定如下：

　　1. 考試等別：金融保險人員特考，通常分乙等及丙等二種，並分金融、保險兩類科，其應考資格依公務人員考試法規定訂定，應試科目依業務需要而定，應考年齡乙等考試限40歲以下，丙等考試限35歲以下。

　　2. 考試成績計算：考試成績乙等考試普通科目占總成績百分之二十，專業科目占總成績百分之八十；丙等考試，普通科目占總成績百分之三十，專業科目占總成績百分之七十。應試科中有一科成績為零分或專業科目成績平均不滿五十分者，縱總成績已達錄取標準，仍不錄取。

　　3. 分發學習：筆試錄取人員，分發金融保險機構實習，並施以訓練，合計為一年，經考核成績及格，方認為考試及格。

第五項　升等考試

依公務人員任用法規定，現職公務人員之升官等，須經升官等考試及格；又依公務人員考試法，公務人員之升等（係指升官等），除法律另有規定外，應經升等考試及格，公務人員升等考試法另定之。故升等考試，爲考試法所定之法定考試。依現行公務人員升等考試法之規定及目前辦理情形，簡述如下：

一、升等考試法之重要規定

(一)考試等別及應考資格：包括 1.現職雇員，已支雇員本薪最高薪點滿一年者，得應委任升等考試；2.現任委任第五職等或具有法定任用資格現任相當委任第五職等職務一年以上，已敍第五職等最高俸級者，得應薦任升等考試；3.現任薦任第九職等或具有法定任用資格之現任薦任第九職等職務一年以上，已敍第九職等最高俸級者，得應簡任升等考試。以上人員升等考試及格者，分別取得委任第一職等，薦任第六職等及簡任第十職等之任用資格。

(二)現職人員最近三年考績或考成一年列甲等二年列乙等以上者，其成績併入升等考試之總成績計算，比重爲百分之三十。

(三)考試類科及應試科目：考試類科依職缺之性質定之；各類科之應試科目，依擬任職務所需學識、經驗、技能定之。均由考試院核定。

(四)其餘事項：適用公務人員考試法之規定。

二、升等考試之舉行：舉行升等考試，有時亦訂定考試規則，據以辦理。其情形如下例：

(一)中央及地方公務人員升等考試：逕依升等考試法及其施行細則之規定辦理。

(二)警察人員升等考試：依警察人員升等考試規則之規定，其要點爲：

1. 考試等別與應考資格：分警監警察官升等考試，警正警察官升

等考試二個等別。應考資格與升等考試法所定者相當。

2. 考試類科及應試科目: 按等別各分行政警察、刑事警察、外事警察、戶政警察、消防警察、交通警察等類科，應試科目按各類警察職務之需要定之。

3. 考試方式及成績計算: 警監升官等考試，採用筆試及口試; 警正升官等考試，只採筆試。並分定筆試及口試成績之計算標準。

4. 其他事項: 適用公務人員考試法之規定。

(三)交通事業人員升資考試: 依交通事業人員升資考試規則規定，其要點為:

1. 考試類級及科別: 升資考試分業務及技術兩大類，每類又分三級，各級中又得分科別，其情形為

(1) 業務類升資考試: 分員級晉高員級升資考試、佐級晉員級升資考試、士級晉佐級升資考試; 各級得視業務性質之不同，再區分為報務、話務、營業、人事、事務、會計、材料等科別。

(2) 技術類升資考試: 分員級晉高員級升資考試、佐級晉員級升資考試、士級晉佐級升資考試; 各級得視技術性質之不同，再區分為機務、線務、土木、建築、物料等科別。

2. 應考資格與應試科目: 現任員級、佐級、士級資位職務人員，任本資位職務，最近三年考績或考成列二等以上，現敍薪級已達高一級資位最低薪級者，得應各該資位之升資考試。應試科目視類別、級別、科別分別規定。

3. 考試之分區及成績計算: 升資考試得分區單獨或聯合舉行。升資考試，以考試成績佔百分之六十，服務成績佔百分之四十，合併計算為總成績，及格標準不得低於六十分。普通科目佔考試成績百分之三十，專業科目佔百分之七十，但考試科目有一科成績為零分或專業科目

平均成績不滿五十分者，不予計算。

4. 其他事項：適用公務人員考試法之規定。

(四)金融事業人員升等考試：金融及保險事業，目前只有雇員升等考試之規定，爲辦理有所依據，並訂有行政院所屬金融保險事業機構雇員升等考試規則。其要點爲：

1. 應考資格：各機構現職雇員或相當職務人員，任現職滿三年最近一年內未受記過以上處分，並具有高級中等以上學校畢業，或普通檢定考試相關類科及格，或支雇員最高薪滿一年者，得應本考試。

2. 成績計算：現職人員最近三年一年考成列甲等二年列乙等以上者，其成績占總成績百分之三十，筆試占百分之七十，考成未符上述規定者，以筆試成績爲總成績。

第六項　檢定考試

公務人員考試法及專門職業及技術人員考試法，均規定有高等考試、普通考試或特種考試前，得定期舉行檢定考試，檢定考試規則由考試院定之。茲就舉辦檢定考試之緣由及現行檢定考試規則之要點，簡說如下：

一、舉辦檢定考試之緣由：主要爲

(一)使未具學歷者亦得應考試：各種考試之應考資格，主要爲學歷，如未具有一定之學歷者則不能參加考試，爲使未具一定學歷而自信已有與所定學歷相當之學力者亦能應考起見，乃有舉辦檢定考試之規定，凡檢定考試及格者，則可取得應有關考試之應考資格。

(二)保持傳統美意：「十年寒窗無人問，一旦中舉天下知」，這是一句極富鼓勵性的俗話，使得不少貧寒無力入學而能刻苦自修者亦有機會進入仕途。此種情況雖因教育的普及，國民就學率之提高，在現今已有改變，但此傳統美意仍爲社會所稱道，故直至今日仍保存檢定考試制

度，惟參加檢定考試之人數已逐年減少，舉辦檢定考試之類科亦有減少趨勢。

二、現行檢定考試規則之要點

(一)考試等別：

1. 高等檢定考試：考試及格者取得高等考試或相當於高等考試之特種考試相當類科應考資格。

2. 普通檢定考試：考試及格者取得普通考試或相當於普通考試之特種考試相當類科應考資格。

3. 中醫師檢定考試：考試及格者取得特種考試中醫師考試應考資格。

(二)應考資格：除須爲中華民國國民，及年齡（高等及中醫師檢定考試爲年滿二十二歲、普通檢定考試爲年滿十八歲）條件外，並無其他資格之限制。

(三)考試類科及應試科目：由考試院根據需要定之。

(四)考試方式：採筆試或筆試及實地考試方式行之。

(五)成績計算：各應試科目之成績，以各滿六十分爲及格。全部科目及格者，由考選部發給檢定考試及格證書；部分科目及格者，發給科別及格證明書，其未及格之科目，得於三年內繼續補考之。

(六)明定得應相當類科考試之類科範圍：如經檢定考試教育行政類科及格者，得應公務人員考試之教育行政、圖書館管理、博物館管理等類科考試；會計審計類科及格者，得應公務人員及專門職業及技術人員考試之會計審計類科考試。

(七)辦理機構：檢定考試由考選部組織檢定考試委員會辦理。

第三節　專門職業及技術人員之考試

專門職業及技術人員考試法，是辦理專門職業及技術人員考試之依據。專門職業及技術人員執業資格之取得須經由考試，專門職業及技術人員考試有其一般規定，有高普考試與特種考試之分，考試又得以檢覈方式行之，專門職業及技術人員考試與各職業法規具有密切關係。茲分項敍述之。

第一項　專門職業及技術人員須經考試

專門職業及技術人員有其範圍，其執業資格須經由考試而取得。茲簡說如下：

一、專門職業及技術人員之範圍： 擔任何種行業之人員，方稱爲專門職業及技術人員，常因時代而不同，及隨時代的進步而擴大其範圍。現行之專門職業及技術人員，係包括(一)律師、會計師；(二)建築師、各類技師；(三)醫師、藥師、牙醫師、護理師、醫事檢驗師、醫用放射線技術師、護士、助產士、醫用放射線技術士、藥劑生、醫事檢驗生；(四)中醫師；(五)獸醫師、獸醫佐；(六)航海人員、引水人、驗船師、漁船船員、船舶電信人員；(七)營養師；(八)其他依法規應領證書之專門職業及技術人員。

二、專門職業及技術人員需有執業資格： 由於社會的繁榮、經濟的發展，社會上有許多行業需由具備專門學識技能之人員擔任，以免影響社會的公共安全及個人生命財産受到損害。因此爲了保障社會公共安全及個人生命財産，對執行此種行業之人員，規定其必須具有一定的執業資格，接受民衆的委託辦事，否則不允許其執業。

三、執業資格需經由考試取得：依我國憲法第86條規定，專門職業及技術人員執業資格，應經考試院依法考選銓定之；又依專門職業及技術人員考試法第一條規定，專門職業及技術人員之執業，依本法以考試定其資格。我國實施專門職業及技術人員考試制度，迄今已歷數十年。

第二項　專門職業及技術人員考試之一般規定

專門職業及技術人員考試法，除規定考試之種類分高等考試、普通考試，及爲適應特殊需要得舉行特種考試（但不明定區分爲甲、乙、丙、丁四等），舉行期間，應考人之基本應考資格及消極應考資格，考試方式之選用，及考試前得舉行檢定考試等，與公務人員考試法相同，不再贅述外，其餘一般規定之要點如下：

一、有關考試之補充規定由考試院會同關係院定之：考試院爲全國最高考試機關，亦爲公務人員人事制度之最高主管機關，故與公務人員考試有關之補充規定，均由考試院定之。而專門職業及技術人員，並非公務人員，各有專門職業之主管機關，如律師爲司法院及行政院之法務部、會計師爲行政院之財政部、醫師爲行政院之衛生署、建築師爲行政院之內政部、技師爲行政院之經濟部。因此，有關專門職業及技術人員考試之補充規定，涉及專門職業主管機關之職權，故需由考試院會同關係院定之。依專門職業及技術人員考試法規定，下列補充規定均需由考試院會同關係院定之，卽(一)專門職業及技術人員考試種類；(二)專門職業及技術人員高等考試、普通考試及特種考試應考年齡、考試類科及分類分科應試科目；(三)專門職業及技術人員考試，視各類科需要之應考人體格檢查標準；(四)專門職業及技術人員特種考試之應考資格及應檢覈資格；(五)專門職業及技術人員考試分類分科之應考資格及應檢覈資格；(六)專門職業及技術人員檢覈辦法。

二、專門職業及技術人員之高等及普通考試

(一)應考資格: 除基本資格及消極資格與公務人員考試相同外, 其有關能力條件之應考資格如下:

1. 高等考試: 具有下列資格之一者, 得應專門職業及技術人員高等考試, 卽①公立或立案之私立專科以上學校或經教育部承認之國外專科以上學校相當系科畢業者; ②高等檢定考試相當類科及格者; ③普通考試相當類科及格, 並曾任有關職務滿四年, 有證明文件者。

2. 普通考試: 具有下列資格之一者得應專門職業及技術人員普通考試, 卽 (1)具有參加高等考試 (1)(2) 之資格者; (2) 公立或立案之私立高級職業學校相當科別畢業者; (3) 普通檢定考試相當類科及格者。

至專門職業及技術人員考試之分類分科及各分類分科之應考資格, 則在不牴觸法定應考資格之原則下, 根據各類科之特性, 由考試院會同關係院定之。

(二)應試科目: 專門職業及技術人員考試各類科之應試科目, 根據類科之特性及學校有關系科之主要課程, 由考試院會同關係院定之。

三、專門職業及技術人員之特種考試: 除高等及普通考試外, 爲適應特殊需要, 得舉行特種考試。特種考試之分等、區分類科、應考資格及應試科目, 均於特種考試之考試規則中定之, 至考試方式之選用, 則得就筆試、口試、測驗、實地考試、審查著作發明或所需知能有關學歷、經歷證件及論文等方式中, 視應試科目需要選用之, 但除筆試外, 其他應採二種以上方式行之。

四、專門職業及技術人員高等及普通考試之檢覈: 專門職業及技術人員執業資格之取得, 除考試外尚有檢覈, 所謂檢覈係以審查學經歷證件爲主, 必要時亦得以筆試、口試或實地考試補充之。

(一)應檢覈資格: 除基本應檢資格與消極應檢資格, 與考試之規定

相同外，其應檢資格較應考資格為嚴，高等及普通考試之應檢覈資格為:

1. 高等考試之應檢資格: 具有下列資格之一者得應專門職業及技術人員高等考試之檢覈，卽 (1) 公立或立案之私立專科以上學校或經教育部承認之國外專科以上學校相當系科畢業，並曾任有關職務，成績優良，有證明文件者; (2) 公立或立案之私立專科以上學校或經教育部承認之國外專科以上學校相當系科畢業，並曾任專科以上學校教授、副教授、講師，經教育部審查合格，講授主要學科有證明文件者; (3) 領有外國政府相等之執業證書，經考選部認可者。以上 (1) (2) 之任有關職務之年資、成績優良、及主要科目，由考試院參照有關法規定之。

2. 普通考試之應檢資格: 具有下列資格之一者得應專門職業及技術人員普通考試之檢覈，卽 (1) 公立或立案之私立專科以上學校或經教育部承認之國外專科以上學校相當系科畢業者; (2) 公立或立案之私立高級職業學校相當科別畢業，並曾任有關職務，成績優良，有證明文件者; (3) 領有外國政府相等之執業證書，經考選部認可者。以上 (2) 之任有關職務之年資及成績優良，由考試院參照有關法規定之。

至各種專門職業及技術人員檢覈分類分科之應檢資格，則在不牴觸法定應檢覈資格之原則下，根據類科特性，由考試院會同關係院定之。

(二)檢覈程序: 專門職業及技術人員檢覈，應就申請檢覈人所繳學歷、經歷證件，審查其所具專門學識經驗及執業能力。專門職業及技術人員檢覈辦法，由考試院會同關係院定之。

(三)並得舉行考試: 對應檢人員，除審查學歷、經歷證件外，並得以筆試、口試、或實地考試，以核定其執業資格。以上筆試、口試或實地考試，必要時得視其類科性質，按基礎學科及應用學科分階段舉行，應考人在學期間得參加前一階段考試。

五、考試總成績之計算: 依專門職業及技術人員考試總成績計算辦法規定, 其要點爲:

(一)筆試科目分普通科目及專業科目者, 其成績分別平均計算。

(二)高等考試或相當於高等考試之特種考試, 其行政人員類科之普通科目占總成績25%, 專業科目占75%; 技術人員類科普通科目占20%, 專業科目占80%。普通考試或相當於普通考試之特種考試, 其行政人員類科普通科目占總成績40%, 專業科目占60%; 技術人員類科, 普通科目占30%, 專業科目占70%。筆試科目有一科成績爲零分或專業科目平均不滿五十分者, 均不及格。

(三)筆試與口試併同舉行者, 筆試成績占百分之九十, 口試成績占百分之十; 筆試與實地考試併同舉行者, 筆試成績占百分之八十, 實地考試成績占百分之二十; 口試與實地考試併同舉行者, 其成績各占百分之五十; 筆試、口試及實地考試併同舉行者, 筆試成績占百分之五十, 口試及實地考試成績各占百分之二十五。

(四)性質特殊之考試, 其總成績計算得依其規定。

第三項　專門職業及技術人員之高等及普通考試

專門職業及技術人員高等及普通考試, 原係併同公務人員高等及普通考試舉行, 凡應考資格與應試科目相同者, 可同時取得公務人員與專門職業及技術人員考試及格資格。嗣後爲免影響公務人員考試及格者之分發工作, 自七十二年起乃分開舉行。自七十五年將公務人員考試法與專門職業及技術人員考試法採分別立法後, 分別依法舉行乃成爲定制。

專門職業及技術人員高等及普通考試, 亦爲專門職業及技術人員考試中規模最大者, 並每年舉行一次, 舉行期間多在十一、十二月間。舉行前須將應行公告事項、考試類科、應考資格及應試科目, 由考試院核定, 並由考選部編印應考須知, 以供應考人參考。玆以七十八年專門職

業及技術人員高等暨普通考試應考須知爲例，就其內容擇要簡述如下：

一、考試等別及類科： 如以七十八年所舉行者爲例

(一)高等考試：分三十二個類科組。

(二)普通考試：分四個類科組。

二、應考資格及應試科目： 按考試等別及科組分別規定。

三、考試日期及地點： 高等考試爲十二月廿三至廿五日舉行，普通考試爲十二月廿三至廿四日。考試地點在臺北市。

四、考試方式： 均採筆試方式，大部分採申論式試題，小部分採測驗式試題。

五、體格檢查： 由應考人選擇於報名前或考試後辦理均可。報名前檢查者，於報名時繳交，不合格者不得報名；考試後檢查者，於限期內繳交，不合格者不予錄取。

六、其他事項： 包括華僑回國應考優待，成績計算等規定。

七、報名手續： 一律通訊報名，於限期內辦理。報名時應填寫報名履歷表正副表各一張，檢附應考資格證明文件，回件專用信封及寄發成績單專用信封各一，照片一式三張，及報名費郵政劃撥單，寄考選部第三司。

八、專門職業及技術人員高等暨普通考試之考試類科組、應考資格及應試科目舉例

(一)高等暨普通考試之考試類科組及應考資格舉例：

應考資格款別 考試類科	第　一　款	第 二 款	第 三 款	備 註
律　師	公立或立案之私立專科以上學校，或經教育部承認之國外專科以上學校法律系科畢業得有證書者。	經高等檢定考試相當類科及格者。	經普通考試法院書記官考試及格後任	各類科應考人均須體格檢查。

				法院書記官擔任審判紀錄或書記官擔任檢察記官偵查紀錄或財務、民事執行四年以上有證明文件者。
高	會 計 師	公立或立案之私立專科以上學校，或經教育部承認之國外專科以上學校會計、統計、商學、經濟、財稅、財政、財務、財務管理、企業管理、管理科學、事業經營、銀行、國際貿易、合作經濟、工業管理各系科畢業得有證書者。	同上	經普通考試會計審計人員考試及格後並任有關職務滿四年有證明文件者。
	建 築 師	公立或立案之私立專科以上學校，或經教育部承認之國外專科以上學校建築、建築及都市設計、土木工程、軍事工程、營建技術、工業設計系建築工程組各系科組畢業得有證書者。	同上	經普通考試建築工程科考試及格後並任有關職務滿四年有證明文件者。
	醫 事 人 員	醫 師	公立或立案之私立專科以上學校，或經教育部承認之國外專科以上學校醫科或醫學系畢業得有證書者。	同上	
		牙醫師	公立或立案之私立專科以上學校，或經教育部承認之國外專科以上學校牙醫學系科畢業得有證書者。	同上	
等		藥 師	公立或立案之私立專科以上學校，或經教育部承認之國外專科以上學校藥學系科畢業得有證書者。	同上	
	土 木 技 師	公立或立案之私立專科以上學校，或經教育部承認之國外專科以上學校土木工程、軍事工程、水利工程、建築、公共工程、河海工程、灌溉工程、衛生工程、營建技術、測量、	同上	經普通考試相當類科及格後並任有關職務滿四年有證明

	環境工程、　環境科學、海洋系工程組、農業工程系水利組各系科組畢業得有證書者。		文件者。	
	環　　　　境工程技師	公立或立案之私立專科以上學校，或經教育部承認之國外專科以上學校環境工程、衛生工程、水利工程、土木工程,軍事工程、河海工程、建築、造園景觀、環境科學、化學工程、公共衛生,水土保持,海洋系工程組、公共工程系土木組、農業工程系水利組各系科組畢業得有證書者。	經高等檢定考試衛生工程等類科及格者。	同上
	機械技師	公立或立案之私立專科以上學校，或經教育部承認之國外專科以上學校機械工程、機械技術、動力機械、機具衝模、輪機工程、造船工程、工程科學、航空工程、車輛工程、兵器、核子工程、航運技術系輪機組,工業設計系機械組、農業工程系機械組、工業製圖科機械製圖組、製圖科機械組各系科組畢業得有證書者。	經高等檢定考試相當類科及格者。	同上
考	電機技師	公立或立案之私立專科以上學校，或經教育部承認之國外專科以上學校電機工程、電機技術、電力工程、動力機械、電信工程、電工技術、電子工程、電子通訊、電子物理、電子技術、工業電子、控制工程、計算機工程、工程科學、核子工程、電機電力工程、兵器、物理系各組、電視科工程組各系科畢業得有證書者。	同上	同上
	電子技師	公立或立案之私立專科以上學校，或經教育部承認之國外專科以上學校電子工程、電子通訊、電子技術、工業電子、電子物理、計算機科學、計算機工程、控制工程、系統工程、電機工程、電信工程、工程科學、醫學工程、資	同上	同上

		訊工程、資訊科學、核子工程、材料科學、物理系各組、電視科工程組各系科組畢業得有證書者。		
	化　　學工程技師	公立或立案之私立專科以上學校，或經教育部承認之國外專科以上學校化學工程、化工技術、印染化學、纖維化學、工業化學、食品化學、應用化學、化學、造紙工程、塑膠加工、水產加工、水產製造、陶業、食品營養、水產養殖、食品工業、藥學、森林學系森林工業組、家政學系營養組、科學教育系化學組、農業化學系各組各系科組畢業得有證書者。	同上	同上
	農藝技師	公立或立案之私立專科以上學校，或經教育部承認之國外專科以上學校農藝、園藝、生物、植物、植病、植物保護各系科畢業得有證書者。	經高等檢定考試相當類科及格者。	同上
	林業技師	公立或立案之私立專科以上學校，或經教育部承認之國外專科以上學校林產利用、植物、植物保護、土地資源、森林系各系科組畢業得有證書者。	同上	同上
試	水產技師	公立或立案之私立專科以上學校，或經教育部承認之國外專科以上學校水產製造、漁業生物、漁撈、漁業、海洋、海洋資源、生物、動物、水產養殖各系科畢業得有證書者。	同上	同上
	畜牧技師	公立或立案之私立專科以上學校，或經教育部承認之國外專科以上學校畜牧、獸醫、畜牧獸醫各系科畢業得有證書者。	同上	同上
	獸　醫　師	公立或立案之私立專科以上學校，或經教育部承認	同上	同上

普通考試	醫事人員				
			之國外專科以上學校獸醫、畜牧獸醫各系科畢業得有證書者。		
普通考試	醫事人員	護士	具有高等考試相當類科應考資格第一、二兩款資格之一者。	公立或立案之私立高級護理職業學校畢業得有證書者。	經普通檢定考試相當類科及格者。
		助產士	同上	公立或立案之私立高級助產職業學校畢業得有證書者。	同上
		藥劑生	同上	公立或立案之私立高級調劑職業學校畢業得有證書者。	同上

(二)高等暨普通考試之考試類科及應試科目表舉例：

考試類科	筆試科目		備註
	普通科目	專業科目	
高	律師	一、國父遺教（三民主義、建國方略、建國大綱）及憲法。二、國文（論文）。	三、民法。四、刑法。五、商事法及國際私法。六、民事訴訟法。七、刑事訴訟法。八、強制執行法及破產法。	筆試科目六、七、八得含實例命題，若含實例命題於考試時附發該科法律全部條文，供應考人參閱。
	會計師	同上	三、高等會計學。四、會計報告分析。五、審計學。六、管理會計或會計制度。七、公司法、票據法及證券交易法。八、稅法（含所得稅法、營業稅法及土地稅法）。	筆試科目六、由應考人任選一科。
	建築師	同上	三、建築設計。四、營建法規。五、建築結構系統。六、建築物理及設備。七、建築	

			構造及施工。八、敷地計畫及都市計畫。	
醫事人員等	醫　師	同上	三、解剖學（包括胚胎學、組織學）。四、生理學（包括生物化學、藥理學）。五、內科學(包括神經精神科學、小兒科學、皮膚科學）及病理學。六、外科學（包括矯形外科學、泌尿科學、眼科學、耳鼻喉科學、骨科學）。七、婦產科學。八、公共衞生學（包括微生物學、寄生蟲學）。	
	牙醫師	同上	三、口腔生理學（包括微生物學、藥理學、生物化學、咬合學）。四、口腔解剖學（包括牙體形態學、口腔胚胎及組織學）。五、牙齒保存學（齒內治療學、牙體復形學、牙週病學）。六、口腔病學（口腔病理學、口腔診斷學、牙科放射線學、口腔外科學、牙科麻醉學）。七、牙科補綴學（牙科材料學、牙冠牙橋學、局部贋復學、全口贋復學）。八、口腔衞生學（口腔病預防學、牙科公共衞生學、兒童牙科學、牙科矯正學）。	
	藥　師	同上	三、生藥學。四、藥理學。五、藥物化學。六、調劑學。七、藥劑學（包括藥效藥劑學）。八、藥品鑑定及藥事法規。	
	土木技師	同上	三、結構分析（包括材料力學及結構學）。四、結構設計（包括鋼筋混凝土及鋼結構）。五、大地工程學（包括土壤力學、基礎工程及工程地質）。六、工程測量（包括平面測量及施工測量）。七、施工法（包括土木、建築施工及工程材料）。八、營建管理。	
	環境工程技　師	同上	三、流體力學與水文學。四、環境化學與環境微生物	筆試科目八、由應考人任選

		學。五、環境污染防制法規。六、給水工程與設計。七、污水工程與設計。八、空氣污染控制或固體廢污處理或放射性廢物處理（均包括設計）。	一科。
	機械技師	同上	三、熱力學。四、熱機學（包括內燃機與輪機）。五、流體力學及流體機械。六、機動學及機械設計。七、工程力學（包括靜力學、動力學及材料力學）。八、機械製造。
	電機技師	同上	三、電磁學。四、電路學。五、電工數學。六、電子學。七、電機機械。八、輸電及配電。
	電子技師	同上	三、電子學。四、電磁學（包括電磁波）。六、電工數學。六、電路學。七、電子計算機原理及應用。八、電信工程。
考	化學工程技師	同上	三、輸送現象與單元操作。四、化工熱力學。五、化學反應工程(亦稱化工動力學)六、工業化學。七、程序控制。八、有機化學。
	農藝技師	同上	三、土壤學及植物營養學。四、食用作物學及特用作物學。五、植物保護學。六、作物栽培原理。七、作物育種學。八、試驗技術。
	林業技師	同上	三、育林學。四、森林經理學及森林計算學。五、水土保持學。六、樹木學。七、森林保護學。八、森林利用學（包括木材採運學、木材工藝學）。
	水產技師	同上	三、水產概論。四、漁撈學。五、水產微生物學。六、海洋學及氣象學。七、水產製造學。八、水產養殖學。
	畜牧技師	同上	三、家畜解剖生理學。四、

試			家畜育種學。五、家畜營養學。六、家畜各論。七、獸醫概論。　八、　畜產品利用學。	
	獸　醫　師	同上	三、家畜解剖及生理學。四、家畜普通病學。五、家畜傳染病學(包括免疫學)。六、獸醫公共衛生學。七、家畜病理學。八、獸醫藥理學。	
普通考試	醫事人員	護　士	一、三民主義。二、國文（論文）。	三、護理原理與技術。四、內外科護理學。五、婦產科、小兒科、精神科及公共衛生護理學。六、解剖生理學及藥物學。七、病理學（包括微生物學及寄生蟲學）。	
		助產士	同上	三、助產學。四、護理原理與技術。五、各科護理學（包括內、外科、婦科、兒科及公共衛生護理學）。六、解剖生理學及藥物學。七、病理學（包括微生物學及寄生蟲學）。	
		藥劑生	同上	三、生藥學及藥理學。四、藥物化學。五、調劑學。六、藥劑學（包括藥效藥劑學）。七、藥品鑑定及藥事法規。	

第四項　專門職業及技術人員之特種考試

專門職業及技術人員考試中，如中醫師考試、航海人員考試、引水人考試、船舶電信人員考試等，均屬特種考試。其中以航海人員考試，舉辦最有成效，並在國際上著有聲譽。航海人員考試原稱河海航行人員考試，自三十五年起開始辦理，其考試規則亦經多次修正；至七十四年元月，為配合國際勞工組織通過之「一九七八年航海人員訓練、發證及當值標準國際公約」之規定，乃又作較大幅度之修正，並訂定特種考試航海人員考試規則，自七十五年七月一日起施行。茲就該考試規則為

例，說明其要點如下：

一、航海人員之範圍： 所稱航海人員，指在二○○總噸以上船舶服務之航行員，及其主機推進動力滿七五○瓩船舶服務之輪機員；在二○○總噸以上未滿二○○總噸船舶服務之駕駛，及在主機推進動力未滿七五○瓩船舶服務之司機。

二、航海人員考試之區分等級

(一)航行員：視船舶總噸數大小，分一、二兩等，各等又分船長、大副、船副三級。

(二)輪機員：視主機推進力大小，分一、二兩等，各等又分輪機長、大管輪、管輪三級。

(三)駕駛：分正駕駛、副駕駛兩級。

(四)司機：分正司機、副司機兩級。

三、應考資格： 中華民國國民年滿二十歲者及海軍退除役軍官、士官，得分別依照各等級航海人員應考資格之規定，應各該等級航海人員之考試。領有外國政府航海人員執業證書者，得向考選部申請認可後應考。

四、應試科目： 各等級航海人員之應試科目，分普通科目與專業科目，每一專業科目，並規定有細目表，以為考試命題之範圍，使應考者有所準備，此為其他各種考試之所無，亦為航海人員考試之一大特色。茲以一等船長考試「航海氣象學及海洋學」之專業科目為例，其細目表為(一)航海氣象學（佔 50%），包括1.航海氣象觀測儀器之構造及觀測法；2.氣象要素及其變化與天氣之預測；3.風之成因及其分類型式；4.雲之成因及其分類型式；5.霧之成因及其分類型式；6.水氣之凝結及大氣特殊現象；7.世界熱帶氣旋發生之原因、發源地及其季節活動與避航措施；8.海面大氣環流、氣團、等壓線區、高低氣壓及鋒面型式之分類及現象；9.世界風帶及季候風之分佈；10.船舶氣象通訊電碼編譯方法與

天氣圖繪製過程、分析及判斷；11.氣象導航；（二）海洋學（佔 50%），
包括 1.海洋與陸地之分佈；　2.海洋觀測；　3.海洋系統、成因及影響；　4.
海洋環流；　5.潮汐及潮流之成因；　6.浪湧之成因及預測；　7.漂冰之主要
分類及其季節動態與可航範圍。

五、成績計算：以專業科目成績各滿六十分，及普通科目與專業科
目平均分數滿五十五分爲及格；其僅考專業科目者，則以專業科目各滿
六十分爲及格。普通科目與專業科目平均分數滿五十五分，專業科目有
二科以下不滿六十分者，或僅考專業科目有二科以下不滿六十分而平均
滿五十五分者，得於五年內舉行同等級考試時申請補考，但補考以三次
爲限。

六、其他規定：航海人員考試，每年以舉行三次爲原則，舉行時依
法組織典試委員會辦理典試事宜，其試務由考選部辦理或委託交通部辦
理。航海人員經考試及格者，由考試院發給及格證書，並由考選部函達
交通部查照。

第五項　專門職業及技術人員之檢覈

專門職業及技術人員考試之檢覈，種類甚多，如律師檢覈、會計師
檢覈、建築師檢覈、技師檢覈、醫事人員檢覈等。玆以會計師及醫事人
員之檢覈爲例，說明如下：

一、會計師之檢覈：依會計師檢覈辦法之規定，其要點爲：

（一）應檢資格：中華民國國民具有下列資格之一者，得應會計師之
檢覈，卽 1.公立或立案之私立專科以上學校或經教育部承認之國外專科
以上學校會計系、科、組或相關系、科、組畢業，並曾任薦任或相當薦
任以上會計、審計人員三年以上者；　2.公立或立案之私立專科以上學校
或經教育部承認之國外專科以上學校會計系、科、組或相關系、科、組

畢業，並曾任專科以上學校講師或副教授三年以上或教授二年以上者；
3.領有外國政府相等之會計師證書，經考選部認可者。

（二）檢覈方式：除審查學經歷證件外，並依下列規定參加筆試或部
分免予筆試。

　1．須參加筆試者：

依上述第1、2兩款資格應檢者，應予筆試，筆試科目由考選部參照
專門職業及技術人員高等考試會計師考試專業科目定之。

　2．得予部分免試者：

依上述第3款資格應檢，得予部分免試，其部分免試標準，由考選
部擬定，報請考試院核定。

（三）其他事項：會計師檢覈，由考選部設會計師檢覈委員會辦理；
應檢人具有會計師法限制充任情事之一者，不得應檢；及規定申請檢覈
之手續等。

二、醫事人員檢覈：依醫事人員檢覈辦法規定，其要點為：

（一）醫事人員之範圍：所稱醫事人員，包括醫師、藥師、牙醫師、
護理師、醫事檢驗師、醫用放射線技術師、護士、助產士、藥劑生、醫
事檢驗生、醫用放射線技術士等。中醫師檢覈辦法另定之。

（二）醫事人員檢覈之區分等別：

　1．相當高等考試之等別者：有醫師、藥師、牙醫師、醫事檢驗
師、護理師、醫用放射線技術師等之檢覈。

　2．相當普通考試之等別者：有護士、助產士、藥劑生、醫事檢驗
生、醫用放射線技術士等之檢覈。

（三）應檢資格：茲以醫師與護士之應檢資格為例

　1．中華民國國民具有下列資格之一者，得應醫師之檢覈，即（1）
公立或立案之私立專科以上學校或經教育部承認之國外專科以上學校修

習醫學，並經實習成績優良，得有畢業證書者；（2）在外國政府領有醫師證書，經中央衞生主管機關認可者。

2. 中華民國國民具有下列資格之一者，得應護士之檢覈，卽（1）公立或立案之私立高級護士職業學校或經教育部承認之國外高級護士職業學校修業期滿，並經實習成績優良，得有畢業證書者；（2）在外國政府領有護士證書，經中央衞生主管機關認可者。

（四）檢覈方式：檢覈以審查應檢人所繳學經歷證件，及其所具專門學識、經驗及執業能力爲主，並得以筆試、口試或實地考試以核定其執業資格。但中華民國國民具有下列資格之一者，得免予筆試、口試或實地考試，卽 1.領有公務人員高等或普通考試或特種考試公共衞生各類醫事人員考試及格證書，與應檢類科相當者；2.領有外國政府發給與應檢類科相當之執業證書後，執行證載類科業務三年以上，經中央衞生主管機關認可者。

（五）其他事項：醫事人員檢覈，由考選部設醫事人員檢覈委員會辦理；應檢人具有各類職業法規限制充任情事之一者，不得應該類人員之檢覈；及規定申請檢覈之手續等。

第六項　專門職業及技術人員考試與職業法之關係

依專門職業及技術人員考試法規定，應考人之消極應考資格，除依本法之規定外，並應受各該職業法所定不得充任情事之限制。再職業法中定有應檢之資格者，考試院會同關係院訂定該種專門職業及技術人員檢覈辦法時，對其應檢之資格亦應以職業法中所定者爲主要根據。玆舉例如下：

一、律師法之規定

（一）不得充任律師之情事：依律師法第二條，有下列情事之一者不

得充任律師，其已充任律師者撤銷其律師資格，卽 1.背叛中華民國經判決確定者；　2.曾受一年有期徒刑以上刑之宣告，經判決確定者，但因過失犯罪者不在此限；　3.曾受本法所定除名處分者；　4.曾任公務員而受撤職處分，其停止任用期間尚未屆滿者；　5.經公立醫院證明有精神病者；　6.受破產之宣告尚未復權者。以上六種情事之規定，比考試法所定消極應考資格爲廣，亦卽對律師之消極應考資格，比公務人員考試之消極應考資格爲嚴。

（二）律師之應檢資格：依律師法第一條，有下列資格之一者，律師考試以檢覈行之，卽 1.曾任推事或檢察官者；　2.曾在公立或經立案之私立大學、獨立學院法律學系畢業，而在公立或經立案之私立大學、獨立學院任教授二年、副教授三年、講師五年，講授主要法律科目二年以上者；　3.曾在公立或經立案之私立大學、獨立學院法律學系畢業，而任薦任司法行政官，辦理民刑事件四年以上，成績優良者；　4.曾在公立或立案之私立大學、獨立學院法律學系畢業或經軍法官考試及格，而任相當於薦任職軍法官四年以上者。律師檢覈辦法，由考試院會同司法院、行政院定之。

二、會計師法之規定

（一）不得充任會計師之情事：依會計師法第四條，具有下列情事之一者不得充任會計師，其已充任會計師者撤銷其會計師證書，卽 1.背叛中華民國經判決確定者；　2.曾受一年有期徒刑以上刑之宣告者；　3.受禁治產宣告尚未撤銷者；　4.受破產宣告尚未復權者；　5.經公立醫院證明有精神病者；　6.曾任公務員而受撤職處分，其停止任用期間尚未屆滿者；　7.受本法所定除名處分者。依上述第 3 至第 6 款規定撤銷會計師證書者，於原因消滅後，仍得依本法之規定請領會計師證書。

（二）會計師之應檢資格：依會計師法第二條規定，有下列資格之一

者得應會計師之檢覈，卽 1.公立或立案之私立專科以上學校或經教育部承認之國外專科以上學校會計系科或相關系科畢業，並曾任薦任或相當薦任以上會計、審計人員三年以上者；2.公立或立案之私立專科以上學校或經教育部承認之國外專科以上學校會計系科或相關系科畢業，並曾任專科以上學校講師或副教授三年以上或教授二年以上者；3.領有外國政府相等之會計師證書經考選部認可者。會計師檢覈辦法由考試院會同關係院定之。

第四節　公職候選人之考試

公職候選人考試，由政策宣示到定制經過數次演變，現行動員戡亂時期公職候選人檢覈規則，係法律授權由考試院訂定。茲分項簡述之。

第一項　辦理經過

辦理公職候選人考試，經三次演變而定制。

一、政策宣示時期: 國父在中華革命之基礎一文中，主張: 「人民之代表與受人民之委託者，不但需經選舉，尤須經過考試，一掃近日金錢選舉之惡習，可期爲國家得應當之人才」。其後乃在建國大綱第十五條規定: 「凡候選及任命官員，無論中央與地方，皆須經中央考試銓定資格者乃可」。

二、初辦時期: 民國二十九年，爲配合籌設各級民意機關，考試院呈奉公佈縣參議員及鄉鎮民代表候選人考試暫行條例，並於三十年開始辦理檢覈，三十二年公布省縣公職候選人考試法。嗣因三十六年元旦公佈之中華民國憲法，第八十六條未將公職人員候選資格列入，原有公職候選人考試乃予停辦。

　　三、建制時期：三十九年臺灣實施縣市地方自治，當初因對候選人
資格未加規定，致人選漫無標準，因而實施地方自治結果未盡理想，經
有關機關審愼商定，由考試院於四十二年九月四日公布臺灣省縣市長候
選人資格檢覈規則，嗣後經多次修正爲臺灣省暨臺北市公職候選人資格
檢覈規則。

　　四、定制時期：政府爲建立公職人員選舉罷免法制，特於六十九年
五月公布動員戡亂時期公職人員選舉罷免法（動員戡亂時期終止後，已
修正爲公職人員選舉罷免法），並於七十二年七月及七十八年二月修正
公布，其中第二條規定公職候選人之範圍；第三十一條規定各種公職候
選人年齡；第三十二條規定各種公職候選人應具備之學歷、經歷之條
件，並明定前項各款學經歷之認定以檢覈行之，公職候選人檢覈規則由
考試院定之；第三十四條規定各種公職候選人不得具有之消極資格。至
此，公職候選人之檢覈，已成定制。

第二項　公職候選人檢覈規則

　　考試院根據公職人員選舉罷免法中有關公職候選人之範圍、年齡、資
格條件及消極資格之規定，於六十九年六月訂定公職候選人檢覈規則，
並於七十二年八月、七十八年四月及八十年十一月修正公布，共計二十
條，其要點如下：

　　一、公職候選人之範圍：包括(一)國民大會代表；（二)立法院立法
委員；（三)監察院監察委員；（四)省（市）議會議員；（五)縣（市）議
會議員；（六)鄉（鎮、市）民代表會代表；（七)縣（市）長；（八)鄉（
鎮、市）長；村里長。

　　二、各種公職候選人應具資格

　　(一)中華民國國民年滿二十三歲，並具有下列資格之一者，得應國

大代表候選人檢覈：1. 公私立高中以上學校畢業；2. 普考以上考試及格；3.曾任省（市）議員以上公職一任以上。

（二）中華民國國民年滿二十三歲並具有下列資格之一者，得應立法委員候選人檢覈：1.公私立高中以上學校畢業；2.普考以上考試及格；3.曾任省（市）議員以上公職一任以上。

（三）中華民國國民年滿三十五歲並具有下列資格之一者，得應監察委員候選人檢覈：1.公私立專科以上學校畢業或高考以上考試及格，並具有行政、司法工作經驗四年以上；2.在公私立專科以上學校任教或執行律師、會計師業務四年以上；3.曾任省（市）議員以上公職一任以上。以上所稱行政、司法工作經驗，包括各種相當薦任或比照薦任官等以上職務工作經驗。

（四）中華民國國民年滿二十三歲並具有下列資格之一者，得應省（市）議員候選人檢覈：1.公私立高中以上學校畢業；2.普考以上考試及格；3.曾任縣（市）議員以上公職一任以上。

（五）中華民國國民年滿二十三歲並具有下列資格之一者，得應縣（市）議員候選人檢覈：1.國民中學以上學校畢業；2.丁等特考以上考試及格；3.曾任鄉（鎮、市）民代表以上公職一任以上。

（六）中華民國國民年滿二十三歲並具有下列資格之一者，得應鄉（鎮、市）民代表候選人檢覈：1.國民中學以上學校畢業；2.丁等特考以上考試及格；3.曾任鄉（鎮、市）民代表以上公職，村、里長一任以上。

（七）中華民國國民年滿三十歲並具有下列資格之一者，得應縣（市）長候選人檢覈：1.公私立專科以上學校或高考以上考試及格，並具行政工作經驗四年以上；2.公私立高中以上學校畢業或普考以上考試及格，並曾任縣（市）議員以上公職一任以上或鄉（鎮、市）長以上公職一任以上。以上所稱工作經驗包括各種相當薦任或比照薦任官等以上職務工

作經驗。

(八)中華民國國民年滿二十六歲並具有下列資格之一者，得應鄉（鎮、市）長候選人檢覈：1.國民中學以上學校畢業或普考以上考試及格，並具行政工作經驗四年以上；2.國民中學以上學校畢業或普考以上考試及格，並曾任鄉（鎮、市）民代表以上公職一任以上。以上所稱行政工作經驗，包括各種相當委任或比照委任官等以上職務工作經驗。

(九)中華民國國民年滿二十三歲並具有下列資格之一者，得應村、里長候選人檢覈：1.國民小學以上畢業；2.丁等特考以上考試及格；3.曾任鄉（鎮、市）民代表或村、里長以上公職一任以上。

三、曾經檢覈合格資格之承認：本規則施行前，經公職候選人資格檢覈合格者，得不再檢覈取得各該公職候選人資格。曾經高一層次公職候選人資格檢覈合格者，得不再檢覈取得同性質低層次之候選人資格。

四、有關行政工作經驗及證明文件之規定：

(一)行政工作經驗：1.應縣市長檢覈之行政工作經驗，指政府機關薦任官等以上行政或司法職務，鄉鎮區長、縣轄市長職務，國民小學以上校長職務，公營事業相當薦任官等以上職務等；2.應鄉鎮長檢覈之行政工作經驗，指定上述縣市長檢覈之行政工作經驗，政府機關委任以上行政職務，國民小學以上教師兼行政職務等。

(二)證明文件：學歷應繳畢業證書或教育主管機關、原學校出具之證明文件，考試及格者應繳驗考試及格證書，各級公職人員職務應繳驗主管機關出具之服務年資證明文件等。

五、應繳文件：申請檢覈，應繳驗下列各件：(一)申請檢覈書；(二)國民身分證影本；(三)應檢覈資格證明文件；(四)最近一年內直四公分寬二‧八公分正面脫帽半身相片四張；(五)檢覈費。

六、設檢覈委員會辦理檢覈：公職候選人之檢覈；由考選部設檢覈

委員會辦理。檢覈委員會，置主任委員一人，由考選部長兼任；置副主任委員二人，由考選部政務次長及內政部政務次長兼任；委員由考選部就本部及有關機關高級人員暨社會著有聲望人士聘任之，其聘任資格準用典試法第六條及第八條之規定，並報考試院備查。

七、發合格證書：檢覈結果由考選部核定，其合格者，報請考試院須發合格證書。

八、檢覈合格資格之撤銷：經檢覈合格人員，發現有選舉罷免法第三十四條各款情事，或經查明學經歷證件不實或有偽造變造情事者，由考選部報請考試院撤銷其檢覈合格資格，並吊銷其合格證書。

九、其他：本規則未規定事項，準用公務人員考試法及相關法令之規定辦理。

第五節　考試之舉行

舉行考試，爲期考用合一、適應社會需求及嚴密關防，須經一定程序，考試之試務應具彈性，分區定額錄取之原則應作彈性運用，對特定人員參加考試者可予優待。玆分項述後。

第一項　舉行考試之一般程序

當考試機關辦理考試時，其一般程序爲：

一、提出考試方案：如每年舉行之高等及普通考試方案之製作情形爲

(一)調查缺額或需要量：由主管考試機關，先向用人及有關機關調查今後一年預計可能產生的各種職缺、類別及數額或社會對專門職業及技術人員之需求量，並依出缺職務的所屬職系及職等或社會需求量，分

別作成統計。

(二)製作任用或錄取計畫：考試機關根據各機關之上述統計資料，製作今後一年之任用或錄取計畫。

(三)提出考試方案：由考試機關根據任用或錄取計畫中需用人員之所屬職系及職等，擬具考試等別及考試類科，各等別及類科之應考資格與應試科目，所用考試方式及錄取名額，並擬具考試公告，報經考試院核定後，依序進行。

各機關為適應特殊需要，得請辦特種考試，其考試方案由各機關擬送主管考試機關審核後，報請考試院核定後依序進行。

二、公告、報名及應考資格審查

(一)公告：公告乃公開告之於大衆之意，公告需於考試前為之，至其期間須於考試前二個月公告。應行公告之事項，包括舉辦考試之等別、考試類科、區域、報名及考試地點、報名及考試日期、錄取名額等；有關各等別及類科考試之應考資格及應試科目，如內容較為簡單時，亦可併在公告中公告，如內容較為繁複則可另定應考須知，連同報名書表等以備函索或價購。為配合任用需要，對各等別類科考試之應考人年齡有特別規定時，或為擬任工作之特殊需要對應考人之性別有特別規定之必要時，需在公告中週知。

(二)報名：報名以個別通訊或親自報名為主，但亦有規定需由機關代為集體報名者（如升等考試）。如對報名方式有特別規定時，亦應在公告中示知。報名需自公告後開始，舉行考試前完成，如應考人數多，更需於考試前若干日完成，如高等考試及普通考試，其報名係於考試一個月前截止。應考人辦理報名時，應繳驗報名履歷表、應考資格證明文件、半身相片二張、報名費、體格檢查表（亦得於考試後補繳）、及其他有關證明文件。體格檢查標準由考試院按各類科性質分別定之。

（三）應考資格審查：應考資格由考試機構組織應考資格審查委員會審查之，如有應考資格不符或具有消極資格或體格經檢查不合格者，應不准報名並將理由告知應考人，合格者，發給准考證明。

三、組織試務機構及辦理試卷彌封

（一）組織試務機構：試務由考選部辦理，亦得委託有關機關組織試務處辦理。試務工作範圍，包括文書之撰擬、繕校及收發，典守印信，會議紀錄，佈置試場及編配座號，繕印及分發試題，試卷之印製、彌封、收發及保管，監場及核對應考人姓名、照片及身分證，閱卷之分配，分數之登記、核算及統計，庶務及其他事項。

（二）試卷彌封：考試時需用之試卷，視應考人數及應試科目數妥為準備，並為便於區別，各科目之考卷宜採不同的邊色。各種試卷應在左下角處編號，同一應考人所使用之各科目試卷，其編號應相同；再編製彌封姓名冊（卽彌封號碼與應考人姓名之對照清冊），將試卷的編號採用折疊方式予以彌封，同時在試卷之封面上加貼浮籤註記應考人姓名，以便考試時分發試卷，及應考人核對姓名是否有誤之用（浮籤於考試完畢繳卷時必須撕去），彌封姓名冊應予封存。

四、組織典試機構及入闈

（一）組織典試機構：依典試法規定，舉行考試時由考試院組織典試委員會，但亦得由院派員或交由考選部或委託有關機關組織主試委員會辦理之。典試委員會由典試委員長、典試委員及考選部部長組織之，委員長及委員之派用，均有其一定之資格。典試委員會之職權包括命題標準、評閱標準及審查標準之決定，命題及閱卷之分配，應考人考試成績之審查，錄取標準之決定，彌封姓名冊、審查著作及有關文件密號之開拆與核對，及格人員之榜示及其他應行討論事項。

（二）舉行第一次會議：主要任務為，報告舉辦考試之名稱及考試日

程， 監察院輪派監試委員情形， 提報舉辦考試所適用之主要法規名稱，
提報各等別及類科人數統計， 命題委員、 閱卷委員、 口試委員之聘請
等。討論各等別及類科試題命題及閱卷之分配， 各種試題之交齊日期，
評閱試卷起迄日期及地點之決定等。

(三)入闈： 舉行考試前， 典試委員長及監試委員， 率同機要組工作
人員入闈， 工作人員在入闈期間應住宿闈場內， 入闈人員除典試委員
長、 監試委員外， 其他人員未經特別許可不得出入。各科目之試題， 由
典試委員長在闈內決定後， 卽交工作人員繕印， 並按試場、 科目及應考
人數， 分別裝封待取。入闈工作人員於筆試最後一節開始後二十分鐘方
得出闈。

五、考試及監試

(一)考試

1. 試場： 舉行考試之試場， 應由試務機構於考試前先行準備佈置
完成， 座位上應標明應考人姓名、 座號及類科。

2. 入場： 應考人應於每節預備鈴時入場就座， 逾規定時間十五分
鐘尚未入場者不准入場， 考試開始後四十五分鐘內不准出場； 應考人應
核對試卷上姓名、 座號、 類科、 科目等有無錯誤， 如發現有不符， 應卽
報告監場人員處理； 應考人依座號就座後， 應將入場證置於案面左前
角， 以備監場人員核對。

3. 監場： 監場工作由試務機構負責， 並得視需要設試區監場主
任、 巡場主任、 試場監場主任、 監場員， 分別擔任維護試場秩序、 分發
試卷、 統計到考缺考人數、 核對應考人面貌是否與報名履歷表及入場證
上相片相符、 收回試卷並擎去卷面浮籤、 及清點試卷數目等工作。

4. 違規處理： 考試時發現應考人有違規情事時， 應視情節輕重，
分別予以扣分、 扣考或並移送法辦。

（二）監試：依監試法規定，凡組織典試委員會辦理之考試，應咨請監察院派監察委員監試；凡委託有關機關辦理之考試，得由監督機關就地派員監試。監試人員，除舉行考試時臨場監試外，對下列事項需於監試人員監視中爲之，卽試卷之彌封，彌封姓名册之固封保管，試題之繕印、封存及封發，試卷之點封，彌封姓名册之開拆及對號，應考人考試成績之審查，及格人員之榜示及公告。

六、閱卷及成績計算

（一）閱卷：命題委員須將試題之評分標準於閱卷前提出，爲閱卷時評分之依據，或於試卷評閱前由各類科典試委員共同商定評分標準。評閱試卷，可採單閱（卽一人評閱）或平行兩閱（卽由二人各自評閱），閱卷工作，除由典試委員、命題委員擔任外，亦可聘請閱卷委員擔任。閱卷時對各題答案應分別加具圈點，並於卷面各該題號上記分及用本國大寫數字記錄總分數，再由各組召集人及典試委員長抽閱。抽閱時發現計分不公允或有錯誤時，可請原閱卷人員重閱或另組委員會評定之。評閱試卷發現有下列情事時，應報告典試委員長處理之，卽文字內容確有反動思想者，試卷上書有姓名者，試卷上有潛通關節嫌疑者。

（二）成績計算：考試成績之計算方式，主要有下列四種：

1. 各科成績平均計算：如共考試六個科目，將六科成績相加後以六除之，所得之平均成績卽爲該應考人之考試成績。但亦有特別規定，如其中有一科爲零分則全部不予計算者。

2. 先訂定佔總成績之百分比再各別計算平均成績：如筆試科目共同科目與專業科目時，其成績分別平均計算，如高等考試行政人員類科之普通科目佔總成績25％，專業科目佔總成績75％。但亦有規定如應試科目一科爲零分或專業科目平均不滿五十分者，均不予及格。

3. 對特別重要科目規定分數最低限：如外交領事人員及國際新聞

人員考試，規定國文、外國文、外語口試三科，任一科評分不滿五十分者，總成績達錄取標準仍不予錄取。

4. 分試舉行考試時按試次計算成績：如司法人員考試分二試舉行，第一試不及格者不得參加第二試，第二試不及格者不予錄取。

(三)成績統計：考試成績統計表，需表明下列情況：

1. 各類科依規定不予錄取之人數：如成績計算辦法中規定有一科為零分或專業科目平均成績不滿五十分者則全部不予計算分數，應予列明，作為不予及格或不予錄取之人數。

2. 各類科應考人總平均成績與累計人數之對照：如總平均在八十分以上者，各類科分別為若干人；總平均在七十九分以上者，各類科分別為若干人；依此則總平均分數愈低時，累計人數愈多。

3. 到考及缺考人數：各類科應考人到考者與缺考者之人數亦作成統計列明。

4. 各類科錄取名額：各類科訂有錄取名額者，其名額應在適當位置標明。

七、決定錄取標準及榜示

(一)舉行第二次典試會：第二次典試會之主要任務，除報告考試辦理經過、到考缺考人數、及應考人之成績統計等，以期各典試委員對考試情形能予充分瞭解外，並討論重要事項。

(二)決定錄取標準：錄取標準，為求公允及提高考試及格人員素質，原以六十分之同分標準錄取為原則，但同時為配合任用需要，錄取標準亦應視需用人數之多寡而定：如需用人數多的類科，為期錄取足額人數，其錄取分數可能會有降低；對需用人數少的類科，其錄取分數可能提高。照一般往例，如需用人數多而降低錄取分數時，其分數亦不低於五十分，以維持錄取人員的素質。

(三)錄取人員等次之決定: 錄取人員, 各類科按其總成績高低排名, 第一名爲優等, 其餘爲中等; 錄取人數超過十名者, 每增加十名, 增列優等一名。但列優等者, 其考試總成績不得低於七十分。

(四)決定榜示日期及地點並放榜。

(五)因錄取而未錄取者之補行錄取: 考試後發現因典試或試務之疏失, 致應錄取而未錄取者, 如典試委員會尚未撤銷, 應報請典試委員長暨監試委員核定後, 補行錄取; 如典試委員會已撤銷時, 應報請考試院補行錄取。 以上所稱典試或試務疏失, 係指試卷漏未評閱者, 試卷卷面、卷內分數不相符者, 因登算成績作業發生錯誤者, 其他因典試或試務作業之疏失者而言。

(六)考試及格資格之撤銷: 考試後發現及格人員有下列情事之一者, 由考試院撤銷其考試及格資格, 其涉及刑事者, 移送法院辦理, 卽 1.具有公務人員考試法第六條所定不得應考情事之一者; 2.冒名冒籍者; 3.僞造或變造應考證件者; 4.自始不具備應考資格者; 5.以詐術或其他不當方法, 使考試發生不正確之結果者。

具有以上情事之一之應考人, 其於考試時發現者, 應予扣考; 其於考試完畢榜示前發現者, 其考試成績不予計算; 其於發給及格證書後發現者, 由考試院吊銷其及格證書。

八、接受訓練

(一)公務人員高等與普通考試及格者, 應按錄取類科, 接受訓練, 訓練期滿成績及格者發給證書, 分發任用。訓練辦法由考試院會同關係院定之。其他公務人員考試, 如有必要得照上述規定辦理。以上所稱訓練, 包括學習、實習在內。

(二)訓練辦法之主要規定: 考試及格人員訓練, 分基礎訓練與實務訓練兩階段, 其期間合計爲四個月至一年。基礎訓練以充實初任公務人

員應具備之基本觀念、品德操守、服務態度及有關業務之一般知識爲重點；實務訓練以增進有關工作所需知能及考核品德操守、服務態度爲重點。考試及格人員之基礎訓練，由考選部辦理，必要時得委託銓敍部及行政院人事行政局協調有關訓練機關（構）或公立大學院校辦理。實務訓練，按錄取等別、類科及考試成績等第，分配至各機關實施。基礎訓練與實務訓練成績之計算，各以一百分爲滿分，六十分爲及格；基礎訓練成績不及格者，不得參加實務訓練。

九、發給證書及分發任用

（一）發給證書：考試及格人員訓練期滿，經核定成績及格人員，始完成考試程序，由考選部報請考試院發給考試及格證書。

（二）分發任用：完成考試程序之考試及格人員，並由考選部函請銓敍部及行政院人事行政局，依分發辦法之規定，分發各機關任用。至各種特種考試錄取人員，由考選部函請原申請舉辦考試之機關分發任用。

第二項　考試試務之彈性

依公務人員考試法第十二條規定，各種考試得合併或單獨舉行，並得分試、分區、分地、分階段舉行。其情形如下：

一、單獨舉行： 如舉行高等考試，舉行司法人員考試，均屬單獨舉行。如該考試之規模甚大、類科較多、應考人數衆多者，可單獨舉行之。

二、合併舉行： 如將高等考試與普通考試合併舉行，將外交人員及國際新聞人員考試合併舉行，均屬其例。如係合併舉行，應以公務人員之各種考試爲限，如將專門職業及技術人員考試與公務人員考試合併舉行，則屬不宜。又當公務人員考試合併舉行時，亦應以高等與普通考試合併，或將兩種以上特種考試合併爲宜，如將高等及普通考試與特種考

試合併舉行，亦屬不妥。

當合併舉行時，則應設置一個典試委員會及試務機構辦理，如分別設典試委員會，雖在同時舉行，仍不得認為合併舉行。凡若干種考試之性質相近，且合併後類科、等別為數不多，應考人數亦不過於龐大者，應屬可行。

三、分試舉行：不論為單獨或合併舉行的考試，均得分試舉行之。所稱分試，除別有規定外，分為二試，第一試不及格者不得應第二試，第二試不及格不予錄取。如應考人數眾多，應試科目在性質上有截然不同，且部分應試科目（如品德調查訪問等）之考選甚為費時者，可按科目性質之不同，區分第一試及第二試，將考選甚為費時之科目排在第二試，以期減少參加第二試之人數，使第二試工作易於進行。

四、分區、分地舉行：不論為單獨或合併舉行的考試，或一試或分試舉行之考試，均得分區分地舉行之。所稱分區，應指按省分區，即一個省為一個考試區；所稱分地，應指在同一省內按地點之不同，分為若干個考試區。凡應考人數為數龐大，所包括地區廣闊，交通不便，且在各區或地點報考人員希望能在各區或地點任用者，可採行之。

五、分階段舉行：依公務人員考試法施行細則規定，分階段考試規則由考試院定之，該規則目前尚未訂定。一般而言，分階段考試之要點應為

（一）分段之依據：可配合學校教育分段（如在校修畢基礎課程時舉行基礎科目考試，再俟修畢專業課程時舉行專業科目考試），亦可配合共同科目與專業科目分段。

（二）各階段均經考試及格者方認為考試及格：如某一階段考試不及格者，可在下次舉行分階段考試時參加該不及格階段之考試，但及格階段之有效期間應有限制。

(三)各階段考試之試務或典試機構，可爲同一機構亦可分設機構。

第三項　按省區分定錄取名額之彈性運用

依憲法第八十五條規定，「公務人員之選拔，……並應按省區分別規定名額……」。又依公務人員考試法第十三條規定，「全國性之公務人員高等考試、普通考試，應按省區分定錄取名額，其定額標準爲省區人口在三百萬以下者五人， 人口超過三百萬者， 每滿一百萬人增加一人。但仍得依考試成績按定額標準比例增減錄取之。對於無人達到錄取標準之省區，得降低錄取標準，擇優錄取一人。但降低錄取標準十分，仍無人可資錄取時，任其缺額」。玆就上述規定之意義，及其在實際運作上之彈性運用情形，簡說如下：

一、憲法對按省區分別規定名額之用意：分區定額錄取，原屬政治性的規定，目的在保障文化水準較低省區的應考人，使文化水準高低不等之省區，均同樣有按人口比例錄取的機會，進而使文化水準較低之省區，能因服公職之人數增加而逐漸提高其文化水準。

二、情勢的變遷：自民國三十八年政府遷臺後，情勢已有變遷，於舉行考試時，由於臺灣省籍應考人數多，而其他各省區應考人數少，如仍按各省區人口數嚴定錄取名額，不僅對大陸各省區之人口數統計發生困難，且對臺灣省籍應考人亦不公平，殊有失公平競爭之義，同時亦難以適應各用人機關的需要。因此，乃在考試法條文中加上但書規定，即「但仍得依考試成績按定額標準比例增減錄取」，有此一但書，即可作彈性運用。

三、彈性運用的方法：包括下列四點

　　(一)訂定各省區錄取定額比例標準：卽按卅七年當時各省人口數比例標準已分別規定錄取定額者，仍照舊辦理；當時未按人口比例標準公告錄取定額者，由考試院核定其錄取定額；臺灣省區錄取定額，依七十一年戶籍統計人口數計算。依以上規定，各省區之錄取定額比例數如下表所示：

省　　　　區	定額比例數	省　　　　區	定額比例數	省　　　　區	定額比例數
江蘇（南京、上海）	44	浙江	22	安徽	24
江西	15	湖北（漢口）	24	湖南	28
四川（重慶）	50	西康	5	福建	13
臺灣（臺北、高雄）	20	廣東（廣州）	28	廣西	17
雲南	11	貴州	12	河北（天津、北平）	34
山東（青島）	42	河南	32	山西	17
陝西（西安）	13	甘肅	9	綏遠	5
察哈爾	5	熱河	8	遼寧（瀋陽、大連）	14
安東	5	遼北	7	吉林	8
松江（哈爾濱）	5	黑龍江	5	嫩江	5
合江	5	興安	5	海南島	5
新疆	6	青海	5	寧夏	5
蒙古	8	西藏	5	僑民	27

　　(二)將錄取定額僅用於全國性之高等及普通考試：其他如各種特種考試及專門職業及技術人員考試、公職候選考試等，均不適用錄取定額之規定。

　　(三)依考試成績按定額標準比例增減錄取之運用：如某省區原定之定額比例數爲20人，如應考人成績達錄取標準以上者有三十人時，卽可

按定額增加50％錄取，如達錄取標準以上者僅有十人時，即可按定額減少50％錄取。如此彈性運用之結果，已使「……按省區分別規定名額……」之政策降至最低度。

(四)對無人達到錄取標準之省區可降低標準擇優錄取：如某省區之應考人無人達到錄取標準時，得降低錄取標準，擇優錄取一人，如降低十分，仍無人可資錄取時，任其缺額。

四、按省區錄取之停止適用：依憲法增修條文第十四條規定，憲法第八十五條有關按省區分別規定名額，分區舉行考試之規定，停止適用。

第四項　有關考試之優待與獎勵

依現制規定，後備軍人參加轉任公職考試者，有特別優待；僑居國外之中華民國國民具有應考資格，回國參加考試者，得予獎勵。

一、後備軍人參加轉任公職考試之優待：依後備軍人考試比敘條例規定，其要點包括

(一)後備軍人之範圍：後備軍人指下列三種人員而言，即 1. 常備軍官依法退伍者；2. 志願在營服役之士官、士兵依法退伍者；3. 作戰或因公負傷依法離營者。

(二)優待之範圍：包括

1. 應考資格從寬規定：除特殊類科外，得以軍階及軍職年資，應性質相近之考試。如曾任中尉以上三年者，得應高等考試或相當於高等考試之特種考試；曾任中士以上三年者，得應普通考試或相當於普通考試之特種考試；曾任下士以上三年者，得應丁等特種考試。

2. 考試成績加分：考試成績得酌予加分，但以不超過總成績十分為限。如具有常備軍官依法退伍或志願在營服役之士官、士兵依法退伍

之身分，應公務人員考試者，得加總平均成績三分至五分；具有上述身分並得有勳章一種以上或具有作戰或因公負傷依法離營身分，應公務人員考試者，得加總平均成績五分至七分；具有作戰或因公負傷依法離營身分並得有勳章一種以上，應公務人員考試者，得加總平均成績七分至十分。

　　3. 放寬應考年齡：對有應考年齡限制之公務人員考試，後備軍人應考者，得酌予放寬一至三歲。

　　4. 寬定體格檢驗標準：應考之後備軍人體格條件不符所定體檢標準時，在不妨碍執行有關職務情形下，考試機關得寬定標準予以檢驗。

　　5. 減少應繳規費：應考之後備軍人應繳之報名費及證書費等，得按原數額減半優待。

　　二、僑居國外應考試之獎勵：依僑居國外國民回國應公務人員高等或普通考試及應專門職業及技術人員考試二種獎勵辦法規定，其要點為

　　(一)受優待之條件：僑民回國應考，除須具有規定之應考資格外，合於下列各款規定之一者得予優待，即1.回國前曾在國外連續居留五年以上具有僑民身分者；2.回國設籍未滿五年者。

　　(二)優待之方式：包括1.在當地立案之國外相當高級中等學校畢業者，得應普通考試，相當初級中等學校畢業者，得應丁等考試；2.應考人應以本國文字作答，但得以外國文字補充說明；3.得酌予加分，公務人員考試最多以加十分為限，專門職業及技術人員考試之普通科目，最多以加二十分為限，其標準均由典試委員會定之。

第五章 任用與銓敍

　　任用與銓敍，有其意義與一般原則，政府機關公務人員及公營事業人員之任用資格各有其規定，任用資格需經銓敍機關銓敍，任用公務人員有其一定的程序，公務人員卸職應辦理交代。茲分節敍述如後。

第一節 意義及一般原則

第一項 意 義

　　任用與銓敍，指機關或事業首長，對考試及格分發任用之人員或自行遴用考試及格之合格人員，先派定適當職務，再送請銓敍機關審定資格後予以任命，以期人盡其才、事竟其功。

　　一、任用人員係屬機關或事業首長之職權：任用人員之權，常為機關或事業首長所保有，因首長負有整個機關或事業成敗之最後責任，涉及成敗關係最大的用人，首長自應有充分的權力。

　　二、所任用之人員須為考試及格分發或自行遴用考試及格之合格人員：首長雖有用人權，為免任用私人及不合格之人，法律明定所用之人

須爲由主管考試機關所考試及格，並爲分發機關所分發者。如分發機關無適當考試及格人員可資分發時，經分發機關同意，得由首長自行遴用經考試及格之合格人員，如非經考試及格者首長仍不得自行遴用。

三、任用時先由首長派定職務：首長任用人員時，在該擬任人員未經銓敍機關審定資格前，只能先派代理職務，如派某甲代理科長、派某乙代理科員。首長所派代理之職務，須在組織法規中定有職稱、職等，並屬法定編制員額之內者爲限。如組織法規中未有規定職稱、職等之職務不得派代，法定編制員額已滿者亦不得派代。

四、送請銓敍機關審查資格：首長對已派代理職務之人員，應卽囑代理者於法定期間內，檢同有關資格之證明文件，並塡具任用審查送審書，轉請銓敍機關審查任用資格，如經審查不合格，應卽停止代理職務。

五、經審查合格者予以任命：經派代理職務人員之資格，如經銓敍機關審查認爲合格者，卽依規定視擬任職務之官等高低，分別呈請總統或由主管機關任命。

六、任用人員之目的在求人盡其才、事竟其功：首長係爲業務需要而任用人員，人盡其才是每一擬任人員的才能，均可在任用之職務上獲得充分的發揮；事竟其功是每一職務的工作，均能由擔任該職務之人員順利的完成。

第二項　一般原則

一、任用在求人與事之適切配合：欲求人與事之適切配合，需一方面做到爲事擇人與因材器使，另一方面實現專才專業與迺才適所。所謂爲事擇人，指根據待辦工作的需要來考選人員，如待辦工作爲簡單的土木工程工作，則應考選具有擔任簡單土木工程工作之人員任用，如考選

經由高級工業職業學校土木科畢業者任用。所謂因材器使，指現職人員之調度，應根據人員的才能而定所調之職務，使人員的才能在新職務上能獲得充分的發揮。所謂專才專業，指專門的人才去擔任專門的業務，如電力工程的專門人才卽去擔任電力工程的專門業務，凡屬科學、技術及高度專業行政的人才與業務，均應本專才專業原則用人。所謂適才適所，指擔任人員的才能與所擔任的職務，應求適當，以期人員能勝任職務，職務的功能得以發揮，凡屬行政性管理性的人才與職務，均應本適才適所原則用人。

二、**初任與升調並重**：初任係指初次任用，如學校畢業經考試及格分發各機關任用，卽屬初任；升調係由原任較低職務之公務人員，予以調升至較高職務。初任係屬外選，升調係屬內升；外選可羅致外界優秀人才至機關或事業任職；易引進新觀念新技術，鼓舞朝氣；內升可拔擢績效優異之現職人員，能鼓舞工作情緒。二者均為人事行政上所不可或缺之重要措施，且必須兼顧而不可偏廢。

三、**擬任人員需具任用資格**：各機關或事業首長，擬任某人為公務人員時，該擬任人員須具有擬任職務所需之任用資格，擔任各種職務所需之資格，因職務所列職等之高低及職務所屬職系而有不同，擬任職務所列職等高者，擬任人員須具有高職等之任用資格；擬任職務所列職等低者，擬任人員所需資格亦可低；擬任職務屬於某一職系者，擬任人員所需之任用資格亦應屬於該一職系。此種任用資格之規定，一方面在提高公務人員素質，二方面在防止首長之任用私人，三方面在求人與事之適切配合。

四、**任用資格之取得以考試及格、銓敘合格及考績升等為限**：擬任人員之任用資格，其取得之途徑有三種，亦只限於此三種，卽㈠依法考試及格而取得任用資格，此種任用資格職等之高低與所屬職系，視考試

及格之等別與類科而定；㈡依法銓敍合格而取得任用資格，此種任用資格職等之高低與所屬職系，以銓敍合格證書所定者爲準；㈢依法考績升等而取得任用資格，此種任用資格之職等高低與所屬職系，以考績升等證書所定者爲準。

五、公務人員須依職務之職缺及所列官等職等職系任用：擬任公務人員時，其職務須爲組織法規所明定，該職務之編制員額內有職缺，擬任人員所具資格須與該職務所列官等職等及所歸職系相當，如無職缺，非法定之職務，所具資格與職務所列官等職等及職系不符，均不得任用。設定此一原則之目的，在避免用人過於浮濫，保持組織之健全及提高公務人員素質。

六、任用人員須辦理銓敍：所稱銓敍，指公務人員就其已具有之資格（如考試及格、學歷、經歷等），由銓敍機關依據擬任職務所列之官等職等及所歸職系，審查其與法定任用資格是否相合，如屬相合則可銓敍合格，如屬不相合則爲銓敍不合格，銓敍不合格者，應即停止其代理職務。此乃爲保持公務人員素質及防止濫用人員之應有措施。

七、初任人員須經試用：初任人員雖經由考試及格進用，但考試內容究不能包括所需資格之全部，人員能否眞正的勝任工作亦不易用考試作極爲準確的測量，且有些條件亦不易用考試方式測量。因而對初任各官等人員，於任用之初通常須經過一定期間的試用，經試用期滿考核成績及格者，始予正式任用，如試用期滿經考核成績不及格者，則予延長試用或即予免職。

八、過剩人力得予資遣：各機關或事業用人，如所用人員未達業務所需要之人數時，或則因人員工作過於忙碌致忙中有錯而影響工作，或則業務無人處理而影響業務，遇此情況，自需增加人員以應需要。如所用人員超過業務所需要之人數時，或遇及組織裁撤或業務緊縮致有編餘

人員時，或現有人員之專長不能適應工作需要致不能有效處理業務時，均將產生冗員，爲免影響工作情緒及減輕用人費負擔，對過剩人力應有得予資遣之道，以保持組織之健全。

　　九、現職人員實施新制時應予改任：各機關或事業之人事制度，爲適應需要每有加以改制者，遇及人事制度改變時，在舊制中已依規定任用之人員，於實施新制時，在不影響原有權益原則下，需按新制之規定予以改任。如在舊制中依規定任用之人員，其資格不合新制所定之資格時，則應從寬賦予或經由較簡易之考試後賦予新制的任用資格，以期繼續任職。

　　十、對性質特殊公務人員之任用得另以法律定之：以上各種原則，係適用於一般公務人員者，遇及性質特殊之公務人員，如適用上述原則（尤其是任用資格之規定）有困難時，對其任用得另以法律定之，如工作地區特殊者、任用期間短暫者、公務人員所擔任之工作性質特殊者，均得另以法律規定其任用。

　　十一、政務官不適用任用法之規定：政務官係負責制訂政策之官員，其去留完全以政見是否相投而定，故任用政務官不需任用資格，亦不需辦理銓敘，更無試用之規定，其職務亦無保障，隨時可予去職，故不適用公務人員任用法之規定。

第二節　政府機關公務人員之任用資格

　　任用資格爲公務人員任用制度之重心，政府機關一般公務人員之任用資格規定甚爲複雜，至其他性質特殊之公務人員，其任用資格之規定有者與一般公務人員大致相同，有者則較一般公務人員之規定爲寬。茲分項敍述如後。

第一項　一般公務人員之任用資格

依公務人員任用法規定，一般公務人員之任用資格，分積極資格與消極資格兩部分，每部分又各包括若干種如下：

一、積極資格： 係擔任公務人員必須具備的資格，其中又分積極任用資格與一般條件兩種。

(一)積極任用資格：

1. 從所需積極任用資格之程度高低觀點，任用資格按職等區分為十四種，即第一職等任用資格、第二職等任用資格……至第十四職等任用資格。此十四種任用資格，又歸納為簡任、薦任、委任三個範圍，即第一至第五職等之任用資格屬委任官等範圍，第六至第九職等之任用資格屬薦任官等範圍，第十至第十四職等之任用資格屬簡任官等範圍，此種簡任、薦任、委任官等，亦為任命層次之區分。

2. 從所需積極任用資格之性質同異觀點，任用資格按職系區分為五十三種，如普通行政職系職務任用資格、教育行政職系職務任用資格、土木工程職系職務任用資格等。

如將程度與性質二者相結合，則積極任用資格應作如下的表明，如第三職等土木工程職系職務之任用資格、第六職等教育行政職系職務之任用資格等。

3. 積極任用資格之取得：取得積極任用資格之途徑，有下列三種：

(1) 依法考試及格：指參加依考試法規所舉辦之考試及格者，包括依公務人員考試法所舉辦之考試，及本法施行前依其他考試法規所舉辦之考試。考試又分初任考試與升等考試，初任考試及格之考試等別與取得職等任用資格之標準為，①高等考試或特種考試之乙等考試及格

者，取得薦任第六職等任用資格；高等考試按學歷分一、二級考試者，一級考試及格者取得薦任第七職等任用資格，二級考試及格者取得薦任第六職等任用資格；②普通考試或特種考試之丙等考試及格者，取得委任第三職等任用資格；③特種考試之甲等考試及格者，取得簡任第十職等任用資格，但初任人員於一年內不得擔任簡任主管職務；④特種考試之丁等考試及格者，取得委任第一職等任用資格。以上①③兩款各等別考試及格人員，成績列中等者得先以低一職等任用。

考試類科與取得各職系職務任用資格之標準爲，各等別各類科（與職系相同或相當之類科）考試及格者，取得該職系同職組內各職系之任用資格。此種規定之目的，在簡化考試次數及擴大調任範圍，以增加用人的彈性。

升等考試及格之考試等別與取得職等任用資格之標準爲，①雇員升委任考試及格者，取得委任第一職等任用資格；②委任升薦任考試及格者，取得薦位第六職等任用資格；③薦任升簡任考試及格者，取得簡任第十職等任用資格。至職系職務任用資格之取得，其標準與初任考試同。

(2) 依法考績升等：指現職人員經任職一定年限以上、俸級已敍至某級以上、歷年考績達一定之標準者，得參加考績升等，取得高一職等之積極任用資格。依公務人員考績法規定，各機關參加考績人員，任本職等職務具有下列情形之一者，取得同官等內高一職等之任用資格，卽①連續二年列甲等者；②連續三年中一年列甲等二年列乙等者。本法施行前經依法取得升等任用資格或存記者，分別視爲具有簡任、薦任、委任相當職等職務之任用資格。

又經審定合格實授任薦任第九職等職務滿三年人員，連續三年考績二年列甲等、一年列乙等以上，並敍薦任第九職等本俸最高俸級，且具下列情事之一者，取得升任簡任第十職等之任用資格，給予簡任存記，

即①經高等考試及格者；②經特種考試之乙等考試或相當高等考試之特種考試及格者；③於公務人員任用法施行前經分類職位第六至第九職等考試及格者；④經公務人員薦任職升等考試或於本法施行前經分類職位第六職等升等考試及格者；⑤經大學或獨立學院以上學校畢業者。

　　以上具有積極任用資格人員所任職務，依職務列等表列二個或三個職等者，初任人員應自所列最低職等任用，但未具擬任最低職等任用資格者，在同官等範圍內得予權理，已具較高職等任用資格者，得以較高職等任用，但仍以敍至該職務所列最高職等為限。再任人員亦同。

　　(3) 依法銓敍合格：指擬任人員之任用資格，經銓敍機關審查認為合於規定而言，除具有上述依法考試及格及依法考績升等之資格者，可認為銓敍合格外，尚包括下列各種情況，即 ① 依公務人員或分類職位公務人員各種任用法規及各該機關組織法所定任用資格審查合格者；②依聘用派用人員管理條例實施辦法第二條甲、乙兩款第一目及第三條甲、乙、丙三款第一目審定准予登記者；③依其他法規審查合格認為銓敍合格有同等效力領有銓敍部證書者。

　　(二)一般條件：在積極資格中，除積極任用資格外，尚須具備一般條件，其內容為：

　　1. 品德：對擬任人員，應注意其品德。所稱品德，指人品、德行、操守、言行等而言。因公務人員係代表國家執行公務，其品德言行操守等，自應為民眾表率，故需人品、德行優良者，始可擔任公職。

　　2. 對國家忠誠：公務人員既係代表國家執行公務，且執行公務時具有一定之職權，如對國家有不忠誠之行為，則喪權辱國、為害民眾，勢將難免。故任用公務人員，需對國家具有高度的忠誠，處處以國家的利益為利益，以民眾的福利為依歸，能忠心赤誠為國為民者始可。

　　3. 學識、才能、經驗、體格需與擬任職務之種類及職責相當：所

稱學識，包括處理擬任職務所需要之學理、法規知識及技能，通常係經由學校教育或訓練而取得；所稱才能，指處理工作所需要之智力、與人相處能力、表達意見能力，係屬個人先天的智慧與後天歷練而養成；所稱經驗，指處理擬任工作的體會與心得，多係經由工作上長期歷練而取得；所稱體格，指身體的健康，並具備處理擬任工作所需要之特種體能條件。此種學識、才能、經驗、體格，需與擬任職務之種類及職責相當。

4. 主管職務人員並需具有領導能力：所稱領導能力，指領導屬員順利完成所主管各種任務之能力；如分配任務之能力，指導屬員工作之能力，考核訓練屬員之能力，提高屬員工作情緒之能力，增進工作效率之能力，處理屬員申訴之能力等。主管人員領導能力之有無與強弱，對單位主管任務之能否達成及其績效高低，有密切關係，故規定其需具有領導能力。

二、消極資格： 指擔任公務人員者不可具有的資格，又分消極任用資格與一般限制二種。

(一)消極任用資格：依現行法規定，有下列各種：

1. 犯內亂罪外患罪經判決確定或通緝有案尚未結案者：所稱內亂罪外患罪，不僅指刑法第二章中所指內亂罪、外患罪，且包括陸海空軍刑法第一章所定之叛亂罪及懲治叛亂條例所規定之罪。犯上述各罪經判決確定者，均不得任用為公務人員。犯上述各罪之嫌疑人，經法院通緝尚未結案者，亦不得任用為公務人員。

2. 曾服公務有貪污行為經判決確定或通緝有案尚未結案者：所稱貪污行為經判決確定，並不以戡亂時期貪污治罪條例所定之罪為限，公務人員犯刑法瀆職罪中要求期約或收受賄賂或其他不正當利益者，即為貪污行為，依任用法規定永不得充任公務人員；但如貪污行為經判決而

受緩刑之宣告， 緩刑期滿而緩刑之宣告尚未撤銷時， 仍得擔任公務人員。犯貪污嫌疑經法院通緝有案尚未結案者，亦不得擔任公務人員。

3.依法停止任用，或受休職處分尚未期滿，或因案停止職務其原因尚未消滅者：依公務員懲戒法規定，受撤職之懲戒處分者，除撤其現職外並於一定期間停止任用，其期間至少爲一年；受休職處分者，除休其現職外並不得在其他機關任職，其期間至少爲六個月；又公務人員具有某特定之情事者，其職務當然停止；懲戒機關或機關長官，對受理或移送之公務員懲戒案，認爲情節重大者得先行停止其職務；公務人員在受停止任用、休職處分及停止職務期間，不得擔任公務人員；但如停止任用或休職期滿，或停止職務之原因已經消滅，則仍可擔任公務人員；此與前 1.2.兩款所述，永不得擔任公務人員之情形有別。

4.褫奪公權尚未復權者：褫奪公權，在刑法上雖屬從刑，但依刑法第三十六條規定，褫奪公權者褫奪爲公務員及公職候選人之資格，及褫奪行使選舉、罷免、創制、複決四權之資格，故在褫奪公權期間尚未屆滿恢復公權之前，不得擔任公務人員。

5.受禁治產之宣告尚未撤銷者：所稱宣告禁治產，指對於心神喪失或精神耗弱，致不能處理自己事務者，法院得因本人、配偶或最近親屬二人之聲請，宣告禁治產；此種人員已無行爲能力，自不得擔任公務人員；但如禁治產之原因消滅時，應撤銷其禁治產之宣告，禁治產之宣告既已撤銷，自得擔任公務人員。

6.經合格醫師證明有精神病者： 凡屬精神病者， 其精神已屬失常， 情況比精神耗弱更爲嚴重， 自不得擔任公務人員； 但精神病之有無，不能憑有用人權之首長認定，而應由合格之醫師證明認定，再所謂醫師亦應以精神病科之醫師爲範圍。

(二)一般限制： 除前述之消極資格外， 尚有若干限制， 亦需予注

意。

1. 屆命令退休年齡人員，不得任用：公務人員需代表國家執行公務，故必需身體健康，精力充足。已屆公務人員命令退休年齡人員，各機關不得任用，但公務人員退休法另有規定者不在此限。依退休法規定，命令退休年齡爲六十五歲，但對於擔任具有危險及勞力等特殊性質職務者得酌予減低，但不少於五十五歲；又公務員已達六十五歲，仍堪任職而自願繼續服務者，服務機關得申請延長之，但至多爲五年。因此各機關進用公務人員時，如年滿六十五歲者自不得任用，如年雖未滿六十五歲，但因擬任職務爲具有危險及勞力等特殊性質者，如年齡已達該職務之命令退休年齡時，仍不得任用。

2. 其他機關現職人員不得任用：現職人員，均有其一定的職責待其執行，爲免影響業務，自不得讓各機關任用其他機關之現職人員。但如有特殊需要，並經商得所在機關首長同意者，得予指名商調。如某甲機關之某職務，需具特種專門學識技能者始可擔任，而乙機關之某君正具有此種條件，則某甲機關首長可就商於乙機關首長，如獲其同意，甲機關可指名商調乙機關之某君予以任用。

3. 首長應廻避任用親屬：任用親屬並在工作上直接指揮監督親屬，易生偏私，故應予適度的禁止。各機關長官對於配偶及三親等以內血親姻親，不得在本機關任用或任用爲直接隸屬機關之長官；對於本機關各級主管長官之配偶及三親等以內血親姻親，在其主管單位應廻避任用；但應廻避人員之任用，在各該長官接任以前者，不在此限。

4. 其他限制：如各機關不得指派未具備公務人員任用法第九條所定資格（即考試及格、考績升等、銓敍合格）之人員，代理或兼任應具備同條資格之職務。又試用人員，除才能特殊優異者外，不得充任各級主管職務。

第二項　司法、主計、審計、外交人員之任用資格

依公務人員任用法第三十二條規定，司法人員、主計人員、審計人員、關務人員、稅務人員、外交領事人員及**警察人員**之任用，均另以法律定之，但有關任用資格之規定，不得與本法相牴觸。至目前止，已訂定特別法者，計有司法人員、主計人員、審計人員、外交領事人員、**警察人員及關務人員**等六種，除警察人員及關務人員之任用資格另於第三、第四項敍述外，其餘四種人員有關積極任用資格之規定，簡述如下：

一、司法人員之積極任用資格： 依司法人員人事條例規定，所稱司法人員包括推事及檢察官、各級法院院長、書記官長及書記官等，任用資格有下列三種，卽(一)經司法官、法院書記官考試及格者；(二)曾任推事、檢察官、書記官長、書記官經銓敍合格者；(三)具有一定學歷及經歷並具有任用資格者。以上第一種任用資格係考試及格，自與公務人員任用法所定考試及格之規定相合；第二種任用資格，旣係曾任推事、檢察官、書記官長、書記官，而此種職務的任用資格又係經銓敍合格，與公務人員任用法之規定仍屬相合；至第三種任用資格，其中經歷部分除屬推事、檢察官、書記官長、書記官者外，並需具有任用資格，故與公務人員任用法所定亦未牴觸。

二、主計人員之積極任用資格： 係在主計機構人員設置管理條例中規定，其任用資格之規定有下列兩種，卽 (一) 經會計、審計、統計人員相當職等考試及格者；(二)具有一定學歷、經歷並具有擬任職等之任用資格者。取得任用資格之條件旣爲考試及格或具有擬任職等之任用資格，自與公務人員任用法中任用資格之規定相合。

三、審計人員之積極任用資格： 係在審計人員任用條例中規定，其任用資格規定有下列二種，卽(一)會計人員、審計人員、財務行政人員

等類科考試及格者；（二）具有一定經歷並具有擬任職等之任用資格者；其情形與主計人員之資格規定相同，故與公務人員任用法之任用資格規定，仍無牴觸。

　　四、外交領事人員之積極任用資格：係在駐外外交領事人員任用條例中規定，其任用資格規定有下列三種，即(一)曾經公務人員外交官領事官考試或外交領事人員考試及格者；（二)在本條例施行前，曾任外交領事人員經銓敘合格者；（三)具有公務人員任用法所定與擬任職務相當之任用資格，曾在教育部認可之國內外大學畢業，精通一國以上外國語文，並在外交部或駐外使領機構擔任薦任職以上職務滿二年者。其任用資格既係考試及格而取得，或原經銓敘合格，或具有任用資格，自與公務人員任用法有關任用資格之規定相合。

第三項　警察人員之任用資格

　　依公務人員任用法第三十二條規定，警察人員之任用另以法律定之，乃制定有警察人員管理條例。依該條例規定，警察機關中，除組織法規所定之一般行政人員及技術人員之任用，適用一般公務人員及技術人員任用資格之規定外，其餘警察官之任用，依下列規定。

　　一、區分等階：警察官之任用，採官、職分立；官等分為警監、警正、警佐；各分一、二、三、四階，均以第一階為最高階。

　　二、積極任用資格：

　　(一)考試及格：高等考試或相當於高等考試之特種考試警察人員考試及格者，取得警正四階任官資格，但得先以警佐一階任官；普通考試或相當於普通考試之特種考試警察人員考試及格者，取得警佐三階任官資格，但得先以警佐四階任官；特種考試丁等考試警察人員考試及格者，取得警佐四階任官資格。又警佐升警正官等，須經升等考試及格；

警正升警監官等，除具備特定條件者外，亦需經升等考試及格。

（二）考績升等：警察人員任本官階三年以上，最近三年考績一年列一等，二年列二等以上者，取得本官等內晉階任官之資格；又經審查合格實授警正一階滿三年，連續三年考績一年列一等二年列二等以上，並具有高等考試或相當於高等考試之特種考試警察人員考試及格、或警官學校二年以上學制畢業者，取得警監任官資格。

（三）現職改任：原以簡任、薦任、委任任用之現職警察官，於實施警察人員管理條例時，可改任取得任官資格。

第四項　關務人員之任用資格

依公務人員任用法第三十二條規定，關務人員之任用另以法律定之，乃制定關務人員人事條例，依該條例規定，海關中除人事、主計人員仍適用一般公務人員之規定外，其餘人員之任用資格如下：

一、區分稱階：關務人員之任用，採官稱與職務分立，官稱分監、正、高員、員、佐五種，各官稱並分設二至四個官階，均以一階為最高階。

二、積極任用資格：

（一）考試及格：特種考試甲等考試相當類科及格或簡任升等考試及格者，取得監官稱之任用資格；高等考試相當類科及格或特種考試乙等考試相當類科及格或薦任升等考試及格者，取得高員官稱之任用資格；普通考試相當類科及格或特種考試丙等考試相當類科及格者，取得員官稱之任用資格；特種考試丁等考試相當類科及格者取得佐官稱之任用資格。

（二）考績升階：關務人員官階之晉升，準用公務人員考績法之規定。依法經考績取得簡任任用資格者，取得監官稱之任用資格；任正官稱一階滿三年，連續三年考績二年列甲等、一年列乙等以上者，准予監官稱

任用；任高員官稱五年以上敍俸達二階一級一年以上，最近五年考績三年列甲等二年列乙等以上並經正官稱升任甄審合格者，取得正官稱之任用資格；經員官稱升任甄審合格者，取得員官稱之任用資格。

（三）現職改任：在關務人員人事條例未施行前，依原有規定任用之現職人員，具有上述之任用資格者依現職改任。未具法定任用資格者以考試定其資格，未經考試及格者，得繼續任原列稱階至離職時爲止。

第五項　技術人員之任用資格

依公務人員任用法第三十三條規定，技術人員之任用另以法律定之。原因技術人員因羅致不易，及民間技術人員與政府機關技術人員常有交流之事實，乃制訂技術人員任用條例，一方面放寬任用資格，對其進用不以考試及格、銓敍合格、考績升等爲限，具有相當學歷及經歷，或具有著作或發明者，亦可任用；另一方面對民間技術工作年資，亦予以採計。惟近年來一方面由於教育發展快速，經由學校畢業所培養出之技術人才已甚爲充裕，二方面爲期切實做到憲法所定之考試用人，乃於八十年十一月公布新的技術人員任用條例。其有關任用資格之規定，簡說如下：

一、適用範圍：所稱技術人員，指各機關組織法規中定有官等、職等，歸列技術職系之技監、技正、技士、技佐等及其他技術職務專任人員。其餘人員不適用之。

二、官職等規定：技術人員依官等職等任用之，官等分委任、薦任、簡任；職等分第一職等至第十四職等，以第十四職等爲最高職等；委任爲第一至第五職等，薦任爲第六至第九職等，簡任爲第十至第十四職等。

由此可知，技術人員官職等之區分，與一般公務人員之規定同。

三、**任用資格**：技術人員之任用資格，依下列規定，

(一)依法考試及格；

(二)依法銓敍合格；

(三)依法考績升等。

由此可知，技術人員任用資格亦與一般公務人員同。

四、**依考試及格取得任用資格之特別規定**：初任技術人員，應經考試及格。技術人員考試，依公務人員考試法之規定，其屬高科技或稀少工作類科者，得依公務人員考試法第七條之規定，除筆試以外，另採二種以上方式行之。前項高科技或稀少性類科標準及其考試規則，由考試院會同行政院定之。又所稱筆試，以有關技術科目爲限，其筆試所佔成績不得逾百分之三十。

經考試及格之技術人員，按其考試及格類科分別取得同職組各職系之下列技術人員任用資格，

(一)特種考試之甲等考試及格者，取得簡任第十職等技術人員任用資格；

(二)高等考試一級考試及格者，取得薦任第七職等技術人員任用資格；高等考試二級考試或特種考試之乙等考試及格者，取得薦任第六職等技術人員任用資格；

(三)普通考試或特種考試之丙等考試及格者，取得委任第三職等技術人員任用資格；

(四)特種考試丁等考試及格者，取得委任第一職等技術人員任用資格。

以上(一)(二)兩類各等別考試及格人員，成績列中等者，得先以低一職等任用。

五、**公民營機構年資之採計**：技術人員曾在國內外公營機構或具有

規模之民營機構，擔任與擬任職務性質及官職等級相當職務之年資，除得探爲應考資格年資外，並得按年提敍俸級至其所敍定職等之本俸最高級爲限。

六、原任人員之改任：新技術人員任用條例施行前，依原技術人員任用條例審定以技術人員任用之人員，按其原銓敍之資格予以改任。

七、其他：本條例未規定事項，適用公務人員任用法及其他有關法律之規定。

第六項　蒙藏邊區人員之任用資格

依公務人員任用法第三十五條規定，有特殊情形之邊遠地區，其公務人員之任用，得另以法律定之。因蒙藏邊區，政治、敎育制度均有不同，文化水準與一般省份亦有差別，爲鼓勵蒙藏邊區人員就任政府機關公務人員，特訂定蒙藏邊區人員任用條例，放寬其任用資格，並對在蒙藏地區任職之年資，可構成任用資格，同時對國家或地方具有功勳者，亦可逕予任用，以示優待。

一、適用範圍：適用本條例係以人員爲範圍，亦卽以蒙藏邊區人員爲限，尤以蒙藏邊區土著人民，且通曉國文、國語者，儘先任用。

二、具有下列積極任用資格之一者，得以簡任職任用：（一）曾任簡任職一年以上，或曾任薦任職三年以上並敍至最高級者；（二）在敎育部認可之專科以上學校畢業，並曾任薦任職或與薦任職相當之職務一年以上者；（三）曾任蒙古盟長、副盟長、幫辦盟務、備兵札薩克副都統、保安長官或其他盟部長官一年以上者；（四）曾任蒙旗札薩克總管或其他蒙旗長官一年以上者；（五）曾任蒙古盟公署處長、保安長官公署督察長、旗務委員、旗協理、管旗、章京、副章京、或其他蒙部旗薦任佐治人員三年以上者；（六）曾任西藏地方與簡任職相當之職務一年以上，或與薦

任職相當之職務三年以上者；（七）有特殊勳勞於國家或地方，經國民政府特准敍用者。

三、具有下列積極任用資格之一者，得以薦任職任用：（一）經邊區行政人員考試高級考試及格者；（二）曾任薦任職一年以上，或曾任委任職三年以上並敍至最高級者；（三）在經主管官署認可之舊制中學或高級中等學校畢業，曾任委任職相當之職務一年以上者；（四）曾任蒙藏地方薦任職或與薦任職相當之職務一年以上，或曾任蒙古盟公署科長、秘書或各旗參領、掌稿、筆帖式或其他與委任職相當之職務三年以上者；（五）曾任西藏地方與委任職相當之職務三年以上，或曾任蒙藏地方與薦任職相當之軍用文官一年以上者；（六）在經主管官署認可之中等以上學校曾任校長、教務主任、訓育主任或專任教員二年以上者，（七）經蒙藏地方最高行政機關以薦任職甄錄合格者；（八）有勳勞於國家或地方，經國民政府核准敍用者。

四、具有下列積極任用資格之一者，得以委任職任用：（一）經邊區行政人員考試初級考試及格者；（二）曾任委任職一年以上，或曾充雇員或雇員相當之職務三年以上者；（三）曾在蒙藏地方，任委任職或與委任職相當之職務一年以上，或任與委任職相當之軍用文官一年以上者；（四）在經主管官署認可之小學以上學校曾任校長或專任教員二年以上，或認可之初級中學以上學校畢業者；（五）曾辦地方公益事項三年以上，著有成績者；（六）經蒙藏地方最高行政機關以委任職甄錄合格者。

五、其他：本條例未規定事項，適用公務人員任用法之規定。

第七項　戰地公務人員之任用資格

依公務人員任用法第三十五條規定，非常時期內，因特殊需要在特殊地區，得對於一部分公務人員之任用，另以法律定之。因戰爭地區在

未恢復常態前，有關公務人員之任用與管理，無法依照常軌進行，必需另訂任用法律，賦予戰地最高行政長官以權宜用人之權，同時對具有戰功者或隨戰地工作之人員，更應優先考慮任用之必要，政府乃公布戰地公務人員管理條例，以資因應。

一、適用範圍： 係以戰地最高行政長官所管轄之地區，且在恢復常態以前為限，如非屬戰地或雖屬戰地在恢復常態後，對其人員之任用則不得適用本條例之規定。

二、積極任用資格： 戰地公務人員之選派，得由戰地最高行政長官斟酌該管地區實際情形，並按職務上必要之學識、經驗、才能、體力等標準，就下列各款人員選派之：(一)隨軍前進之戰地工作人員；(二)原在敵後之我方工作人員或游擊人員；(三)各機關儲備登記人員；(四)陷留匪區之我方忠貞人員；(五)反正立功人員；(六)中等以上學校畢業生及其他志願或適於戰地工作人員。

三、恢復常態時之處理： 依本條例選派之人員，於該管地區恢復常態時，除具有法定資格者照選派等級予以晉敘外，其餘未具法定資格者，得就其原任職務及服務成績，由考試院從優銓定其任用資格。

四、其他： 本條例未規定事項，得由該管行政長官參照人事法令擬定，報請上級機關核轉銓敘部備查。

第八項　派用人員之派用資格

依公務人員任用法第三十六條規定，臨時機關或因臨時任務派用之人員，其派用另以法律定之。政府之常設機關，對其公務人員之任用，自應依常軌考試進用，但對處理有時間性任務之機關，或在常設機關辦理臨時性工作之人員，因機關及業務之存續既有時間性，期間屆滿時機關或職務即需裁撤，人員亦應遣離，故為便於人員之進退，對其任用則

毋需限於考試進用，需另定制度，為此乃公布派用人員派用條例。

　　一、適用範圍：適用本條例派用之人員，以臨時機關或有期限之臨時專任職務為限；如屬臨時機關，則其性質、期限、職稱及員額，需在組織法規中規定；如係常設機關內之臨時專任職務，則其性質、期限、職稱及員額，應列入預算。

　　二、簡派人員，應具有下列積極派用資格之一：（一）具有簡任職公務人員任用資格，或經銓敘機關以簡任職銓定資格有案者；（二）具有考試法所定特種考試甲等考試應考資格之一者；（三）經高等考試及格或與高等考試相當之特種考試及格，或薦任職升等考試及格，並曾任薦任同等職務滿六年者；（四）曾任最高級薦任職務滿三年，經銓敘機關審查或登記有案者。

　　三、薦派人員，應具有下列積極派用資格之一：（一）具有薦任職公務人員任用資格，或經銓敘機關以薦任職銓定資格有案者；（二）在教育部認可之國內外大學研究院所得有碩士學位者；（三）在教育部認可之國內外大學畢業，並曾任委任同等職務滿四年者；（四）經普通考試及格或與普通考試相當之特種考試及格，或在教育部認可之國內外專科學校畢業，並曾任委任同等職務滿六年者；（五）在主管機關認可之高級中等學校畢業，並曾任最高級委任或委派職務滿三年，經銓敘機關銓定或登記有案者。

　　四、委派人員，應具有下列積極派用資格之一：（一）具有委任職公務人員任用資格，或經銓敘機關以委任職銓定資格有案者；（二）在教育部認可之國內外專科以上學校畢業者；（三）在主管機關認可之高級中等學校畢業，並曾任雇員以上職務滿四年者。

　　五、其他：本條例未規定事項，準用公務人員有關法律之規定。

第九項　聘用人員之聘用資格

依公務人員任用法第三十六條規定，各機關專司技術研究設計工作而以契約定期聘用之人員，其聘用另以法律定之。因政府機關之某種專業性及技術性工作，需由具備特種專門知能者擔任，並非一般公務人員所能勝任，再具有特種專門知能者，在管理上亦不宜依照一般公務人員之規定。為應此種特殊情況之需要，乃公布有聘用人員聘用條例。

一、適用範圍： 政府機關適用本條例時，需具備若干條件，即(一)擬任之工作需為發展科學技術或執行專門性之業務或專司技術性研究設計之工作為限；(二)此項工作非本機關現有人員所能擔任者；(三)需以契約定期聘用；(四)聘用人員之職稱、員額、期限及報酬，應詳列預算，並送銓敘部登記備查，解聘時同。

二、聘用資格： 聘用人員既以處理專業性及技術性工作所需之特種知能為條件，故在本條例中並未規定考試、學歷、經歷等聘用資格。但主管機關為免所屬濫行聘用，亦定有某種應具之聘用資格者。如行政院訂有行政院暨所屬各級機關約聘聘用人員注意事項，其中規定：

(一)所任職責程度與簡任第十三職等相當者，需具有下列聘用資格之一：1.得有博士學位，對擬任工作之專門科學技術有特殊研究及成就並聲譽卓著者；2.具有性質程度相當之研究及工作經驗者。

(二)所任職責程度與簡任第十二職等相當者，需具有下列聘用資格之一：1.得有博士學位，並具有相當之研究工作三年以上著有成績或具有有關之重要工作經驗六年以上者；2.具有性質程度相當之研究及工作經驗者。

(三)所任職責程度與簡任第十一職等相當者，需具有下列聘用資格之一：1.得有博士學位，並具有相當之研究工作二年以上著有成績或具

有有關之重要工作經驗四年以上者； 2.得有碩士學位，並具有相當之研究工作四年以上著有成績或具有有關之重要工作經驗八年以上者； 3.具有性質程度相當之研究及工作經驗者。

(四)所任職責程度與簡任第十職等相當者，需具有下列聘用資格之一： 1.得有博士學位，並具有相當之研究工作一年以上著有成績或具有有關之重要工作經驗二年以上者； 2.得有碩士學位，並具有相當之研究工作三年以上著有成績或具有有關之重要工作經驗六年以上者； 3.具有性質程度相當之研究及工作經驗者。

(五)所任職責程度與薦任第九職等相當者，需具有下列聘用資格之一： 1.得有博士學位者； 2.得有碩士學位，並具有相當之專業訓練或研究工作二年以上著有成績或具有有關之重要工作經驗四年以上者； 3.大學畢業，並具有相當之專業訓練或研究工作三年以上著有成績或具有有關之重要工作經驗六年以上者； 4.具有性質程度相當之訓練或工作經驗者。

(六)所任職責程度與薦任第八職等相當者，需具有下列聘用資格之一： 1.得有碩士學位，並具有相當之專業訓練或研究工作一年以上著有成績或具有有關之重要工作經驗二年以上者； 2.大學畢業，並具有相當之專業訓練或研究工作二年以上著有成績或具有有關之重要工作經驗四年以上者； 3.具有性質程度相當之訓練或工作經驗者。

(七)所任職責程度與薦任第七職等相當者，需具有下列聘用資格之一： 1.得有碩士學位者； 2.大學畢業，並具有相當之專業訓練或研究工作一年以上著有成績或具有有關之重要工作經驗二年以上者； 3.具有性質程度相當之訓練或工作經驗者。

(八)所任職責程度與薦任第六職等相當者，需具有下列聘用資格之

一：　1.大學畢業者；　2.具有性質程度相當之訓練或工作經驗者。

三、其他：　聘用人員不適用各該機關組織法規所定簡任、薦任職各項職務之名稱，亦不得兼任有職等之職務。各機關法定主管職位，不得以聘用人員充任之。

第十項　雇用人員之雇用資格

依公務人員任用法第三十七條規定，雇員管理規則由考試院定之。因各機關之書算、保管及操作性工作，甚為簡易，且多屬臨時性者，擔任此類工作之人員，不需較高程度之知能，為便於各機關能適應業務需要，隨時進用與退離人員，亦不限考試用人，乃訂定雇員管理規則及約雇人員雇用辦法等管理之。

一、適用範圍：　雇用人員，依其性質又分雇員與約雇人員二種。

(一)雇員：　依雇員管理規則之規定，指中央及地方機關組織法規規定之雇員，其名稱由各機關依服務性質定之。

(二)約雇人員：　依行政院暨所屬機關約雇人員雇用辦法之規定，指所任工作相當委任第五職等以下之臨時性工作，且本機關又確無適當人員可資擔任者為限，如所任工作係相當薦任第六職等以上，或所任工作已有本機關人員可以擔任者，均不得再約雇人員。

二、雇用資格

(一)雇員方面：　初充雇員者，須年在十八歲以上四十五歲以下，身心健康，並具有下列雇用資格之一者，即 1.雇員考試及格者；　2.高級中等以上學校畢業或具有同等學歷者；　3.國民中學或經立案之私立初級中學畢業而具有相當技藝，足以勝任者。

(二)約雇人員方面：　約雇期間以一年為限，期限屆滿有續雇必要者，其續雇期間最長不得超過一年。至其所需雇用資格，按所任職責程

度分別規定如下:

1.所任職責程度與委任第五職等相當者,需具有下列雇用資格之
一:(1)專科以上學校畢業者;(2)高中畢業,並具有性質相當之訓練
六個月以上或二年以上之經驗者。

2.所任職責程度與委任第四職等相當者,需具有高中畢業,並具
有性質相當之訓練三個月以上或一年以上之經驗者。

3.所任職責程度與委任第三職等相當者,需具有高中畢業。

4.所任職責程度與委任第二職等相當者,需具有國中畢業,或具
有性質程度相當之專長。

5.所任職責程度與委任第一職等相當者,需具有國中同等學力,
或具有性質程度相當之技能。

第十一項　各種任用制度之同時並用

一、任用制度: 各種任用法律,對所用之人事體制,除警察人員、
聘用人員及雇員外, 雖屬相同, 但對積極任用資格取得之規定寬嚴不
一, 適用之人員及業務特性亦各有別,故從任用制度觀點看,現行者至
少有八種之多, 卽職務分類任用制, 警察官職分立制, 技術人員任用
制,蒙藏邊區人員任用制,戰地公務人員任用制,派用人員派用制,聘
用人員聘用制,雇用人員雇用制。

二、若干任用制度之同時並用: 同一機關, 由於業務性質繁複, 再
有者係經常性工作,有者爲臨時性工作,復由於組織法規對員額編制規
定之趨於多元化,致在同一機關中,同時並用若干種任用制度者已屬常
見。玆舉例如下:

(一)採職務分類任用制爲主之機關: 對技術職務可用技術人員任用
制,對臨時性職務可用派用人員派用制,對特種專業性及技術性職務可

用聘用人員聘用制，對書算、保管及操作性職務可採雇用制。

（二）採警察官職分立爲主之警察機關：對一般行政職務可用職務分類任用制，對技術職務可用技術人員任用制，對臨時性職務可用派用人員派用制，對特種專業性及技術性職務可用聘用人員聘用制，對書算、保管及操作等職務可採雇用制等。

第十二項　現職公務人員之改任

當遇及任用制度有所變革時，在原有任用制度中已依法任用之人員，於實施新制時，均須改任爲新任用制度之公務人員，此即所謂現職公務人員之改任。部分政府機關於民國五十七年實施職位分類時，原有簡薦委任人員，即須改任爲分類職位公務人員，故考試院經規定有「現職人員改任分類職位公務人員辦法」施行。自七十六年一月十六日起，原有簡薦委任制與職位分類制，合併爲新人事制度並予實施，考試院爲適應改任之需要，又訂頒「現職公務人員改任辦法」以爲辦理改任之依據。該辦法之要點如下：

一、須予改任之人員：公務人員任用法施行前，經銓敍機關依法審定簡薦委任（派）及分類職位第一至第十四職等現職公務人員，應依改任辦法規定辦理改任。

二、改任之基準：原經銓敍機關審定以簡任、薦任、委任或分類職位各職等合格實授之現職公務人員，其改任新制之官等、職等，以下列現職公務人員改任官等職等對照表爲基準：

簡薦委等級		新制官等職等		分類職位職等
簡	一　級	簡	第 十 四 職 等	第 十 四 職 等
	二　級		第 十 三 職 等	第 十 三 職 等
	三　級			
	四　級		第 十 二 職 等	第 十 二 職 等
	五　級			
	六　級		第 十 一 職 等	第 十 一 職 等
	七　級			
任	八　級	任	第 十 職 等	第 十 職 等
	九　級			
薦	一　級	薦	第 九 職 等	第 九 職 等
	二　級			
	三　級			
	四　級		第 八 職 等	第 八 職 等
	五　級			
	六　級			
	七　級		第 七 職 等	第 七 職 等
	八　級			
	九　級			
	十　級			
任	十 一 級	任	第 六 職 等	第 六 職 等
	十 二 級			

委	一　　　　級	委	第 五 職 等	第 五 職 等
	二　　　　級			
	三　　　　級			
	四　　　　級		第 四 職 等	第 四 職 等
	五　　　　級			
	六　　　　級			
	七　　　　級		第 三 職 等	第 三 職 等
	八　　　　級			
	九　　　　級			
	十　　　　級			
	十　一　　級			
	十　二　　級		第 二 職 等	第 二 職 等
	十　三　　級			
任	十　四　　級	任		
	十　五　　級			

三、改任之原則

(一)原簡薦委任公務人員之改任原則：

　1. 原簡任、薦任、委任現職公務人員，其原敍定等級，依上述對照表對照之職等資格，在職務列等表所列該職務職等之範圍內者，以該職等改任，並予合格實授。

　2. 其原敍定等級，未達職務列等表所列該職務最低職等者，以其對照職等資格改任，在同官等內准予權理；其職務列高一官等或跨列二個官等時，仍以上述對照之職等資格改任，並暫准繼續權理原職務。

3. 其原敍定等級，超過職務列等表所列該職務職等時，依職務列等表所列最高職等改任；其超過部分之任用資格並予保留，俟將來調整相當職等職務時，再予回復。

(二)原分類職位現職公務人員之改任原則：

1. 原分類職位現職公務人員，其原審定之職等，依對照表之原職等資格，在職務列等表所列該職務職等範圍內者，以該職等改任，並予合格實授。

2. 其原審定之職等，未達職務列等表所列該職務最低職等者，以其對照之職等資格改任，在同官等內准予權理；其職務列高一官等或跨列二個官等時，仍以對照之職等改任，並暫准繼續權理原職務。

3. 其原審定之職等，超過職務列等表所列該職務職等時，依職務列等表所列最高職等改任；其超過部分之任用資格並予保留，俟將來調整相當職等職務時，再予回復。

四、其他人員之改任

(一)僱員：經僱員考試及格或經分類職位第一職等考試及格或原經第一職等改任審定有案之現職僱員或書記，比照改任為委任第一職等。以上人員，除經分類職位第一職等考試及格者外，如升任委任第二職等時，應經丁等特種考試及格，其為權理較高職等職務者，仍暫繼續權理。

(二)派用人員：原經依派用人員派用條例審定准予登記之現職人員，比照上述三所定原則，予以改派為准予登記。

(三)其他任用人員：依有關法規審定以技術人員任用、以機要人員任用、准予任用人員，仍依各該原審結果，改任為以技術人員任用、機要人員任用、准予任用。

第三節　公營事業人員之任用資格

依公務人員任用法第三十三條規定，技術人員、教育人員、交通事業人員及公營事業人員之任用，均另以法律定之。除技術人員之任用資格於上節第四項中已有敍述，教育人員之任用資格另於第十六章教育人員人事制度中敍述外，有關交通事業及公營事業人員（含金融、生產、衛生事業人員）之任用資格，於本節中分項敍述之。

第一項　交通事業人員之任用資格

依現行之交通事業人員任用條例，其要點如下。

一、適用範圍：原以隸於交通部之事業機構從業人員及公營交通事業人員爲限。臺灣省政府所屬之交通事業，係屬公營交通事業，爲期人事管理制度一致以利人員調度，乃予以準用。依現行交通事業人員資位職務薪給表之規定，適用本條例之交通事業，包括有打撈、氣象、港務、郵政、水運、電信、公路、鐵路、高速公路、民航等。

二、資位職務與薪級

(一)資位與職務：交通事業採資位職務分立制，資位受保障，同類職務可以調任。交通事業職務，分業務及技術兩大類；所稱資位，即資格之位置，按資格高低分爲六級。其情形如下：

1. 業務類：分業務長、副業務長、高級業務員、業務員、業務佐、業務士六級。

2. 技術類：分技術長、副技術長、高級技術員、技術員、技術佐、技術士六級。

(二)規定各級資位之薪級：依資位薪級表之規定，六種資位共分四

十六個薪級，　自最高第一級到最低第四十六級，　上下資位間之薪級有重疊現象。其配置情形為長級自第一薪級至第十二薪級，副長級自第四薪級至第十六薪級，高員級自第十薪級至第三十薪級，員級自第十七薪級至第三十八薪級，佐級自第二十一薪級至第三十八薪級，士級自第三十薪級至第四十六薪級。

（三）資位職務薪給表為任用之依據：交通事業各種職務人員所需之資位，由考試院行政院會同訂定資位職務薪給表，以為辦理任用之依據。如總經理職務在資位職務薪給表中列在長級資位，卽總經理需由具有長級資位之人員擔任；又如辦事員職務列在員級資位，故具有員級資位之人員始可擔任辦事員之職務。

三、資位之取得：交通事業人員資位之取得，需經下列途徑：

（一）考試及格：高級業務員、高級技術員、業務員、技術員、業務佐、技術佐、業務士、技術士資位之取得，須經由考試及格。

1. 初任考試：如具有一定學歷或經歷者，可應高員級、員級、佐級、士級考試，考試及格者，分別取得高員級、員級、佐級、士級資位。

2. 升資考試：如現任員級、佐級、士級資位職務人員，具有一定年資及薪級，經升資考試及格者，分別取得高員級、員級、佐級資位。

（二）甄審合格：高級業務員、高級技術員、副業務長、副技術長，任各該資位職務滿五年以上，現敍薪級並達高一級資位最低薪級之次一薪級滿一年以上，在任本資位職務期間具有成績，最近三年間考績均列乙等以上或七十分以上，體格健全，操行優良者，其單位主管得詳列事實，報請升資甄審。甄審合格者，分別取得副業務長、副技術長、業務長、技術長級資位。

(三)檢覈考試銓定資位：交通事業人員任用條例施行前，已在職之交通事業現職人員，於實施本條例後，應由考試院以檢覈考試銓定其資位。依考試院訂頒之交通事業現職人員資位檢覈考試辦法規定，現職人員按交通事業人員資位職務薪給表所列之現任職務及其所屬之資位薪級，分別應各該資位之檢覈考試；檢覈考試以審查學歷證件、服務成績及測驗、筆試、口試、實地考試等方式行之。凡合於所定各級資位學歷審查標準之一者，得免除測驗、筆試、口試及實地考試。檢覈考試應考人學經歷不合審查標準者，長級、副長級、高員級人員，採口試或審查服務成績；員級、佐級、士級人員，採口試、測驗、筆試或實地考試。

　　四、其他：有關任用資格，除以上所述者外，其他均適用公務人員任用法之規定。

第二項　金融事業人員之任用資格

　　政府對國家行局人員，原公布有國家銀行職員任免條例，將國家銀行職員分爲一、二、三、四等及練習生，其積極任用資格，可經由考試及格，學歷、經歷等而取得，但並未實施。目前在臺各金融及保險事業之人事管理，係根據財政部訂定之「財政部所屬國營金融保險事業機構人事管理準則」，再由各機構基於事實需要，依準則及有關法令訂定人事管理辦法辦理，且行局與行局之間，亦不盡相同。茲就職位列等及積極任用資格情形，略述如下：

　　一、職位列等：各金融及保險事業機構，區分爲十五個職等，以第十五等爲最高職等。再將各機構之職位，根據其一般職責程度高低，在本事業機構內地位高低，分別由各機構自行列入適當之職等，稱爲職位列等表，以爲任用人員之依據。

　　二、積極任用資格：依一般規定，金融及保險事業人員之任用資

格，分下列數種：

(一)考試及格：如經高等考試或與之相當之乙等特種考試及格者，可取得八職等（辦事員）職位之任用資格；普通考試或與相當之丙等特種考試及格者，可取得七職等（助理員）職位之任用資格；雇員升等考試及格者，可取得七職等（助理員）職位之任用資格。

(二)考成升等：任同職等職務三年以上，各年考成有一年列甲等二年列乙等以上者，可取得高一職等職位之任用資格。

(三)甄審進用：如練習生、雇員等職務人員，多由各行局或由行局委託輔導就業機構，以甄審方式擇優遴用，但此類人員只能擔任練習生、雇員等職務，如需晉升職務，需經雇員升等考試或參加其他相當考試及格。

第三項　生產事業人員之任用資格

因生產事業人員之任用法律尚未制定，故目前係以經濟部訂定之「經濟部所屬事業機構人事管理準則」為依據，由各機構基於事實需要，依準則及有關法令之規定，訂定人事管理辦法辦理。大致而言其情形如下。

一、採職位分類制：性質區分，分為十二個職組，五十二個職系。職責程度區分為十五個職等，以第十五職等為最高。各職位先依其工作之性質決定職系，再以因素評分法評定其分數，換算為職等。

二、積極任用資格：各職等職位人員之任用資格取得，其方式為：

(一)考試及格：如經濟部所屬生產事業人員，專科學校畢業經考試及格者，取得第五職等職位任用資格，大學畢業經考試及格者，取得第六職等職位任用資格。

(二)考成升等：如任本職等職務半年至二年以上（依人員所具學歷

高低，分別規定期間)，考成成績均屬優良者，取得高一職等職位之任用資格。

(三)甄審進用：卽根據某種學歷及經歷，經由各事業機構自行或委託由輔導就業機構甄審合格而進用者，但此種方式，通常僅對技術人員及其他不易用考試方式遴用且屬較低職等者適用之，且適用之時機及次數，正在逐漸減少中。

第四項　衞生事業人員之任用資格

衞生事業人員之任用，原制定有衞生事業人員任用條例，實施日期係另以命令規定，自政府遷臺後，實施該條例者原僅有衞生署所屬之麻醉藥品經理處及其所屬之製藥廠而已，且近來該兩機構亦已改按一般公務人員之規定辦理，故事實上已無實施衞生事業人員任用條例之機構。但衞生事業人員任用條例並未廢止，且該條例對積極任用資格之規定甚為特殊，故仍予簡敍如下，備供研究參考：

一、職稱、資歷位置等級、與薪給評分：衞生事業人員職稱、資歷位置等級與薪級評分對照表，由衞生署會同銓敍部擬訂，呈行政院及考試院核定。其中

(一)資歷位置等級：衞生事業人員資歷位置之等級，分為四等三十四級，其中一等分六級，二等、三等各分九級，四等分六級，並以一等一級為最高，四等六級為最低。

(二)職稱類別：衞生事業人員之職稱，依其所任工作之性質，分為技術類（包括醫藥、護理、助產、衞生、化學、細菌、衞生檢驗、衞生工程、營養等），業務類（包括管理門市及掛號等），總務類（包括文書、材料、財務、庶務等）三類。

(三)訂定職稱資歷位置等級薪級及評分對照表，以為辦理任用之依

據。

二、積極任用資格：衞生事業人員之任用資格，係由銓敍機關，根據擬任人員之下列條件予以評分，就評分所得之分數，以認定其所具有之資歷位置等級，但充任二等以上職務者，需大學畢業或高等考試及格。

(一)學歷及考試評分：佔總評分百分之三十，其評分標準爲：

1. 大學畢業，其所學科系與本類職務性質相合者，博士學位爲九〇分，碩士學位爲八五分，學士學位爲八〇分；大學畢業科系與本類職務性質相通者，博士學位爲八五分，碩士學位爲八〇分，學士學位爲七五分；大學畢業科系與本類職務性質無關者，博士學位爲七五分，碩士學位爲七〇分，學士學位爲六五分。

2. 專科畢業，其所學科系與本類職務性質相合者，五年制爲八〇分，三年制爲七五分，二年制爲七〇分；專科畢業科系與本類職務相通者，五年制爲七五分，三年制爲七〇分，二年制爲六五分；專科畢業科系與本類職務無關者，五年制爲六五分，三年制爲六〇分，二年制爲五五分。

3. 高等考試或與之相當之特種考試及格，其類科與本類職務性質相合者爲八〇分，相通者爲七五分，無關者爲六五分。

4. 高級職業學校畢業者，其所學科別與本類職務性質相合者爲五〇分，相通者爲四五分，無關者爲四〇分。

5. 初級職業學校畢業者，其所學科別與本類職務性質相合者爲三二分，無關者爲二九分。

6. 普通考試或與之相當之特種考試及格，其類科與本類職務性質相合者爲五〇分，相通者爲四五分，無關者爲四〇分。

7. 普通高中畢業者爲四五分，初中畢業者爲二九分，高小畢業者

為一七分，初小畢業者為一一分。

8. 其他: 學校畢業或考試及格，應採其中分數最高者計算。學校肄業者得按年加分。在校成績特優者或有著作發明者得予加分，學校成績較差者得予減分。專科以上畢業並經高等考試及格者，高中畢業並經普通考試及格者，得予加分。受專業訓練者按年加分。

(二)體格及操行評分:佔總評分百分之十，體格健全者為三〇至三五分，體格特強能耐勞苦者加五至十五分; 操行優良奉公守法者為三〇至三五分，操行特優者加五至十五分。

(三)經歷評分: 佔總評分百分之五十，其評分標準為: 重要本類職務，每年為五至八分; 次要本類職務，每年為四至七分; 普通本類職務及重要非本類職務，每年為三至六分; 次要非本類職務，每年為二至五分; 普通非本類職務，每年為一至四分。服務成績優良者得予加分，曾受處分者應予減分。

(四)一般能力表現評分: 佔總評分百分之十，其評分標準為: 語言清晰，為五至十分; 常識豐富，為五至十分; 理解正確，為十至十五分; 應事幹練，為十至十五分; 有創造改進才能，為十五至三〇分; 有不避艱險之毅力，為十五至三〇分; 有擔負艱巨領導之能力，為二〇至三〇分。

經評分結果，就所得資歷總分，根據下列標準換算為資歷位置及薪級，如其資歷位置及薪級係在擬任職務所跨薪級範圍之內者，卽認為具有任用資格。

資歷位置及薪級		資歷評分	資歷位置及薪級		資歷評分
一等	一　級	99	三等	一　級	54
	二　級	96		二　級	51
	三　級	93		三　級	48
	四　級	90		四　級	45
	五　級	87		五　級	42
	六　級	84		六　級	39
二等	一　級	81		七　級	36
	二　級	78		八　級	33
	三　級	75		九　級	30
	四　級	72	四等	一　級	27
	五　級	69		二　級	24
	六　級	66		三　級	21
	七　級	63		四　級	18
	八　級	60		五　級	15
	九　級	57		六　級	12

第四節　任用資格之銓敍

　　銓敍一詞有廣狹兩種含義，廣義的銓敍，係指憲法第八十三條所定考試院所掌理之十一個大項目中，除考試一個項目外，其餘十個項目均屬銓敍範圍；　狹義的銓敍，　係僅指十一個大項目中之銓敍一個項目而已。又狹義的銓敍，原指銓定資格敍定級俸而言，因敍定級俸將另在俸給與福利章中敍述，　故本節所稱銓敍，　只限於銓定資格而言，　亦卽審查擬任人員是否具備法定任用資格而言。茲就銓敍機關、任用人員之銓敍、派用聘用雇用人員之銓敍、及公營事業人員之銓敍等，分項簡述如後。

第一項　銓敘機關

有權銓定公務人員任用資格之機關，包括下列三種。

一、銓敘部: 隸屬於考試院，依該部組織法，銓敘部掌理全國文職公務員之銓敘（係廣義之銓敘），及各機關人事機構之管理事項。內設六個司及一個委員會，並設統計室及會計室（詳情見人事管理章）。

二、考銓處: 依考銓處組織條例規定，考試院在一省或二省以上之地區設考銓處，掌理各該省區內之考選銓敘事宜，並得依考試院之指定，兼辦院轄市考選銓敘事宜。考銓處分別受考選部及銓敘部之指揮監督（目前未設考銓處）。

三、各省委任職公務員銓敘委託審查委員會: 依考試院所定各省委任職公務員銓敘委託審查辦法規定，銓敘部在各省銓敘分機關未成之前，得將委任職公務員之任用、級俸、考績、登記等事宜，委託各省政府組織銓敘委託審查委員會辦理。目前臺灣省政府各廳處局及各縣市政府及所屬機關委任職公務員任用資格之審查，即委託由臺灣省委任職公務員銓敘委託審查委員會辦理，現已由銓敘部收回自辦。

第二項　任用人員之銓敘

任用人員係指依公務人員任用法及其他有關任用之特別法規定任用之人員，其任用資格之審查有一定手續，審查結果有一定之用語。**茲簡述如下**:

一、送請任用審查之程序: 各機關擬任人員之送審，人事主管應負責查催，於派代之日起三個月內，填具任用審查表，連同公務人員履歷表，學經歷證明文件，服務誓言及公立醫院健康證明書，送請銓敘機關審查。逾限不送審者，得予撤銷代理。

總統府及其直屬機關暨國民大會秘書處所屬人員，其送審分別由總統府秘書長或國民大會秘書處核轉；薦任第六職等以上人員之送審案，由主管院、部、會、處、局、署、省（市）政府核轉。但省（市）政府經商得銓敘機關同意授權由下級機關自行核轉之薦任第九職等以下人員之送審案，從其授權程序辦理。委任第五職等以下人員之送審案，由任用機關或其上級機關核轉。

二、審查結果之用語： 主要有下列五種，各有其意義：

(一)不合格：指擬任人員所具之條件，不合法定任用資格之規定，其審定結果爲不合格。經審定爲不合格者，應即停止其代理。

(二)試用：指初任各官等人員，雖具有任用資格，但未具與擬任職務職責相當之經驗一年以上者，得審定爲試用。試用期間爲一年，試用期滿成績及格者，予以實授；試用成績不及格者，由任用機關分別情節，報請銓敘機關延長試用期間，但不得超過六個月；延長後仍不及格者，停止其試用；又試用成績特優者，得縮短試用期間，惟不得少於六個月。試用人員，除才能特殊優異者外，不得擔任主管職務。

(三)准予權理：指擬任人員僅具同官等內較低職等任用資格，而擔任較高職等職務者，准其暫時擔任該較高職等之職務者，審定其爲准予權理。

(四)合格實授：指原審定試用人員，經試用期滿成績考核及格者，即審定爲合格實授；又初任各官等人員，具有任用資格且具有與擬任職務職責相當之經驗一年以上者，即逕予審定爲合格實授，不需再經試用。

(五)准予任用：指根據任用資格規定較寬之特種任用法律（如技術人員任用條例，規定亦可以經學歷進用），予以任用之人員，其任用資格經審查認爲合乎規定，則審定其准予任用。此項人員，如未具備依法

考試及格、依法銓敍合格、依法考績升等之積極任用資格者，不認為銓敍合格。又依規定可不需任用資格之機要人員，如未具法定任用資格者，亦審定為准予任用。

(六)銓敍合格：指公務人員於任職時，經銓敍機關就其已具有之任用資格（如考試及格），並依據擬任職務之種類及職責，參照其學識、經驗，依法審定後之任用資格而言。換言之，僅憑考試及格或學經歷，並不能構成銓敍合格。

第三項　派用聘用雇用人員之銓敍

一、派用人員之銓敍：除送審程序與任用人員相同外，其審定之用語，主要有：

(一)不予登記：指擬派人員之條件，不合法定派用資格之規定者，其審定結果應為不予登記。經審定不予登記者，應即停止其代理。

(二)准予登記：指擬派人員之條件，合於法定派用資格之規定者，其審定結果應為准予登記。准予登記人員，除具有任用資格者外，不認為銓敍合格。

二、聘用人員之登記備查：各機關依聘用人員聘用條例規定聘用人員時，在條例中並無資格條件之規定，故銓敍機關並不審查其資格，依該條例第三條及施行細則第三條規定，各機關擬以契約定期聘用之專業或技術人員，其職稱、員額、期限及報酬，應詳列預算，並列冊送銓敍部登記備查，解聘時亦同；聘用人員之聘用應經主管機關核准，所稱列冊送銓敍部，應將聘用人員之職務、姓名、年齡、籍貫、擔任事項、約聘期限及報酬，連同履歷表，分別造送兩份，於到職後一個月內，送銓敍部登記備查。

三、雇用人員之送銓敍機關：依雇員管理規則規定，雇員由各機關

自行雇用，並應以履歷副本送銓敍機關，雇員離職時亦同。

第四項 公營事業人員之銓敍

公營生產、金融事業人員，目前尚未納入銓敍範圍，故對其人員之任用，均由各事業自行依照單行辦法規定，自行審查資格及派充。至交通事業人員，則依交通事業人員任用條例之規定任用，並納入銓敍範圍，其任用資格須送銓敍機關審查。其情形如下：

一、總務人員： 如係依公務人員任用法規定任用者，其資格審查之規定與一般公務人員同。

二、審查權限區分： 交通事業長級、副長級、高員級、員級資位人員，送由銓敍機關審查；佐級、士級資位人員，由各事業機構自行審查。

三、審查結果之用語： 如經審查其資格與規定不合者，則「不予審查」，並將原件退回原送審機關；如經審查資格與規定相合者，則為「以交通事業人員任用」，並註明資位及薪級。

第五項 動態登記

依公務人員任用法施行細則第二十一條規定，經銓敍合格之現任各官等人員，調任同官等職務，應依送審程序，送請銓敍機關辦理動態登記，如係調任不同職等者，並應檢附有關證件。故動態登記係屬任用審查工作之簡化。

第五節 任用程序

為免違法用人及產生冗員，各機關對公務人員之任用應依一定程序

進行，即先查明職缺，再申請分發或自行遴用，而後派代及送審，請任命，並簡述政務官之任用。兹分項簡述如後。

第一項　查明職缺

一、編制需有缺額：政府機關可用公務人員之職稱、職等及其員額，均在組織法規或員額編制表中規定。因此當進用人員時，需先查明編制上有無缺額，如科長之編制為五人，現已有四人擔任科長職務，則尚有一個缺額，可再進用一人為科長，如編制已滿額，則不得再行進用。

二、需有經費預算：政府機關為精簡用人，常用預算來控制員額。換言之，在法定編制員額範圍內，再用預算來控制其可用員額，此種員額稱為預算員額，如科長在法定編制為五人，但在預算中只編列四人時，則只能任用四人，如超過四人，則其用人費將無着落。

三、為業務所需要：如編制有缺額，且編有經費預算，但如非為當前業務所需要時，仍不宜進用人員，以免產生閒員或冗員。

如經查與上述三個條件相符，始予進用人員。

第二項　申請分發、自行遴用、調任或甄審

一、申請分發：依公務人員任用法第十條及第十二條規定，初任各職等人員，除機要人員、主管人員、人事查核人員、雇員得不受分發外，其餘職缺應就高普考試及分發任用之特種考試及格人員，由銓敍部及行政院人事行政局分發任用；分發辦法由考試院會同行政院定之。依現行考試及格人員分發辦法規定，其要點為：

（一）編造考試及格人員名冊：考試放榜後，須分發任用者，由考選部將及格人員名冊報考試院交由銓敍部及行政院人事行政局辦理分發。

(二)申請分發：各機關職缺，除由現職人員晉升或遷調外，其遺缺及遞遺之缺，均應申請分發考試及格人員任用。

(三)辦理分發：分發機關分發考試及格人員，以最近一次考試及格者爲優先，並應就各機關職缺需要，依據考試等別、考試類科、考試成績等第，及參酌學經歷予以核定。其有因缺額限制無法分發之考試及格人員，俟有缺額時再依序分發。

(四)分發次數：分發以一次爲限，但分發職務與考試及格等別及類科顯不相當者，得視機關需要改行分發。

(五)註銷分發：考試及格人員經分發後，除因不可抗力事由外，未按規定期限到職者，應註銷其分發，其職缺由分發機關另行分發有關等別類科考試及格人員遞補。

(六)保留分發：考試及格人員係在學或在營者，得申請保留分發，但其保留期限最多以就學畢業或服役期滿所需之期間爲限。

二、自行遴用考試及格之合格人員： 依公務人員任用法第十條規定，初任各職等人員，如無適當考試及格人員可資分發時，得經分發機關同意，由各機關自行遴用考試及格之合格人員。故各機關自行遴用人員之要件，爲(一)需分發機關無適當考試及格人員可資分發；(二)需經分發機關同意；(三)所遴用之人員必須爲合格人員且需經考試及格。

三、自行調任： 依公務人員任用法第十八條規定，各機關職缺，可從本機關之現職人員中調任遞補，如有特殊需要，並得向有關機關指名商調，或從公營事業及公立學校現職人員轉任。

四、自行甄審升任： 依公務人員任用法第十九條，各機關職缺可就較低職務之現職人員中，由甄審委員會甄審升任。

<h2 style="text-align:center">第三項　派代、送審及請任命</h2>

一、派代: 依公務人員任用法第二十四條，各機關任用公務人員，得依職權規定先派代理。所謂派代理，指派某某代理某職務而言。

二、送審: 經各機關派代理之擬任人員之任用資格，應自派代之日起三個月內，送請銓敍機關辦理審查。逾限不送審者，得撤銷其代理。銓敍情形見上節之敍述。

三、請任命: 依公務人員任用法第二十五條，各機關初任或升任簡任官等各職等人員、初任薦任官等職務人員，經銓敍機關審查合格後，呈請總統任命。初任委任官等職務人員，經銓敍機關審查合格後，呈請主管機關任命。由上觀之，除簡任官等公務人員，因係高級人員，且人數亦較少，初任或升任簡任各職等職務者，只要在該職等是初次任用，均需呈請任命，如初任或升任簡任十等室主任，因係初任簡任十等，須請任命；及後調升至簡任十二職等司長，在十二職等亦是初任，又需請任命；如再升十四職等次長，亦同。薦任及委任官等人員，不論屬何職等，只於初任時請任命，初任後在各職等間調任職務時，則毋庸再報請任命，以資簡化，如初任薦任七等股長，因係在薦任官等內初任，故呈請任命，及後再調任八等專員、九等科長，因均屬薦等官等，已非初任，故不再請任命。

第四項　政務官之任用

政務官係制訂政策之官員，並隨政策而去留，其情形與一般公務員（通稱爲事務官）不同，因而對政務官之任用，有其特別之處。

一、不需任用資格: 擔任政務官，並無任用資格之規定，雖依考試院組織法及司法院組織法規定，對擔任考試委員及大法官職務者，仍需具有一定之資格，但此種資格只是總統提名人選及監察院行使同意權時應考慮之條件，與對一般公務人員所定之任用資格不同。

二、不需辦理銓敍： 一般公務人員之任用資格，須經銓敍機關審定；因政務官不需任用資格，故亦不需由銓敍機關辦理銓敍。

三、由總統任命： 一般公務人員，屬簡任或薦任官等職務者，由用人機關於銓敍合格後呈請總統任命，屬委任官等職務者，由用人機關呈請主管機關任命。政務官則由總統任命，雖其中如行政院院長及監察院審計部審計長，須經立法院同意後任命；考試院院長、副院長，考試委員，及司法院院長、副院長、大法官，須經監察院同意後任命；但人選之提名權及同意後之任命權仍屬總統所保有；行政院之副院長，及政務委員雖由行政院院長提名，但仍由總統核定並任命，至其他政務官之任命，或由總統逕行任命，或由主管院長簽請總統核定並任命。故所有政務官均由總統任命。

四、黨政運作之配合： 政務官係制訂政策之官員，故對政務官之任用，須配合執政黨之政策，因而總統在任命之前，須先經執政黨中央常務委員會通過，而後再按程序由總統任命。惟此種黨政運作的配合，並非法律之規定，而係一種慣例。

五、政務官職務無保障： 政務官中除規定有任期者（如考試委員任期爲六年，大法官任期爲九年）外，職務並無保障，可隨時予以免職，亦可隨時予以任命。如須更調職務者，亦均以先行免職再行任命方式處理。不若一般公務人員職務之有保障，及更調職務時以調任方式行之。

第六節　公務人員卸職之交代

公務人員卸職者需作交代。現行公務人員交代條例並明定應行交代之人員及事項，交代之執行，及違反交代者之處罰。兹分項述後。

第一項 交代之需要

一、保持業務正常運行： 公務人員因辭職、調職或其他原因而卸職時，對原職所主管或經辦或經管之業務或財物，應移交由接任者處理，使機關業務能照常進行，不因公務人員之去留而中斷。

二、明示業務財物責任： 交代時，前任應將工作計畫及實施情形，重要業務之未辦或未了事項，及財物事務等列冊移交，以明示前後任對業務及財務之責任。

第二項 應行交代之人員及事項

一、應行交代之人員： 下列人員應辦理交代

(一)機關首長： 指有單獨組織法規、有獨立經費，對所屬職員有任免權，且可對外行文之機關首長。

(二)主管人員： 指一個機關內部之各級單位主管。

(三)經管人員： 指一個機關內直接經管某種財物或事務之人員。

二、應行交代之事項： 因辦理交代之人員而不同

(一)機關首長應行交代之事項： 包括印信，人員名冊，交代月份截至交代日止與月報相同之會計報告及其存款，未辦或未了之重要案件，當年度施政計畫或工作計畫及截至交代時之實施情形報告，各直屬主管人員主管之財物事務總目錄。

(二)主管人員應行交代之事項： 包括單位章戳，未辦或未了案件，所屬次一級主管人員或經管人員所主管或經管之財物事務總目錄。

(三)經管人員應行交代之事項： 按其所經管之財物或事務，分別造冊，其種類及名稱，由各機關依各經管人員職掌範圍及其經管情形，分別規定。

第三項　交代之執行

一、派員監交: 機關首長交代時，應由各該管上級機關派員監交；主管人員交代時，應由本機關首長派員監交；經管人員交代時，應由本機關首長派員會同該管主管人員監交。各級人員交代時如發生爭執，應由移交人或接收人會同監交人擬具意見，呈報上級機關或本機關首長辦理。

二、親自交代: 機關首長、主管人員或經管人員之交代，均須親自辦理；如因職務調動須先行離開任地或有其他特別原因時，經該管上級機關或其機關首長核准，得指定負責人代爲辦理交代，所有一切責任仍由原移交人負責；如遇移交人死亡或失踪，其交代由該管上級機關或其機關首長指定負責人代爲辦理，但失踪人嗣後發現時，仍應由其負責。

三、限期移交

(一)機關首長之移交: 應於交卸之日，將印信、人員名冊、會計報告及存款，及其他未辦或未了之重要案件等，移交完畢；至本機關當年度施政計畫或工作計畫之實施情形報告，及各直屬主管人員主管之財物事務總目錄，應於交卸之日起五日內移交完畢；其後任應會同監交人於前任移交後五日內接收完畢，並與前任會銜呈報該管上級機關，上級機關應於十日內核定並分別通知。

(二)主管人員之移交: 應於交卸之日，將單位章戳及未辦或未結案件，移交完畢；至所屬次一級主管人員或經管人員主管或經管之財物事務總目錄，應於交卸之日起三日內移交完畢；其後任應會同監交人於前任移交後三日內接收完畢，並與前任會銜呈報機關首長，機關首長應於十日內核定並分別通知。

(三)經管人員之移交: 應於交卸十日內，將所經管之財物事務移交

完畢；　如所經管財物特別繁夥者，　其移交期限，　得經其機關首長之核
准，酌量延長至一個月爲限；後任應會同監交人及該管主管人員，於前
任移交後十日內接收完畢，檢齊移交清册與前任會銜呈報機關首長，機
關首長應於十日內核定並分別通知。

第四項　違反交代之處罰

一、移送懲戒: 各級人員逾期不移交或移交不清者，該管上級機關
或本機關首長，　應以至多不過一個月之限期，　責令交代清楚；　如再逾
限，應卽移送懲戒；其卸任後已任職者，懲戒機關得通知其現職之主管
長官，先行停止其職務。

二、就財產強制執行: 如係財物移交不清者，除依前述辦理外，並
得移送該管法院就其財產強制執行。

第六章 升遷與調任

升遷與調任，有其意義與一般原則，政府機關公務人員之升遷與調任定有原則與制度，公營事業人員亦多有升遷與調任之規定，此外尚有轉任之制度。茲分節敍述之。

第一節　意義及一般原則

第一項　意　義

升指升任，遷指遷調，係各組織首長為應業務、管理及個人需要，對現職人員之職務或職位，作有計畫的升任、平調或降調，以加強人力運用，增進工作效率。轉任，係各組織首長，為配合政策或應業務特殊需要，將不同性質及適用不同人事制度之組織的人員，轉任至本組織任用，以增強人事交流，充份運用人力。茲簡說如下：

一、升遷之含義： 升遷為憲法所定考試院掌理 十一 個人事項目之一，升指升任，遷指遷調，並包括平調與降調。

二、升遷為組織首長之職權： 各組織除首長人選由上級組織決定

外，其餘現職人員升遷之權，常爲組織首長所保有，升遷現職人員之措施，亦多由組織首長自行決定並以首長名義行之，但組織副首長及高級職務人員之升遷，亦有須報經上級組織核定並以上級組織首長名義行之者。

三、升遷係爲適應業務、管理及個人需要而辦理：各組織之業務，常在作增加、緊縮或調整之變動，爲適應業務之變動，對各人之職務或職位，自有配合調整之必要。各組織內部的管理措施，爲適應外界環境的變動，亦須配合調整或改進，因而又可能涉及各人職務或職位之需予配合調整。公務人員各有其需要與願望，組織首長爲滿足其需要與願望，亦可能涉及職務或職位之調整。

四、升遷職務或升遷職位因人事體制而定：一個組織之人事管理基礎，如係職務分類制、官職分立制、資位職務制，則其升遷以升遷職務爲準，如係職位分類制，則其升遷以升遷職位爲準。

五、升遷係將現職人員作有計畫的升任、平調與降調：所稱有計畫，指對升遷需建立有制度，使組織及個人均能經由升遷而受益；所稱升任，指由原職調至職等、地位、職責程度或可支俸給較高之職務或職位；所稱平調，指由原職調至職等、地位、職責程度或可支俸給均屬同等之職務或職位；所稱降調，指由原職調至職等、地位、職責程度或可支俸給較低之職務或職位。

六、升遷之目的爲加強人力運用、增進工作效率：對具有發展潛能者升任至較高職務或職位，可使人力獲得高度發揮，對組織提供更大的貢獻；對任職過久致發生厭倦心理者平調至其他職務或職位，可激勵其工作意願，進而提高工作效率；對不能勝任現職者降調至工作較爲簡單之職務或職位，使其能勝任工作，化無用人力爲有效人力，並提高工作效率。故升遷只要適當，即可達到上述的目的。

七、轉任係為配合政策或適應業務特殊需要而辦理：　各組織的職缺，原則上需分發考試及格人員任用或從現職人員中升遷任用，甚或向其他機關指名商調，但有時為配合政策上要求（如將軍職人員經由外職停役轉任公務人員），或為適應業務特殊需要（如將公營事業或公立學校之特殊人才轉任至政府機關任職），應有轉任之制度，以濟原有任用及升遷制度之窮。

八、轉任係任用性質及人事制度不同之組織人員：　如所任用之人員係來自其他性質及人事制度相同之組織者，則可以指名商調之方式行之，不須以轉任名義行之。如某政府機關人員被指名商調至另一政府機關任職，而公立學校教授則為轉任至政府機關任職。

九、轉任之目的在增強人事交流、擴大人力運用：　性質及人事制度不同之組織間，人事原本係不能交流者，如建立有轉任制度，則這些組織間的人事，可獲得適度的交流，這些組織中的人力，其運用的範圍亦可更因而擴大。故轉任制度的實施，只要不趨寬濫，對整個人力的充分運用是有利的。

第二項　一般原則

在採取公務人員之升遷與轉任措施中，所應遵行之一般原則主要有：

一、初任與升調並重：　初任係從組織外遴選優秀人員至組織內初次任用，升調係從組織現有人員中，拔擢優秀者升任至較高職務上任用或就原有人員予以調任。初任與升調各有利弊，故組織遇有職務出缺，既不宜全部進用新人初任，亦不宜全部從現職人員中升調，而需使二者間保持平衡。換言之，初任新人之職務，應以具某種情況者為限，以儘量發揮進用新人之利，及使進用新人之弊降至最低限度；升調現職人員時

亦同。此所以公務人員任用法中明文規定「初任與升調並重」之意。

二、**現職人員之升任應建立合理制度**：升任制度最受公務人員重視，因此升任制度必須建立在合理基礎之上，否則易引起公務人員之非議與不滿。所謂合理之基礎，即(一)對升任職務之人員須具有擬升職務所需之最低資格；(二)升任職務者須在原有職務上具有相當的年資，並在工作上表現出優異的績效；(三)升任時須經過公平客觀的甄審程序。公務人員在合理的升任制度下相互競爭，即使落選者亦不會有所怨言或不滿。

三、**平調在求通才通用、適才適所、專才專業**：通才通用，指各組織對所屬員工在與原任職務職責程度相當之各種職務間，作有計畫的平調，使人力發揮至最高限，但因人的聰明才智是有限的，故通才通用的平調只能適用於一般行政管理性工作。適才適所，指具有某種專長的人去擔任與其專長相符的職務，每種職務由具有該種專長的人擔任，因公務人員所能具有之專長種類亦屬有限，故其平調範圍仍屬與專長相當之各種專業性職務為限，但其範圍已較通才通用之平調範圍為狹。專才專業，指各種專門人才，應擔任與其專才相符的專門職務，及各種專門職務應由具有該種專才的人員擔任，由於專門職務均具高度之科學及技術性，故同一人員多只能具有極少種類的專門科學及技術專長，因而得以平調的職務範圍又比適才適所者為狹。因此公務人員得以平調之職務範圍，應視職務性質之為一般行政管理性、專業性或專門科學及技術性者而定。

四、**最高與最低職等職務人員平調可不受職系限制**：最高職等職務，最重要者為領導與管理任務，領導與管理之理論、原則與實務之是否精通與能否靈活運用，此乃擔任該種職務成敗之關鍵，而領導與管理工作並不因職務之性質的差異而有多大區別。因此，最高職等如第十二

職等至第十四職等之職務人員，可在各職系間平調。再最低職等職務人員，多係書寫性、保管性、操作性之職務，工作人員所需要者只是一些粗淺的學識與技能，於短期內卽可學會，且工作係在上級人員嚴密監督下進行，如有疑難隨時可請示上級，故如第一、第二職等職務人員，可在各職系間平調，不需受若何限制。

五、其餘各職等職務人員可在同職組各職系間平調：其餘各職等職務人員，指第三職等以上第十一職等以下人員而言，此種人員之職務均具有或多或少的專業性，需具有相當專業學識、技能者始可勝任，故其人員之平調需受若干限制，亦卽在工作性質相近（卽同一職組）之各職系職務間得予平調。若此一方面可擴大平調範圍，二方面又能兼顧及人與事的配合，進而人能盡其才，事能得其人。

六、根據個人專長亦可平調：以上第五原則之平調，係以職務之質為依據者，亦卽與現任職務工作性質相近之其他職系同職等職務間均得平調。而此處所指之平調，係以個人所具有之專長為準而認定其可平調之職務者，如某人現任農業技術職務，則該某人依上述第五原則固可在農林技術職組各職系同職等職務間平調，但如該某人係財務行政學系畢業，或經財務行政類科考試及格，則已具有財務行政工作專長，因而可根據其專長平調至財務行政職系。此種因個人專長原因而平調之職系，係因人而異，如個人所具有之專長種類多，則可平調之職系範圍亦廣。

七、降調係不得已而為之：降調常會影響及人際關係的和諧，對被降調者言亦屬一種挫折，故可避免則避免之。但有時遇及機構撤銷或業務緊縮須裁減人員時，或因考績列丁等須免除職務時，如裁減或免職確有困難且當事人亦要求改調職務繼續工作時，則不妨在取得當事人同意之原則下，施行降調職務。對降調人員如能准其繼續支領原有俸給，則更會消除因降調人員所引起之困擾。

八、建立調任制度以興利防弊：調任制度，通常有職期調任、經歷調任、地區調任等之分別，但不論何種調任，只要能建立起制度，並定期舉行，在興利方面將可獲得增加經歷、培養人才等益處；在防弊方面將可減輕工作疲勞、消除因人地過熟而引發營私等弊端。

九、轉任應經由一定程序：政府基於政策的考慮或便於羅致特定人才，常規定有轉任的措施，以期將性質及人事制度完全不同之機構的現職人員，轉任至政府機關任職。因係轉任，轉任之職務多以中級以上職務爲限，再原有人員之升遷機會常會因轉任而減少；又轉任因係從性質及人事制度完全不同之機構轉任，故對政府機關之業務亦多不夠熟悉，轉任如趨於寬濫，則將發生不良後果。爲此，轉任雖有其必要，但爲免發生流弊，其轉任須經一定程序，如經由轉任考試及格或具有特定資格且原任職務之特性與新轉任職務相符，前後兩職務所需學識技能亦屬相當時，方得轉任。

第二節　政府機關公務人員之升遷

政府機關公務人員之升遷，包括升任、平調與降調，初任與升調並重，玆分項簡述如後。

第一項　政府機關公務人員之升任

公務人員之升任，有其需要性、制度基礎及大致程序。

一、升任之需要性：(一)各機關爲拔擢優秀人才，使學識才能及工作績效優異之人員，能經升任不斷拔擢；(二)爲鼓勵工作情緒，對學識才能及工作績效優異者，須給予較多的升任機會；(三)爲加強人力運用，對學識才能及工作績效優異者，升任較高職務，學識才能可獲得更

多的發揮；（四）爲發揮潛在能力，對學識才能及工作績效優異者，擔任更重要職務，使其潛在能力更可充分的運用。故升任制度的建立是極有需要的。

　　二、升任制度的基礎：升任制度須建立在合理的基礎上，所謂合理基礎應包括，（一）具在擬升任職務的任用資格，如將資格不合者予以升任，將合於資格者反而排斥在外，自屬不公平，亦將因此而破壞人事制度；（二）具有原任職務之年資及工作績效，升任須按部就班的進行，擬升人員在其原職務須任職有年，且考績成績優異，如不論年資一律升任，必將引起其他人員的不滿；（三）須經甄審程序，即組織甄審委員會，就合於上述兩種條件之人員中，予以甄審，挑選最優秀者予以升任，以滿足拔擢優秀人才、鼓勵工作情緒，加強人力運用及發揮潛在能力的需要。

　　三、升任甄審的程序：依公務人員任用法第十九條，各機關辦理現職人員升任時，得設立甄審委員會，就具有任用資格之人員甄審，其辦法由考試院定之。依任用法施行細則第十七條及升任甄審辦法之規定，其要點如下：

　　（一）升調較高職務任用：各機關現職人員升調較高職務任用時，其甄審依升任甄審辦法之規定。所謂較高職務，依職務列等之高低認定，即列等較高者爲較高職務；如屬跨等職務，則以最高職等較高者爲較高職務，如最高職等相同時則以最低職等較高者爲較高職務。

　　（二）設置升任甄審委員會：升任甄審委員會，由機關首長指定委員五至十七人組成之，以一人爲主席，人事主管應爲當然委員，委員中應有一至三人爲非主管人員，並得由本機關人員選舉產生之。委員及主席，任期一年，期滿得連任。甄審委員表決以無記名投票爲之，可否同數時取決於主席。甄審委員會之決議案，不得與現行法令牴觸，並應自

決議之日起三日內，連同會議記錄一併送人事主管人員，轉報機關首長核定。

(三)甄審要點：甄審會應就具有升等任用資格人員之資格、學歷、考試、工作成績、年資、考績、獎懲等項目及其擬升任職務所需之專長及專門知能，予以評審。具有下列情形者，應優先考慮升任，即 1.考試及格類科與擬任職務性質相近者； 2.經銓敍審定之資格與擬任職務性質相近者； 3.經依考績法取得升等任用資格與擬任職務性質相近者； 4.具有二年以上基層服務年資且與擬任職務性質相近者； 5.任現職務及現職等期間依考績法曾記二大功以上者； 6.任現職務及現職等期間經保舉為特優人員核定有案者。又具有下列情事之一者不得參加升任甄審，即 1.最近二年曾受刑事處分或記過以上之懲戒處分者； 2.最近一年曾受記一大過以上處分未經抵銷者； 3.最近一年考績列丙等者。再各機關職缺以具有升任職務所列職等之任用資格者升任為原則，如無適當人員，得甄審同官等內較低職等人員權理。

(四)不受甄審限制之升任：下列人員之升任，可不受甄審之限制，即 1.所屬機關首長、副首長； 2.幕僚長、副幕僚長； 3.機關內部一級單位主管； 4.機要人員； 5.在職務列等範圍內經依法取得升等任用資格人員，在原職務所列職等範圍內升等任用者； 6.權理人員經依法取得升等任用資格，在原職務升等任用者。

(五)擴大升任機關範圍：現職人員升任原以本機關之職缺為原則，為期擴大升任機關範圍，特規定各主管機關得保留適當職缺，由所屬機關具有升等任用資格者，甄審升任。

(六)主管機關得另訂補助辦法：為期適應各主管機關之特殊需要，得在不牴觸本辦法規定情形下， 另訂升任甄審辦法， 並函送銓敍部備查。

四、有關升任甄審規定之實例：行政院前為建立所屬公務人員升遷制度，曾發布「行政院暨所屬各級行政機關公務人員升遷考核要點」，以憑辦理。因頗具參考價值，引其主要內容如下：

(一)訂定要點之目的，在使公務人員之升遷能符合公開、公平原則，並據以獎進優秀人員。

(二)所稱升遷，係指分類職位公務人員升任較高職等之職位，簡薦委任（派）公務人員升任職務等級表所定較高俸級之職務，非主管職務調為同職等或同俸給之主管職務。

(三)各級公務人員之升遷，依其資、績、品德等因素，訂定評分標準，必要時並得舉行面談或業務測驗。評分標準情形為：

1. 資的部分：包括考試或學歷、訓練進修、年資。其中考試自丁等考試及格給五分，至甲等特考及格給十七分；學歷自國中畢業給四分，至博士學位給十五分；如性質相近者，再加一分；考試或學歷選最高者擇一計分，並以十八分為限。訓練進修自一月以下給一分，三月以下給二分，至三月以上給三分，並以四分為限。年資自非主管職務每年給一點五分，至主管職務每年給二點五分，最高以十五分為限。

2. 績的部分：包括研究發展、考績、獎懲。研究發展視成績給一至七分，並以七分為限。考績自每個乙等給三分至每個甲等給五分，最高以二十五分為限。獎懲每嘉獎或申誡一次增或減零點二分，至每記大功或記大過一次增或減一點八分，最高以六分為限。

3. 品德方面：視品德生活考核記錄，給五至十分，並以十分為限。

4. 綜合考評：由機關首長視受甄審人服務情形、專長才能、發展潛力、領導統御等因素檢討，作綜合考評，給五至十五分，並以十五分為限。

(四)為貫徹人事公開，各機關辦理升遷考核，應組織甄審委員會為之，甄審委員會，應就參加升遷考核人員資績評分詳作審查，並作審慎

考評，於綜合考評由機關首長考評後，再依積分高低排定名次，由人事單位簽報首長就較優人員中圈定升補。

（五）下列人員不得參加升遷考核：任現職未滿一年者；最近一年內曾受申誡以上懲戒處分，或依考績法曾受記過以上處分未經抵銷者；最近一年考績列丙等或列為待命進修者；最近三年內曾受刑事處分有案者。

（六）下列人員得免經升遷考核優先升任：最近三年內經最優人員保舉核定有案者；最近三年內曾獲勛章、功績獎章、楷模獎章或專業獎章者；高考或與之相當之特考或第六職等考試優等及格現任委任職務或第五職等職位者；升等考試及格升補預先保留之缺額者。

（七）部分缺額及人員不辦理升遷考核：機關首長、副首長；幕僚長、副幕僚長；機關內部第一級單位主管，機要人員；准予權理人員取得權理職等任用資格而就原職升等任用者；依分類人員改任辦法規定暫予改任人員，經取得職位所歸職等任用資格，就原職升等改任者；簡薦委任（派）跨等職務人員，取得高職等任用資格就原職升等任用者。上述人員可由本機關，或上級機關首長逕行核定晉升。

另關務人員之高級關務（技術）員升任關務（技術）正，關務（技術）佐升任關務（技術）員，亦有類似資績評分升任甄審辦法之規定。

第二項　政府機關公務人員之平調

辦理政府機關公務人員之平調，有其需要，平調有其範圍，及辦理程序。茲簡述如下：

一、辦理平調之需要性：主要包括下列各種

（一）增加經歷：擴大公務人員之工作面，增加實際工作經驗，進而培養學驗廣博豐富的人才。

（二）改變環境：使公務人員在新的工作環境中，對工作具有新鮮

感，進而激發其對工作開創新計劃、重作新努力、懷抱新希望。

（三）調劑工作：員工擔任同一職務期間過久，易引起厭倦，改換工作可調劑心情，增加工作情趣。

（四）適應學識才能：如公務人員所具學識才能不能適應現任工作需要，則對工作難有成就，且屬人力浪費，希望能經由平調而學以致用。

（五）適應業務需要：遇及業務變動、增加新業務或減少原有業務、或業務量有變動時，原有公務人員之工作常有調整需要，以期因應。

（六）防止弊端：如稅務人員、警察人員、司法人員，在同一地區或單位任職過久，人地過熟，則易受人情困擾，致難以切實依法執行職務，為防止此類弊端，需作平調。

二、平調之職務範圍： 依公務人員任用法及其施行細則規定

（一）不受限制者：簡任第十二職等以上及委任第二職等以下人員，在各職系之職務間得予調任。

（二）根據現任職務性質認定平調範圍者：簡任第十一職等以下及委任第三職等以上人員，在同職組各職系之職務間得予調任。

（三）根據個人所具專長認定平調範圍者：公務人員得就其考試及格、學歷、經歷、訓練等，認定其職系專長，並得依其職系專長調任。職系專長由銓敘部認定之。

三、辦理平調之程序： 平調既有其需要，則應根據需要而辦理，以期增進平調之效果。當辦理時，下列程序宜予注意：

（一）瞭解任職現況：卽對現職人員，就下列各點情況予以瞭解，1.能否勝任工作？2.工作績效如何？3.對現職工作有無興趣？4.任現職工作已有多久？5.與本單位同事相處是否和睦？6.現職人員具有何種學識才能？7.所具學識才能與現職工作是否相符？

（二）考慮需否平調：卽根據以上情況的瞭解，考慮那些現職人員須

予平調，如發現有 1.不能勝任工作或工作績效甚差者； 2.任現職過久或對現職工作無興趣者； 3.與本單位同事不能和好相處者； 4.個人所具學識才能與現任工作顯然不相當者；通常即可認為這些人員應考慮加以平調。

(三)研究平調至何種職務：當需予平調之人員予以認定後，即需研究應分別平調至何種職務，以達到平調之效果。如 1.對任職過久或對現職工作無興趣者，應平調至與原有工作不盡相同之職務，以增進其對工作的興趣； 2.對工作績效甚差者宜改調至較為簡易工作的職務，以期能勝任現職； 3.對與同事不能和睦相處者，宜改調至其他單位以建立新的人際關係； 4.對學非所用者，宜平調至與其所學相符之職務，以期學能致用，貢獻所學。

(四)辦理平調：當應行平調之人員及宜予平調之職務，均經研擬完成後，即可依規定手續辦理文書作業，對應予平調者予以平調。

第三項　政府機關公務人員之降調

辦理政府機關公務人員之降調，有其需要性，及應行遵守之原則。茲簡述如下：

一、辦理降調之需要性：一般而言，辦理公務人員之降調多係基於下列需要

(一)配合緊縮計畫：遇及政府機關業務緊縮或需裁撤機構或裁減員額時，即須裁減人員，如原有高中級人員不希望被裁減時，即可考慮調整職務，因而可能發生降調情事。

(二)資格條件不合或績效低劣：遇及現職人員資格不合或工作績效過於低劣時，通常即須免除現職，但原有人員不願離職而希望繼續擔任其他職務時，亦可能因而構成降調。

(三)適應個人需要：如現職人員爲子女就學問題而請求調整工作地區，但無適當職務可資平調時，亦有自願降調至較低職務者；再如因宿舍問題，夫妻工作問題等，常有爲解決個人問題，而自願降調較低職務者。

二、應行遵守之原則：依公務人員任用法，經依法任用人員，除自願者外，不得調任低一官等之職務，在同官等內調任低職等職務者，仍以原職等任用。因此其應遵守之原則，爲(一)調任低官等職務者，須基於自願，亦卽須獲得本人之同意，其同意並宜以書面爲之，如非自願而逕行調任低官等職務時，則屬違法，當事人可不遵令調任。(二)在同官等內調任較低職務者，如該較低職務跨列有原任用職等者，自仍以原職等任用；如原任職等已超過該較低職務所列之職等時，仍以原職等任用，此時任用之職等與所任職務之列等已暫告脫節，爲保障當事人之權益，應允許其存在。(三)既以原職等任用，則其原支俸給自不會因降調而受影響。以上乃屬對經依法任用人員之職務的保障。

第四項　初任與升調之保持平衡

初任與升調，雖各有利弊，但如所有職缺全部由外選初任、或全部改由內部升調時，則將弊多而利少，故對職缺之補實，宜採初任與升調並重。其情形如下：

一、初任之利弊：其利爲(一)可增加新血輪，引進新知識新技術，並爲組織帶來朝氣；(二)對各種業務的處理不會墨守成規，有利於組織的改革與創新。其弊爲(一)初任人員不易深入了解業務狀況，影響工作效率；(二)原有人員無升調機會，影響工作情緒，甚或紛紛求去。如全部職缺均由外選初任時，則此種弊端將更爲嚴重，大大超過初任之利。

二、升調之利弊：其利爲(一)增加現職人員升調機會，可提高工作情緒及增進工作效率；(二)可鼓勵現職人員久任，組織業務循序推行。

其弊爲(一)不能增加新血輪，不易吸收新知識，使組織日趨保守，不願變革求新；（二）人員素質日趨低落，人力結構日趨老大。如全部職缺除最基層人員外均由升調補缺時，則此種弊端又將超過升調之利。

三、初任與升調保持平衡之道：全部職缺均由初任或升調，旣是弊多於利，爲盡量維持初任與升調之利，減低初任與升調之弊，則宜二者求其平衡。而求取平衡之道，並非採數學的機械的方法，而應視出缺職務情形而定其應予初任或升調。如

（一）職缺的高低：高級職缺通常須重經驗，故宜以內部升調爲主，如確無適合人員可資升調時始予外選初任；低級職缺通常須注重學識基礎，故宜以外選初任爲主，如外選有困難時，始考慮內部升調；中級職缺通常須學識基礎與經驗兼顧，故可初任與升調並行。

（二）職務的特性：如擔任職務所需學識技能，發展極爲快速者，宜外選初任爲主，如確無適當人選可資初任時始予內部升調；如擔任職務所需法規制度，極爲穩定者，宜內部升調爲主，確無適當人員可資升調時始予外選初任。

（三）人力供需狀況：如需用之人力在社會上呈現出供過於需時，則可考選到優秀人員任職，可以外選初任爲主；如需用人力在社會上呈現出需過於供時，則難從外界羅致人員，自可以內部升調爲主。

第三節 政府機關公務人員之調任

上節所述之平調，僅提及得以平調之職務範圍、及一般的辦理程序，至於各主管機關對所屬公務人員之調任，亦有訂定法律及規定調任辦法者，此乃公務人員調任之制度，玆就內外互調與指名商調，一般公務人員之職期調任，警察人員之調任，稅務人員之職務輪調，分項簡述如後。

第一項　內外互調與指名商調

依公務員內外調任條例及公務人員任用法規定，其情形爲：

一、內外互調

(一)中央與地方機關公務人員之內外互調：政府於三十四年原公布有公務員內外調任條例，但並未切實施行，目前中央與地方機關間雖亦有公務人員相互調任的事實，但並非完全根據調任條例辦理。本條例之主要內容有：

1. 內外調任之公務員範圍，包括中央機關之簡任薦任人員，省政府委員廳長及所屬薦任以上人員，院轄市政府參事局長及所屬薦任以上人員，縣長、省轄市市長。

2. 前述人員，任現職滿三年成績優良，其學識經驗體力堪任所擬調任之職務者，始得調任。

3. 舉行內外調任時，由行政院分行中央與地方各機關，就合於本條例規定之人員，向行政院保送，行政院亦得就院內人員自行遴選。

4. 內外調任人員以三年爲一任，在任期內非依法不得停職或免職，其未滿三年非因辭職或懲戒而去職者，由原機關酌調其他相當職務。

(二)外交人員之內外互調：依駐外外交領事人員任用條例及外交部職員任派要點，其內外互調之規定如下：

1. 駐外外交領事人員之範圍：包括簡任之公使、參事、總領事、副總領事；薦任之一等秘書、二等秘書、三等秘書、領事、副領事。

2. 駐外外交領事人員之任派：簡任職駐外外交領事人員，除從駐外人員任用外，應就任外交部簡任職或最高級薦任職滿三年而具有升等任用資格者任用之；薦任職駐外外交領事人員，除從駐外人員任用外，應就任外交部薦任職一年以上者任用之。駐外外交領事人員服務期間以

三年爲一任，必要時得予延長，但延長期間不得超過三年，任滿調回外交部服務；又駐外人員任同等職務滿六年，其歷年考績無一年列甲等者，不得再任駐外職務。

　　3. 外交部職員之任派：簡任級（不含簡任級單位主管以上人員）人員，除從本部人員任派外，應就曾任一等秘書或領事取得參事或總領事存記者，或曾任一等秘書或領事滿三年者任派之；薦任室主任、副司處長，除從本部人員任派外，應就曾任一等秘書或領事，或曾任二等秘書取得一等秘書存記者任派之；科長，除從本部人員任派外，應就曾任二等秘書或領事滿一年者，或曾任三等秘書或副領事取得二等秘書或領事存記者任派之；專員，除從本部人員任派外，應就具有曾任三等秘書或副領事滿二年者任派之。

　　二、指名商調：依公務人員任用法第二十二條，各機關不得任用其他機關現職人員，如有特殊需要，得指名商調之。又指名商調時，調用機關應詳細敍明擬調人員之職稱、姓名及擬任之職務，函商原服務機關同意後，始得調用，並發表新職。

第二項　一般公務人員之職期調任

　　主管人員任職至一定期間者予以調任，稱爲職期調任。主管機關對所屬主管人員定有職期調任者，甚爲常見。茲舉兩例如下：

　　一、人事主管人員職期調任：行政院所屬各級人事機構及人事人員管理辦法中，對人事主管職期調任之重要規定爲：

　　(一)職期調任之範圍：行政院所屬各級人事機構薦任第七職等以上人事主管人員，應實施職期調任，其調任之人事機構範圍，爲行政院所屬各級人事機構間之調任，及行政院人事行政局與院屬各級人事機構間之調任。

(二)職期之計算：　人事主管之職期定爲三年，　自實際到職之日起算，並以每年十二月底爲屆滿日期；三年任滿者得連任一次，如服務成績特優，並基於業務特殊需要，得予連任期限屆滿後，特准延長一年。適用職期調任之人事主管人員，必要時得隨時調任之。

(三)辦理程序：職期屆滿調任人員，除由人事行政局直接辦理外，應由主管機關人事機構，就其品德、學識、才能及業務績效等項，予以綜合考評，塡具考評表於職期屆滿前一個月呈報人事行政局核辦。擬予留任人員，應造具名册一併呈報。

(四)其他：　職期調任人員，　應依限赴調，　並得依出差旅費規則規定，核給本人及眷屬赴任旅費及搬遷費；如有子女在學者，其轉學依照規定優先辦理。

二、主計主管人員職期輪調：依主計機構編制訂定及人員任免遷調辦法規定，有關職期輪調之規定爲：

(一)輪調之人員與職務範圍：各級主計機構薦任第八職等或編制列爲薦任（派）以上主辦人員，應於職期屆滿，實施輪調；其餘較低職等人員，得視需要情形辦理。調任之職務，包括各級同職等主辦人員間之調任；各級主辦人員與上級主計機構（關）同職等佐理人員間之調任。

(二)職期：　各級主計主辦人員之職期，　定爲三年，　期滿得連任一次，但基於業務特殊需要，經核准者得於連任期限屆滿後延長一年。

(三)辦理程序：各級主計機構對於所屬合於職期輪調之主辦人員，應於職期屆滿二個月前，擬議輪調職位連同擬予連任及延長人員，一併陳報任免權責機關（構）統籌核辦。

第三項　警察人員之調任

依警察人員管理條例，警察職務，得實施職期調任、地區調任及經

歷調任，其辦法由內政部定之。依內政部所定警察職務調任辦法，其要點為：

一、職期調任： 職期調任以各級警察機關警正以上主官職務為範圍；各級主官職務任期定為三年，必要時得連任一次，但因業務需要或考核成績欠佳者，得隨時調任之。

二、地區調任： 警察人員在同一地區服務滿二年者，得實施地區調任，其成績優良者得自請調任，但成績欠佳者，得隨時調任。警正以上人員應迴避本籍縣市服務，警佐以下人員應迴避本籍之鄉鎮區市服務，但山地籍及警佐以下之消防、民防、戶政人員，不在此限。

三、經歷調任： 經歷調任，以幕僚職務、教育職務、外勤職務相互調任，並得與升職任用相配合。初任主管職務，應具備幕僚或教育職務經歷；初任主官職務，應具備主管職務經歷。

第四項　稅務人員之職務輪調

為促進中央與省（市）稅務人員互相交流，並加強管理，提高稅務行政工作效率，行政院訂有各級稅務人員輪調辦法，其要點為：

一、適用範圍： 適用單位為財政部稅務署、財政部國稅局、省（市）財政廳（局）之稅務單位、及縣市稅捐稽征處。

二、任期： 實施輪調稅務人員之任期，每期定為三年，期滿應即輪調，必要時得予延長，但最多不得超過三年。

三、辦理程序： 任期屆滿輪調人員，應由各原屬稅務機關或主管稅務機關，就其品德、學識、才能及服務成績等項，予以綜合考評，填具考評表，於任期屆滿二個月前，擬具輪調人員名單，函報核轉財政部交由稅務人員輪調案件審議委員會審議，經審議決議後，分由財政部及省（市）政府，循人事法令所定任免程序辦理。

第四節　公營事業人員之升遷與調任

目前公營事業之主要者，包括交通事業、生產事業及金融事業，依各該人事管理法規，均有人員升遷與調任之規定，惟其名稱及處理原則，各類事業頗有不同，以應各別需要。玆按事業類別分項簡述如後。

第一項　交通事業人員之升遷與調任

交通事業人員之升遷與調任，主要包括下列三種規定：

一、主管人員升遷：玆以電信事業主管人員升遷制度爲例，說明其要點如下：

(一)編訂電信總局暨所屬機構主管人員升遷途徑表如下274頁。

(二)由主管人員推薦：單位主管應對屬員就其表達能力、對現職之知識及創造力、均衡、負責、組織計畫決策及學識、人羣關係等項目予以考核，並參酌最近一年年終考成分數予以綜合核評，在次一級主管中擇優塡具二人以上，送經人事單位審核後，呈經機關首長就推薦人員中圈選一人，再依權責及程序發表升任職務。

(三)凡有下列條件之一者不得推薦：即1.資位、薪級未達交通事業人員資位職務薪級表所規定之最低基準者，不得爲科長級候選人；2.新進或復用人員尚未經考成者；3.上年度年終考成不滿八十分者；4.距上次升任尚不滿一年者；5.曾受記過以上處分未滿三年者；6.過去曾受降級處分二次未滿十年者；7.因案被提起訴訟尚未結案或經宣判有罪、罰鍰或交行政處分者；8.患精神病或其他重病非短期可痊癒有礙任務執行者；9.在當年度即將屆滿退休年齡者。

(四)其他：包括1.升遷以升遷途徑表實線優先升遷爲原則，但因業

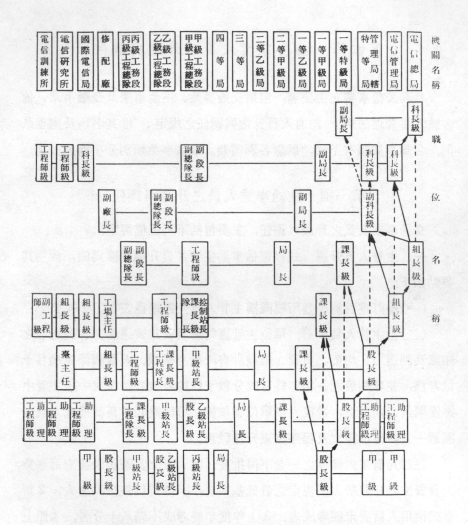

　　附

一、本表係參照現行組織規程編訂，組織規程修訂應重行編排。

二、實線為正常升遷途徑，但因業務或工作特殊需要經權責主管特別核准，得按虛線派任。

三、表列上級職位，一般性者，下一級人員均得列入推薦名單；專業性者，必須具有該職位所需專門學識或技能，方能列入推薦名單（必要時提交審查小組審定之）。

四、倘未列入本表之單位及職務，依其職務等級比照辦理。

五、修配廠、電信研究所、電信訓練所因組織情形特殊，員級以上佐理人員，得直接晉升其最低一級主管。任電信訓練所專任教師三年以上，成績優良者，准稅先升遷。

　　註

六、資深佐級（年資十年）佐理得晉升甲級基層之間階主管、員級佐理得晉升管理局轄特等局股長級同階主管、高員級佐理得晉升管理局組長級同階主管，惟被推薦人依考核標準表考評結果均應在水準之上，並加具體說明始得派任。

務或工作特殊需要，經權責主管特別核准，得依虛線晉升； 2.同類及同等級各職務間，可以互調。

二、主管職期調任： 以電信總局各級主管人員職期調任暫行辦法爲例，其要點爲：

(一)職期調任方式：爲免同期調任主官人員過多，影響業務推行，各級主管職期調任，除實施異地輪調外，並得盡量實施本地輪調、短期暫調、各機構內不同單位間相當職位人員交流互調、及同單位內相當職位人員工作互調。

(二)職期計算：各級主管人員之職期一律爲三年，自實際到職之日起算，但基於業務需要，得於任滿後，由權責主管機構核准延長任期一年至三年。未列入職期調任之主管人員或職期未滿者，得配合業務需要及升遷制度，隨時個案調任或於某職位人員將退休或提前半年至一年，先遴選可能之接替候補人員一至三人，在該職位現職人員或其主管指導下短期暫調實習或代理，並由該職位之單位主管或機關首長予以考核，從而儲備主管人才，而利推行職期調任。又特殊地位、特殊任務或專門技能確非一般所能代替者，得暫不實施職期調任。

(三)辦理程序：各機關人事單位，應於每年六月初，將截至六月底之職期屆滿人員，擬議調整職務或連任人員名册，呈請機關首長或上級機關核辦。調任人員應依限赴調，除因特殊情形經呈奉核准者外，逾期應視情節輕重予以議處。

三、輪轉任職： 以郵政人員實施輪轉任職暫行辦法所定爲例，其要點爲：

(一)輪轉任職範圍：以各類郵件處理、儲滙、壽險、總務、會計、財務、人事及其他行政業務單位爲對象，但郵務士之輪轉，除特別需要者外，應以郵件之投遞、收攬等項職務爲範圍。輪轉任職應顧及工作性

質、人員能力及公務需要等情形，先就本單位內相當資位之不同職務予以輪轉，再就不同單位之可能輪轉職務實施輪轉，均以服務地區就地實施輪轉爲原則。

(二)任職期限：輪轉任職之期限以一年至三年爲一期，期滿另調，但因業務需要或工作成績關係，得酌予伸縮之。輪轉任職人員對於新任職務未臻熟悉前，應由主管及同僚加以指導，俾能勝任新職。

(三)辦理手續：本單位內之輪轉任職，應由各該單位主管分期調度辦理，並列報備查；不同單位間之輪轉任職，由相關機關人事單位擬具輪轉人員清單，報機關首長核定後實施。

(四)其他：輪轉任職最多成績最優人員，遇有相當資位之主管職務出缺時，得予優先升補。

第二項　生產事業人員之升遷與調任

依經濟部所屬事業機構人事管理準則實施要點規定，有關升等與調遷之要點如下：

一、升等：各機關應參照下列原則訂定升等辦法

(一)升等之原則：各機構辦理現職人員之升等時，1.應擴大遴選範圍，使有較多人員參加升等之甄審；2.應釐訂資格條款，凡參加甄審者須符合所訂之資格；3.應明示升遷系統，使各職務間之升遷關係趨於明確，員工能瞭解今後發展的方向；4.分析人員專才，對參加升等甄審者，應分析其所具專才，以期遴選最適合擬升職務所需學識技能者，升等任用與任職。

(二)升等之限制：升等以升一等爲原則，其因無適當職位而須越等任用者，以不超過二等爲限。各機構未具大專畢業資格人員或業餘進修取得大專畢業資格人員，升任六等以上職位者，應經甄試合格。

二、調遷

(一)調遷之範圍：各機構或機構間基於業務需要，其人員得相互調遷，必要時得向政府機關指名商調適當合格之人員，但分類職位十等以下六等以上人員應在性質及所需學識相近職系之相當職位間相互調遷。

(二)輪調：下列人員得予輪調，卽 1.各機構內業務性質相近之一級主管以上人員； 2.各機構經管財物、採購及其他在職務上有輪調必要之人員； 3.國營事業委員會與各機構間性質與職等相當之人員。以上輪調人員之任期定爲三年，必要時得延長之，但以不超過三年爲限。

(三)降調：各機構人員因自行要求不堪勝任或因個人過失而調降者，應核給調降職等之薪給。

第三項　金融事業之升遷與調任

依財政部所屬國營金融、保險事業機構人事管理準則規定，各機構基於事實需要，得依本準則及有關法令之規定，訂定人事管理辦法，報請財政部核定施行。茲就升遷、主管人員任期、輪調等規定，簡說如下：

一、升遷：以中央信託局職員升遷準則爲例，其要點爲：

(一)升遷途徑：職員之升遷，應依升遷次序表循序晉升，升遷次序表如下 278 頁。

(二)升遷原則：

1. 考核因素：各單位保薦之升遷人員，應以工作、學識、才能及品德爲主要考核因素，並應具下列條件，卽①具有服務年資，如屬提升須任本職等年資二年以上，提升十一職等以上者須任本職等年資三年以上；②當年考核須列乙等以上。但具有較高等別考試及格而派任較低職務者，其提升不受年資限制。又在最近三年內經保舉爲優秀人員，或有

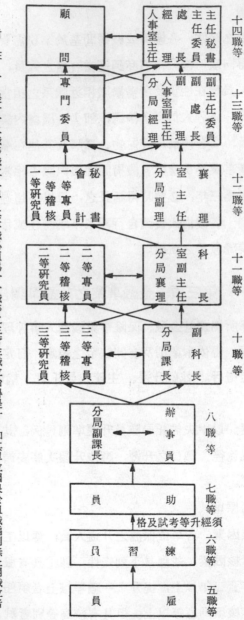

附註：一、提升十二職等職位人員，其本職必須爲十一職等之主管性職位始得提升；如其單位因限於組織編制無上開職位者，其所屬十一職等非主管性職位人員，經專案報奉核准得逐予提升十二職等職位，惟其提升基本服務年資須爲四年。

二、派兼公保處各門診中心副主任之十一職等職位人員，得視同擔任十一職等主管性職位辦理。

重大貢獻者，其提升可不受服務年資及名額之限制。

　　2. 不得提升或改派主管性職務之條件: 包括 (1) 最近三年內曾受公務員懲戒處分者; (2) 最近二年內曾受記大過處分者; (3) 最近一年內曾受記過處分者。

　　(三)辦理程序: 職員之升遷，應由各單位主管提名保薦，並於年終考核後統籌辦理之; 如因業務特殊需要須於年度中途予以升遷時，應敍明具體事實及理由，經專案呈報局長核准後辦理之。各單位每年提升人數，按助員以上參加當年考核人數十分之一計。

　　二、主管人員任期制: 依公營金融機構主管人員任期實施要點規定，其情形爲:

　　(一)適用範圍: 主管人員係指國營、省營及市營事業董（理）事長、理事主席、總經理、局長等職務人員。

　　(二)任期: 以在同一機構任同一職務之年資予以計算，任期爲三年，如因業務需要得留任一期或留任一年至二年。任期屆滿後，輪調至其他金融機構或調任其他職務。

　　(三)退休: 董（理）事長、理事主席年滿七十歲，總經理、局長年滿六十五歲，應依規定辦理退休。

　　(四)辦理程序: 應行調任人員，由財政部、臺灣省政府、臺北市政府及其他有關機關，成立專案小組，並由財政部召集，負責協調研擬報請行政院核定後，依規定程序辦理。

　　(五)其他: 金融機構之副主管、保險機構之主管與副主管，比照本要點辦理。

第五節　公務人員之轉任

各機關職缺，除由外選考試進用及升遷調任進用者外，尚有從性質及人事制度不同之機關、學校、公營事業之現職人員，經過一定程序而轉任進用者。茲就轉任人員之來源及轉任之程序，分項敍述如後。

第一項　轉任人員之來源

轉任人員之來源，大致包括下列各方面：

一、從軍職人員轉任者： 卽現役軍人或退除役軍人，轉任公務人員者，如上校以上外職停役轉任公務人員、後備軍人轉任公務人員、軍法官轉任司法官、復員軍官佐轉任文職等，均屬其例。

二、從公立學校教育人員或公營事業人員轉任者： 依公務人員任用法第十六條，高等考試、特種考試之甲等或乙等考試及格人員，曾任行政機關人員、公立學校教育人員或公營事業人員，可相互轉任。

三、從專門職業及技術人員轉任者： 依公務人員任用法第三十四條，經高等考試、普通考試或特種考試及格之專門職業及技術人員，可轉任公務人員。

四、從民間企業技術人員轉任者： 依技術人員任用條例，具有專科以上學校畢業並在主管官署登記之營業場廠繼續執行職務達一定年限者，可構成政府機關技術人員任用資格。

第二項　轉任之程序

轉任公務人員之程序，有需經由考試及格者，有係根據有關證件審查及口試或筆試及實地考試者，有只需根據學經歷證件審查通過卽認爲

可予任用者。其情形如下：

一、**需經由轉任考試及格者**：如依後備軍人轉任公職考試比敍條例，常備軍官依法退伍者，志願在營服役之士官、士兵依法退伍者，作戰或因公負傷依法離營者，於轉任公務人員時，應參加公職人員考試及格。特種考試退除役軍人轉任公務人員考試，即爲適應此種需要而舉辦者。又如特種考試軍法人員考試規則，即爲適應軍法人員轉任司法官之需要而訂定並辦理者。

二、**經考試及格方可轉任者**：依公務人員任用法第十六條，高等考試、特種考試之甲等或乙等考試及格人員，曾任行政機關人員、公立學校教育人員或公營事業人員服務成績優良之年資，於相互轉任性質程度相當職務時，得依規定採計提敍官職等級，其辦法由考試院定之。依考試所定行政、教育、公營事業人員相互採計年資提敍官職等級辦法規定，所稱服務成績優良之年資，指轉任前依原任機關、機構、學校有關考績、考成或考核法規核定成績列乙等或相當乙等以上之年資而言，至專科以上學校教師以具有服務成績優良事蹟經銓敍部會同教育部審查認可者而言。提敍官職等級，除依考試及格資格敍定職等外，其轉任前曾任與轉任職務性質相近等級相當之服務成績優良之年資，先按年換算俸級至各該職等本俸最高級，其考績成績或考核結果如比照合於考績升職等或官等之規定者，得採計提敍職官等任用資格。同時原任非主管職務者不得轉任主管職務，轉任職務不得高於原任職務，又轉任人數不得超過轉任機關同官等人數十分之一。

又依同法規定，現有專門職業及技術人員，經高等考試、普通考試或特種考試及格者，其轉任公務人員之程序及職務範圍，則另以法律定之。

三、**可經檢覈合格後轉任者**：依後備軍人轉任公職考試比敍條例，

「上校以上外職停役轉任公務人員尚未取得任用資格者，其考試得以檢覈行之。前項人員所稱外職，應與原任職階級相當，專長相近，且係重要職務者為限」。後備軍人轉任公務人員，原應經過考試，但對上校以上轉任政府機關重要職務者，此乃完全基於為事擇人，故其考試得以檢覈行之。依施行細則規定，所稱重要職務，指薦任第八職等以上之職務；上校以上官階經檢覈合格者可取得簡任第十職等以上之任用資格。

又依國軍上校以上軍官外職停役轉任公務人員檢覈規則規定，檢覈方式，視原任軍職及轉任職務高低，分別採審查證件及口試，或審查證件、筆試及實地考試方式行之；所稱證件，包括證明上校以上官階、外職停役、原任軍職及專長、轉任與原任軍職階級相當及專長相近之公務人員職務等文件；經檢覈合格者，取得公務人員任用資格，由考選部呈請考試院頒發合格證書，並將名冊送銓敍部備查。

四、可先轉任後辦理銓敍者：依技術人員任用條例，如(一)在教育部認可之國內外專科以上學校畢業，並在主管官署登記具有聲譽之營業場廠繼續擔任技術上主要工作六年以上，著有成績者；(二)在教育部認可之國內外專科以上學校畢業，並在主管官署登記之營業場廠繼續執行職務五年以上，著有成績者；(三)在認可之中等以上職業學校畢業，並在主管官署登記之營業場廠實習四年以上或繼續擔任技術工作二年以上，著有成績者；可分別構成簡任、薦任、委任之技術人員任用資格，於派代職務後送請銓敍准以技術人員任用後，即可任用。

第七章 俸給與福利

公務人員俸給，有其意義與一般原則，政府機關公務人員之俸給與公營事業人員之薪給，在其設計與支領標準上頗有不同，俸給之支給標準須另行訂定，公務人員除俸給外，尚有福利措施。茲分節敍述之。

第一節 意義及一般原則

第一項 意 義

俸給，在憲法稱為級俸，係指機關或事業，對經任用之公務人員，為酬勞其服務，安定其生活及維護其地位，所定期給付之俸（薪）與加給。福利，為增進員工利益及身心健康所舉辦之措施。茲說明如下：

一、俸給係對經任用之人員給與：俸給之給與，是以任用為前提，如未經任用，自不得給與俸給。

二、俸給係由機關或事業定期給付：給付俸給之期間，通常有按年、按月或按日之分，按年給付者稱年俸，按月給付者稱月俸，按日給付者稱日薪。我國多採按月給付。

三、給與俸給之目的: 包括下列三個

(一)酬勞其服務: 公務人員替機關或事業服務，為酬答其提供服務之貢獻與辛勞，自應給與俸給。

(二)安定其生活: 機關或事業， 既要求公務人員全心全力提供服務，則不論其服務之貢獻大小，對其基本生活必須予以適度保障，使其安心工作。

(三)維護其地位: 人不僅需保持一定水準的生活，更需維護一定水準的社會地位， 獲得應有尊敬， 對年資久、 職務高或具有高教育水準者，亦應給與較高之待遇，以示優遇。

福利，指組織為謀求員工物質、身體、精神方面之利益，提撥經費所舉辦之各種設施，以改善員工生活、增進身心健康。茲說明如下:

一、福利是謀求員工物質、身體、精神方面之利益: 員工之基本生活， 固可運用俸給的收入而獲得適度的解決， 但為期員工在物質、 身體、精神方面獲得更多的利益，尚需舉辦員工福利; 如物質方面得到較好的享受，身體方面獲得更多的健康，精神方面獲得更多的歡樂。

二、福利是提撥經費所舉辦之各種設施: 各組織所舉辦之各種福利設施， 範圍甚廣， 項目甚多，其所需經費自應另行提撥，如對一般職工之福利，其經費則依職工福利金條例提撥。大致而言，屬物質改善方面之福利設施，有輔購住宅、福利品廉價供應等; 屬身體健康方面之福利設施，有康樂競賽等; 屬精神生活方面之福利設施，則有休假旅遊、文藝活動等。

三、舉辦福利之目的在改善員工生活增進身心健康: 各組織員工享有各種福利設施後，使物質生活方面獲得更多的改善，使身體健康得到有效的保持， 使精神生活方面得到更充實更歡樂， 使人生感受到更滿足。

第二項　一般原則

公務人員俸給之一般原則，主要包括下列：

一、俸給應有明確涵義與適用範圍： 俸給指俸薪與加給；俸適用於政府機關一般公務人員，薪適用於政府機關派用人員，目前公營事業人員所支領者亦稱爲薪（公務人員俸給法第十九條規定，公營事業機關人員之俸給另以法律定之，但此法尚未制定，故目前仍延用薪之規定）；加給則同樣適用於政府機關公務人員及公營事業人員。同一公務人員，只能支領一種俸薪，但可能領若干種加給。

二、俸薪制度有計時俸薪與獎勵俸薪之分： 在俸薪制度之理論上，可分計時俸薪與獎勵俸薪兩大類。計時俸薪係以工作期間爲核計俸薪之標準者，如每工作一個月即可領到一個月的俸薪，每工作一星期即可領一週的俸薪，至在這一個月或一星期中，究竟工作效率如何，完成工作數量多少，甚至有無請假等，均不會影響及應領俸薪的多寡；故計時俸薪的優點爲支給簡單，金額一定，可增加員工的安全感；但缺少對工作的鼓勵作用，效率低與效率高者，完成工作數量多與少者，均領取同樣的俸薪。獎勵俸薪，亦可稱爲計件俸薪或效率俸薪，員工定期所領的俸薪，因該期間工作效率之高低或完成工作量之多少而不同，因此同一員工在各期所領的俸薪亦可能不同；此種俸薪的優點爲足可鼓勵員工努力工作，提高效率與增加產量；但其缺點爲計算俸薪手續甚繁，且對難以計算效率與數量的工作，不易施行獎勵俸薪。故究應採用何種俸薪制度，或對何種員工採何種俸薪制度，需由管理當局審愼考慮與決定。

三、計時俸薪有多種設計，視管理需要而選用： 在理論上，計時俸薪有下列四種設計，究應採用何種設計，或對何種員工採用何種設計，值得管理當局的考慮與深思：

　　(一)工作俸薪：人員之俸薪，以其所任工作之繁簡、責任之輕重及所需資格之高低（合稱爲職責程度）爲基礎，凡所任職務之職責程度高者，給付高俸薪，所任職務之職責程度低者，給付低俸薪。

　　(二)資歷俸薪：員工之俸薪，以其個人所具有之學歷、考試、經歷、訓練、著作、發明（合稱資歷）之深淺爲基礎，凡資歷深之員工支領高俸薪，資歷淺之員工支領低俸薪。

　　(三)生活俸薪：以員工本人及其眷屬，在食、衣、住、行、育、樂各方面（合稱生活）需要之多少爲基礎，凡生活所需費用高者給付高俸薪，生活所需費用低者給付低俸薪。

　　以上三種俸薪，各有利弊，如工作俸薪，雖能鼓勵員工努力工作，擔當重任，但難以久任，且調動率高；資歷俸薪，雖可使人事安定，鼓勵久任，但會影響及對工作之進取心；生活俸薪，雖可安定生活，但不易羅致優秀人員，效率亦將受其影響；因此又有綜合俸薪的設計。

　　(四)綜合俸薪：公務人員的俸薪不單純使用上述三種之某一種設計，而是融合二種以上俸薪精神，設計出一種能發揮優點減少缺點的俸薪，以期各方兼顧。通常所用的綜合設計方法有二種，卽1.以工作俸薪爲基礎（卽根據所任職務之職責程度決定應屬之職等），兼採資歷俸薪的優點（卽在一職等內增加其俸級數）的設計方法；2.以資歷俸薪爲基礎（卽根據資歷高低區分爲若干資等），兼採工作俸薪的優點（卽同一資等內各種職務的起迄俸薪視職務的職責程度而定）。除上述俸薪外，另再加上一些生活俸薪性質的津貼或補助，如實物配給、房租津貼、子女敎育補助等。

　　目前政府機關公務人員及生產、金融事業人員所適用之俸薪，卽屬以工作俸薪爲基礎兼採資歷俸薪優點之綜合設計；交通事業人員所適用之俸薪，卽屬以資歷俸薪爲基礎兼採工作俸薪優點的綜合設計。

四、獎勵俸薪有多種設計，應視業務特性而選用：獎勵俸薪，雖以人員之工作效率或所完成工作數量爲準，訂定其應領俸薪的多寡，但在設計時有：

(一)以工作數量爲準者：卽獎勵俸薪之多寡，根據人員在一定期間內所完成之工作數量爲準核計。

(二)以工作素質爲準者：卽根據人員在一定期間內所完成之工作數量，依其素質是否達到標準，分別規定計算俸薪之基礎。

(三)以所節省之工作時間、經費、物料等爲準者：卽根據人員處理工作時，所節省之時間、經費、物料等數量之多寡，核計應領之俸薪。

(四)以工作效率爲準者：卽根據人員工作效率之高低，分別規定核計俸薪之公式。

以上四種獎勵俸薪，各有其利弊，亦各有其適用限度，機關內應否採用某種獎勵俸薪，及對何種特性的業務適用何種獎勵俸薪，需作審愼的選擇與決定。

五、俸給各分若干種：現行政府機關公務人員之俸，係按職等規定。俸分月俸及年功俸，各職等均設若干級月俸與若干級年功俸；各俸級之俸額，以俸點表示，每一俸點折合通用貨幣金額之標準，則由考試院會同行政院定之。公務人員之給，則分職務加給、技術或專業加給、地域加給三種，各有其適用範圍與支給標準。

六、明定敍俸之標準：公務人員之俸級，需由銓敍機關敍定。如公務人員初任、升任、平調、降調、轉任時，均須核敍其應支之俸級；公務人員考績成績優良者，應晉敍其俸級；受懲戒處分應予降級人員，應降敍其俸級；人事制度改變時，原有人員應換敍至新制所定的俸級。凡此種俸級之核敍、晉敍、降敍、換敍等，均應明定標準以便遵循。

七、規定核給加給的條件與標準：公務人員除俸薪外，尚有加給之

規定，其目的在羅致及留住優秀人才，並提高其工作情緒與工作效率。但加給的種類須有明確的認定，具有何種條件者得核給何種加給，須有明確的規定，各種加給的支給金額標準亦須以明確的區分，若此方不致過於浮濫而影響及加給的功用。公務人員核給加給後，並非永遠不變，遇及工作情況有改變時，原有的加給可能即須加以調整，甚或因而停止原有的加給或另增新的加給，以適應新任職務工作的需要。

八、調整俸點折合率以維護俸給水準：公務人員職務的更動，可能涉及原有俸級的改變，如敍俸提高或降低，自會影響及公務人員所得的增減，但此乃屬於敍俸的問題，而非俸給水準的維護。所謂俸給水準的維護，是指同一俸級的俸額所得，常因國民所得的增加、生活指數的提高、物價的高漲、幣制的貶值等原因，致原有俸額的購買力無形中降低，因而影響及生活水準的降低。爲維持原有的購買力及生活水準，勢須將俸額予以增加，使俸給所得能維護至原有水準，而增加俸額維護俸給水準的方法，即爲調整俸點之折合率。故俸點折算俸額的標準，須視國民所得、生活指數、物價漲跌、幣值變動等因素而訂定，並隨時調整。

九、濫支俸薪的防範：主要有下列三種措施

(一)俸薪之借支：公務人員俸薪，應依銓敍機關所敍定之職等俸級爲準支給，新進人員現任職務之等級未經銓敍機關敍定前，得依規定先予借支。如原經敍定俸級有案者，可在原敍俸級及擬任職務起止俸級範圍內借支；未經敍定俸級者，可在其所具任用資格應敍之俸級及擬任職務起止俸級範圍內借支。又公務人員現職敍定之俸級高於借支之俸級者，自到職之月起，按敍定俸級補給；如現職敍定之俸級低於借支之俸給或審定不予任用者，其已溢發之借支部分免予扣繳。

(二)實施銓審互核：指銓敍機關、會計機關與審計機關相互間，加

強公務人員銓敍俸級與實支俸級間之相互查核，以防止俸薪之濫支。其具體規定爲各機關公務人員每月俸薪之支給，應由主辦會計人員編造俸薪表冊，送人事主管人員查核，其有不符者應註明並送還主計單位更正；各機關新到職人員應依法送審者，人事單位應將送審日期及文號通知審計機關；各機關公務人員俸級經銓定後，應由銓敍機關於次月十五日前，將審查通知書或考績名冊，彙送審計機關查考，凡不按銓定俸級支給者，審計機關應不予核銷。

（三）曠職扣薪：曠職人員應按日扣除俸薪；未辦請假或休假手續而擅離職守，或假期已滿仍未銷假，或請假有虛僞情事者，均以曠職論。

十、舉辦福利之經費以由組織提撥爲原則：　舉辦福利必須動用經費，而經費之來源多由各組織在有關預算科目內編列預算，或在所指定之財源中提撥。但如費用過鉅無法全由組織負擔時，亦有偶由參加該種福利設施之員工自行負擔一部分經費者，如休假旅遊期間，亦有規定膳宿費需自行負擔一部分者。

十一、福利設施之享受以人人平等爲原則：　有關俸給之支給，均因職務之高低及年資之久暫而有不同，而福利設施之享受，則不論職務高低年資久暫，多以平等享受爲原則，卽使偶有因職務高低而作差別規定時，其差距亦甚爲微小，以期員工均能在平等的原則下，享受各種福利。

十二、福利以由員工自辦及自由參加爲原則：員工需要何種福利，當然員工最爲瞭解，福利應如何舉辦，員工亦最爲關心。因此福利的決定與舉辦，原則上多由員工所推選之員工福利委員會負責。再員工對組織所設施之各種福利，亦以自由參加爲原則，如有不願享受之福利，自得放棄。

第二節　政府機關公務人員之俸給

一般公務人員之俸給，有其俸表及敍俸原則，除俸外尚有加給；當任用制度改變時，尚須換敍俸級；警察人員、雇用人員及聘用人員，另有俸給之規定；對俸給之支給應有防範措施；政務官亦支月俸及公費，但其標準與一般公務人員不同。茲分項敍述如後。

第一項　一般公務人員之俸表

一般公務人員俸表，按職務分類制之簡任、薦任、委任三個官等及十四個職等分別規定其本俸、年功俸之俸級及俸點。簡說如下：

一、俸表結構：俸表配合任用之官等與職等設十四等，各等各設本俸與年功俸之俸級並增加年功俸級之級數，以鼓勵未能升等或升職人員之久任。本俸及年功俸各俸級之俸額，以俸點表示，其情形如下表所示。

二、有關名詞解析：下列俸表中有關名詞，依公務人員俸給法第二條，其意義為(一)本俸：指各官等、職等人員依法應領取之基本俸給。(二)年功俸：指依考績晉敍高於本職或本官等最高職等本俸之俸給。以上本俸及年功俸，均以月計之。(三)俸級：指各官等、職等本俸及年功俸所分之級次。(四)俸點：指計算俸給折算俸額之基數。

三、俸表之統一性：上述公務人員俸表，其適用範圍甚廣，除警察人員、雇用人員、聘用人員另有規定外，其餘以任用方式任用之公務人員（包括司法人員、審計人員、主計人員、稅務人員、外交領事人員、技術人員），蒙藏邊區人員任用條例任用之公務人員、非常時期因特殊需要在特殊地區任用之公務人員，均適用之。派用人員之薪給，亦準用上述俸表之規定。由此觀之，俸表制度遠較任用制度為統一。

公務人員俸給表（第四條附表）

官等 / 職等 / 俸給俸點

官等：委任（一～五職等）、薦任（六～九職等）、簡任（十～十四職等）

一職等	二職等	三職等	四職等	五職等	六職等	七職等	八職等	九職等	十職等	十一職等	十二職等	十三職等	十四職等	俸給俸點
											四	三	一	800
										五	三	二		790
									五	四	二	一		780
									四	三	一	三		750
									三	二	五	二		730
								七	二	一	四	一		710
								六	一	五	三			690
								五	五	四	二			670
								四	四	三	一			650
								三	三	二				630
								二	二	一				610
							六	一	一					590
						六	五	五						550
					六	五	四	四						535
				十	五	四	三	三						520
				九	四	三	二	二						505
			八	八	三	二	一	一						490
			七	七	二	一	五							475
			六	六	一	五	四							460
			五	五	五	四	三							445
			四	四	四	三	二							430
		八	三	三	三	二	一							415
		七	二	二	二	一								400
		六	一	一	一									385
		五	五	五										370
		四	四	四										360
	八	三	三	三										350
	七	二	二	二										340
	六	五	一	一										330
	五	五												320
	四	四												310
	三	三												300
	二	二												290
六	一	一												280
五	五													270
四	四													260
三	三													250
二	二													240
一	一													230
七														220
六														210
五														200
四														190
三														180
二														170
一														160

說明

一、俸級分本俸及年功俸，依公務人員俸給法第四條規定，並就所列俸點折算俸額發給。折算俸額標準，必要時得按俸點分段訂定之。

二、本表各職等之俸級，委任分五個職等，第一職等本俸分七級，年功俸分六級，第二至第五職等本俸各分五級，第二職等、第三職等、第四職等年功俸各分八級，第五職等年功俸分十級。薦任分四個職等，第六至第八職等本俸各分五級，年功俸各分六級，第九職等本俸分五級，年功俸分七級。簡任分五個職等，第十至第十二職等本俸各分五級，第十職等、第十一職等年功俸各分五級，第十二職等年功俸分四級，第十三職等本俸及年功俸均分三級，第十四職等本俸爲一級。本俸及年功俸之晉級，依公務人員考績法之規定，但各職等均以晉至最高年功俸俸級爲限。

三、本表各職等本俸俸點每級差額，第一至第五職等爲十個俸點，第六至第九職等爲十五個俸點，第十至第十三職等爲二十個俸點。各職等年功俸之俸點比照同列較高職等本俸或年功俸之俸點。

四、本表粗線以上爲年功俸級，粗線以下爲本俸俸級。

第二項　一般公務人員之敘俸

公務人員之俸給，係在俸表結構內，依公務人員俸給法及其施行細則所定原則，敘定俸級後支給。而敘俸之原則，又因公務人員之初任、升任、權理、平調、降調、再任、轉任、考績及懲戒等情形而分別規定。再對經敘定之俸級須予以適當保障。茲簡說如下：

一、初任人員之敘俸： 依公務人員俸給第六條

(一)考試及格初任各官等職務人員之敘俸：

　1. 高等考試或特種考試之乙等考試及格，初任薦任職務時，敘薦任第六職等一級俸；先以委任第五職等任用者，敘委任第五職等五級俸；高等考試按學歷分級舉行時，一級考試（碩士以上應考）及格，初任薦任職務時，敘薦任第七職等一級俸；先以薦任第六職等任用者，敘薦任第六職等三級俸；二級考試（大專應考）及格，初任薦任職務時，敘薦任第六職等一級俸；先以委任第五職等任用者，敘委任第五職等五級俸。

　2. 普通考試或特種考試之丙等考試及格者，敘委任第三職等一級俸。

　3. 特種考試甲等考試及格，初任簡任職務時，敘簡任第十職等一級俸；先以薦任第九職等任用者，敘薦任第九職等五級俸。

　4. 特種考試丁等考試及格者，敘委任第一職等一級俸。

(二)升官等考試及格初任各官等職務人員之敘俸：

　1. 簡任升官等考試及格者，初任簡任職務時，敘簡任第十職等一級俸。

　2. 薦任升官等考試及格者，初任薦任職務時，敘薦任第六職等一級俸。

3. 委任升官等考試及格者，初任委任職務時，敍委任第一職等一級俸。

本法施行前，經依考試法及公務人員升等考試法規定考試及格者，比照上述規定敍俸；經分類職位公務人員考試法規定考試及格者，初任其考試及格職等之職務時，分別自各該職等最低俸級起敍。

二、升任人員之敍俸： 依公務人員俸給法第八、第十二條

(一)因升任而升官等人員之敍俸： 依法銓敍合格人員， 升任官等者，自升任官等最低職等之本俸最低級起敍，但原敍有年功俸者，得依年功俸換敍同數額俸點之本俸或年功俸。

(二)因升任而在同官等內升職等人員之敍俸： 依法銓敍合格人員，具有所任職等職務之任用資格者，自所任職等最低俸級起敍；如原敍俸級未達所任職等之最低俸級者，敍最低俸級；如原敍俸級之俸點高於所任職等最低俸級之俸點時，敍同數額俸點之俸級。

(三)雇員升任委任第一職等人員之敍俸： 原支年功薪者，以敍至委任第一職等年功俸最高級為止，其超過之年功俸，俟將來調任相當職等之職務時，再予回復。

三、權理人員之敍俸： 依公務人員俸給法第八條，依法銓敍合格人員初任或升任人員之任用資格，未達擬任職務職等而在同官等內予以權理者，仍依其所具資格核敍俸級。

四、平調人員之敍俸： 依公務人員俸給法第八條，依法銓敍合格人員調任同職等職務者，仍依原俸級核敍。

五、降調人員之敍俸： 依公務人員俸給法第八條

(一)依法銓敍合格實授人員，在同官內調任低職等職務以原職等任用者，仍敍原俸級。

(二)依法銓敍合格人員，調任低官等職務者，其原敍俸級如在調任

職等內有同列俸級時，敍同列俸級；如原敍俸級高於所調任職務職等最高俸級時，核敍至年功俸最高級爲止，其原敍較高俸級俟將來調任相當職等之職務時，再予回復。

六、**再任人員之敍俸**：公務人員於卸職後依法再行擔任職務者，依公務人員俸給法第十一條，其敍俸爲：

（一）本法施行前，經銓敍合格人員於卸職後再任者，其俸級比照改任換敍之規定核敍，但所任職務列等之俸級高於原敍俸級者，敍與原俸級相當之俸級；低於原敍俸級者，敍所任職務列等之相當俸級，以敍至所任職務之最高職等年功俸最高級爲止，如有超過之俸級，仍予保留，俟將來調任相當職等之職務時，再予回復。

（二）本法施行後，經銓敍合格人員於卸職後再任者，其俸級比照升任、平調、降調人員敍俸之規定核敍，但所任職務列等之俸級高於原敍俸級者，敍與原敍俸級相當之俸級；低於原敍俸級者，敍所任職務列等之相當俸級，以敍至所任職務之最高職等年功俸最高級爲止，如有超過之俸級，仍予保留，俟將來調任相當職等之職務時，再予回復。

七、**轉任人員之敍俸**：依公務人員俸給法第九條，公立學校教育人員或公營事業人員，具有高等考試、特種考試之甲等或乙等考試及格資格者，於轉任行政機關性質及程度相當之職務時，得依其服務成績優良之年資，予以提敍俸級，但最高以至其職務等級之本俸最高級爲止。又依後備軍人考試比敍條例，後備軍人依法取得公務人員任用資格者，按其軍職年資，比敍相當俸級。

八、**考績晉級與懲戒降級**

（一）考績晉級：公務人員之本俸及年功俸經敍定後，其俸級之晉敍依考績法之規定，但試用人員改爲實授者，得依原俸級晉敍一級，至考績時不再晉敍；又在同官等內高資低用仍敍原俸級人員，及依法調任低

官等職務所敍俸級已達調任職等年功俸最高級人員，考績時不再晉敍。

（二）懲戒降級：依懲戒法規定受降級處分者，改敍所降之級；降級人員在本職等內無級可降時，以應降之級爲準比照俸差減俸；降級人員依法再予晉級時，自降之級起晉，其無級可降比照減俸者，應比照復俸；給與年功俸人員應降級者，應先就年功俸降敍。

九、敍定等級之保障： 經銓敍機關敍定之等級，非依公務員懲戒法及其他法律之規定，不得降敍。

第三項　現職公務人員之換敍俸級

依公務人員俸給法第七條，各機關現職人員，經銓敍合格者，應在其職務列等表所列職等範圍內換敍相當等級，換敍辦法由考試院定之。爲配合因改變任用制度而將現職公務人員之改任，須另訂「現職公務人員換敍俸級辦法」，以憑經改任人員之俸級的換敍。部分政府機關於五十七年間實施職位分類時，考試院曾訂有「現職銓敍合格人員改任分類職位換敍俸階辦法」施行。爲配合簡、薦、委任制與職位分類制合一而設計之新人事制度的實施，考試院又於七十五年十二月訂頒「現職公務人員換敍俸級辦法」，並定自七十六年一月十六日起實施。該辦法之要點如下：

一、須予換敍俸級之人員： 原經依法審定之各機關簡任、薦任、委任或分類職位第十四職等至第一職等之現職公務人員，並經依現職公務人員改任辦法審定之職等予以改任者，應換敍其俸級。

二、換敍俸級之基準： 經改任人員換敍俸級之基準，依下列現職公務人員換敍俸級表之規定：

公務人員俸給表（分類職位表）

官等	本俸（薪）級	年功俸（薪）級
簡任		770
	一	740
	二	710
	三	680
	四	650
	五	625
	六	600
	七	575
	八	550
	九	525
任		500
		475
薦任	一	430
	二	410
	三	390
	四	370
	五	350
	六	330
	七	310
	八	290
	九	275
	十	260
任	十一	245
委任	一	230
	二	220
	三	210
	四	200
	五	190
	六	180
	七	170
	八	160
	九	150
	十	140
	十一	130
	十二	120
任	十三	110
	十四	100
	十五	90

三、換敍俸級之原則

(一)原任簡任、薦任、委任現職公務人員,依下列規定換敍俸級:

1. 原敍定之俸級,在所改任職務之職務列等表所列職等本俸俸級範圍內時,換敍所改任職等同列俸級。

2. 原敍定之俸級,未達所改任職務之職務列等表所列最低職等本俸最低俸級時,依其所具資格換敍所改任職等同列俸級。

3. 原敍定之俸級,高於所改任職務之職務列等表所列最高職等年功俸最高俸級時,換敍至所改任職等年功俸最高俸級,並准暫支原敍俸級同列較高職等俸級,在未升任高職等職務前,不再晉敍。

4. 原經敍定簡任一級合格實授或簡任一級晉支年功俸之現職公務人員,如依職務列等表改任爲簡任第十四職等者,均換敍爲八百俸點。

(二)原任分類職位第二職等以上現職公務人員,依下列規定換敍俸級:

1. 原敍定之俸階,在所改任職務之職務列等表所列職等本俸俸級範圍內時,換敍所改任職等同列俸級。

2. 原敍定之俸階,未達所改任職務之職務列等表所列最低職等本俸最低俸級時,依其所具資格換敍所改任職等同列俸級。

3. 原敍定之俸階,高於所改任職務之職務列等表所列最高職等年功俸最高俸級時,換敍至所改任職等年功俸最高俸級,並准予暫支原敍俸階同列較高職等俸級,在未升任高職等職務前,不再晉敍。

四、雇員之換敍俸級: 現任分類職位第一職等或第二職等合格實授之雇員或書記,經暫以原審定之職等職務改任者,**按其原敍俸階換敍同列俸級。**

第四項、一般公務人員之加給

依公務人員俸給法，一般公務人員之俸給，除本俸及年功俸外，尚有因所任職務種類、性質與服務地區不同之另加之給與。如以七十九年為例，其情形如下：

一、職務加給：對主管人員或職責繁重或工作具有危險者加給之。如

(一)主管加給：按各機關學校主管職務之層次及所任職務列等之高低，分別規定一定金額之主管加給。主管特支費之標準，其標準為月支自 2,050 至 15,850 元。

(二)危險加給：如 1.傳染病防治費，對省市所屬痲瘋病、精神病、性病、傳染病院所人員支給之，其標準為月支自 800 至 2,400 元；2.動物園危險津貼，對各動物園飼養動物工作人員支給之，其標準月支自 800 至 1,400 元。

二、技術或專業加給：對技術或專業人員加給之。如

(一)技術加給：如對行政院主計處及省市政府所屬電子處理資料中心編制內實地從事電子處理資料作業人員支給之，其標準為月支自1,610元至 5,930 元。

(二)專業加給：對一般行政人員及專業行政機關專業人員（如司法人員、外交領事人員、工礦檢查人員、稅務人員、海關人員……等）支給之，其標準為自一般行政人員最低職等之月支 6,700 元，至司法人員最高職等之月支 50,900 元。

三、地域加給：對服務邊遠或特殊地區與國外者加給之。如

(一)離島加給：對馬公、望安、蘭嶼……等離島之公務人員支給之，其標準為月支自 630 至 3,640 元。

(二)駐外人員地域加給：對派駐外國之公務人員支給之，其標準為

月支自 400 至 1,300 美金。

第五項 警察人員及關務人員之俸給

依警察人員管理條例及關務人員人事條例規定，警察及關務人員俸給係各自成系統，惟其中若干規定則與一般公務人員相同。簡述如下：

一、俸表之結構：警察人員按官等及官階分訂本俸及年功俸，並各分若干級，每級規定其俸額。關務人員按官稱及官階分訂本俸及年功俸，並各分若干級，每級規定其俸點。其俸表如下頁。

二、警察人員之敍俸：(一)初任人員：初任警監或警正者，均自本官等最低俸級起敍。初任警佐者，依其資格按下列規定起敍，即1.高等考試或相當於高等考試之特種考試警察人員考試及格，先以警佐任用者自一階一級起敍；2.普通考試或相當於普通考試之特種考試警察人員考試及格，以警佐三階任用者自三階三級起敍；以警佐四階任用者自四階一級起敍；3.特種考試丁等考試警察人員考試及格者自警佐四階六級起敍。(二)晉階或升等人員：晉階或升等之警察官，核敍所升等階本俸最低級；原敍年功俸者按其俸額換敍所升等階同數額之本俸，以至最高級為限；如尚有年功俸者仍予照支，並得繼續遞晉年功俸。(三)實施新制改任人員：自簡、薦、委任制改制官職分立制時，經改任之現職人員，按其改任之等階換敍俸級，原敍俸級高於改任官階最高俸級者仍支原俸給。

三、關務人員之敍俸：(一)初任人員：甲等特考或簡任升等考試及格初任監官稱者，自監官稱之最低級起敍；高等考試或乙等特考及格初任高員官稱者，自高員官稱之最低級起敍；普通考試或丙等特考及格初任員官稱者，自員官稱之最低級起敍；丁等特考及格初任佐官稱者，自佐官稱之最低級起敍。(二)升官階或升官稱人員之敍俸與一般公務人員升職等或升官等之敍俸同。(三)實施新制改任人員之敍俸，依換敍俸級辦法之規定。

第六項　雇員及聘用人員之薪酬

一、雇用人員之薪給: 又分雇員及約雇人員二種。

(一)雇員:

　1. 薪給表: 依雇員管理規則規定，雇員薪給分本薪及年功薪，各設若干級，並分別規定薪點，薪給表如下:

薪　別	薪　級	薪　　　　點	薪　別	薪　級	薪　　　點
年	十　六	310	年	八	230
	十　五	300		七	220
	十　四	290		六	210
功	十　三	280	功	五	200
	十　二	270		四	190
	十　一	260		三	180
俸	十	250	薪	二	170
	九	240		一	160
			本	四	155
				三	150
				二	145
			薪	一	140

　2. 雇員之支薪: 初充雇員，國民中學畢業者自本薪最低級起薪，雇員考試及格或高級中等學校畢業者，自本薪二級起薪; 專科以上學校畢業者，自本薪三級起薪; 具有委任職以上任用資格者，自本薪四級起薪; 曾充雇員者仍支原薪; 薪級之晉支，準用一般公務人員之規定。又

警察人員俸給表

年功俸						本俸額	級	官階	官等
					770				
				740	740				
				710	710				
			680	680		680	一	一階	警監
			650	650		650	二	一階	
		625	625			625	一	二階	
		600	600			600	二	二階	
	575	575	575			575	一	三階	
	550	550	550			550	二	三階	
525	525	525				525	一	四階	
500	500	500				500	二	四階	
475	475	475				475	三	四階	
450	450	450	450	450	450	450	一	一階	警正
430	430	430	430	430	430	430	二	一階	
410	410	410	410	410	410	410	三	一階	
	390	390	390	390	390	390	一	二階	
	370	370	370	370	370	370	二	二階	
	350	350	350	350	350	350	三	二階	
	330	330	330	330	330	330	一	三階	
	310	310	310	310	310	310	二	三階	
	290	290	290	290	290	290	三	三階	
	275	275	275	275		275	一	四階	
	260	260	260	260		260	二	四階	
	245	245	245	245		245	三	四階	
	230	230	230			230	一	一階	警佐
	220	220	220			220	二	一階	
	210	210	210			210	三	一階	
	200	200				200	一	二階	
	190	190				190	二	二階	
	180	180				180	三	二階	
		170				170	一	三階	
		160				160	二	三階	
		150				150	三	三階	
						140	一	四階	
						130	二	四階	
						120	三	四階	
						110	四	四階	
						100	五	四階	
						90	六	四階	

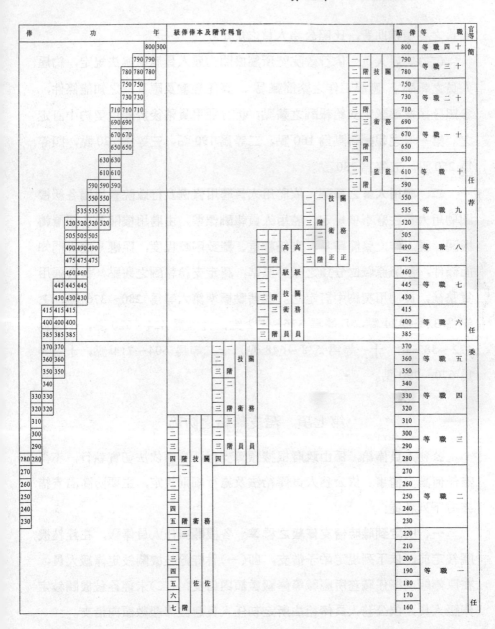

雇員之各項補助費，比照公務人員之規定。

（二）約雇人員：依行政院暨所屬機關約雇人員雇用辦法規定，約雇人員之報酬，應視工作之繁簡難易、責任輕重及應具備之知能條件，參照分類標準認定支給報酬之薪點，折合通用貨幣後於雇用契約中訂定之。第一等之報酬薪點為 160 點，二等為 190 點，三等為 220 點，四等為 250 點，五等為 280 點。

二、聘用人員之報酬：依聘用人員聘用條例及行政院暨所屬各級機關聘用人員注意事項規定，聘用人員報酬標準，由聘用機關及各級層轉機關，視工作之繁簡難易、責任輕重、羅致困難程度，與應具之專門知能條件，參照原職位分類之職等標準，認定支給報酬之薪點，折合通用貨幣後，於聘用契約中訂定之。其薪點標準第六等為 280～376 點，七等為 328～424 點，八等為 376～472 點，九等為 424～520 點，十等為 472～582 點，十一等為 538～648 點，十二等為 604～714 點，十三等為 670～790 點。

第七項　濫支俸給之防範

公務人員俸給，係由政府根據預算支付，自應依法切實執行，不得有任何濫支情事。依公務人員俸給法及施行細則規定，主要防範濫支措施有下列各種：

一、明定到職時借支俸級之標準：各機關擬任人員俸級，在銓敍機關敍定前，依下列規定酌予借支，卽（一）曾經銓敍機關敍定俸級人員，在原俸級或擬任職務所屬職等俸級數額內借支；（二）未經銓敍機關敍定俸級人員，依公務人員俸給法所定初任人員起敍俸級數額內借支。

二、依敍定俸級支俸：擬任人員之俸級經銓敍機關敍定後，應卽按敍定之俸級支給；敍定之俸給高於借支之俸級者，自到職之月起按敍定

之俸級補給；敍定之俸級低於借支之俸級或審定不合格不予任用者，除係依規定期間送請銓敍機關審查者免予追繳外，其逾限送審者，應按逾限日數分別將借支溢數或全數繳回。

又擬任人員對銓敍機關敍定之俸級如有異議，得於接到通知次日起三十日內敍明事實及理由，及檢附有關證件，依送審程序申請復審，並以一次為限。如復審俸級高於原敍之俸級者，自到職之月起按復審之俸級補給；如復審之俸級低於原敍之俸級者，自核定之次月起按復審之俸級改支。

三、各機關人事、事務與主計單位之配合：各機關新到職人員已依法送審者，應由人事主管將送審日期及文號通知主計主管。各機關公務人員俸給表冊經事務單位編造後，應送人事主管查核，其未經送審或經審定不合格不予任用者，或所支俸級與銓敍機關敍定不符者，人事主管應註明事由，送還原單位更正。各機關不依公務人員俸給法規定支俸給者，人事主管應報請上級人事機構核轉銓敍部依法辦理。

四、實施銓審互核：公務人員之俸級經敍定後，應由銓敍機關於次十五日前將審查通知書或考績名冊，送審計機關查核，審計機關對未經權責機關核准而自定標準支給或不依規定標準支給之俸給，應不予核銷並予追繳，並由銓敍部會同審計部訂定銓審互核實施辦法實施之。

五、各機關不得另訂俸給項目及標準支給：公務人員之俸級，除依銓敍機關敍定之俸級支給外，至各種加給之給與辦法及俸點折算俸額之標準，亦須由考試院會同行政院定之，各機關不得另訂項目及標準支給，其有另訂並支給者，審計機關應不准核銷並予追繳。

六、曠職扣薪：公務人員無故曠職者，應按日扣除其月俸額三十分之一俸給。但依規定日期請假，因公出差，奉調受訓，奉派進修考察者，在奉派期間，其俸給仍照常支給。

第八項 政務官之俸給

依總統、副總統及特任人員月俸公費支給暫行條例、政務官退職酬勞金給與條例，及全國軍公敎人員待遇支給辦法規定，其要點如下：

一、政務官範圍：依政務官退職酬勞金給與條例，所稱政務官，含特任、特派人員，總統府副祕書長、行政院人事行政局局長，各部政務次長，特命全權大使及特命全權公使，蒙藏委員會副委員長、委員，僑務委員會副委員長，省政府主席、委員及直轄市市長，其他依組織法律規定比照第十四職等或簡任一級之正、副首長。

二、俸給含義：除比照第十四職等或比照簡任一級之政務官，其俸給比照第十四職等、省府委員比照第十三職等俸給支領外，其特任人員之俸給，分月俸及公費二種，月俸均爲 800 元，公費部分，行政、司法、考試三院院長各爲 2000 元，副院長各爲 1000 元，大法官、考試委員各爲 800 元。特派人員之月俸及公費，比照特任人員規定。

三、政務官之給與：依民國七十九年之給與標準，特任特派人員之給與，按原定金額以 51.5 倍計算，其實得數爲：

職　　　　　　　　　務	月　支　數　額		
	月 俸	公 費	合 計
行政、司法、考試三院院長	41,200	103,800	145,000
行政、司法、考試三院副院長	41,200	52,300	92,500
各部部長、大法官、考試委員，及其他相當職務	41,200	42,000	83,200
各部政務次長及其他相當職務	比照簡任第十四職等人員待遇支給		
省府委員	比照簡任第十三職等人員待遇支給		

第三節 公營事業人員之薪給

依公務人員俸給法第十九條，公營事業人員之俸給另以法律定之。因目前法律尚未訂定，故現今多以行政命令規定，並以薪給名義行之。茲按交通事業人員、生產事業人員及金融事業人員薪給順序，分項敍述之。

第一項 交通事業人員之薪給

依交通事業人員任用條例，交通事業人員資位職務薪給表，由考試院會同行政院定之。茲就薪給之一般情形，說明如下：

一、薪給精神: 交通事業人員之薪給，係以資歷薪給為主，兼採工作薪給之優點而成。如將薪級分為四十八級，自第一級之八○○元至第四十八級之二五元；繼將薪級配至資位，即長級資位之薪級為一級至十三級，副長級資位之薪級為五級至十七級，高員級資位之薪級為十一級至三十一級，員級資位之薪級為十八級至三十九級，佐級資位之薪給為二十二級至四十三級，士級資位之薪級為三十一級至四十八級。每一資位之薪級幅度甚大，有利於人員久任，資位越高者薪額越高，此乃資歷薪給之基本。但將各交通事業之職務，列入資位時，又考慮及其職責之繁簡輕重及地位之高低，凡職責繁重及地位高者，列入長級或副長級資位，職責簡易及地位低者，列入佐級或士級等，即使列入同一資位之職務，於必要時亦得規定其不同之起支薪級，如總經理、副總經理、經理、副經理雖均屬長級資位，但總經理之薪級為一級至六級，副總經理為一級至十級，經理為一級至十二級，副經理為一級至十三級。又支取薪給時，除資位薪給外，又有職務薪給之規定，凡此又顯示出具有工作

薪給之優點。

二、薪別、薪級及資位職務薪級表

(一)薪別與薪級: 交通事業人員之薪給，分資位薪給及職務薪給二種。 資位薪給係每級資位各區分若干薪級， 上下資位之薪級有部分重疊， 共四十八薪級， 每一薪級定有薪額。 職務薪給， 係將交通事業職務， 依其指揮監督系統及職責繁簡與地位高低情形， 區分為十九個層次，每一層次規定其加發薪額之數字。

(二)資位職務薪級表: 指將各種職務，分別列入資位及薪級，以為核敍薪級之依據。 現行各交通事業之資位職務薪級表， 共有電信、 郵政、 水運、 民航、 氣象、 打撈、 鐵路、 臺灣鐵路、 公路、 高速公路、 港務等十一種。

三、支薪原則

(一)新進人員之支薪: 新進人員，均自職務所屬資位之最低薪級起支，而後再按考成或有關獎勵辦法之規定，晉級支薪，最高至本資位最高薪級為止。

(二)調任人員之支薪: 又分下列三種情形

1. 平調人員: 調任本資位其他職務者，仍支原薪級。

2. 升任人員: 升任高一資位之職務者，應以取得高一資位之資格者為限，並自新任資位之最低級支薪，如原支薪級已高於新任資位之最低薪級時，則在新任資位中改支與原支薪級相同之薪級; 但經升資考試或升資甄審及格而升任者，得按原薪晉敍一級。

3. 降調人員: 在本資位內降調次要職務時， 仍支原薪級。 如經自願降調至低一資位之職務者，在低一資位中改支與原支薪級相同之薪級。

四、加給

除本薪外，尙有職務加給，地區加給等之規定。

第二項 生產事業人員之薪給

依經濟部所屬事業機構人事管理準則規定，各機構人員之薪給，由本部訂定辦法，報請行政院核定施行。玆就其現行規定說明如下：

一、薪給精神：生產事業人員之薪給，係以工作薪給爲主，兼採資歷薪給之優點而成。即先根據職位之職責程度，設定爲十五個職等，每一職等之職責程度，另以職等標準或類似之文件加以規定或敍述。薪給亦係按職等分別訂定，職等高者薪給高，職等低者薪給低，此乃工作薪給之基本。唯訂定各職等之薪級時，往往將薪級數增加，如增加爲十五級，使擔任同等職責工作之人員，得按考績加薪可繼續加至十五年，若此，在同一職等內，年資愈久者薪給越高，年資越淺者薪給越低，此又包含有資歷薪給之意義。

二、職等、薪級及職位歸級

(一)職等與薪級：生產事業人員之薪給，設十五個職等，各職等設本薪五至十五個薪級，無年功薪級之設置，職等愈高時，則薪級數略少，各薪級之薪額均以薪點表示。經濟部所屬事業人員之薪級及薪點表如下 309 頁：

(二)職位歸級：生產事業，多採職位分類方法，將各職位根據預先訂定之評分標準，評定分數，再換算應列之職等。

三、支薪原則

(一)新進人員支薪：新進人員，自所任職位所歸列職等之最低薪級起支。

(二)調任人員支薪：又分下列三種情形

1. 平調職位者，仍支原薪級。

分類職位之等	第1級	第2級	第3級	第4級	第5級	第6級	第7級	第8級	第9級	第10級	第11級	第12級	第13級	第14級	第15級	附註
15	2000	2062	2124	2186	2248											
14	1730	1784	1838	1892	1946											
13	1500	1546	1592	1638	1684	1730	1784	1838	1892							
12	1300	1340	1380	1420	1460	1500	1546	1592	1638	1684	1730	1784	1838			
11	1125	1160	1195	1230	1265	1300	1340	1380	1420	1460	1500	1546	1592	1638	1684	
10	975	1005	1035	1065	1095	1125	1160	1195	1230	1265	1300	1340	1380	1420	1460	
9	845	871	897	923	949	975	1005	1035	1065	1095	1125	1160	1195	1230	1265	
8	730	753	776	799	822	845	871	897	923	949	975	1005	1035	1065	1095	
7	630	650	670	690	710	730	753	776	799	822	845	871	897	923	949	
6	545	562	579	596	613	630	650	670	690	710	730	753	776	799	822	
5	470	485	500	515	530	545	562	579	596	613	630	650	670	690	710	
4	405	418	431	444	457	470	485	500	515	530	545	562	579	596	613	
3	350	361	372	383	394	405	418	431	444	457	470	485	500	515	530	
2	305	314	323	332	341	350	361	372	383	394	405	418	431	444	457	
1	265	273	281	289	297	305	314	323	332	341	350	361	372	383	394	

　2. 升任高職等職位者，自升任職位所歸列職等之最低薪級起支；但如原支薪級之薪點已高於升調職位職等最低薪級之薪點時，則在升任職等範圍內改支與原支薪點相同之薪級。

　3. 降調低職等職位者，在低職等範圍內，改支與原支薪點相同之薪級；但如原支薪點已超過低職等最高薪點時，改支低職等最高薪級。

　四、加給: 各機構得視地區、職務性質之危險性及稀少性，訂定加給辦法，報經濟部核定施行。

第三項　金融事業人員之薪給

　依財政部所屬國營金融、保險事業機構人事管理準則規定，各機構人員之薪給，由本部訂定辦法，報請行政院核定施行。茲就其現行規定說明如下:

　一、薪給精神: 金融事業人員薪給之精神，與生產事業人員薪給精神同，不再贅述。

　二、職等、薪級及職位列等

　(一)職等與薪級: 金融事業人員，設十五個職等，每等設本薪五至十五級，無年功薪之設置，職等愈高時，薪級數愈少，各薪級之薪額均以薪點表示。國營金融、保險事業人員薪給表如下，省市營金融、保險事業準用之。(如 312 頁)

　(二)職位列等: 訂定職位列等表，將各職等之工作特徵與職位舉例，予以列舉，以為各機構辦理職位列等之依據。

　三、支薪原則

　(一)新進人員支薪: 新進人員自所任職位所列職等之最低薪級起支。

　(二)調任人員支薪: 又分下列三種情形

1. 平調同職等職位者，仍支原薪級。

2. 升任較高職等職位者，自升任職位所列職等之最低薪級起支，但如原支薪級之薪點已高於升任職位職等最低薪級之薪點時，則在升任職等範圍內改支與原支薪點相同之薪級。

3. 降調低職等職位者，在低職等範圍內改支與原支薪點相同之薪級，但如原支薪點已超過低職等最高薪點時，改支低職等最高薪級。

四、加給： 各機構得視地區、職務性質之危險性及稀少性，訂定加給辦法，報財政部核定施行。

第四節　俸給支給標準之訂定

公務人員俸給支給標準之訂定有其需要性，訂定支給標準時有其需予考慮之因素，及有其訂定支給標準之作法。茲分項簡述之。

第一項　訂定俸給支給標準之需要

公務人員俸給支給標準之須加訂定，係基於下列各種需要。

一、大部分俸給法規之俸級係以俸點規定無法直接支付俸額： 如公務人員俸給法所定之俸級，卽以俸點規定，自最低第一職等一級之 160 俸點，至第十四職等一級之 800 俸點，而每一俸點折合新台幣之數額，尚須另由考試院會同行政院訂定。

二、部分俸給法規之俸額尚難依法實施： 如警察人員俸給所定之俸額，係以銀元為單位，自最低警佐四階六級之 90 元，至最高警監一階一級之 770 元，如以銀元發放已不可能，如按銀元一元折合新台幣三元計，顯屬過低。再最低之 90 元與最高之 770 元，相差八點六倍，如為維持最低級人員生活而將 90 元俸額之實發新台幣數額提高，則最高級

職等	代表職位	1	2	3	4	5	6	7	8	9	10	11	12	13	14	15	備註
15	副總經理	2100	2145	2190	2235	2230											
14	經理	1840	1900	1960	2020	2080											
13	副經理	1620	1670	1720	1770	1820	1870	1920	1970	2020							
12	資	1400	1445	1490	1535	1580	1625	1670	1715	1760	1805	1850	1895	1940			
11	仕	1205	1245	1285	1325	1365	1405	1445	1485	1525	1565	1605	1645	1685	1725	1765	
10	副科主任	1030	1065	1100	1135	1170	1205	1240	1275	1310	1345	1380	1415	1450	1485	1520	
9	組	900	930	960	990	1020	1050	1080	1110	1140	1170	1200	1230	1260	1290	1320	
8	辦事員	780	805	830	855	880	905	930	955	980	1005	1030	1055	1080	1105	1130	
7	助理員	660	680	700	720	740	760	780	800	820	840	860	880	900	920	940	
6	練習生	550	570	590	610	630	650	670	690	710	730	750	775	800	825	850	
5	工	480	495	510	525	540	555	570	585	600	615	630	650	670	690	710	
4	司	420	430	440	450	460	470	480	490	500	510	525	540	555	570	585	
3	技	370	380	390	400	410	420	430	440	450	460	470	480	490	500	510	
2	工	290	300	310	320	330	340	350	360	370	385	400	415	430	445	460	
1	友	200	210	220	230	240	250	265	280	295	310	330	350	370	390	410	

級次及薪點

人員之俸額須爲最低級人員之八點六倍，自將大大增加財力負擔；如再爲顧及財力負擔而將最高級人員之待遇予以降低，則最低級人員之俸給又將降得更低，而無法維持其最低限度之生活水準。因此，爲顧及政府財力負擔及最低級人員生活，對公務人員之俸給，需另訂支給標準。

三、**適應生活費用指數之變動**：生活費用指數，常會隨生活必需品物價之變動而變動，如物價高漲，則生活費用指數提高，物價降落，則生活費用指數降低，如俸額由法律規定，而法律之修訂又需經過一定程序，爲期法律與事實兼顧，乃由法律授權主管機關，在法定俸額基準之基礎上，另定支給標準。

四、**對加給之規定只有名稱而無支給標準**：加給係因需要而給與，而需要又因情況而不同，故在俸給法中無法規定其支給標準，而勢需授權由各主管機關訂定具體的加給種類與支給標準。

第二項　訂定支給標準需考慮之因素

當考試院會同行政院訂定俸給之支給標準時，通常須考慮下列因素：

一、**照顧公務人員生活**：公務人員之生活，自需經由支領俸給而獲得適當照顧；再所謂生活，應包括物質的與精神的在內，如食、衣、住、行的生活是偏向物質的，而育、樂的生活是偏向於精神的；也卽公務人員的食、衣、住、行、育、樂的生活，需經由俸給而獲得適度的滿足。

二、**公務人員所任職務之特性**：包括職務之繁重性、危險性、技術性、專業性、及地區性等，凡具有此種特性之職務，其工作人員之俸給，有特別規定支給標準之必要者，應予特別規定之。

三、**民間薪資水準之高低**：公務人員俸給之水準，需與民間薪資水

準保持相當的平衡。有的國家，甚至在法律上規定政府公務人員之俸給需隨民間薪資水準而調整。如民間薪資水準普遍較公務人員之俸給水準爲高，則政府機關之人才將流向民間；如公務人員俸給水準普遍比民間薪資水準爲高，則將增加財力之不必要的負擔。故訂定公務人員俸給水準時，需考慮及民間薪資水準。

四、需能激勵工作情緒： 俸給之給予，自非全爲照顧公務人員生活，而更需能收激勵工作情緒之效果。因此俸給水準之擬訂，除照顧其基本生活外，更需能發生工作情緒的激勵作用，對成績優異者，能給予較高的俸給，能鼓勵優秀公務人員之久任而不見異思遷，此亦爲考慮俸給時需予注意者。

五、政府的財力負擔能力： 政府每年對財務收支，均編有預算，根據年度收入的預估，來應付年度施政的支出，而對施政經費之開支，通常根據優先順序排定，最優先之施政應優先支付經費。至公務人員之待遇，通常並非最優先之項目，因而難免會發生待遇經費感到拮据之情形，故俸給水準之擬訂，需考慮及政府的財力負擔。

六、社會人力供需情況： 物以稀爲貴，公務人員俸給與人力供需情況的關係亦屬如此。如某類人才在社會上極爲缺乏而政府又需羅致或留用此類人才時，則須酌予提高其俸給水準；如某類人才在社會上供應無缺或極爲衆多時，則羅致與留用此類人才，依一般俸給水準卽可，不需特別調整其俸給水準。

第三項 訂定俸給支給標準之作法

俸給支給標準之訂定，因俸與加給而有不同，適用薪給制度人員亦比照辦理。茲分析如下：

一、訂定俸點折合率： 公務人員俸給法，對各級本俸及年功俸並未

規定俸額，而只規定俸點作為折算俸額之基數，因此公務人員之俸額須經俸點折算而得；俸點折算俸額之標準由考試院會同行政院定之；又依公務人員俸給表說明，折算俸額標準，必要時得按俸點分段訂定之。基於以上規定，訂定俸點折合率情形如下：

（一）訂定統一的俸點折算俸額標準：依公務人員俸給表所定之俸點，自最低之一職職等本俸一級之 160 點，至最高之十四職等本俸一級 800 點，其差距為五倍。如根據各種因素之考慮，認為相差五倍應屬合理且屬可行時，則可採統一的俸點折算俸額標準。至每一俸點折算俸額的標準究應定為多少元，則又需根據各種因素的考慮後擬定。

（二）按俸點分段訂定折算俸額標準：如根據各種因素的考慮，認為最低與最高俸額相差五倍尚不宜採行，而需將最低與最高俸額之差距須縮短為不滿五倍或須增加至五倍以上時，則需採按俸點分段訂定折算俸額之方式。如此處理時，應先將俸點區分為若干階段，如 300 點以下為一階段，301～610 點為一階段，611 點以上為一階段；或 400 點以下為階段，401 點以上為一階段等。再對每一階段分別規定俸點折算俸額之標準並折算之，如 400 點以下者折算標準為每點40元，401 點以上者折算標準為每點30元，則十職等本俸一級俸點為590點，其俸點為400×40元＝16,000元，再加(590-400)×30元＝5,700元，合計為21,700元。如較低俸點階段之折算標準高於較高俸點階段之折算標準時，則最低與最高俸額之差距將低於五倍；如較高俸點階段之折算標準高於較低俸點階段之折算標準時，則最低與最高俸額之差距將超過五倍。目前最低與最高俸額之差距只有四倍左右，故較低階段俸點之折算標準，比較高階段俸點之折算標準為高。

二、規定加給種類與支給標準

（一）加給種類：依公務人員俸給法，加給指本俸、年功俸以外，因

職務種類、性質與服務地區之不同而另加之給與；加給分職務加給、技術或專業加給、地域加給三種。主管機關訂定各種加給時，其加給種類基本上雖為三種，但在每種之下必要時將再區分為若干種，如職務加給中，可能再分主管加給、職責繁重加給、工作危險加給等；技術或專業加給中，可能再分技術加給及專業加給，而技術加給與專業加給中，又可能再按技術之稀少程度及專業之專精程度再區分為若干種；地域加給中，可能按地區特性之不同再區分為若干種。

(二)支給標準：依公務人員俸給法，各種加給之給與辦法由考試院會同行政院定之。因此根據上述之加給種別，每種須再訂定支給標準。訂定支給標準之方法有：

1. 按職務或所列職等高低分定支給標準。如以主管人員加給言，各部次長或十四職等為若干元，各部司處長或十二職等為若干元，科長或九職等為若干元等。

2. 按公務人員所支俸薪百分比分定支給標準：如以往離島地區加給，即規定一級離島地區（即離島距離最遠者）加給為月俸30％，二級離島地區加給為月俸20％，三級離島地區加給為月俸10％等。

三、適用其他薪給制度人員比照支給：如警察人員之俸表，與公務人員俸給表不同，因而其各俸級之實支俸額，以各該俸級原定俸額數與公務人員俸給表中俸點數相同或相近之俸級實支俸額為準支給之。其他如雇員之支薪亦同。

四、實施用人費率及單一俸待遇之支給標準

(一)實施用人費率待遇之支給標準：如公營事業機構人員，則實施用人費率並以薪點折算薪額支給。其情形為：

1. 訂定用人費率：於籌劃年度預算前，擬訂該年度合理之用人費率，報請行政院核定後，據以計算該年度用人費支付限額。

2. 按薪給表所定薪點折算薪額：每一薪點折合薪額之標準，除折算之最高標準須報經行政院核定外，其餘由各事業主管部核定。交通事業因原訂為薪給表，乃另按薪級分訂薪點數，再根據薪點折算標準折算為薪額支給。

3. 加給之支給標準：視地區、職務性質之危險性及稀少性所訂定之加給辦法，由事業主管部核定。

(二)實施單一俸待遇之支給標準：部分行政機關，如國際貿易局、財政部財稅資料考核中心、行政院主計處電子資料處理中心等，其折算標準較一般公務人員為高，並另有加給之規定，故其俸給較一般公務人員為高。

(三)取銷生活津貼：凡實施用人費率或單一俸機構人員，除俸(薪)給外，不再支給生活津貼。一般公務人員有關生活津貼之規定，見下節之敍述。

第五節　福　利

依銓敍部組織法、人事管理條例、行政院人事行政局組織規程，均將福利列為人事職掌之一，故福利亦為考銓制度應行討論之問題。公務人員之福利與俸給關係密切，目前福利包括津貼費用與享受利益兩類，每類中各包括有若干措施。茲分項敍述之。

第一項　俸給與福利之關係

俸給與福利二者，有其相似處與不相似處。茲分析如下：

一、二者性質相近目的相同：俸給為酬勞公務人員之服務，並安定其生活、維護其地位，所定期給付之俸薪與加給；而福利係為謀求公務

人員在物質、身體、精神生活方面之利益，提撥經費所舉辦之各種措施。故在性質上係屬相近，而目的亦屬相同。

　　二、二者具有消長互補作用：俸給與福利亦具有消長互補的作用，如俸給極爲理想，公務人員從俸給可獲得各方面的滿足，則福利的重要性降低，甚或不需再採取各種福利措施；民國二十年至廿五年間，可說是公務人員俸給的黃金時代，故當時並無福利的措施。如俸給極爲有限，公務人員無法從俸給滿足其需求，則福利措施會受到重視，以福利措施來彌補俸給的不足，因而福利的項目愈來愈多，爲舉辦福利而開支的經費，亦愈趨龐大。

　　三、俸給多依職務與資格而給與而福利則多依人口與生活而給與：公務人員所得俸給之多寡，多依職務所列職等之高低及個人所具資歷之高低而定，凡所任職務高資歷高者俸給高，職務低資歷低者俸給亦低。而福利則多不然，其受益之多寡，以公務人員眷屬人口及生活上所需費用之多寡而定，凡眷屬人口多生活費用多者所受益亦較多，眷屬人口少生活費用少者受益亦較少。

　　四、俸給多以法制明定福利多以行政措施規定：俸給多爲法定之制度，如公務人員俸給法則爲明定俸給的法律，一切須依法行事；而福利除其名稱由法律明定外，在福利名稱之下究應採取何種措施，則多以行政規章或行政命令規定，故其適應性較俸給爲大。

　　五、俸給範圍較固定福利範圍較彈性：因俸給多由法律明定，故其範圍較爲固定。如依公務人員俸給法規定，俸分本俸及年功俸，加給分職務加給、技術或專業加給、地區加給，除此之外，不得自訂項目或標準支給。福利則具有較大的彈性，只要經費有着落，公務人員生活上有需要及可獲得實益，原則上卽可規劃實施。

第二項 津貼費用之福利

中央公教人員生活津貼支給辦法，係由行政院所訂定發佈，全國公教人員均適用，此乃有關津貼費用之重要綜合性的福利措施。茲就該辦法之要點簡說如下：

一、目的： 支給生活津貼之目的，在安定公教人員生活。

二、適用範圍： 包括總統府暨所屬各機關，國民大會，行政、立法、司法、考試、監察五院及其所屬中央機關，國立各級學校之公教人員，技警公役得比照本辦法辦理。至軍職人員及地方公教人員，參照本辦法另訂辦法實施。

三、生活津貼種類： 分下列四種

(一)有眷房租津貼：各機關學校有眷員工未配住公家宿舍者，每月得發給有眷房租津貼。請領房租津貼以與必須由本人扶養之父母、配偶、子女同居者為限。夫妻或親屬同為軍公教人員者，有眷房租津貼以一份為限，不得兼領或重領。現行所定有眷房租津貼支給標準為特任月支 800 元，簡任月支 700 元，薦任月支 600 元，委任月支 500 元，雇員月支 400 元。此項福利，已於七十八年調整月俸時併銷。

(二)眷屬重病住院補助：各機關學校員工眷屬罹患重病，經醫療院所醫師診斷並住院治療者，其住院醫療費用得申請補助。醫療費用除伙食費、特別護士費、冷暖氣費、醫師助理等費用應全部自行負擔外，其餘得憑據申請補助 70%，但對每一員工每年度之最高支給標準，得以命令限定。

(三)婚喪生育補助：本人結婚者補助二個月俸薪額，結婚雙方同為軍公教人員者可分別請領；父母、配偶死亡者補助三個月俸薪額，子女減半補助，夫妻或親屬同為軍公教人員者，對同一死亡事實以報領一份

爲限；配偶或本人分娩者補助二個月俸薪額，夫妻同爲軍公敎人員者以報領一份爲限。

(四)子女敎育補助：各機關學校公敎人員子女就讀公私立學校，除已享有公費或全免學雜費待遇或已取得高於子女敎育補助費標準之獎助者外，得請領子女敎育補助費，但子女以二人爲限。子女敎育補助費標準視學校規定繳費金額定之。

第三項　享受利益之福利

現行有關以享受利益爲主之福利措施，主要有公敎人員生活必需品配給，福利互助，購置住宅輔助，急難貸款，鼓勵儲蓄，實施自強康樂活動等。茲簡說如下：

一、公敎人員生活必需品配給：依中央文職公敎人員生活必需品配給辦法規定，其要點，爲(一)實施配給之目的在安定中央公敎人員生活；(二)適用人員範圍包括中央總預算列有之機關學校文職職員、敎員及技警、公役；(三)配給實物包括米、煤油、油、鹽，並按本人及親屬年齡大小分定配給量；(四)配給方式分逐戶分送、統領轉發及折發代金三種；目前已全部改採折發代金。至地方機關學校文職職員、敎員及技警、公役，由地方政府參照中央規定自訂辦法實施，現亦全部採折發代金。不久，此項福利亦將於調整待遇時予以併銷。

二、公敎人員福利互助：依中央公敎人員福利互助辦法規定，其要點，爲(一)實施福利互助目的在安定公敎人員生活及發揚互助精神；(二)適用範圍，爲中央各機關學校雇員以上文職人員，工友比照辦理，地方機關職員及學校敎員福利互助，由地方政府衡量財源參照辦理或另訂辦法辦理；(三)互助經費，公敎人員每人每月依現任職級按規定之福利互助俸額 1％ 繳納互助金，另由政府專案將公敎人員眷屬生活補助費

於年度開始時一次撥付；（四）參加互助人員結婚者補助二個月福利互助俸額，互助人本人死亡者按互助年資補助最高以二十個月互助俸額爲限，互助人眷屬死亡者視親等遠近發二個至五個月互助俸額，互助人退休退職或資遣者按互助年資補助最高以二十個互助俸額爲限，互助人遭遇水災風災震災之重大災害者得予補助。

三、輔助購置住宅：依中央公敎人員購置住宅輔助辦法規定，其要點，爲(一)適用範圍，以中央各機關學校編制內任有給公職三年之有眷公敎人員爲對象，但曾由政府輔購住宅或已承購公有眷舍或基地者不再輔購，地方政府公敎人員購置住宅，得比照本辦法另訂辦法辦理；（二）輔購之住宅由各機關學校集體興建或自行購建；（三）輔購住宅以由政府長期低利貸款方式行之，貸款額按職等高低分定標準；（四）輔購住宅之順序以無自有住宅並按月支領房租津貼者優先，配住機關宿舍而自願遷出者次之，本人或配偶已有住宅者再次之；（五）輔購住宅貸款分二十年按月平均償還本息，貸款利息除由借款人自行負擔規定之利率外，其超過部分由政府負擔。

四、急難貸款：依中央公敎人員急難貸款實施要點規定，其主要內容，爲(一)目的在舒解公敎人員急難以安定其生活；（二)適用範圍爲中央各機關學校編制內員工；（三)貸款項目及金額爲本人重病住院者可貸款五千至五萬元，眷屬重病住院者每一員工可貸款五千至十萬元，眷屬喪葬每一員工可貸款五千至三萬元，重大災害每一員工可貸款五千至十萬元，夫妻親屬同爲公敎員工者對同一事故以申貸一次爲限；（四)貸款在五萬元以下者職員分二年技工工友分三年按月平均償還本息，貸款超過五萬元者職員分三年技工工友分四年按月平均償還本息，利息按月息四厘計算。

五、鼓勵儲蓄：依鼓勵公敎人員儲蓄實施要點規定，其主要內容，

爲(一)目的在培養公敎人員儉樸儲蓄習慣；（二)適用範圍爲公敎人員；
(三)原則爲採自願參加方式給予優惠存款待遇，但不由國庫負擔補貼；
(四)存儲方式爲按月定額存入隨時自由提取；（五)金額爲每一職員最高
儲蓄額爲六千元，工友爲三千元，每人最高限額爲職員三十萬元，工友
十五萬元，超出部分改按活期儲蓄存款利率計息；（六)利率按存款當時
中央銀行核定之二年期儲蓄存款利率計算。

　　六、自強康樂活動：依加強公敎人員自強康樂活動實施要點規定，
其主要內容，爲(一)目的在提倡正當娛樂促進身心健康鼓舞工作情緒；
(二)辦理原則，爲儘量利用各機關學校現有場地及設備，活動時間以利
用休閒及例假時間爲原則，爲擧辦各種比賽必要時得在辦公時間實施，
參加人員給予公假，辦理之項目以適合公務人員體能及普遍喜愛爲主；
(三)實施要領，爲寒暑假自強活動繼續辦理，利用週末或休假日擧辦之
康樂活動包括文藝類（如美術、書法研習、國畫研習、國劇、攝影、橋
藝、棋藝、音樂等），體能類（如登山、桌球、網球、羽球、太極拳、
土風舞、健身操、健步活動、民俗活動、野外活動、籃球、排球等），
活動方式由各主辦機關選擇適合之活動項目自行辦理，並通知其他機關
參加；（四)參加人員包括全體公敎員工，並歡迎眷屬參加；（五)需求經
費應本撙節開支原則在年度預算相關科目內勻支。

第八章 考 績

考績是考銓制度中極為重要的一環，但亦是最難辦好的一環，因此值得吾人重視。大致而言，考績有其意義與一般原則，考績有其多方面功用與常用的方法，政府機關公務人員考績與公營事業人員考成多有相似之處，考績不易準確客觀多有其原因。茲分節敍述之。

第一節 意義及一般原則

第一項 意 義

考績，指政府機關或公營事業之各級主管，對所屬公務人員之工作績效及操行，隨時予以考核記錄，於年終時再予考績，並均視成績優劣予以獎懲，以獎優汰劣。茲說明如下：

一、**考績是主管對所屬予以考核**： 主管對所屬人員， 負有考核責任； 屬員之處理工作，均受主管人員之指揮監督，因此屬員處理工作期間，主管人員應時予注意，其有發生偏差時，應即糾正及協助其改進，並考核其績效。

二、考績以考核屬員之工作績效及操行為主：考績之對象雖為所屬公務人員，但只考核其工作績效及操行；因工作績效可影響及任務成敗，操行可影響及機關或事業的聲譽及民眾對公務人員的觀感，故應列為考核的重點。

三、考績以平時考核及年終考績並重：公務人員之工作績效及操行，除由主管人員隨時予以考核記錄外，對任職至年終已屆滿一年者並作年終考績。其在年度中具有特殊功績或劣績之員工，得舉辦專案考績；其任職未滿一年而已屆滿六個月之員工，得辦另予考績；以資補救。

四、考績需依成績優劣予以獎懲：平時考核發現有優劣事實時，得予以平時功過之獎懲；年終考績成績優良者，予以晉俸及獎金，成績低劣者予以免職；專案考績及另予考績，亦均依其成績優劣予以獎懲。

第二項　一般原則

為期考績能真正發生效果，其應遵守之原則包括：

一、需綜覈名實信賞必罰：公務人員之考績，應本綜覈名實、信賞必罰之旨辦理。所謂綜覈名實，乃求名與實之相符，既有其名，必責其實；所謂信賞必罰，乃立必信之賞，施必行之罰。故考績需求切實，循名責實，並根據考核結果，予以應有之賞罰，亦惟有如此，始能真正發揮考績效果。

二、考績需績效與操行並重、平時與定期兼施：績效之優劣，繫於公務人員之學識、才能是否勝任工作，及工作成果是否達到要求，如學識豐富、才能優異、工作成果達到要求，則屬績效優異，否則績效低劣；操行指公務人員處理工作時所表現出之操守與言行；辦理考績時須績效與操行並重，不宜偏廢。再考績須平時與定期兼施，即平時有平時考核，至年終時又須年終考績；如只有平時考核而無年終考績，則對績

效操行優異之人員不足以獎勵；如只有年終考績而無平時考核，則考績勢難客觀確實；故二者須兼而有之。

三、**考績需客觀準確**：所謂客觀，指辦理考績時，須有充分的績效與操行的事實資料，而非只憑主管人員對屬員工作的主觀印象；於考核屬員的績效與操行時，應將績效及操行再細分為若干細目，按細目考核；如此才能達到客觀的要求。所謂準確，指考績成績之高低須能作量的比較，亦即以分數表示，以分數的高低表示其考績成績的優劣；再評定各細目的成績時，應先訂定評分的標準，以為評分的依據，若此所得之分數將可準確代表考績成績的高低。

四、**平時考核須與定期考績保持密切關係**：平時考核與定期考績，辦理的期間雖有不同，但均對所屬績效與操行的考績，故二者間須具有密切關係，如平時考核之結果應為定期考績之重要依據，平時考核成績優異者定期考績成績不得變為中等以下，平時考核成績低劣者定期考績成績亦不得變為中等以上。亦惟有如此，平時考核始有其意義。

五、**考績列甲等丁等者應具備特定條件**：考績成績列甲等者表示特別優異，須予特別獎勵，列丁等者表示低劣須予免職，因此考績列甲等者須慎重其事，不能浮濫，以免失去考績獎勵之義；考績列丁等者亦須特別慎重，以免淘汰不應淘汰之人。為達上述要求，除主管人員考核所屬人員之成績時，應切實按細目及評分標準，根據客觀事實資料評分外，凡考列甲等或丁等者，尚須具備特定之條件，亦即考列甲等者尚須具有特定優異的事蹟，考列丁等者尚須具有特定違法犯紀的事實，以期考績獎勵不浮濫、考績懲處不草率。

六、**考績成績依分數、考績獎懲依等次**：為期考績成績能作量的比較，故多以分數表示，並以一百分為滿分，但考績分數在理論上可自零分至一百分，亦即分數有一百零一個，每一分數均表示其不同的成績，

如考績獎懲須按分數的不同而分別執行時，則勢必規定出一百零一種的獎懲，此乃事實上所不可能且亦難以執行者，因此考績獎懲乃以考績等次爲準，凡屬同一考績等次者，其考績分數雖有不同，但考績獎懲仍屬相同，而考績等次通常按考績分數歸納爲四個，以利考績獎懲的規定與執行。

七、考績需由主管逐級考核依序審定：考績之結果，影響公務人員前程甚大，故必須愼密從事，卽一方面宜由主管逐級考核，二方面需經考績委員會初核後，再由機關首長復核，最後尚需送由銓敍機關作最後之核定，以防考績發生偏差。

八、對考績被淘汰者給予申請覆審機會：因考績成績低劣而被淘汰時，乃涉及公務人員之去留，自更需審愼處理。遇此情形，宜給予被淘汰者申請覆審之機會，以期確因考績不公而受寃屈者，獲得平反。

九、嚴守秘密：考績在作業過程中，對機密資料如有洩漏，將引起當事人之不滿或不安，徒增人事困擾，故考績在未奉最後核定前，宜嚴守秘密。

十、公營事業人員之考績另定之：公營事業對從業人員之要求，與政府機關不盡相同，故對公營事業人員之考績，宜另行規定，不一定須適用政府機關公務人員考績之規定。

第二節 考績之功用與方法

考績之功用是多方面的，考績之方法甚多，但其中亦有較爲常用者。玆分項敍述如後。

第一項　考績之功用

考績，在人事管理上可發揮多方面的功用，因而顯示出考績的重要性。主要的功用有

一、依考績調整俸級：初任公務人員，其俸級係按其所具資格與所任職務而核敍，但自任職以後，其俸級之調整，則需憑考績。如考績成績優良者，依規定可獲得晉敍俸級，如原敍俸級已高，因受職等或職務最高俸級之限制而不能再晉敍時，亦可根據考績予以發獎金或改爲晉敍年功俸級。

二、從考績發掘人才：根據公務人員績效與操行之考績，如屬成績優異者，表示其工作績效與操行可爲示範。如經過若干年考績，其成績均屬優異時，可證明係屬人才，應予有計劃的培養，使將來對機關能作更大的貢獻。故對在職公務人員，需經由考績以發掘人才。

三、憑考績辦理升任與遷調：經由考績所發掘之人才，爲期聰明才智在工作上能獲得更多的發揮，自宜予以升任較高職務，使其對機關作更多的奉獻。如經考績成績平庸，則表示其學識才能，與現任職務不甚適宜，應根據其所具有之學識才能，予以改調職務。如考績成績低劣，而又無其他專長時，如獲得本人同意，亦得改調至較爲簡易工作的職務。故人員之升任與遷調，均宜配合考績進行，亦只有如此，始可求人與事之適當配合。

四、藉考績規劃訓練進修：現職人員之學識能力，多可經由考績發現其優劣，如某員具有何種專精學識，缺乏何種能力；對具有之優異學識能力，固可在工作使其有充分發揮之機會，但對所缺乏之學識能力，更需經由訓練進修等措施使其獲得與具備。故訓練進修的規劃，需配合考績進行，從考績來決定何人應參加何種學識能力之訓練進修。

五、經考績留優汰劣：優秀的人員，自爲各機關所想留用，而低劣人員，則爲各機關所想淘汰。但進用人員易而淘汰人員則較困難，因此對淘汰低劣者，需一方面要有客觀的事實可資認定何人爲低劣，二方面更需在法規上取得明確依據，考績多能符合此二種要求。各機關辦理考績，多訂有法規可資依據，對辦理考績之程序亦有嚴密規定，並需經考績委員會審議，故考績亦爲留優汰劣之必要措施。

第二項　常用之考績方法

各組織主管人員對所屬人員考績時所用之方法甚多，但較爲常用之方法，有下列七種：

一、判斷考績法：由主管人員對所屬人員之績效及操行等，作整個考慮後，逕行決定其考績成績。至表示成績高低之方式，有用評語表示者，有用等次表示者，有用總分表示者。

此種方法，在運用上最爲簡單，但亦最不易客觀與準確。

二、按項目考績法：由主管人員對所屬人員之績效及操行等，先選定若干項，在每項中再分若干目，再按目及項分別評定其分數，而後綜合爲總分數，此種總分數卽代表考績成績。

此種方法，在運用上需先設計出考績表，列出考績項與目名稱，考績時先考績目，再考績項，再綜合爲總成績。爲便於考績起見，可在每一目之下，列出各種表示成績高低的評語，並配以分數，以便考績者在評語或分數上劃記。

此種方法，在運用上不繁不簡，如考績者能認眞從事，當可有較準確客觀的效果。

三、配對比較法：由主管人員對所屬人員的成績，用成對比較的方法決定其優劣。比較時先將屬員姓名用成對組合的方法，寫在小紙片

上， 每一紙片中寫上兩個屬員的姓名， 如共有十個屬員， 則需小紙片

$$\frac{N(N-1)}{2} = \frac{10 \times 9}{2} = 45 \text{ （張）}，$$ 再就每張小紙片上兩個屬員的成績作一

比較後， 決定何者較優何者較劣， 凡同一屬員得較優次數最多者， 即為

成績最優秀的人員， 得較優次數最少或從未得到較優者， 即為成績最低

劣的人員。

運用此種方法之優點， 為考績結果之信度高；其缺點為手續過繁，

如屬員人數衆多（如為五十人， 則需小紙片一千二百二十五張）， 則不

能應用。

四、強制分配法： 根據常態分佈原理， 將屬員的考績成績硬性區分

為五等或三等， 並規定每等次的屬員人數分配， 如規定甲等為 10%， 乙

等為 20%， 丙等為 40%， 丁等為 20%， 戊等為 10%。 主管人員考績屬

員成績時， 需將成績區分為若干等次， 每等次的屬員人數並需符合規

定。

此種方法之優點， 可免除考績過於寬濫的通病， 對汰劣作用可充分

發揮；其缺點為主管多不願接受， 尤其對考績低劣者需達一定人數， 咸

感困難， 以免無意中得罪屬員及使屬員受屈， 同時各屬員如成績均確屬

優良， 亦需硬性將其中百分之若干考績為劣等予以淘汰， 亦不合理。

五、單位績效配合考列甲等人數考績法： 將單位業務績效的高低，

作為決定該單位人員考列甲等人數之依據。 如單位業務績效考評列優等

者， 該單位考列甲等之人數可以增加， 業務績效考列中等者， 該單位人

員考列甲等人數仍照一般規定， 業務績效考列甚差者， 該單位人員考列

甲等人數則予減少， 以期單位業務績效與屬員考績列甲等之人數作適切

的配合。

此種方法有其理論根據， 且可使考績不致趨於嚴苛或浮濫， 是為其

優點。但各單位業務績效之考評，必須事先辦理，且屬切實可靠，否則將影響及考績之客觀與準確。

六、特殊事例列舉法: 先由主管人員就從事某種職務時，可認定為成績優異或低劣之具體事例，予以逐條列舉，再加整理後即可成為考績表。如擔任推銷員職務者，能表現出「當顧客要求貨品時，立刻以通訊方式或親自聯絡」，「向顧客介紹產品特性時，態度誠懇，言辭清晰，不誇張不隱瞞」，「顧客挑選產品時，耐心的等待，從不表現出不耐煩的態度」者，可認為成績優異；如表現出「對顧客作過多的承諾」，「銷售報告寫得很差」，「與顧客發生爭執」者，可認為成績低劣。

此種方法之優點，為應用工作上的具體事例，作為考績優劣的標準，自非內容空泛且與工作無密切關聯的語句可比，不僅主管人員於考績時易於選擇與認定事例，而屬員亦更易瞭解績效優劣之區別所在，可促使屬員努力工作，追求優良事例所顯示的工作要求。其缺點為具體的事例，需按屬員職務性質編製，換言之每種職務均應編製具體優劣事例，以為考績之用，其手續甚為繁複。

七、訂定工作標準之考績法: 其要點為

(一)工作標準之意義: 指各級主管人員對所屬人員所處理之各種工作，規定其工作應處理得如何多（工作數量），處理得如何好（工作素質），處理得如何快（工作時限），及以何種態度處理（工作態度）之書面文件。

(二)訂定工作標準之方法: 包括

1. 以工作數量訂定工作標準: 凡工作程序與方法較為固定、工作成果數量可以明確計算、處理一件工作所需時間易於估計之工作，可用應行達到之工作數量訂定工作標準。如人事卡片登記工作，規定每週須登記120張。

2. 以工作素質訂定工作標準：凡對工作成果之要求，其外表、正確性、有用性等，遠較工作數量為重要時，可用應達到之工作素質訂定工作標準。如撰擬文稿，規定須文字通順、敍事簡明、組織嚴密、理由充分等。

3. 以工作時限訂定工作標準：凡因期限展延，將損及當事人權益或重大影響組織信譽或將失卻預期效果者，可用應完成之工作時限訂定工作標準。如對申請戶籍謄本工作，須於申請時起半小時內辦出。

4. 以工作態度訂定工作標準：凡對工作之要求，特別注重與同事之合作、處事態度、操守言行、儀表風度、言談聲調等者，可用應達到之工作態度訂定工作標準。如服務臺人員，須儀表端莊、服裝整潔、態度和藹、國語標準等。

(三)訂定方法之選用或併用：上述四種訂定工作標準之方法，可視各別屬員工作的特性，選用某一種或併用某數種方法訂定工作標準。

(四)訂定工作標準之程序：應包括 1.先由主管人員了解屬員的工作特性； 2.選用適當的訂定工作標準之方法； 3.草擬工作標準，並須注意標準不宜過高或過低，要使一個具有相當學識才能的屬員，在正常努力下即可達成之標準為標準； 4.再洽商屬員，並聽取其對所擬標準之意見，必要時並參照其意見予以修正； 5.經核定後即為正式的工作標準，以為衡量屬員考績成績優中劣的依據。

訂定工作標準法，不僅使主管人員評定屬員考績時有所依據，考績趨於客觀準確，且屬員處理工作時亦有明顯目標可循，增加對考績的認識。但訂定工作標準手續較繁，且有部分工作，尤其是高級的主管的工作，不易訂定工作標準，致其適用範圍仍屬有限。

以上所舉七種考績的方法，各有特點亦各有利弊，可視情況而選用或於修正後應用。公務人員考績法中所定之考績方法，基本上應屬上述

七種方法中之第二種。

第三節　政府機關公務人員之考績

公務人員考績法，是辦理政府機關公務人員考績之依據。茲依該法及有關法規之要點，分一般公務人員考績、警察人員考績、其他公務人員考成及辦理考績之程序等主題，分項絃述如後。

第一項　一般公務人員之考績

茲就公務人員考績法及施行細則之所定，說明一般公務人員考績之主要規定如下：

一、基本原則： 公務人員之考績，應本綜覈名實、信賞必罰之旨，作準確客觀之考核，考績並分平時考核、專案考績、年終考績及另予考績四種。

二、參加考績之條件： 公務人員任現職經銓敍合格實授者，即可參加平時考核及專案考績。公務人員任現職經銓敍合格實授，至年終滿一年者，參加年終考績；不滿一年者得以前經銓敍有案之同官等或高官等職務，合併計算，但以調任並繼續任職者為限；以上考績年資之計算，任用案在法定期間送審者，自到職之月起算，未在法定期間送審者，自任職機關送審之月起算。公務人員任現職經銓敍合格實授至年終未滿一年但已達六個月者，參加另予考績。

三、平時考核與獎懲

（一）平時考核：

1. 由主管考核：各機關單位主管應就屬員之工作、操行、學識、才能考核之，並備平時成績考核記錄，具體記載屬員工作、操行、學

識、才能之優劣事實，不得有記載不實或敷衍塞責情事，並至少每半年密陳機關首長核閱一次。

　　2. 考核細目之訂定：上述工作、操行、學識、才能之考核細目由銓敘機關訂之，但性質特殊職務之考核得視各職務需要，由各機關訂定並送銓敘機關備查。

　　3. 平時考核記錄表式：

(1) 基本資料

單位		職務		姓名		考評年月	年　　　　月
學歷				重要經歷			
家庭狀況				工作項目			

(2) 過去事蹟（本欄請填寫受考人之著作發明、重大功過、特殊成就、刑事處分、懲戒處分及其他重要事項。）

註記	

(3) 動態資料

時間	記　　　錄　　　內　　　容	備　考
綜合分析結論		
機關首長核　　定	單位主管核閱簽章	直屬主管考評簽章

　　(二)平時考核之獎懲: 主管人員對屬員除平時成績考核記錄外, 認有給予平時功過之獎懲之必要者, 並得簽請予以平時功過之獎懲, 其情形如下:

　　1. 平時獎勵: 分嘉獎、記功、記大功。除嘉獎、記功之標準由各機關視業務情形自行訂定並報請上級核備外, 記一大功之標準, 已在考績法施行細則予以明定, 即有下列情形之一者記一大功, (1) 執行重要政令, 克服危難, 圓滿達成使命者; (2) 辦理重要業務, 成績特優或有

特殊績效者；（3）搶救重大災害，切合機宜，有具體效果者；（4）對於重大困難問題，提出有效方法，順利予以解決者；（5）在惡劣環境下，盡力職務，圓滿達成任務者。

各機關對記一大功人員，應詳敍具體事實送銓敍機關核備。至專業人員記一大功之標準，得由主管機關訂定，報送銓敍部核備。

2. 平時懲處：分申誡、記過、記大過。除申誡、記過之標準由各機關視業務情形自行訂定並報請上級核備外，記一大過之標準，已在考績法施行細則中明定，即有下列情形之一者記一大過，（1）處理公務，存心刁難或蓄意苛擾，致損害機關或公務人員聲譽者；（2）違反紀律或言行不檢，致損害公務人員聲譽，或誣陷侮辱同事，事實確鑿者；（3）故意曲解法令，致人民權利遭受重大損害者；（4）貽誤公務，造成重大過失，導致不良後果者；（5）無故曠職繼續達七日，或一年內累積達二十日者。

各機關對記一大過人員，應詳敍具體事實送銓敍機關核備。至專業人員記一大過之標準，得由主管機關訂定，報送銓敍部核備。

3. 平時考核獎懲得相互抵銷：平時嘉獎、記功、記大功與申誡、記過、記大過得相互抵銷；又嘉獎三次者作爲記功一次，記功三次者作爲記大功一次；申誡三次者作爲記過一次，記過三次者作爲記大過一次。

四、專案考績與獎懲

(一)專案考績：指各官等人員，平時有重大功過時，隨時辦理之考績。依考績法施行細則規定，專案考績分下列二種：

1. 有重大功績時之專案考績：有下列情形之一者一次記二大功，即（1）針對時弊，研擬改進措施，經採行確有重大成效者；（2）對主辦業務，提出重大革新具體方案，經採行確具成效者；（3）察舉不法，維護政府聲譽或權益，有卓越貢獻者；（4）適時消弭意外事件，或重大變

故之發生，或已發生而措置得宜，能予有效控制，免遭嚴重損害者；
(5) 遇案情重大事件，不為利誘、不為勢刼，而秉持立場，為國家或機
關增進榮譽，有具體事實者。

2. 有重大過錯時之專案考績：有下列情形之一者一次記二大過，
卽 (1) 圖謀背叛國家，有確實證據者；(2) 執行國家政策不力，或怠忽
職責，或洩漏職務上之機密，致政府遭受重大損害者；(3) 違抗政府重
大政令，或嚴重傷害政府信譽，有確實證據者；(4) 涉及貪污案件，其
行政責任重大，有確實證據者；(5) 圖謀不法利益、言行不檢，致嚴重
損害政府或公務人員聲譽者；(6) 侮辱、誣告或脅迫長官，情節重大
者；(7) 挑撥離間或破壞紀律，情節重大者；(8) 無故曠職繼續達十
日，或一年累積達三十日者。

(二)專案考績之獎懲

1. 一次記二大功者：其獎勵為晉本俸一級，並給與一個月俸給總額
之獎金；已敍至本職或本官等最高職等本俸最高級，或已敍年功俸者，
晉年功俸一級，並給予一個月俸給總額之獎金；已敍至年功俸最高俸級
者，給與二個月俸給總額之獎金；但在同一年度內再次辦理專案考績記
二大功者，不再晉敍俸級，改給二個月俸給總額之獎金。

各機關對一次記二大功之專案考績，應詳敍具體事實，按規定程
序，專案報送銓敍機關審定。

以上受考人之獎金，以核定考績當月之俸額為準。

2. 一次記二大過者：其懲處為免職。各機關一次記二大過之專案
考績，應詳敍具體事實，按規定程序，專案報送銓敍機關審定。

(三)專案考績與平時考核不同：專案考績之一次記二大功，並不等
於平時考核之二次記一大功；專案考績之一次記二大過，亦不等於平時
考核之二次記一大過；故專案考績不得與平時考核功過相抵消。

五、年終考績與獎懲

(一)年終考績：指各官等人員，於每年年終考核其當年一至十二月任職期間之成績。依公務人員考績法及施行細則規定，要點為：

1. 考績項目與配分：公務人員年終考績；按其工作、操行、學識、才能四項分別評分，此四項之考核細目由銓敘機關訂之，但性質特殊職務之考績得視各職務需要，由各機關訂定，並送銓敘機關備查。以上四項評分，屬工作項目分數佔考績總分百分之五十，操行項目分數佔考績總分百分之二十，學識及才能項目分數各佔考績總分百分之十五。考績表格式由銓敘部訂定如插頁（公務人員考績表）。

2. 辦理考績時機：公務人員年終考績，於每年年終舉行，其確有特殊情形不能如期舉行者，得由辦理機關函准銓敘機關同意展期辦理，但以不逾次年六月底為限。

3. 考績之評定：各機關公務人員之考績，應由主管人員就考績表項目評擬，遞送考績委員會初核，機關首長執行覆核後，送銓敘機關核定。但長官僅有一級或特殊情形不設置考績委員會時，得逕由其長官考核。又機關首長由上級機關長官考績，其餘人員應以同官等為考績之比較範圍。

4. 考績分數與等次：年終考績以一百分為滿分，分甲、乙、丙、丁四等，各等之分數甲等為八十分以上；乙等為七十分以上不滿八十分；丙等為六十分以上不滿七十分；丁等為不滿六十分。

5. 考績列甲等應具備及不得具有之條件：公務人員年終考績，應就考績表按項目評分，其考績列甲等者，除考績法及施行細則另有規定外，並須受考人在考績年度內具有特殊條件各目之一目或一般條件之二目以上之具體事蹟及不得具有條件之一目者為限。以上

(1) 所稱「考績法及施行細則另有規定」：指考績法第十三條所

定，平時考核功過依規定抵銷外，曾記二大功人員，考績不得列乙等以下而言。

(2) 所稱「特殊條件」之一目：指下列條件之一目而言，卽Ａ．因完成重大任務，著有貢獻，獲頒勛章者；Ｂ．依獎章條例，獲頒功績或楷模獎章者；Ｃ．依考績法規定，曾獲一次記一大功，或累積達記一大功以上之獎勵者；Ｄ．對本職業務或與本職有關學術、研究創新，其成果獲主管機關或聲譽卓著之全國性學術團體，評列爲最高級，並頒給獎勵者；Ｅ．主辦業務經上級機關評定成績特優者；Ｆ．對所交辦重要專案工作，經認定如期圓滿達成任務者；Ｇ．奉派代表國家參加國際性比賽，成績列前三名者。

(3) 所稱「一般條件」之二目：指下列條件之二目而言，卽①依考績法規定，獲一次或累積達記功二次以上之獎勵者；②對本職業務或與本職有關學術、研究創新，其成果經權責機關或學術團體，評列爲前三名，並頒給獎勵者；③在工作或行爲上有良好表現，經權責機關或聲譽卓著團體，公開表揚者；④對主管業務，提出具體方案或改進辦法，經採行認定確有績效者；⑤奉公守法、廉潔自持，承辦業務從未積壓，均能圓滿完成任務，經長官認定者；⑥全年無遲到、早退或曠職記錄，且請事、病假合計未超過十日者；⑦參加與職務有關爲期二週以上之訓練，其考核成績列前三名，且服務成績具有優良表現者；⑧領導有方，績效優良者；⑨推動專案或重要個案工作，規劃週密，經考評有具體績效者；⑩對於艱鉅工作，能克服困難，達成任務，有具體事蹟者；⑪管理維護公物，克盡善良管理職責，減少損害，節省公帑，有具體重大事蹟者。

因特殊條件或一般條件各目所列優良事蹟，而獲記功一次以上之獎

勵者，該優良事蹟與該次記功一次以上之獎勵，僅應擇一採認。

（4）所稱不得具有條件之一目，指①曾受刑事或懲戒處分者；②平時考核獎懲抵銷後累積達記過以上處分者；③無故曠職連續達三日或累積達五日者；④請事病假合計超過達二十八日者。

6. 考績列丁等應具備之條件：公務人員年終考績評分，考列丁等者，除考績法及施行細則另有規定外，並須以受考人在考績年度內具有特定條件之一者爲限。以上（1）所稱「考績法及施行細則另有規定」：指考績法第十二條所定，平時考核獎懲得相互抵銷，無獎懲抵銷而累積達二大過者，年終考績應列丁等而言。(2) 所稱「特定條件之一」：指下列條件之一而言，即①挑撥離間或誣控濫告，情節嚴重，經疏導無效，有確實證據者；②不聽指揮，破壞紀律，有確實證據者；③怠忽職守，稽延公務，造成重大不良後果者；④品行不端或違反有關法令禁止事項，嚴重損害公務人員聲譽者。

7. 考績列其他等次之情況：受考人不具或兼具以上 5. 6.所列舉之條件者，由機關長官評定其適當考績等次。但平時功過依規定抵銷外，曾記一大功人員不得列丙等以下；曾記一大過人員不得列乙等以上。

(二)年終考績之獎懲：獎懲依考績等次分別規定

1.甲等：獎勵爲晉本俸一級，並給與一個月俸給總額之一次獎金；已敍本職或本官等最高職等本俸最高俸級者，晉年功俸一級，並給與一個月俸給總額之一次獎金；已敍年功俸最高俸級者，給與二個月俸給總額之一次獎金。

2.乙等：晉本俸一級並給與半個月俸給總額之一次獎金，已敍本職或本官等最高職等本俸最高俸級者,給與一個月俸給總額之一次獎金,次年仍考列乙等者改晉年功俸一級並給與半個月俸給總額之一次獎金，其餘類推；已晉敍年功俸最高俸級者給與一個半月俸給總額之一次獎金。

以上所稱俸給總額，指公務人員俸給法所定之本俸、年功俸及其他法定給與。

又以上考列甲等及乙等人員之獎勵，尚有下列之例外規定，即（1）在考績年度內試用改實授晉俸一級者，不再晉級，但考列甲等之獎金，仍予照發。（2）在考績年度內已辦理專案考績晉俸者，年終考績列乙等以上時，仍得晉俸。（3）經懲戒處分受休職、降級、減俸或記過者，在不得晉俸期間，考列甲等或乙等者，均不得發給獎金，亦不能取得升等任用資格。（4）調任同官等低職等職務，仍以原職等任用其級俸不予晉敘者，考績列甲等者給予二個月俸給總額之一次獎金，考列乙等者給與一個月俸給總額之一次獎金。

　　3. 丙等：留原俸級，即不予獎勵。

　　4. 丁等：免職。

　　（三）考績升等：

　　1. 取得升等任用資格：參加考績人員，任本職等考績，連續二年列甲等，或連續三年中一年列甲等二年列乙等者，取得同官等內高一職等之任用資格。

　　2. 取得升官等任用資格：經銓敘合格實授任薦任第九職等職務滿三年，連續三年考績二年列甲等、一年列乙等以上敘第九職等本俸最高級，並具有下列資格之一者取得簡任職升官等任用資格並給予簡任存記，即（1）經高等考試及格者；（2）經特種考試乙等考試或相當高等考試之特種考試及格者；（3）公務人員任用法施行前經分類職位第六至第九職等考試及格者；（4）經薦任升等考試或公務人員任用法施行前經分類職位第六職等升等考試及格者；（5）大學或獨立學校以上學校畢業者。

　　六、另予考績與獎懲：公務人員任職不滿一年，而已達六個月者（不限於至年終滿六個月），另予考績。辦理另予考績者，其考績項目、各項

目之計分比例、考績列等之標準及考績表，均適用年終考績之規定。另予考績列甲等者，給與一個月俸給總額之一次獎金；列乙等者，給與半個月俸給總額之一次獎金；列丙等者，不予獎勵；列丁等者，免職。

以上年終考績及另予考績之獎金，均以受考人次年一月之俸額為準。

七、平時考核與考績之關聯：平時考核與年終考績及另予考績之關聯，依公務人員考績法及施行細則規定如下：

(一)平時考核應併入考績增減總分：嘉獎或申誡一次者，考績時增減其總分一分；記功或記過一次者，增減其總分三分；記一大功或一大過者，增減其總分九分。增減後之總分超過一百分者，仍以一百分計。

上述增分或減分，應於主管人員就考績表項目評擬時為之。

(二)考績應以平時考核為依據：平時考核成績記錄及獎懲，應為考績評分之重要依據，平時考核之功過，除依規定抵銷外，曾記二大功人員，考績不得列乙等以下；曾記一大功人員，考績不得列丙等以下；曾記一大過人員，考績不得列乙等以上。

第二項　警察人員及關務人員之考績

依警察人員管理條例規定，除平時考核、停職、免官及免職有其特別規定外，其餘多適用公務人員考績法之規定。依關務人員人事條例規定，除平時功過與考績等次有特別規定外，餘與一般公務人員同。茲簡說如下：

一、警察人員考績

(一)平時考核之重點：警察人員平時考核，以忠誠、廉潔及工作成績為考核重點。

(二)平時考核之獎懲：獎勵分嘉獎、記功、記大功；懲處分申誡、記過、記大過、免職及免官。以上嘉獎、記功、記大功及申誡、記過、

記大過之獎懲標準，由內政部商請銓敍部定之，免職及免官之標準則依警察人員管理條例之規定。

(三)違法失職者之停職：警察人員違法失職情節重大者，其主管機關得依職權予以停職，並依法處理。但有下列情形之一者，應即停職，即 1.犯內亂、外患、叛亂、匪諜、盜匪等罪嫌，經提起公訴者； 2.犯貪污、瀆職罪嫌，經提起公訴者； 3.假借職務上權力、機會或方法，犯詐欺、侵占、恐嚇等罪嫌，經提起公訴者； 4.犯上述三款以外之罪，經第一審法院判處徒刑尚未確定者； 5.刑事訴訟程序實施中被羈押者。停職人員經不起訴處分或判決無罪確定，其行政責任尚未構成法定免職情事者，應將其復職並補發其停職期間之俸給。

(四)免職及免官：警察人員除因考績免職外，有下列各款情形之一者，主管機關亦應予免職，即 1.犯內亂、外患、叛亂、匪諜、盜匪罪，經有罪判決確定或交付感化者； 2.犯貪污、瀆職罪，經有罪判決確定者； 3.犯上述二款以外之罪，經有罪判決確定，受拘役以上刑之宣告，未宣告緩刑者； 4.持械恐嚇或傷害長官、同事，情節重大者； 5.具有惡意犯上，或以匿名控告、散發傳單等方式詆譭長官、同事或破壞團體之事實者； 6.具有假借職務上之權勢，意圖敲詐、勒索之事實，雖未構成犯罪而有損警譽者； 7.假借職務上之權勢，庇護竊盜、贓物、流氓、娼妓、賭博之事實，雖未構成犯罪而有損警譽者； 8.涉足不許任意出入之場所，滋生事端，情節重大，有損警譽者。依上述前二款規定免職者，並予免官。

二、關務人員考績

(一)平時功過與考績列等之關係：關務人員在同一考績年度內，於功過相抵後，記功二次以上者，考績不得列乙等以下；記功一次者，考

績不得列丙等以下；記過二次以上者，考績不得列乙等以上；記過一次者，考績不得列甲等。

(二)其餘部份，適用公務人員考績法之規定。

第三項 公務人員之考成

依公務人員考績法，派用人員之考成，準用本法之規定；不受任用資格限制人員及其他不適用本法考績人員之考成，得由各機關參照本法之規定辦理。玆簡說如下：

一、派用人員考成： 各機關依派用人員派用條例規定所派用之人員，因並非任用人員，故不能辦理考績，而只能辦理考成。因係準用本法之規定，故事實上除名稱為考成外，其餘均與辦理考績相同。

二、機要人員考成： 機要人員具有任用資格者，於銓敍合格後，自可參加考績，但如未具任用資格而已准以機要人員任用時，則只能參加考成。機要人員之考成，仍準用公務人員考績法之規定。

三、雇員之考成： 各機關依雇員管理規則雇用之雇員，依該規則規定，其考成準用公務人員考績法之規定。

第四項 辦理公務人員考績之程序

依公務人員考績法及施行細則規定，辦理考績之程序甚為嚴密。玆簡說如下：

一、人事單位查明考績人數： 各機關辦理公務人員考績，應由人事主管人員查明受考人數，並分別填具考績表有關項目，如姓名、職稱、到職及送審年月、請假及曠職、平時考核及專案考績獎懲等後，送單位主管評分。

二、主管人員評擬： 公務人員考績，由直屬長官參考受考人平時考

核獎懲就考績項目評擬分數，其有上級長官者再由上級長官評擬分數。主管人員評擬時，應檢同受考人全年平時成績考核記錄，依規定加簽意見後再行評分，而後彙送考績委員會初核。但長官僅有一級或因情形特殊不設置考績委員會時，得送由機關首長考核。

三、考績委員會初核

(一)考績委員會之組織與職掌：依考試院核定之考績委員會組織規程規定：

1. 考績委員會之組織：各機關辦理年終考績時，應設考績委員會，置委員五人至十七人，除人事主管人員為當然委員外，餘由機關首長就本機關主管人員中指定之，並指定一人為主席。又五至十七委員中，每滿五人應有一人為非主管人員，並由本機關人員推選產生。

2. 考績委員會之職掌：為 (1) 本機關職員及直屬機關首長考績(成)之初核或核議事項；(2) 關於公務人員考績復審案件之核議事項；(3) 其他有關考績（成）之核議及首長交議事項。

(二)初核之方法：考績委員開會時，應由主席將考績表交出席委員互相審閱，比較受考人已往成績及同官等職務受考人成績，核議分數，並提付表決，填入考績表，由主席簽名蓋章後報請機關首長復核。考績委員會對考績案件有疑義時，得調閱有關資料，必要時並得通知受考人、有關人員或其單位主管到會備詢，詢畢退席。考績委員會初核完畢後，應即送機關首長。

四、機關首長復核：機關首長復核所屬公務人員考績案，如同意考績委員會初核意見，即為復核完成；如對初核結果有意見，應先交考績委員會復議。機關長官對復議結果仍不同意時，始得變成分數等次，但應在考績案內註明其變更之事實及理由。

五、銓敘機關核定

(一)密送銓敍機關：　各機關公務人員考績辦理後，　應依官等、　職等、職務及分數次序，編列考績清冊及統計表，一併於限期內密送銓敍機關，其中考列丁等者並應檢同其考績表，統計表亦得由主管機關彙總編送。依法權理人員，以經銓敍機關依其任用資格審定之職等考績；　又調任同官等低職等職務而仍以原職等任用人員，以原職等考績。各機關考績案由上級機關核轉時，如上級機關對考績等次認有變更必要時，應發還原機關復核，復核結果仍認為不當時，得於考績表冊內加註意見，轉送銓敍機關核辦。

(二)銓敍機關核定：　銓敍機關對公務人員考績等次、分數及獎懲如有疑義，應通知該機關詳復事實及理由，或通知該機關重加考核，必要時得調卷查核或派員查核，　經查核證明不實時，　銓敍機關對其考績等次、分數或獎懲，得逕予變更。

六、通知受考人： 各機關考績案經銓敍機關核定後，應以書面通知受考人。

七、申請復審： 年終考績列丁等或專案考績受免職處分人員，得於收受考績通知書次日起三十日內，依下列規定申請復審，即㈠不服本機關核定者，得向其上級機關申請復審，其無上級機關者，向本機關申請復審；㈡不服本機關或上級機關復審之核定者，得向銓敍機關申請再復審；㈢復審或再復審，認為原處分理由不充足時，應由原核定機關或通知原核定機關撤銷原處分或改予處分，如認為原處分有理由時，應駁回其申請；㈣申請再復審以一次為限。

八、復審再復審之核定： 受理復審及再復審案機關，均應於三十日內核定，並以書面答復申請人；又申請再復審者，得於收受復審核定通知之次日起，三十日內向銓敍機關提出，銓敍機關受理再復審案，必要時得調閱申請人平時成績考核記錄或一次記二大過之詳細事實，或派員

調查之。

　　九、不服再復審之提起行政訴訟：依大法官會議第二四三號解析，依考績對公務員所爲免職處分，直接影響其憲法所保障之服公職權利，經復審、再復審如仍有不服，應許其向行政法院提起行政訴訟。

　　十、考績結果之執行：年終考績結果，應自次年一月起執行；專案考績結果，應自銓敘機關核定之日起執行。但年終考績及專案考績應予免職人員，自確定之日起執行，在未確定前，得由權責機關長官先行停職；先行停職人員，如申請復審、再復審結果，准予復職時，應補發其停職期間俸給，其任職年資並予繼續計算，但停職期間在考績年度內逾六個月者，不予辦理該年年終考績。

　　十一、辦理考績失職之懲處：各機關首長及各主管長官，對所屬人員之考績，如發現有不公或徇私舞弊情事，銓敘機關得通知其上級長官予以懲處，並應對受考人重加考核。辦理考績人員，對考績過程應嚴守秘密，並不得遺漏舛錯，違者按情節輕重予以懲處。應屆辦理考績期間，人事主管未向機關長官簽報辦理考績者；或機關長官據報而不予辦理者，或不依所定期限辦理者，均以遺漏舛錯論。

第四節　公營事業人員之考成

　　依公務人員考績法第二十三條，公營事業機關人員之考績，另以法律定之。至今法律尚未制定，故公營事業人員均以考成或考核名義，由主管機關訂定行政規章辦理。茲按交通事業人員、生產事業人員、金融事業人員之考成，分項敍述之。

第一項　交通事業人員之考成

交通事業人員考成規則，乃辦理交通事業人員考成之依據。該規則之要點爲：

一、適用範圍：交通事業人員任現職經敍定資位至年終滿一年，或在考成年度內具有特優事蹟或特劣行爲者，均可依考成辦法之規定辦理考成。

二、平時考核及獎懲：交通事業人員，遇有足資鼓勵之事蹟或儆誡之行爲時，應隨時予以獎懲，其獎勵以嘉獎、獎金、記功、記大功爲限；懲處以申誡、罰薪、記過、記大過爲限。記功三次作爲記大功一次，記過三次作爲記大過一次，功過得互相抵銷。功過獎懲辦法及標準，由事業總機構擬呈主管機關核定，並送銓敍機關備案。

三、考成種類：交通事業人員考成分下列兩種：

(一)專案考成：

1. 事業人員在考成年度內，具有下列特優事蹟者，予以下列之獎勵：

(1)特優事蹟：甲、對本事業業務上或技術上有特殊貢獻，經採行而獲有重大改進者；乙、遇特殊危急事變，冒險搶救，保全本事業或公衆重大利益者；丙、對危害本事業之產業或設備之意圖，能預先覺察並妥爲防護消弭，因而避免損害者；丁、對本事業之重大災害，奮勇救護，因而免於損失者。

(2)獎勵：事業人員，具有上列事蹟之一者，視其動機、原因、影響，依下列規定予以獎勵：甲、晉薪一級，給予獎章，並調升本資位較高職務，無職務可升任時，改給一個月薪額之一次獎金；乙、晉薪一級並給予獎章；丙、晉薪一級並給予獎狀；丁、晉薪一級。

2. 事業人員在考成年度內，具有下列特劣行爲者，予以下列之懲處:

(1)特劣行爲: 甲、行爲不檢，屢誡不悛，或破壞紀律情節重大者; 乙、遇特殊危急事變，畏難規避或救護失時，致本事業或公衆蒙受重大損害者; 丙、對可預見之災害，疏於覺察防護或臨時措施失當，致本事業蒙受不必要之損害者; 丁、對本事業之重大危害，因循瞻顧或隱匿不報，因而貽誤事機，致本事業遭受重大損失者。

(2)懲處: 事業人員具有上述各款行爲之一者，視其動機、原因、影響等，依下列規定予以懲處: 甲、免職; 乙、降薪一級，調任本資位較次職務並察看三個月，察看期滿工作無進步者免職; 丙、降薪一級並調任本資位較次職務; 丁、降薪一級。

3. 事業人員所具特優事蹟或特劣行爲，未爲上述所列舉者，得分別比照辦理。

(二)年終考成: 事業人員任現職經敍定資位至年終滿一年者，或以經銓敍有案之同一資位或相當該資位之職務年資合計滿一年者，辦理年終考成。其情形如下:

1. 考成項目及評分標準: 年終考成分工作技能、辦事勤惰及品行學識等項考核評分，其標準爲:

(1)工作技能: 考核主管人員時，分爲領導、設計、推進、處理四目，每目評分爲自最低之零分至最高之十分; 考核非主管人員時，分爲速度、數量、準確、處理四目，每目評分爲自零分至十分。

(2)辦事勤惰: 分負責、合作、守時、勤勞、出勤五目，前三目評分爲自零分至十分，第四目評分爲自零分至七分，第五目評分爲自二分至三分。

(3)品行學識: 分操行、學識兩目，每目評分爲自零分至十分。

如因業務性質特殊，前述項目不適宜或各項目評分比率有變更之必要者，得由事業總機構呈請主管機關商請銓敍部另訂或調整之。

2. 考成總分及獎懲：年終考成以一百分爲滿分，其獎懲爲：

(1)七十分晉薪一級，其超過七十分之分數，先予存記，俟積滿七十分時再晉薪一級；

(2)六十分以上不滿七十分者，留原薪級，連續二年留原薪級者，得另調本資位較次職務；

(3)五十分以上不滿六十分者，降薪一級，並得調本資位較次職務或調其他單位工作；

(4)不滿五十分者免職。又年終考成分數評列九十分以上或不滿五十分者，應分別開列具體優劣事實。

考成應晉之級，在本資位已無級可晉時，每一級給予一個月薪額之獎金；考成應降之級，本資位已無級可降時，按次一資位與原薪級低一級之薪額減支；無次一資位者，按原薪與高一級薪額之差額減薪。降級減支或減薪人員，依考成晉級時，應分別自所降或所減支之薪級起敍或恢復原薪額。

3. 考成晉級之扣除：事業人員在本年度內已升資晉級者，年終考成不予再晉。

四、考成程序

(一)考成委員會之初核：　交通事業人員之考成，除事業機構正副主管人員由事業總機構考成，事業總機構正副主管人員由主管機關考成外，其餘人員，均先由直接長官及上級主管長官評分後，送各事業機構考成委員會執行初核。

考成委員會，由本機構副主管一人，本機構一級單位主管，本機構人事主管人員，及本機構主管指派之其他人員一至三人(其任期爲一年)

組成；考成委員會須有全體委員三分之二以上之出席，出席委員過半數之同意方得決議，但年終考成評列九十分以上或不滿五十分，及專案考成受免職或降薪調較次職務察看之懲處者，須經出席委員四分之三之同意方得決議；考成委員對本身之考核應行迴避。

(二)機構主管執行覆核：考成案經考成委員會初核後，卽送請機構主管覆核；但主管僅有一級不能組織考成委員會，經主管機關核准者，得由該機構主管逕行考核。經機構主管覆核後，屬高員級以上人員考成，送請銓敍機關核定，屬員級人員考成，送請主管機關核備，屬佐級以下人員考成，由各事業機構自行核定。

(三)考成結果之通知與執行：考成結果核定後，由事業機構以書面通知受考人，其年終考成不滿五十分，或專案考成受免職或降薪並調較次職務察看之懲處者，應附註事實及原因。受考人認有疑義時，得於奉到通知後三十日內詳敍理由申請覆審，但以一次爲限。

年終考成結果自次年一月起執行，專案考成結果自事實發生之月起執行，但其懲處得自核定通知到達之次月起執行，免職人員得先予停職。

五、平時考核與年終考成之關聯：事業人員在考成年度內記大功者，年終考成總分不得低於七十分；記大過者，年終考成總分不得超過六十九分。

第二項　生產事業人員之考核

經濟部所屬事業機構人員考核及工作獎金發給辦法，乃辦理該部所屬生產事業人員考核之依據。該辦法之要點爲：

一、適用範圍：經濟部所屬事業人員，其考核及獎懲，均適用經濟部所屬事業機構人員考核及工作獎金發給辦法之規定，辦理考核與發給

獎金。

　　二、考核原則： 經濟部要求所屬各機構主管，對其所屬人員，應本綜覈名實、獎優懲劣之旨，作客觀公平之考核，並依據考核結果予以適當的獎懲。

　　三、平時考核： 於所屬人員平時有優劣事實時，隨時辦理。其情形如下：

　　(一)平時考核之獎懲：平時考核之獎勵，分嘉獎、獎金、記功、記大功、晉級等各種；懲處分申誡、記過、記大過、降級、免職或除名等各種。

　　(二)平時考核標準：各機構應視實際需要，訂定考核獎懲標準，報經濟部核備後實施，但對記大功、記大過之標準，則統一規定如下：

　　　1. 有下列情事之一者，應斟酌情形記大功一次或兩次：(1) 對主辦業務有重大革新提出具體方案，經採行確具成效者；(2) 辦理重要業務成績特優，或有特殊勳績者；(3) 適時消弭意外事件或重大變故之發生，或已發生能予控制，免遭嚴重損害者；(4) 在惡劣環境下冒生命危險盡力職務，或完成任務者；(5) 搶救重大災害切合機宜者。

　　　2. 有下列情事之一者，應斟酌情形記大過一次或兩次：(1) 違抗命令，不聽指揮者；(2) 怠忽職責或洩露公務機密，致使事業機構或政府機關遭受重大損失者；(3) 違反紀律或行為粗暴，擾亂機構秩序情節重大者；(4) 誣陷、侮辱、脅迫長官或同事，事實確鑿者。

　　四、年度考核： 於每年考核年度終了時舉辦，各機構人員正式任職至年終滿一年者，予以考核。其情形為：

　　(一)年度考核總分及等次：年度考核總分以一百分為滿分，其等次區分為：總分在八十分以上者為甲等，總分七十分以上不滿八十分者為乙等，　總分六十分以上不滿七十分者為丙等，　總分不滿六十分者為丁

等。

　(二)年度考核之獎懲：考列甲等者，晉原職等薪級一級，並發給一個月薪額之工作獎金；無級可晉者，另發給一個月之薪額。考列乙等者，晉原職等薪級一級，並發給半個月薪額之工作獎金；無級可晉者，另發半個月之薪額。考列丙等者，留原職等薪級。考列丁等者，免職或除名。

　(三)規定考列甲等人數比例：各機構年度考核列甲等人數，依機構年度工作考成等次，作不同規定，以期機構考成成績優者，年度考核列甲等人數比率亦得提高。如：

　　1. 機構年度工作考成成績列甲等者，該機構考列甲等人數，以參加當年度考核總人數百分之五十為最高額。

　　2. 機構年度工作考成成績列乙等者，該機構考列甲等人數，以參加當年度考核總人數百分之四十五為最高額。

　　3. 機構年度工作考成成績列丙等者，該機構考列甲等人數，以參加當年度考核總人數百分之四十為最高額。

　　4. 機構年度工作考成成績列丁等者，該機構考列甲等人數，以參加當年度考核總人數百分之三十五為最高額。

　再各機構得辦理內部單位之團體考核，並根據團體考核成績之優劣，決定各內部單位所屬人員考列甲等名額。此種措施之目的，在使個人考核與事業年度考成及團體績效相配合，藉以激勵所屬人員關心事業經營績效。

　(四)各機構主持人之考核，由經濟部參酌該機構年度考成成績核定；協理級人員之考核，由各該機構參酌其年度考成成績初評，報經濟部核定。

　五、另予考核：各機構人員任現職至年終不滿一年而已達六個月

者，另予考核。另予考核列甲等者，給予一個月薪額之一次工作獎金；列乙等者，給予半個月薪額之一次工作獎金；列丙等者，不予獎懲；列丁等者免職。

六、**考核程序**：各機構辦理年度考核及另予考核，應組織考核委員會辦理，並由各機構核定；年度考核結果，應以書面通知受考人，自次考核年度開始時執行，但考列丁等人員，得在接到通知一個月內提出申請複核，複核結果報請主持人核定後執行，未提出申請複核者，在通知屆滿一個月時執行。辦理考核人員，在考核進行中應嚴守秘密，並不得遺漏舛錯，違者按情節輕重予以懲處。

七、**平時考核與年度考核之關聯**：平時考核一次記大功兩次，或同一年度內功過相抵後累積記大功兩次者，則按年度考核列甲等人員之獎勵予以獎勵，即在原職等晉薪一級並發給一個月薪額之工作獎金，無級可晉者另發給一個月之薪額。一次記大過兩次，或同一年度內功過相抵後記大過達兩次者，應予免職或除名。至其餘平時功過於相互抵銷後，作為年度考核之參考。但平時考核曾記大功未受其他處分者，其年度考核總分應列乙等以上，曾記大過以上處分未經抵銷者，其年度考核不得列乙等以上。

八、**其他工作獎金**：各機構依據各工作人員考核成績及平時功過，應另行發給工作獎金以資獎掖時，得擬具發給標準，報經濟部核定後實施。

九、**工作獎金之限額**：考核之工作獎金及其他工作獎金，應於機構當年度用人費限額有節餘時始予發給，其發給總額，如機構盈餘實績已達預算標準者，全年發給總額不得超過本機構二個月薪給；如機構盈餘實績未達預算標準者，全年發給總額不得超過本機構一個月薪給。

第三項　金融事業人員之考核

財政部所屬國營金融保險事業機構人員考核及工作獎金發給辦法，為辦理該部所屬金融事業人員考核之依據，省市金融機構人員亦比照辦理。該辦法之要點為：

一、適用範圍： 財政部所屬國營金融保險事業機構團體及工作人員適用之。

二、考核原則： 各金融保險事業機構主管，對其所屬人員考核，應依據團體經營績效及工作人員服務貢獻，本綜覈名實獎優懲劣之旨，將人與事、個人與團體，互為貫聯，作客觀公平之考核，並予適當之獎懲，以激發團隊精神，提高工作效率。

三、團體考核： 係事業機構團體之考核，並作為決定所屬人員個人年度考核列甲等人數比率之依據。其中又分：

(一)機構考核：以各機構為考核對象，依國營事業年度工作考成之規定辦理。機構考核結果列甲等者，其所屬受考人員列甲等員額，最多不得超過百分之五十；機構考列乙等者，其所屬受考人員列甲等員額，最多不得超過百分之四十五；機構考列丙等者，其所屬受考人員列甲等員額，最多不得超過百分之四十；機構考列丁等者，其所屬受考人員列甲等員額，最高不得超過百分之三十五。

(二)單位考核：以各機構內部一級單位及分支機構為考核對象，由各機構依據內部各單位年度經營績效，予以考評，並在該機構當年度可列甲等總人數範圍內，核定各該單位考列甲等人數。

四、個人考核： 係對事業機構工作人員個別考核之，又分下列三種：

(一)平時考核：各級主管人員，應分層負責就所屬人員平時之工

作、勤惰及品德生活嚴加考核，詳予紀錄，就其優劣事蹟予以適當之獎懲，並作爲年度考核之依據。其情形爲：

1. 平時考核之獎懲：平時考核之獎勵，分嘉獎、記功、記大功；懲處分申誡、記過、記大過。嘉獎三次作爲記功一次，記功三次作爲記大功一次；申誡三次作爲記過一次，記過三次作爲記大過一次。同一年度之平時獎懲，除一次記兩大過者外，均得相互抵銷。

2. 平時獎懲之標準：各機構應視實際需要，訂定獎懲標準，報財政部核備後施行，但記大功、記大過之標準，則在辦法內統一訂定，其內容與生產事業人員考核辦法規定相同。

3. 平時考核之特別獎懲：個人平時考核記大功兩次，或同一年度內累積達記大功兩次未依照規定抵銷者，晉薪一級，並給予一個月薪額之工作獎金；無級可晉者，給予兩個月薪額之工作獎金。平時考核記大過兩次，或同一年度內累積達記大過兩次未依照規定抵銷者，應予免職。

(二)年度考核：於每年年終時辦理，以工作人員個人工作表現及平時考核紀錄與獎懲爲依據，凡服務至年度終了滿一年者予以考核，奉調或商調人員繼續任職者，年資得合併計算。年度考核之考核項目、等次及獎懲如下：

1. 考核項目：個人年度考核之考核項目及評分標準，由各機構衡量工作、勤惰、品德及才能、學識、貢獻等因素，分別訂定報財政部核備實施。

2. 考核等次：個人年度考核，以一百分爲滿分，其等次區分爲考核分數在八十分以上者爲甲等，七十分以上不滿八十分者爲乙等，六十分以上不滿七十分者爲丙等，不滿六十分者爲丁等。

3. 考核獎懲：個人年度考核之獎懲爲考列甲等者，晉原職等薪級

一級，並給予一個月薪額之工作獎金；無級可晉者，給予兩個月薪額之工作獎金。考列乙等者，晉原職等薪級一級，並給予半個月薪額之工作獎金；無級可晉者，給予一個月薪額之工作獎金。考列丙等者，留原薪級。考列丁等者免職。

各機構主持人之考核，由財政部參酌該機構年度考核成績核定，並予以獎懲；副總經理、副局長人員之考核，由各該機構參酌本機構年度考核成績初評，報財政部核定。

(三)另予考核：各機構人員服務至年度終了滿六個月者，另予考核，其獎懲為考列甲等者，給予一個月薪額之工作獎金；考列乙等者，給予半個月薪額之工作獎金；考列丙等者，不予獎懲；考列丁等者免職。又另予考核列甲等之人數，應與年度考核列甲等人數合併計算。

五、考核程序

(一)各機構年度考核及另予考核，應組織考核委員會辦理，並由各機構核定。個人考核結果，應以書面通知受考人。

(二)申請覆核：年度考核列丁等或平時考核應予免職人員，得於接到免職通知後三十日內，提出具體理由，向財政部申請覆核，覆核認為原處分理由不充足時，通知原核定機構撤銷原處分或改予處分；認為原處分有理由時，應予駁回，被免職人員不得再申請。

(三)執行：年度考核自次年度開始之日起執行，但考列丁等及平時考核應予免職人員，自確定之日起執行，未確定前，得予先行停職。

(四)嚴守秘密：辦理考核人員，在考核進行中應嚴守秘密，並不得遺漏舛錯，違者按情節輕重，予以議處。

六、平時考核與年度考核之關聯：

個人平時功過，除依規定抵銷外，曾記大功未受其他處分者，其年度考核應考列乙等以上；曾記大過以上之處分未經抵銷者，其年度考核不得列乙等以上。

七、其他工作獎金: 各機構依據各工作人員考核成績及平日功過，應另行發給工作獎金以資獎掖時，得擬具發給標準，報財政部核定後實施。其他工作獎金與考核工作獎金，於機構當年度用人費限額有節餘時發給之，如機構盈餘實蹟達預算標準者，全年發給總額不得超過本機構二個月薪給；機構盈餘實績未達預算標準者，全年發給總額不得超過本機構一個月薪給。

第五節　考績不易準確客觀之原因與其改進

考績之不易準確、客觀，其原因甚多，如有屬於制度方面，有屬於執行方面，但一般言之，屬於執行方面之原因實大於制度之原因。而執行方面之原因，主要又為事實資料之欠缺與評分標準之未備，主考人之心理偏差與受考人之抗拒心理所致。茲就執行方面之原因分項敍述之，並略提改進之方向。

第一項　事實資料與評分標準

一、事實資料之完整或欠缺: 公務人員考績成績優劣之評定，必須以事實資料為依據，如在工作方面，一年內所完成工作項目及工作量之統計，工作素質之優點與缺點的記錄，工作能提前完成與有延誤情事之詳細資料與統計，所用工作方法之有效性或無效性的事實，對工作能主動、負責、勤勉處理之實例，協調合作之事例，研究創造的成果，及便民的實例等；在操行方面，表現出忠誠、廉正之事實，性情、好尚之詳細分析與對工作的影響等；在學識方面，學識、經驗之造詣，見解是否精闢及有助工作推展之事實，進修之成績與對工作貢獻之實例等；在才能方面，如表達意見能力的高低，實踐的績效，及體能對工作之能否勝

任及勝任之程度等。關於此種事實資料之完整或欠缺，對考績之準確客觀有着大的影響。

二、評分標準之有無: 除事實資料外，尚須有評分的標準。因資料只是一些事實或數據，根據事實與數據如何來評定其成績，則有待評分標準的建立，否則雖有完整的事實資料，仍難使考績準確客觀。如擔任某種工作之公務人員共有五人，該種工作之工作量雖有詳實的統計，但達到何種數量者應給予何種分數，仍需另訂評分的標準，有了評分標準，才能對此五人之工作數量的項目，作出公平的與客觀的評分。

第二項　主考人之心理偏差

雖有充分的事實資料與客觀的評分標準，仍不能保證考績一定可準確客觀，原因是主考人在心理上易發生下列的偏差，致發生了考績誤差:

一、暈輪效果 (Hallo Effect): 卽主管人員評定屬員考績時，常因屬員的某項特性 (或特質)，亦爲主管認爲重要的特性，而影響及主管對屬員其他各項特性之客觀的評定。如主管認爲某屬員人緣很好、對長輩很有禮貌時，就認爲該屬員各考績項目的成績亦應很高，其實此種人緣及禮貌與考績成績並無必然關係，致發生考績上的誤差。相反的，如主管認爲某屬員性情暴躁，對長官無禮貌時，卽認爲該屬員的考績成績亦應低劣，致同樣的發生考績誤差。

又如主管用考績表考評員工成績時，如給某一目的考績成績高，則其他各目的考績，亦跟着給予高分，此亦爲暈輪效果的作用，引致考績的誤差。

二、近因誤差 (Recency Error): 卽主管人員辦理所屬員工之年終考績時，通常並不以一年的實有績效爲依據，而只以最近數月的績效，

作爲一年績效考績的依據。其原因爲最近數月的績效印象較爲深刻，記憶亦較爲清楚，而對以前數月的績效則印象模糊，記憶不清；此種以最近的績效作爲評定一年績效的事實，自必發生考績誤差。難怪有的人員，在前半年期間工作平常不求表現，當快屆辦理考績時則工作特別努力，盡量在主管面前求取表現，塑造新的印象，以獲取考績的好成績。

三、集中趨向 (Error of Central Tendency)：卽主管人員考績所屬員工時，其考績成績有集中在某一等次或分數的傾向，如絕大部分均考列乙等，或一半考列甲等（八十分），另一半考列乙等（七十九分）。此種考績成績之集中趨向，與各人員的實有成績出入甚大，致發生考績誤差。其原因爲主管多不願對所屬員工作明顯的優劣區分，以免引起部分人員對主管的不滿，及人員相互間的猜忌。

四、各單位主管間的常誤 (Constant Error Between Supervisors)：卽各單位主管，對考績應從寬或從嚴，常抱有不同的看法，有的主管認爲考績應從嚴，八十分已爲最高分，績效平常者只能給七十分；有的主管認爲考績宜從寬，如一年內無差錯就應給八十分，如有良好表現者應給九十分。因此這兩單位人員的考績分數，就無法作直接的比較，致發生考績誤差。

五、年齡誤差 (Error of Ages)：根據一般考績成績高低與年齡關係之分析，大凡年齡在四十歲上下者，其考績成績普遍高，年齡在卅歲以下及五十五歲以上者，其考績成績普遍較低。其原因爲一般主管多認爲員工年在卅歲以下時，學識經驗尚不夠成熟，故考績成績不會高；而年在五十五歲以上時，年事已大且未獲升較高職務，足證其學識經驗平庸，故考績成績甚低。又如年輕的主管，對年輕屬員的考績成績易於偏高；年長的主管，對年長屬員的考績成績亦易偏高。此種心理本只是假設而已，與員工實有績效並無必然關係，致發生考績誤差。

六、偏見誤差 (Error of Bias)： 人難免有主觀的偏見，主管對所屬人員的考績，同樣亦有主觀偏見的可能。如認為家世好的屬員考績成績就高，好酒的人員考績成績一定低，對有親戚或同學關係的人員，在考績時就會介入私人的情誼而提高評分；對與有過節的人員，在評分時常會出現公報私仇的念頭而給低分。將此種與人員真正績效並無關係的因素，介入考評之中，自會發生考績誤差。

第三項　受考人之抗拒心理

即使有完整的事實資料，客觀的評分標準，主考人無心理偏差，考績仍可能發生糾紛，此即由於受考人之抗拒心理使然。尤其考績結果被列為較低分數與等次之受考人，常因下列原因而產生了抗拒心理：

一、因考績有誤差而抗拒： 主管對所屬人員的考績，如被考列為不合格，屬員多不會接受，他不承認自己績效差的事實，而認為是考績不公引致誤差所致，因而產生抗拒心理。此種抗拒心理在行為上所表現出者，有為依規定程序申請覆審，有為在公開或不公開場合批評主管之不公，有為找主管評理等。

二、因考績不良影響發展前程而抗拒： 考績的作用應是多方面的，如依考績調整薪資，從考績發掘人才，憑考績辦理升遷轉調等。如考績被列為不良，自會影響及將來發展的機會，因而即使考績是客觀、公平與確實，只要被考列為不良，即會發生抗拒心理。

三、因考績低劣受免職而抗拒： 依一般考績規定，如考績成績低劣者，需予以免職，雖對考績免職者多有申請覆審之規定，但因提出申請覆審而撤銷原有考績之結果者，究屬罕見。因此，當獲知考績成績低劣時，屬員往往會發生抗拒心理，甚或表現出莽撞的抗拒行動。

四、認為考績是對受考者的威脅而抗拒： 有的屬員認為自己的績效

如公開讓由他人來評定，並根據評定結果採取對自己不利的行動，這無形中是對受考者的威脅。人總是希望能消除所受到的威脅或採取行動來排除此種威脅，因而引發抗拒的心理。

第四項 改進之方向

自實施考績制度以來，因常受到批評，故考績法亦常作修正，但雖經多次修正，而批評依舊。因此欲使考績準確，客觀，已不是單憑修正法規所能濟事。根據此上的原因分析，如屬大致正確，則其改進方向，似宜重視下列：

一、切實執行平時考核並蒐集統計事實資料： 年終考績應以平時考核為依據，因而平時考核能否切實執行，必將影響及年終考績的準確與客觀，對受考人平時績效與操行等，更需有評定的事實資料記載，能予量化的資料，並應作成統計備用。

二、訂定評分標準： 評分標準的有無是影響年終考績準確客觀的另一因素，考績成績是須予量化的，亦即以分數代表考績成績的高低，分數又是根據平時考核的記錄及統計資料而評定的，但如缺乏評分的標準，則不同的主管人員對同樣的考核記錄與事實資料，會給予不同的評分，致影響及考績的公平，故訂定評分標準有其必要。

三、舉行考績研討會： 在舉行考績前，宜舉行考績研討會，由各單位主管人員參加，主要在研討如何保持考績評分的準確與客觀，及盡量避免考績時在心理上可能發生的偏差。

四、考績委員會慎重執行初核： 各單位主管間如有常誤發生，亦即有的主管評分特別嚴，有的特別寬，此種常誤必須在初核時予以校正，再對考績評分列甲等及丁等者，更應慎重研討，根據事實資料作最準確客觀的判斷。

五、宣導考績的需要性： 受考人對考績的心理威脅，須經由宣導而消除或降低，考績爲處理公務人員俸給、升遷調任、規劃訓練進修所必需。考績不只是消極的汰劣，更是積極的培養與發展人才；考績不是在阻礙而是在幫助，以期消除或降低受考人對考績的抗拒。

六、 對考績不良者多採積極性的補救措施： 考績列丙等者不予獎懲，考績列丁等者予以免職，固爲考績之通案規定，但考績並不以不予獎懲或免職爲目的，主要的是對考績成績不良者，應了解其原因，及針對原因採取積極性的補救措施，使受考人能獲得益處，受考人的才能得以發揮。如受考人對某方面學識技能不足致影響及成績時，則應幫助其參加訓練進修，獲得工作所需知能，進而發揮工作績效；如因受考人興趣不合致成績低劣時，則宜調整其他適當工作，以提高工作情緒，增加對機關的貢獻。

第九章　權利、義務與責任

　　公務人員在職期間，可享有法定之權利，但亦應盡法定之義務，如有違反義務卽要擔負責任，並根據責任予以懲處。玆按意義及一般原則，公務人員之權利，公務人員之義務，刑事責任與刑罰，民事責任與賠償，懲戒或行政責任與懲戒或行政處分各節，敍述之。

第一節　意義及一般原則

第一項　意　　義

　　經依法任用之公務人員，基於享有一定之權利，自需盡有一定之義務，如有違反義務，應卽擔負責任，並視責任予以懲處，此卽爲權利、義務與責任。玆再說明如下：

　　一、經依法任用之公務人員，卽享有一定之權利：公務人員所享有之權利，有者屬於有形的，有者屬於無形的，有者爲物質的，有者爲精神的，有者爲法規所明定，有者爲社會所賦與。

　　二、因享有權利，自需盡有義務：權利與義務往往是相隨的，是相

等的，有權利就有義務，權利為政府所賦予，義務為公務人員對政府的奉獻，二者如有缺一，即為不公平、不相稱，勢將引起紛擾。

三、違反義務卽負有違失責任：公務人員應盡之義務，如能善盡職責，固將不發生違失責任問題，但如對應盡之義務未有盡到，或甚至違反應盡之義務時，即需擔負違法失職的責任，至應負責任之性質及輕重情形，則需視違失的情況而定。

四、根據違失責任，予以懲處：公務人員如負有違失責任，即需依規定予以懲處，至懲處之種類，則視違失責任之性質及情節輕重而不同，重者如撤免職務，輕者如申誡，皆所以表示處罰，用以警惕刁頑，激勵來玆。

第二項 一般原則

對公務人員之權利、義務與責任，為期發揮效果，有若干原則需予重視，玆說明如後。

一、對享有之權利可分有形的與無形的兩類：經依法任用之公務人員即可享有權利，從權利的內涵看，有屬有形的、物質的權利，有屬無形的、精神的權利；從權利之來源看，有些權利為法規所賦予的，有些權利則為社會所認可的；從享有的期間言，有些權利以在職期間為限，有些權利卻於離職後方得享有；再從享有人之身分言，有些權利係由公務人員所享有，有些權利則為公務人員之眷屬或遺族所享有。

二、對應盡之義務可分法規的與道德的兩種

(一)法規所定的義務：公務人員在職期間，對應盡之最基本的義務，多用法規加以明定，以增加公務人員對應盡義務之瞭解，及引起公務人員對應盡義務之重視。如執行職務、服從命令、保守機密、不圖謀利益、不經營商業、不兼任職務等，均屬最基本之應盡義務，故通常以

法規明定。

(二)道德所期望的義務：此種義務亦可稱為良心上的義務，雖為法規所未明定，但社會上希望公務人員亦需遵守者。如對工作要表現出熱忱，處理時要盡心盡力，要主動的去發掘問題解決問題，不要等問題發生後再行補救，要提高工作素質，要替民眾做最好的服務等。此種義務與法定義務相比，顯然的道德的義務要比法規的義務層次為高。

三、對應負之責任亦可分為法規的與道德的兩種

(一)法規的責任：因違反義務而觸犯刑事法律之規定時，則依法需擔負刑事責任，如公務人員假借職權圖謀不法利益，則觸犯貪污及刑法瀆職罪，需擔負刑責；又如公務人員經營商業，如無利用職權圖利情事，雖可免負刑責，但仍需擔負懲戒責任；再如出納人員，因簽發支票或給付現金，超過核准數額或誤付債權人時，應負民事賠償責任。

(二)道德的責任：多係違反道德上的義務，致擔負着道德的責任。法規的責任係由法規所明定，而道德的責任，只是良心上的負擔，其情況與法規的責任自有不同。

四、根據應負責任，給予懲處：

懲處是根據責任而來，所負責任越大，通常所給予的懲處亦越重。因責任而來的懲處，亦可分為法規的懲處與良心的譴責兩種：

(一)法規的懲處：法規對處分的規定情形，因處分種類之不同而異，如屬刑事處分，則以法律有明文規定者為限，如觸犯何種罪刑，則應科以何種及何期間的徒刑，均在刑事法或特別法中有明文規定，如法律未有明文規定時，通常不得予以刑事處分。至民事賠償，除法律所定者外，亦可在契約中明定，只要雙方當事人同意，則雙方均應遵守。又如懲戒處分及行政處分，其應予處分之種類，則主管機關以決議方式或由首長核定方式，視情節予以處分。

(二)良心的譴責：對道德的責任，通常並非由外力給予處分，而係當事人受着道德觀念、社會價值觀念等的心理約束，使自己良心深感不安而受到譴責，如情形較爲嚴重時，亦會表現出某種行爲如辭職，以疏解心理的不安，減輕良心的譴責。

五、給予懲處時，爲期公平有其注意事項

(一)需經由一定程序：經由一定程序所作之懲處，如經由擬辦、審議，再作核定等。一方面表示出愼重，不致受偏私的影響，一方面可避免一時的意氣用事。在審議進行中，並盡可能給予當事人申辯的機會，以免受屈。

(二)盡可能訂有標準：如何種違法失職情況應擔負何種責任，及給予何種懲處，最好能事先訂有標準。一方面使公務人員均能事先瞭解及知所警惕，一方面亦可以昭大信，使給予之懲處有標準可循，不致失之過重或過輕。

(三)懲處需考慮違法失職行爲之動機與目的：不同的動機與目的，可能產生出同樣的行爲，因此對懲處案，需考慮其行爲之動機與目的。如基於被迫或基於情有可愿或基於善意的動機與目的，所表現出之行爲，卽使屬於違法失職，其處分自不宜與故意惡意等動機與目的所表現之同樣的違法失職行爲，作同等的懲處。

(四)懲處需求及時：不論是獎是懲，如有逾時均難收獎懲之效。因此，懲處案件必需及時處理，如逾時過久，則對受懲處者不會發生懲罰作用，對其他人員亦不會發生警惕作用。

六、懲處是消極的，激勵才是積極的：懲處是對違法失職者事後所作之懲罰，其目的在防止以後此種違法失職情事之再發生，公務人員對懲處的感受，只是瞭解以後不得再發生類此情事，但在行爲上、工作上究應如何作爲？在懲處時並未有指明，故公務人員只知何者不應爲，但

不知何者係應爲，是以懲處只是消極的。激勵是指示公務人員應如何行爲、如何工作，對公務人員有暗示的作用，可直接引使公務人員如何去作爲，故在意義上是積極的。由此觀之，懲處固然有其必要，但非不得已似可不必採取，而應該從激勵方面多作努力，使公務人員在工作上表現出更多的更良好的行爲。

七、考銓制度中所研究之義務、責任及懲處，均以法規的義務、責任及懲處爲範圍： 制度係由法規所構成的，故在考銓制度中所討論的義務，以法規所明定之義務爲範圍，所討論之責任與處分，亦以法規所定之責任與處分爲範圍，至道德上的義務，道德的責任，良心的譴責等，其層次雖比法規的爲高，但在考銓制度中，只看作是一種期望，希望公務人員去實踐，尙難強迫公務人員去遵守。

第二節　公務人員之權利

經任用爲公務人員者，依人事法規之規定，卽可享有一定之權利，玆分項敍述如後。

第一項　領取給付之權利

一、領取俸給之權利： 公務人員自到職後，卽可按月領取俸給，其俸額之高低，視所任職務之高低，所具資歷之高低等而定。（詳情見第七章俸給與福利）

二、領取保險給付之權利： 各機關法定編制內之有給公務人員，依規定可參加保險，如發生保險項目所列舉之事實，卽可依法領取保險給付或享受免費醫療。（詳情見第十二章保險）

三、領取退休金之權利： 各機關公務人員，現職經銓敍合格或登記

有案者，於年老力衰不能勝任職務或任職滿若干年以上而退休時，可依法領取退休金。（詳情見第十四章退休與養老）

四、遺族領取撫邮金之權利：現職經銓敍合格或登記有案之公務人員，在職亡故時，其遺族可依法領取撫邮金。（詳情見第十三章撫邮）

五、領取特定補助或津貼之權利：各機關公務人員，具有某特定之條件者，可領取特定之補助或津貼，如有子女在學者，有眷共同生活而公家未配有宿舍者，有眷屬重病需住院治療者等，可依規定請領補助或津貼。（詳情見第七章俸給與福利）

第二項　償還費用之權利

公務人員因執行職務所開支之費用，得請求服務機關償還。主要有下列各種：

一、差旅費：因出差所支付之車費、宿費、膳費、雜費，得請求償還，但為便於支付及管理起見，除車費為核實償還外，其餘通常定有一定限額，並依限額償還。

二、交際費：因執行職務必須與他人交際應酬者，其費用得檢據請求償還，但此種費用限於高級或主管人員支用，且亦定有限額，如一個月內不得超過若干等。

三、資料購買費：為執行職務或研究考察時，所必須購買之書籍資料費用，得檢據請求償還。

四、搬遷費：因就職或奉調，在旅途中所必需支付之費用，得請求償還，但通常亦定有限額。

五、交通費：在市內乘坐公車上下班者，得請發交通費，金額按路程及公車票價而定。

六、加班費：如在休假期間工作或在工作時間外加班者，得請發加

班費。

第三項　享受利益之權利

一、享受福利設施之權利: 各機關爲增進公務人員福利,所提供之各種福利設施,如廉價午餐、優待理髮、福利品供應等,只要爲公務人員,均可獲得享受利益。(詳情見第七章俸給與福利)

二、享受康樂活動之權利: 爲增進公務人員身心健康,各機關均舉辦各種康樂活動,如各種競賽、文康活動、旅遊等,公務人員均可參加,享受免費或優待之利益。(詳情見第七章俸給與福利)

三、享受假期之權利: 各機關公務人員,如有正當事由,可依規定請假,假期內俸給照給;再服務期間較久者,可享受休假,休假期間俸給繼續支給。

第四項　受保障及社會尊重之權利

一、受公正處理之權利: 如舉辦遴選需公正公開,舉辦考核考績要大公無私,遷調獎懲要公平公正,使公務人員能在公平的立場競爭,不受人情徇私之影響。

二、受職位保障之權利: 公務人員之職務,非有法令依據,不受撤免降調之處分。

三、有申訴寃屈之權利: 公務人員如受有不公正之處分,可依規定提出申訴,使有機會洗雪沉寃。

四、受社會尊重之權利: 擔任公務人員者,因其係代表政府執行公務,民衆對之期望甚殷,民衆亦希望公務人員之生活言行,能保持在一定水準之上,因而在社會上亦頗能獲得一般人士的尊重。凡爲父母者,亦多希望子女於學業告一段落後,能經由考試而取得擔任公務人員機

會，每年參加考試之青年學子，人數均在不斷增加，亦可證明公務員對
年青的一輩，亦頗具吸引力。

第三節　公務人員之義務

公務員既享有權利，自應對國家盡其應盡之義務。現制對公務員之
義務要求甚嚴，公布有公務員服務法，其中規定有應有所爲及應有所不
爲之各種義務。除法規所定之外，尚有層次較高之其他要求，亦可稱爲
其他義務，兹分述於后。

第一項　法定有所爲義務

法定有所爲義務，指公務員在職期間，依公務員服務法規定應有所
爲之義務。主要包括：

一、如期就職： 公務員接奉任命狀後，除期程外，應於一個月內就
職，但具有正當理由並經主管高級長官特許者，得延長之，其延長期間
以一個月爲限。如逾期未能就職時，原任職文件應予註銷，不再有效。

二、遵守工作時間

(一)準時上下班：公務員辦公，應依規定時間，不得遲到早退，其
有特別職務，經長官許可者，不在此限。

(二)辦公時間應處理公務：公務員未奉長官核准，不得擅離職守，
其出差者亦同。

(三)如期出差：公務員奉派出差，至遲應於一星期內出發，不得藉
故遲延或私自回籍，或經其他地方逗留。

(四)不能到公時，應依規定請假：公務員因事、疾病、分娩、婚喪
而不能到公者，應辦理請假。依現行公務人員請假規則，其要點如下：

　1.事假：因事故必須親自處理者，得請事假，每年合計准給二十一日，已滿規定期限之事假，應按日扣除俸薪。

　2.病假：因疾病必須治療或休養者，得請病假，每年合計准給二十八日，其超過期限者，以事假抵銷。患重病非短時間所能治癒者，經機關長官核准得延長之，其延長時間以二十四個月內合計不得超過一年。

　以上事、病假日數，凡到職不滿一年者，在該年內按在職月數比例計算。

　3.婚假：因結婚者，給婚假十四日。

　4.娩假：因分娩者，給娩假四十二日；流產者給假二十一日。

　5.喪假：因曾祖父母、祖父母、外祖父母或配偶之祖父母死亡者，給喪假七日；父母、養父母、繼父母或配偶死亡者，給喪假二十一日；配偶之父母、養父母、或繼父母死亡者，給喪假十四日；兄弟姐妹死亡者，給喪假三日；子女死亡者，給喪假七日。

　6.公假：有下列情形之一者，給予公假，其期限視實際需要定之，即（1）參加政府召集之集會或舉辦之考試；（2）依法受各種兵役召集；（3）參加政府舉辦之選舉投票；（4）因執行職務受傷必須修養或治療，其期限在二年以內者；（5）奉派訓練進修其期限在一年以內者；（6）奉派考察或參加國際會議；（7）應國內外機關團體邀請參加與其職務有關活動經機關長官核准者。

　7.路程假：請假須離任所者，得按其路程遠近及交通情形，酌給路程假。

　8.休假：公務人員在同一機關，繼續服務滿一年者，第二年起每年應准休假七日；滿三年者，第四年起每年應准休假十四日；滿六年者，第七年起每年應准休假二十一日；滿九年者，第十年起每年應准休

假二十八日。

9. 病假、公假期滿之停職或退休: 病假已滿延長之期限或公傷已滿二年之期限，仍不能銷假者，得予停職，並同時發給六個月俸薪之醫藥補助費; 其服務年資如合於退休、退職、或資遣者，得辦理退休、退職或資遣，並均發給三個月俸薪之醫藥補助費。

三、執行職務

(一)遵守誓言: 公務員應遵守誓言，忠心努力，依法律命令所定，執行其職務。依宣誓條例規定，政務官，高級機關主管，駐外大使公使等，應於就職時宣誓，因情形特殊先到職者，應三個月內補行宣誓。其誓詞為「余誓以至誠，恪遵國家法令，盡忠職守，報效國家，不妄費公帑，不濫用人員，不營私舞弊，不受授賄賂，如違誓言，願受最嚴厲之處罰」。其餘公務員，則需遵守服務誓言。

(二)躬親執行職務: 公務員之任用，對其品行、學識、才能、經驗、體格，應與其擬任職務相當，故須由本人親自執行職務，除依法令規定或經長官許可者外，不得委託他人代理。

(三)執行職務需忠心努力: 即憑一片忠心，盡一切努力。

(四)執行職務需力求切實。

四、服從命令

(一)服從長官命令: 長官就其監督範圍以內所發命令，屬官有服從之義務，但屬官對於長官所發命令如有意見，得隨時陳述。

1. 公務員之執行職務，有上下級之命令服從關係，除司法官依據法律獨立審判，不受任何干涉外，關於一般行政事務，必須發生命令與服從之關係，以構成行政系統。

2. 屬員服從之命令，需為長官就其監督範圍以內所發布之命令，需屬於發令者之職務範圍，否則無服從之義務。

3. 長官所發布之命令，如其內容違反法規，屬官需否服從？其學說有下列四種，(1) 絕對服從說：只要長官就其職權範圍內所發布命令，不論是否適法，均需服從，屬官無審查之權，否則下級審查上級，破壞行政系統；(2) 絕對不服從說：若長官命令違反法律，卽已逾越其監督職權所行使之範圍，國家重於長官，法律重於命令，故不應服從；(3) 相對服從說：屬官對長官命令無審查權，惟如命令內容違法且顯而易見者，有報告義務，除非另有書面下達可不予服從；**(4) 意見陳述說：長官就其監督範圍內所發布命令，其內容違法與否，屬官原則上無審查權，卽負有服從之義務，惟屬官如有意見，得向長官隨時陳述，長官若不採納其意見，仍有服從之義務。**

(二)不同長官命令之服從：公務員對兩級長官同時所發命令，以上級長官之命令爲準，主管長官與兼管長官同時所發命令，以主管長官之命令爲準。

1. 公務員對長官之命令，不論爲直屬長官或上級長官，爲主管長官或兼管長官，均應服從，但如兩級長官對同一事項所發布命令相牴觸時，則應作取捨。

2. 直屬長官與上級長官之命令相牴觸時，因直屬長官需服從上級長官之命令，故屬官應以上級長官之命令爲準。

3. 主管長官與兼管長官之命令相牴觸時，因主管長官一方面爲該業務之主管，通常對屬官有任免權，故應以主管長官之命令爲準，至何者爲主管長官何者爲兼管長官難以區別時，則應按諸法令孰爲主管與兼管定之。

五、保守機密：公務員有絕對保守政府機關機密之義務，對於機密事件，無論是否主管事務，均不得洩漏，退職後亦同。

(一)何謂機密事件？應依法令規定，或由機關首長認定，或依事件

之性質判斷決定。

(二)機密事務，包括所主管事務之機密，及雖不屬主管但因身爲公務員而參與或獲悉之機密。

(三)依法令在法院爲證人或鑑定人，如訊及其職務上應守機密之事項時，應得該管監督機關或公務員之允許，且得就其職務上之機密，拒絕爲證人或鑑定人。

(四)公務員不但在職期間須保守機密，卽使離職後亦須保守機密。

六、保持清譽： 公務員應誠實清廉、謹愼勤勉。因公務員代表國家、執行公務，其行己立身，與國家政治之隆汚息息相關，故公務員不論執行公務與否，均應有誠實清廉，謹愼勤勉，以保持清譽之義務。

第二項　法定有所不爲義務

法定有所不爲義務，指公務員在職期間，依公務員服務法規定，應有所不爲之義務。其主要爲：

一、不圖謀利益及加損害於人： 公務員不得假借權力以圖本身或他人利益，並不得利用職務上機會，加損害於人。

(一)公務員假借權力以圖謀本身或他人利益者，勢將構成圖利罪或貪污罪，受刑事處罰。

(二)公務員利用職務上機會加損害於人者，已構成濫用職權之瀆職罪，亦須受刑事處罰。

二、不經營商業： 公務員不得經營商業或投機事業，但投資於非屬其服務機關監督之農工礦交通或新聞出版事業，爲股份有限公司股東，兩合公司、股份兩合公司之有限責任股東，或非執行業務之有限公司股東，而其所有股份總額未超過其所投資公司股本總額百分之十者，不在此限。

公務員非依法不得兼公營事業機關或公司代表官股之董事或監察人。

公務員利用權力、公款或公務上機密消息而為營利事業者，依刑法第一百卅一條處斷，其他法令有特別處罰規定者，從其規定。

公務員違反第一項、第二項、或第三項之規定者，應先予撤職。

(一)公務員對國家負有服無定量之勤務與負有忠實執行職務之義務，倘於本身職務外而經營商業或投機事業，則因心有旁鶩，勢必影響工作績效。再公務員所處地位，易於知悉國家機密，若經營商業或投機事業，難免不利用職權以圖利，故在禁止之列。

(二)但如所投資之事業為非屬其服務機關所監督，且為農工礦交通或新聞出版事業，且只為公司股東，其股份又未超過公司股本總額百分之十時，因此種情況已不可能發生前項弊端，故准許投資。

(三)公務員兼任公營事業機關或公司代表官股之董事或監察人時，必須經由公股投資機關依法令規定之派充，並代表公股，行使董事或監察人之職權。

(四)公務員如利用權力、公款或公務上秘密消息，而為營利事業時，則已構成瀆職罪，依刑法第一百卅一條規定，公務員對於主管或監督之事務，直接或間接圖利者，處一年以上七年以下有期徒刑，得併科七千元以下罰金。所得之利益沒收之，如全部或一部不能沒收時，追徵其價格。

(五)公務員違反上述第一、第二、第三項之規定者，除刑事部份應移送司法機關究辦外，在行政處分上，應先予停職，聽候查辦，以肅官常。

三、不兼職兼業： 公務員除法令所定外，不得兼任他項公職或業務。其依法令兼職者，不得兼薪及兼領公費。

(一)公職，依司法院及大法官會議歷次對憲法上所稱公職之解析，凡政府機關職務，公營事業機關之董事、監察人、總經理等職務，均屬之。業務，如醫師、律師、會計師、建築師等在民間所執行之業務，均屬之。

(二)法令所定之兼職，包括組織法規中明定某職務由另一機關或職務人員兼任者，如經濟建設委員會委員由財政、經濟等部首長兼任，課長由技正兼任等。及由機關首長因業務上特殊需要而派兼職務等。

(三)公務員辦公時間外擔任某類工作（如在餐廳鬻歌）接受金錢報酬，不論是否為業務，如有損公務員之尊嚴，應予禁止。

(四)公務員依法令兼職者，仍不得兼薪及兼領公費，其兼任他機關之職務而領兼職之車馬費或研究費者，各以領一份為限。

四、不因循苟且： 公務員執行職務，應力求切實，不得畏難規避、互相推諉或無故稽延。

(一)對上級所主辦之艱難任務，不畏難規避。

(二)對與本身職務有關事項，不互相推諉。

(三)對定有期限工作，不無故稽延時日。

五、其他不為一定之行為： 包括(一)不任意發表有關職務之談話；(二) 不與職務有關者私相借貸，訂立互利契約或享受其他不正利益；(三)不向屬官推薦人員或就其主管事項有所關說或請託；(四)公務員有隸屬關係者不贈受財物；(五)不得利用視察或調查機會接受招待；(六)對遇有涉及本身或家族之利害事件應行迴避；(七)不濫用公款公物不毀損財物；(八)不得有驕恣貪惰奢侈放蕩及冶遊賭博吸食煙毒等足以損失名譽之行為。

第三項　其他義務

主要爲對公務員之十項要求與十項行政革新指示。

一、對公務員之十項要求: 係行政院蔣前院長於六十三年二月廿六日，對公務員服務態度的指示，其中部分係屬於道德方面的要求。此項要求雖爲法規所未有明定，但確爲公務人員所應重視。公務員十項要求之內容爲:

(一)辦國家的公務要遵守國家法令。

(二)一心一意爲民服務，全心全力爲民造福。

(三)多接近民衆，多聽民衆的意見。

(四)想盡主意爲民衆省錢，用盡方法給民衆便利。

(五)要不怕麻煩向民衆解釋問題，要不怕困難爲民衆解決問題。

(六)不要錦上添花，多做雪中送炭的事。

(七)說話句句要眞實，做事步步要踏實。

(八)對待任何人都要客氣、謙虛，不可有傲慢的態度。

(九)不貪份外之財，不做有違良心的事。

(十)只要大公無私，不必計較受怨受謗。

二、十項行政革新指示: 係行政院蔣前院長於六十一年六月八日，所提出者，其中部分係用以補充法定義務之不足，部分係屬道德性之義務，鼓勵公務員自動遵守者。十項行政革新指示內容爲:

(一)爲節省國家財力，用諸於各項必要建設，各級政府除已正式列入預算者外，均應停止建築辦公房舍。

(二)各種公共工程之開工與完工，可以公告方式行之，不必舉行任何儀式。

(三)各級政府機關派員出國考察或參加國際性會議，必須事前有週

密之計劃，其所派人員以具有各類專長、精通外文爲主要要求。

(四)各級機關應不作不必要之視察，如確有其必要，則視察人員到達視察地區不得接受任何招待，被視察之機關、學校、團體，亦不得迎送，或張貼標設，或召開歡迎會等，尤其不可指派學生參加歡迎歡送。

(五)各部會首長以及全體行政人員，除參加政府所規定之正式宴會，以及招待外賓所必需者外，一律不得設宴招待賓客，並謝絕應酬。

(六)公務人員於婚喪喜慶，除有親戚關係或有深交者外，不得濫發喜帖及訃告。

(七)各級行政人員，一律不得進出夜總會、舞廳、酒吧、酒家等場所，各級主管應監督所屬人員切實遵照辦理，如有違反規定者，應從嚴處分。

(八)各級首長主管，均應謝絕各界剪綵、揭幕之邀請。

(九)各機關預算內所規定之加班費、出差費，除必要之加班出差外，不得假借名目移作其他用途，但各級機關首長對各機關學校公敎人員之福利，應妥善辦理。

(十)在日常處理公務方面，人人要能切實負責，自己能予解決的問題應自行解決，今日能予辦完之事應卽今日辦完，不必召開的會議不開，凡要開的會事先必有充分準備，會後必有結果。不辦不切實際、沒有效果以及不必要之公文，凡屬應該辦的必須辦得澈底，追蹤到底。向上級提供意見是每位工作人員之權利，接納部屬意見是每位主管的義務。

第四節 刑事責任與刑罰

公務員對法定有所爲義務而不爲，或對法定有所不爲義務而爲之，

於無阻卻違法事由存在情形下，基於故意或過失，侵害法律所保護之利益時，謂之犯罪；犯罪者應負刑事責任，並依法律對犯罪行為予以刑事制裁。公務員之犯罪，有職務犯與準職務犯兩類；職務犯者係以公務員之身分為犯罪構成要件，非公務員不可能成立此等犯罪；準職務犯者，其犯罪雖可由公務員以外之一般人為之，但具有公務員身分者觸犯其罪時，加重其處罰而已。本節之刑事責任與刑罰，以刑事法律中所定之職務犯罪為限，並對罪刑法定與刑事訴訟程序，分項簡述之。

第一項　刑法上瀆職罪與刑罰

刑法上瀆職罪，為最重要與較常見的職務犯罪。其規定有：

一、廢弛職務或違背義務之瀆職罪：又分下列五種

(一)委棄守地罪：公務員不盡其應盡之責而委棄守地者，處死刑、無期徒刑或十年以上有期徒刑。（刑第一二○條）

(二)廢弛職務釀成災害罪：公務員廢弛職務釀成災害者，處三年以上十年以下有期徒刑。（刑第一三○條）

(三)圖利罪：公務員對於主管或監督之事務，直接或間接圖利者，處一年以上七年以下有期徒刑，得併科七千元以下罰金，所得之利益沒收之，如全部或一部不能沒收時，追徵其價格。（刑第一三一條）

公務員利用權力、公款、或公務上之秘密消息，而為營利事業者，依刑法第一三一條處斷。（服務法第十三條）

(四)洩漏國防以外之秘密罪：公務員洩漏或交付有關中華民國國防以外應秘密之文書、圖畫、消息或物品者，處三年以下有期徒刑。過失犯，處一年以下有期徒刑，拘役或三百元以下罰金。（刑第一三二條）

(五)妨害郵電秘密罪：在郵務或電務機關執行職務之公務員，開拆或隱匿投寄之郵件或電報者，處三年以下有期徒刑、拘役或五百元以下

罰金。（刑第一三三條）

二、濫用職權之瀆職罪：又分下列七種

（一）枉法裁判或仲裁罪：有審判職務之公務員或仲裁人，為枉法之裁判或仲裁者，處一年以上七年以下有期徒刑。（刑第一二四條）

（二）濫用職權追訴處罰罪：有追訴或處罰犯罪職務之公務員，濫用職權為逮捕或羈押者，意圖取供而施強暴脅迫者，明知為無罪之人而追訴或處罰，或明知為有罪之人而不追訴或處罰者，處一年以上七年以下有期徒刑。因而致人於死者，處無期徒刑或七年以上有期徒刑。致重傷者，處三年以上十年以下有期徒刑。（刑第一二五條）

（三）凌虐人犯罪：有管收、解送或拘禁人犯職務之公務員，對於人犯施以凌虐者，處一年以上七年以下有期徒刑。因而致人於死者，處無期徒刑或七年以上有期徒刑。致重傷者，處三年以上十年以下有期徒刑。（刑第一二六條）

（四）違法執行刑罰罪：有執行刑罰職務之公務員，違法執行或不執行刑罰者，處五年以下有期徒刑。過失者，處一年以下有期徒刑、拘役或三百元以下罰金。（刑第一二七條）

（五）越權受理訴訟罪：公務員對於訴訟事件，明知不應受理而受理者，處三年以下有期徒刑。（刑第一二八條）

（六）違法征收稅捐罪：公務員對於租稅或其他入款，明知不應征收而征收者，處一年以上七年以下有期徒刑，得併科七千元以下罰金。未遂犯罰之。（刑第一二九條）

（七）扣留或尅扣款物罪：公務員對於職務上發給之款項物品，明知應發而抑留不發或尅扣者，處一年以上七年以下有期徒刑，得併科七千元以下罰金。未遂犯罰之。（刑第一二九條）

三、賄賂罪：又分下列三種

（一）普通賄賂罪：公務員或仲裁人，對於職務上行為，要求期約或收受賄賂或其他不正利益者，處七年以下有期徒刑，得併科五千元以下罰金。賄賂沒收之，如全部或一部不能沒收時，追徵其價格。（刑第一二一條）

（二）違背職務之賄賂罪：公務員或仲裁人，對於違背職務之行為，要求期約或收受賄賂或其他不正利益者，處三年以上十年以下有期徒刑，得併科七千元以下罰金。賄賂沒收之，如全部或一部不能沒收時，追徵其價格。（刑第一二二條）

（三）實行違背職務之賄賂罪：具有上述情況，因而為違背職務之行為者，處無期徒刑或五年以上有期徒刑，得併科一萬元以下罰金。賄賂沒收之，如全部或一部不能沒收時，追徵其價格。（刑第一二二條）

第二項　法律所定之其他職務犯罪與刑罰

刑法上除瀆職罪外，尚有其他職務犯罪與刑罰之規定；戡亂時期貪污治罪條例，對貪污者之治罪有從重之規定；又其他法律亦間有對職務犯罪與刑罰之訂定。茲簡說如下：

一、刑法上其他職務犯罪與刑罰： 主要有下列六種

（一）洩漏國防秘密罪：公務員對於職務上知悉關於中華民國國防應秘密之文書、圖畫、消息或物品，因過失而洩漏或交付者，處二年以下有期徒刑、拘役或一千元以下罰金。（刑一一〇條）

（二）縱放或便利脫逃罪：公務員縱放職務上依法逮捕拘禁之人或便利其脫逃者，處一年以上七年以下有期徒刑；因過失致前項之人脫逃者，處六月以下有期徒刑、拘役或三百元以下罰金。（刑一六三條）

（三）偽造公文書罪：公務員明知為不實之事實，而登載於職務上所掌之公文書，足以生損害於公眾或他人者，處一年以上七年以下有期徒

刑。（刑三一三條）

(四)強迫栽種或販賣罌粟罪：公務員利用權力強迫他人栽種罌粟者，處五年以下有期徒刑，得併科三千元以下罰金；強迫販賣或運輸罌粟種子者，處三年以下有期徒刑，得併科三千元以下罰金；前二項未遂犯罰之。（刑二六一條）

(五)洩漏工商秘密罪：公務員或曾任公務員之人，無故洩漏因職務知悉或持有他人之工商秘密者，處二年以下有期徒刑、拘役或二千元以下罰金。（刑三一八條）

(六)侵占公務上持有物罪：意圖爲自己或第三人不法之所有，侵占公務上所持有之物者，處一年以上七年以下有期徒刑，得併科五千元以下罰金。（刑三三六條）

二、戡亂時期貪汚治罪條例上職務犯罪與刑罰

(一)制定貪汚治罪條例之緣起：政府在戡亂時期，爲嚴懲貪汚，澄清吏治而規定（貪例一條）。依據法令從事公務之人員，及受公務機關委託承辦公務之人員，均適用之（貪例二條）。

(二)貪汚罪之內涵：主要包括（貪例四至第七條）：1.盜賣、侵占或竊取公用器材、財物、公糧者；2.建築或經辦公用工程，或購辦公用器材、物品，浮報價款數量，收取回扣或有其他舞弊情事者；3.對於違背職務之行爲，要求期約或收受賄賂或其他不正利益者；4.利用職務上機會，詐取財物者；5.意圖得利，抑留不發職務上應發之財物者；6.對於主管或監督之事務，直接或間接圖利者；7.對於非主管或監督之事務，利用職權機會或身分圖利者。

(三)犯貪汚罪之處罰：其處罰從重，包括死刑、無期徒刑、五年以上有期徒刑，得併科十萬元以下罰金。未遂犯罰之(貪例四至第七條)。所得財物應予追繳，如全部或一部不能追繳時，應追徵其價格（貪例十

條)。

(四)本條例之優先適用: 其刑罰在刑法上已有規定者，仍適用本條例之規定，但情節輕微而其所得或所圖得財物在三千元以下者，適用較輕處罰規定之刑法或其他法律（貪例十二條）。

(五)連帶責任: 直屬主管長官對於所屬人員，明知貪污有據而予庇護或不為舉發者，處一年以上七年以下有期徒刑（貪例十三條）。

三、其他法律上職務犯罪與刑罰: 主要包括

(一)有關財經稅務人員職務犯罪之規定: 如 1.依懲治走私條例規定，稽征關員或其他依法令負責檢查人員，明知為走私物品放行或為之銷售或藏匿者，處七年以上有期徒刑; 2.依銀行法規定，銀行負責人及職員，不得以任何名義向存戶、借款人或其他顧客收受佣金、酬金或其他不當利益，違者處三年以下有期徒刑、拘役或併科五千元以下罰金; 3.依專利法規定，專利局職員洩漏職務上所知關於專利之發明，或申請人事業上之秘密者，處三年以下有期徒刑、拘役或科或併科四萬元以下罰金等。

(二)有關交通郵電人員職務犯罪之規定: 如 1.依郵政法規定，從事郵務人員無正當理由，拒絕寄件人交寄之郵件，或滙款人交滙之款項，或故意延擱郵件或滙款者，處五百元以下罰金; 2.依電業法規定，於法令或核定之營業規則外，向用戶索取任何費用者，其負責人處一年以下有期徒刑、拘役或三百元以下罰金等。

(三)有關自來水事業從業人員職務犯罪之規定: 如 1.依自來水法規定，自來水事業之負責人或其代理人或職司水質清潔之受僱人，明知自來水事業所供應之水，不合規定標準而繼續供應，致引起疾病災害者，處五年以下有期徒刑等。

(四)有關役政人員職務犯罪之規定: 如 1.依妨害兵役治罪條例規

定，辦理兵役人員，意圖便利他人逃避服役，對徵兵處理、召集無故不依規定辦理者，或編造有關徵集、召集、編組、管理冊籍，故爲遺漏或不確實之記載者，處三年以上、十年以下有期徒刑等。

（五）其他有關職務犯罪之規定：如在妨害國家總動員懲罰條例、戡亂時期肅清煙毒條例、藥物藥商管理法、違反糧食治罪條例之有關條文中，亦有公務人員職務犯罪與刑罰之規定。

第三項　罪刑法定與刑事訴訟程序

刑事處罰，涉及公務員的自由、生命與財產關係極大，故必須審慎從事，因而有罪刑法定主義的確立，與刑事訴訟程序之建立。玆簡說如下：

一、罪刑法定主義：指公務員職務犯罪之成立及所科予之刑罰，須以法律有明文規定者爲限，以免濫定罪濫處罰。

二、刑事訴訟程序：指刑事責任之追究與刑事處罰之確定，須經一定之程序，並由法院獨立審判。其程序爲

（一）第一審：

1. 偵查：檢察官因告訴、告發、自首或其他情事知有犯罪嫌疑者，應卽開始偵查（刑訴二二八條）。

2. 起訴：檢察官經偵查認有犯罪之事實與證據，應向管轄法院提起公訴（刑訴二六四條）。

3. 審判：管轄法院受理檢察官之起訴書，應定期審判（刑訴二七一條）。

（二）第二審：不服地方法院之第一審判決而上訴者，應向管轄第二審之高等法院爲之（刑訴三六一條）。

（三）第三審：除最重本刑爲三年以下有期徒刑、拘役或專科罰金之

罪、及普通侵占罪、普通詐欺罪經第二審判決者，不得上訴於第三審外，如不服法院之第二審判決而上訴者，應向最高法院為之（刑訴三七五、三七六條）。

　　(四)再審：有罪之判決確定後，有下列情形之一者，為受判決人之利益，得聲請再審，1.原判決所憑之證物已證明其偽造或變造者；2.原判決所憑之證言鑑定或通譯已證明其為虛偽者；3.受有罪判決之人已證明其係被誣告者（刑訴四二〇條）。

　　(五)非常上訴：判決確定後，發現該案件之審判係違背法令者，最高法院之檢察長得向最高法院提起非常上訴（刑訴四四一條）。

第五節　民事責任與賠償

　　公務員於執行職務之際，對有所為義務而不為，或對有所不為義務而為之，不論為故意或過失，不法侵害他人權利者，應負賠償責任。玆按對人民之民事賠償，對國家之民事賠償，及賠償程序與方式，分項敍述如後。

第一項　對人民之民事賠償責任

　　公務員職務範圍內之行為，有私法上行為與公法上行為之別，公務員之民事賠償責任亦分此兩類如下：

　　一、因私法上行為所生之民事賠償責任：國家雖為公法人，仍有買賣、承攬、運送等私經濟行為，因此等行為所生之法律關係，仍適用私法之規定，公務員代表國家為此等行為而侵害他人權利時，應依民法第二十八條規定「法人對於其董事或職員因執行職務所加於他人之損害，與該行為人連帶負賠償責任」。

二、因公法上行爲所生之民事賠償責任：公務員爲國家機關之構成員，代表國家機關行使職權，如係因執行職務而損及人民權利，應由國家負責，不發生公務員之民事賠償責任。但如違背對於第三人應執行之職務，致第三人之權利受損害時，應依民法第一八六條「公務員因故意違背對於第三人應執行之職務，致第三人之權利受損害者，負賠償責任。其因過失者，以被害人不能依他項方法受賠償時爲限，負其責任。前項情形，如被害人得依法律上之救濟方法，除去其損害，而因故意或過失不爲之者，公務員不負賠償責任」。對此規定應注意者：

（一）所謂「違背對於第三人應執行之職務」，其中「應執行之職務」，指該公務員所執掌之公務，如辦理土地登記人員之於土地登記事項；其中「第三人」，指與應執行之職務有利害關係之人，如申請登記之申請人；其中「違背」，指應執行而不執行，或爲違法不當之執行，如對經合法申請土地登記而不予登記。

（二）本條民事賠償責任，因公務員之違背職務係出於故意或過失而有所不同，其出於過失者，以被害人不能依他項方法受賠償者爲限，公務員始負賠償責任，如因土地登記錯誤而受損害者，可依土地法第六十八條規定向地政機關請求賠償；其出於故意者，不論被害人是否尚有其他受償方法，得逕向公務員請求賠償，但被害人已依其他方法受償者，自不得再向公務員請求賠償。

（三）對於公法上違法或不當而致人民權利受損害之行爲，法律上常設有一定之救濟方法，如對行政處分之提出訴願或行政訴訟，對法院裁判之抗告或上訴等。被害人原可依法律上之救濟方法，將公務員侵權行爲所生之損害除去，如竟以故意或過失而未爲之，如因大意而遲誤上訴時間，則不論公務員之侵權行爲係出於故意或過失，均不負賠償責任。

第二項　對國家之民事賠償責任

公務員執行職務，因違反職務上之義務，致損害國家之權利，或使國家對第三人負賠償責任時，公務員應依法對於國家負賠償或償還之責任。其情形如下：

一、對國家負賠償責任： 公務員違反職務上之義務，致國家權利遭受損害時，應負賠償責任，現行法上尚無原則性之規定，其有關條文係散見於各法律之中，如下例：

(一)國庫法規定對國家之賠償：違反國庫法規定，簽發國庫支票或為收支或為命令收支者，除依法懲處外，並應賠償國庫之損害（法三四條）。

(二)審計法規定對國家之賠償：如各機關經管現金、票據、證券、財物或其他資金之損失，經審計機關查明係未盡善良管理人應有之注意所致者，該機關長官及主管人員，應負損害賠償之責（法七二條）。經審計機關決定應剔除或繳還之款項，未能依限悉數退還時，主辦人員應負賠償責任（法七四條）。簽發支票或給付現金，超過核准數額或誤付債權人者，主辦人員應負賠償責任（法七五條）。會計簿籍或報告，如與原始憑證不符，致公款遭受損害者，主辦人員應負賠償責任（法七六條）。

(三)會計法規定對國家之賠償：會計人員交代不清者，應依法懲處，因而致公庫損失者，並負賠償責任（法一一九條）。

(四)交代條例規定責令交清：公務人員交代不清者，除限期責令交清外，必要時得移送法院，就其財產強制執行（例十八條）。

二、對國家負償還責任： 依憲法第二十四條，凡公務員違法侵害人民之自由或權利者，除依法律受懲戒外，應負刑事及民事責任，被害人

就其所受損害，並得依法律向國家請求賠償。國家依此規定擔負此一賠償責任後，對為侵權行為之公務員是否有求償權？通常係以其行為是否出於故意或重大過失而定，如係出於故意或重大過失者，則國家對之有求償權，因而公務員即負有償還之義務。現行法律中有類此規定者如下：

（一）國家賠償法之規定： 國家賠償法， 為賠償之普通法， 其要點為：

1. 公務員之含義：依國家賠償法第二條第一項規定，「本法所稱公務員者，謂依法令從事於公務之人員」。故政府機關及公營事業之員工均包括在內。又依第四條規定，「受委託行使公權力之團體，其執行職務之人於行使公權力時，視同委託機關之公務員，受委託行使公權力之個人，於執行職務行使公權力時亦同」。故除政府機關及公營事業以外之團體員工及個人，在受委託行使公權力時，亦視為公務員。

2. 構成償還責任之要件： 依國家賠償法第二條第二、 第三項規定，「公務員於執行職務行使公權力時，因故意或過失不法侵害人民自由或權利者，國家應負賠償責任。公務員怠於執行職務，致人民自由或權利遭受損害者亦同。前項情形，公務員有故意或重大過失時，賠償義務機關對之有求償權」。又第三條第一、第二項規定，「公有公共設施因設置或管理有欠缺，致人民生命、身體或財產受損害者，國家應負賠償責任。前項情形，就損害原因有應負責任之人時，賠償義務機關對之有求償權」。由此觀之，依國家賠償法第二條規定，公務員負償還責任之要件為：

（1）須為公務員：即依法令從事於公務之人員（包括受委託行使公權力之人），非依法令從事公務者，自不包括在內。

（2）須為執行職務行使公權力或怠於執行職務：如公務員非屬執行職務行使公權力則屬私人行為， 或執行職務並未懈怠， 自不包括在

內。

（3）須有故意或重大過失之不法行爲：雖爲執行職務行使公權力或怠於執行職務，如並非屬故意或重大過失之不法行爲，仍不負償還責任。

（4）須有侵害人民自由或權利：雖爲執行職務行使公權力或怠於執行職務，雖有故意或重大過失之不法行爲，如並未侵害人民自由或權利者，仍不負償還責任。

（5）須賠償義務機關求償時始向賠償義務機關償還：公務員對損害賠償之償還，係向賠償義務機關償還，並非向受損害之人民賠償，且僅當賠償義務機關求償時始予償還，如賠償義務機關未有求償，仍可不予償還。

再依國家賠償法第三條規定，公務員負償還責任之要件爲：

（1）須公有公共設施因設置或管理有欠缺：如在設置或管理上並無欠缺，自不負償還責任。

（2）須因設置或管理有欠缺致人民生命、身體或財產受損害：卽設置或管理之欠缺與人民生命、身體或財產受損害之間有因果關係，如兩者間並無因果關係，則人民生命、身體或財產受損害亦不負償還之責。

（3）須對損害之原因負有責任：如對發生損害之原因並無應負之責任，亦不負償還之責。

（4）須賠償義務機關求償時始向賠償義務機關償還：賠償義務機關如未有求償，仍可不予償還。

（二）土地法之規定：因登記錯誤遺漏或虛僞致受損害者，由該地政機關負損害賠償責任；但該地政機關證明其原因應歸責於受害人時，不在此限（法六八條）。地政機關所負之損害賠償，如因登記人員之重大

過失所致者，由該人償還（法七十條）。

（三）警械使用條例之規定：警察人員非遇第四條各款情形之一（共列舉五款得使用警械之情形），而使用警力、槍械或其他經核定之器械者，由該管長官懲戒之；其因而傷人或致死者，除加害之警察人員依刑法處罰外，被害人由各該級政府先給予醫藥費或撫卹費；但出於故意之行為，各級政府得向行為人求償（例十條）。

（四）冤獄賠償法之規定：依刑事訴訟法受理案件，於不起訴處分或無罪之判決確定前曾受羈押者，依再審或非常上訴程序判決無罪確定前曾受羈押或刑之執行者，受害人得依本法請求國家賠償（法一條）。賠償經費由國家負擔；依第一條規定執行職務之公務人員，因故意或重大過失而違法，致生冤獄賠償事件時，政府對該公務人員有求償權（法十六條）。

（五）核子損害賠償法之規定：經政府指定或核准經營核子設施之人，對於所造成之核子損害（指生命喪失、人體傷害或財產損害），應負賠償責任（法七、八、十一條）。核子設施經營人，依本法之規定賠償者，僅於下列情形之一有求償權，即依書面契約有明文規定者；核子事故係由於意圖造成損害之行為或不行為所造成者，對具有該項意圖而行為或不行為之個人（法二一條）。

第三項　賠償程序與賠償方式

國家賠償法對賠償程序及賠償方式，均有明文規定，其他有關法律對賠償程序及賠償方式未有規定者，則適用民法之規定。國家賠償法之規定如下：

一、賠償程序

（一）協議：依國家賠償法規定，受損害者依本法請求損害賠償時，

應先以書面向義務賠償機關請求之；賠償義務機關對前項請求，應卽與請求權人協議；協議成立時應作成協議書，該項協議書得爲執行名義（法十條）。又賠償請求權，自請求權人知有損害時起，因二年間不行使而消滅，自損害發生時起，逾五年者亦同。

（二）訴訟：賠償義務機關拒絕賠償，或自提出請求之日起逾三十日不開始協議，或自開始協議之日起逾六十日協議不成立時，請求權人得提起損害賠償之訴；損害賠償之訴，除依本法規定外，適用民事訴訟法規定（法十一條一項，十二條）。又依民訴法規定，訴訟程序可分起訴、上訴、抗告、再審等。

（三）求償：賠償義務機關已對被害人爲損害賠償後，對有故意或重大過失之公務員，或對就損害原因有應負責任之人，有求償權（法二、三條）。又此項求償權，自支付賠償金或恢復原狀之日起，因二年間不行使而消滅（法八條二項）。

二、賠償方式：國家負損害賠償責任者，應以金錢爲之；但以回復原狀爲適當者，得依請求回復損害發生前原狀（法七條一項）。

第六節　懲戒或行政責任與懲戒或行政處分

公務員因違反義務，除因構成刑事責任接受刑事處罰，因構成民事責任需作損害賠償外，有時則因構成懲戒或行政責任接受懲戒或行政處分者。以上三種責任與懲處，可能同時並存，亦可能並存二種，亦可能只有一種，要視違反義務之情況而定。茲按懲戒與行政責任之分野，懲戒處分，行政處分與停職三者，分項敍述如後。

第一項　懲戒與行政責任之分野

一、懲戒責任: 公務員有違法、廢弛職務或其他失職行為,依公務員懲戒法規定,應負懲戒責任。所稱違法,並不以違反法律為限,凡違反命令性質之行政規章及命令時,亦包括在內;所謂廢弛職務或其他失職行為,範圍甚廣,應依據有關法規及事實認定之。

二、行政責任: 公務員執行職務,在行政上具有疏失或不良事蹟,致影響及業務推行或公務員聲譽者,應負行政責任,其範圍更廣,更需根據有關規定及事實認定。

三、懲戒責任與行政責任之分野: 懲戒責任與行政責任,在本質上並無明確處分,公務員同樣的不法行為,既可令其擔負懲戒責任,亦可令其擔負行政責任;如擔負懲戒責任則需接受懲戒處分,如擔負行政責任則需接受行政處分。因二者間缺乏明確區分,致同樣的不法行為,有者移送懲戒機關接受懲戒處分,有者由機關首長給予行政處分。但就一般情況而言,凡情節較為複雜或較為嚴重或法規明定應予懲戒者,則循由擔負懲戒責任接受懲戒處分之途徑處理;其情節較為簡單或較為輕微或法規明定由機關首長予以處分者,則由各機關首長根據應負行政責任並給予行政處分而結案。

第二項　懲戒處分

公務員之懲戒處分,在公務員懲戒法中有明確規定。茲就其要點分析如下:

一、懲戒處分之種類

(一)撤職: 除撤其現職外,並於一定期間停止任用,其期間至少為一年。

(二)休職: 休其現職，停發薪給，並不得在其他機關任職，其期間至少爲六個月，休職期滿，應許其復職。自復職之日起，二年內不得晉敍、升職或調任主管職務。

(三)降級: 依其現職之俸級，降一級或二級改敍，自改敍之日起，二年內不得晉敍、升職或調任主管職務；受降級處分而無級可降者，按每級差額減其月俸，其期間爲二年。

(四)減俸: 依其現職之月俸減百分之十或二十支給，其期間爲一月以上一年以下。 自減俸之日起，一年內不得晉敍、升職或調任主管職務。

(五)記過: 自記過之日起，一年內不得晉敍、升職或調任主管職務，一年內記過三次者，依其現職之俸級降一級改敍。

(六)申誡: 以書面爲之。

以上(二)(三)(四)(五)之懲戒處分，政務官不適用之。

二、懲戒程序: 主要分下列三個

(一)移付: 下列機關，對違法失職公務員，有權移付懲戒:

1. 監察院: 監察委員認爲公務員有違法、廢弛職務或其他失職行爲應付懲戒者，應將彈劾案移送公務員懲戒委員會審議。

2. 各院部會首長或地方最高行政長官: 首長或長官認所屬公務員有違法、廢弛職務或其他失職行爲，應備文申敍事由，連同證據送請監察院審查，但對所屬薦任九職等以下公務員，得逕送公務員懲戒委員會審議。

(二)審議: 司法院公務員懲戒委員會，爲審議公務員懲戒之機關。審議程序爲:

1. 命被付懲戒人申辯: 懲戒機關應將移付懲戒之移送書繕本送被付懲戒人，並指定期間命其提出申辯書，必要時並得命其到場申辯，如

被付懲戒人不於指定期間內提出申辯書或不遵命到場者，懲戒機關得逕為懲戒之決議。必要時並得：

2. 依職權自行調查：懲戒機關得向有關機關調閱卷宗，並得請其作必要之說明。懲戒機關亦得囑託其他機關調查，受託機關應將調查情形以書面答覆。

3. 議決：

(1) 決議時應注意事項：懲戒處分輕重，應就下列事項審酌後決定之，即行為之動機、行為之目的、行為時所受之刺激、行為之手段、行為人之生活狀況、行為人之品行、行為所生之損害或影響、行為後之態度。

(2) 不受懲戒之議決：被付懲戒人因證據不足，或無違法或無廢弛職務或其他失職行為者，應為不受懲戒之議決。

(3) 免議之議決：有下列情形之一者應為免議之議決，即同一行為已受公務員懲戒委員會之懲戒處分者；受褫奪公權之宣告，認為本案處分已無必要者；自違法失職行為終了之日起，至移送公務員懲戒委員會之日止，已逾十年者。

(4) 不受理之議決：如移送審議之程序違背規定者，或被付懲戒人死亡者，對懲戒案件應為不受理之議決。

(5) 議決之方法：懲戒機關之決議，應作成決議書；由出席委員全體簽名；又決議應以出席委員過半數之同意定之，如出席委員意見分三說以上，不能得過半數之同意時，應將各說排列，由最不利於被付懲戒人之意見，順次算入次不利於被付懲戒人之意見，至人數過半數為止。

(6) 在審議期間不得資遣或退休：公務員因案在審議期中，不得資遣或申請退休，其經監察院提出彈劾者亦同，此種情形並由其主管長

官或監察院通知銓敘機關。

(7) 送達：懲戒議決書，應於決議後七日內，將正本送達移送機關及被付懲戒人及其主管長官，並報司法院及通知銓敘機關。懲戒議決書，主管長官應送登公報。

(三)執行：主管長官接受懲戒處分之議決書後，應即為執行。

三、懲戒處分與刑事裁判之關係： 公務員違法失職，常同時涉及刑事責任與懲戒責任兩者，致一方面需受刑事裁判，一方面又需受懲戒處分，因而就發生懲戒程序與刑事程序是否並行問題，如不能並行則又發生孰先孰後問題。依公務員懲戒法規定

(一)懲戒機關對於懲戒案件，認被付懲戒人有犯罪嫌疑者，應即分別移該管法院檢察機關或軍法機關審理。

(二)同一行為已在刑事偵查或審判中者，不停止懲戒程序。但懲戒處分應以犯罪是否成立為斷，懲戒機關認有必要時得議決於刑事裁判確定前停止審議程序，懲戒機關對原議決亦得依申請或職權撤銷之，均通知移送機關及被付懲戒人。

(三)就同一行為已為不起訴處分或免訴或無罪之宣告時，仍得為懲戒處分；其受免刑或受刑之宣告而未褫奪公權者亦同。

由上觀之，現行規定是採刑事與懲戒並行程序，但必要時，亦得等候刑事程序終結後，再開始懲戒程序。

四、懲戒處分之再審議

(一)再審議之條件：懲戒案件有下列情形之一時，原移送機關或受懲戒處分人，在規定期間內得移請或聲請再審議，即適用法規顯有錯誤者；原議決所憑之證言、鑑定、通譯或證物經確定判決，證明其為虛偽或偽造、變造者；原議決所憑之刑事裁判，已經確定裁判變更者；原議決後，其相關之刑事確定裁判所認定之事實，與原議決相異者；發現確

實之新證據，足認應變更原議決者；就足以影響原議決之重要證據，漏未斟酌者。

（二）再審議之效果：懲戒機關認爲再審議之移請或聲請不合法或無理由者，應爲駁回之議決；有理由者，應撤銷原議決更爲議決。再審議議決變更原議決應予復職者，應予復職並補發俸給。

第三項　行政處分與停職

各機關首長對所屬公務人員之行政處分，多係依公務人員考績法規定辦理。茲簡說如下：

一、行政處分之機關：行政處分權，係屬各機關首長，如對所屬公務人員所作之免職、記大過、記過、申誡等均屬之，但有時亦規定需由上級機關首長核准者。

二、行政處分之程序：機關首長對所屬人員之行政處分，如屬年終考績免職或一次記兩大過專案考績免職，則需送銓敍機關核定；如係平時之記大過、記過或申誡之處分，有者由機關首長逕行核定後發布，有者規定需經人事評議委員會評議後，再送請機關首長核定。

三、行政處分與刑事裁判之關係：行政處分與刑事裁判，在程序上可否並行抑須何者先行，尚少明文規定；惟就正常情形而論，係採取刑先行後之程序辦理。但主管機關認爲行政責任重大且有必要時，亦得採取兩種程序並行之方式辦理，如行政院所屬各級行政機關公務人員獎懲案件處理辦法中曾規定有「公務人員違法、廢弛職務或其他失職行爲，其行政責任重大者，得依公務人員考績法之規定，先予一次記二大過免職，但各類專業人員另有免職規定者從其規定，其涉及刑責者，應移送檢察機關。」，即屬證明，如此將有助於行政處分之時效。

四、停職：係指停止職務，在本質上只是一種暫時所採取的措施，

並非經確定的一種處分，因此停職之最後結果，仍需作復職或免職的處理。停職雖只是暫時的措施，但係對違法失職且屬情節重大之公務人員始予採取，且與懲戒及行政處分有關，故併予簡述之。

（一）公務人員在何種情形下始得停職：依有關法律及行政院所定公務人員獎懲案件處理辦法規定，其情形為：

　1. 公務員懲戒法規定：公務員有下列各款情形之一者，其職務應予停止，即(1)依刑事訴訟程序被通緝或羈押者；(2)公務員懲戒委員會對受移送懲戒案件，認為情節重大有先行停止職務之必要者；(3)主管長官對移付監察院審查或懲戒委員會審議案件，認為情節重大者，亦得先行停止其職務。

　2. 其他法律及處理辦法規定：

（1）有下列情形之一者應予停職：即刑事訴訟程序實施中被羈者；涉嫌內亂、外患經提起公訴者；涉嫌貪污經提起公訴者。

（2）有下列情形之一者得予停職：即涉及內亂、外患、貪污以外之罪嫌，經提起公訴或第一審判決有罪，而認為情節重大者；違法失職情節重大者。

（二）停職人員之復職與補俸：因案停職人員，未受撤職或休職之懲戒處分或科刑之判決者，應許其復職，並補發停職期內俸給。

（三）停職人員之免職：因案停職人員，受科刑判決確定者，應予免職。

（四）免職人員之再任：因刑事判決確定而免職人員，經非常上訴或再審改判無罪，且未受撤職或休職之懲戒處分者，應予再行任用。再任人員因係再次任用，並非復職，自不發生補俸問題。

第十章 保障與褒獎

保障與褒獎，均爲憲法所定考試院職掌之一，但目前均無專法之制定，有關保障與褒獎原則係在各有關法律中規定。茲就意義及一般原則，公務人員之保障，褒獎，獎金四個主題，分節敍述之。

第一節 意義及一般原則

第一項 意　義

保障與褒獎，指經依法任用之公務人員，就其執行職務、工作、生活與人事公正，給予適度的安全感與公正感；並採取有效措施，激勵其意願與潛能；以發揮工作績效及擴增工作成就。茲說明如下：

一、係對經依法任用之公務人員予以保障與褒獎：保障與褒獎，係對經依法任用之公務人員所採取，對非正式任用或臨時性之公務人員，雖亦有保障或褒獎，但在程度上常有不同。

二、保障與褒獎係同時採取措施：保障與褒獎二者，在意義及作用上雖不盡相同，但爲期眞正發揮效果，須二者同時並行，不可偏廢。

三、保障主要是對公務人員的執行職務、工作、生活與人事公正方面，給予適度的保障：有了適度保障，可使公務人員在心理上獲得安全感與公正感，不存五日京兆之心，而願繼續任職。

四、褒獎主要是激勵公務人員的意願與潛能：有了適當的褒獎，可使公務人員能進一步的提高其工作意願，及發揮出其潛在能力，使能盡心盡力，作爲國效命爲民服務之奉獻。

五、保障與褒獎之目的，在發揮工作績效與擴增工作成就：透過保障與褒獎之措施，在機關方面能發揮出高度工作績效，在公務人員方面能獲得更多的工作成就。

第二項　一般原則

施行保障與褒獎之措施，爲期發揮效果，宜注意下列原則。

一、依法執行職務之保障：公務人員執行職務，係以增進或保障全體國民利益爲目的，人民對其依法執行職務之行爲，有服從之義務，如有違法加以妨害，即將構成犯罪，並依法予以刑罰之制裁。此種制裁妨害執行公務之措施，對依法執行職務之公務人員言，乃爲最切實而有效之保障。

二、工作保障：爲期公務人員對工作具有相當安全感，需對其工作及職務，給予適度的保障；如公務人員之工作及職務，非有重大過失或取得自願，不宜隨時更動或調職，尤其重要者，非依法令規定，不得予以資遣、免職或降調。若此，公務人員對工作及職務才具有安全感，才願意悉心從事工作，重視現任工作，在現任工作上謀求發展與改進，及發揮工作績效。

三、生活保障：爲期公務人員之生活能獲得安全感，需對其生活給予適度的保障，如公務人員之俸給，需維持在一定的水準；俸給方面之

既得利益，盡可能予以維持，遇及物價指數有重大變動時，其俸給水準應隨着作適當的調整；公務人員在職期間遇有重大事故時，應以保險制度加以保障；年老力衰不能繼續工作者，應以退休制度保障之；不幸在職亡故者，對其遺族生活亦應予以保障；又生活必需品之供應，宜穩定其來源，並不使受太多的物價波動影響等。惟公務人員之生活獲有安全感，才不致因生活而煩惱，才能定下心思服務。

四、人事公正之保障：為期公務人員對管理當局能發生信心，進而支持管理措施，管理當局對人事問題之處理，需保持公平公正態度，並盡可能做到公開，以增加公務人員對人事處理之公正感。如進用人員宜採公開考試，獎懲案件宜經過評議，人員晉升需經由考核與評審，使每一公務人員都能感到，自己的前途把握在自己的手中，只要工作上表現出有績效，即可獲得晉升，不需憑人事關係或鑽營。惟有如此，公務人員才會繼續留在機關任職，才會在工作上去謀求發展與開拓前途。

五、保障需適度：保障之優點，在使公務人員獲得安全感與公正感，但如保障過份，則由安全感與公正感而成為依賴的屏障，使公務人員有恃無恐，甚或利用保障與管理當局對抗，只要求管理當局的給與，而不願奉獻工作心力，管理因而受着拖累，使公務人員成為管理當局的一大包袱。

六、保障之寬嚴宜與進用條件之寬嚴取得配合：進用人員時，如對其資格條件要求極為嚴格，且需經由一定程序者，則對其保障應較為嚴密，如公務人員之權益非依法律不得變更，如有違法失職情事，非依法律及一定程序不得處分，如受有冤屈，可依法提出申訴。如對公務人員資格條件要求甚寬或甚至不需資格，且各機關可以隨意進用時，則對其不需多加保障，對其權益及職務，只要根據有關法令或基於業務需要，即可予以變更，以求人員進退之靈活。

七、褒獎宜採多種方式： 用以激勵公務人員之褒獎，宜採多種方式，如自最隆重之褒揚、勳章，至最普通之獎品、嘉獎等，必要時並應根據需要增設褒獎方式。當運用褒獎時，亦可多種方式同時並用，以期真正達到激勵之目的，發揮褒獎之功用。

八、褒獎宜配合個人願望與需要： 公務人員，由於遺傳及家庭、教育、社會等環境之不同，陶冶出各別不盡相同的人格，復因職務、年齡、教育水準之不盡相同，致各人的願望與需要亦不盡相同。對公務人員的褒獎，如欲真正發生效用，需一方面所採用之褒獎方式，能符合公務人員的願望與需要，二方面要使公務人員具有完成所交付任務的才能與條件。設若所用褒獎方式與公務人員之願望與需要不符，則無法得到真正激勵；如公務人員未具完成任務所需要的才能與條件，則公務人員因明知無法得到褒獎，將不會努力去追求褒獎。因各公務人員的願望與需要及才能與條件是不盡相同的，因此對公務人員所採用之褒獎方式，不宜一致，而需配合個人的願望與需要。

九、及時的褒獎： 褒獎必須及時，及時的褒獎不僅可發揮褒獎的功效，更可增加公務人員對褒獎之重視；逾時的褒獎，不僅會失去褒獎的意義，更會使公務人員感到褒獎的多餘，甚或產生漠視的心理。

第二節　公務人員之保障

對公務人員之保障，是較為消極的一種措施，但亦是最基本的措施。茲就現行法制之所定，按對依法執行職務之保障、對工作之保障、對生活之保障、對人事公正之保障，分項簡述如後。

第一項　對依法執行職務之保障

公務人員依法執行職務，他人有妨害之者，即構成妨害公務罪，其中又有直接妨害公務罪與間接妨害公務罪之分。茲說明如下：

一、直接妨害公務罪： 指其妨害之行為，於公務員執行職務時即有所暴露者而言。如刑法第一三五條，對於公務員依法執行職務時，施強暴脅迫者，處三年以下有期徒刑、拘役或三百元以下罰金。第一三八條，毀棄、損壞或隱匿公務員職務上掌管或委託第三人掌管之文書、圖書、物品，或致令不堪用者，處五年以下有期徒刑。第一四〇條，於公務員依法執行職務時，當場侮辱，或對於其依法執行之職務公然侮辱者，處六月以下有期徒刑、拘役或一百元以下罰金；對於公署公然侮辱者亦同。其他如懲治走私條例，加工出口區設置管理條例，妨害兵役治罪條例，水利法，實施耕者有其田條例，保險法，商品檢驗法，礦場安全法，度量衡法中，亦有對妨害執行公務者之犯罪與處罰規定。

二、間接妨害公務罪： 指其妨害行為於公務員執行職務時，未必即能發覺，但因其行為致使公務進行陷於錯誤或不能達到目的而言。如刑法第一三七條，對於依考試法舉行之考試，以詐術或其他非法之方法，使其發生不正確之結果者，處一年以下有期徒刑、拘役或三百元以下罰金。第一六八條，於執行審判職務之公署審判時，或於檢察官偵查時，證人、鑑定人、通譯於案情有重大關係之事項，供前或供後具結，而為虛偽陳述者，處七年以下有期徒刑。第二一四條，明知為不實之事項，而使公務員登載於職務上所掌之公文書，足以生損害於公眾或他人者，處三年以下有期徒刑、拘役或五百元以下罰金。其他如標準法，民用航空法，船舶法，戶籍法，著作權法，勞資爭議處理法中，亦有類似間接妨害公務罪與處罰規定。

第二項 對工作之保障

在我國現行人事立法中，有關公務人員工作之保障，主要有下列各種。

一、考試及格人員，分發任用： 依公務人員任用法第十二條規定，考試及格人員，應由分發機關分發各有關機關任用，分發機關爲銓敍部，但行政院及所屬各機關之分發機關，爲行政院人事行政局。因考試及格人員，係由國家考試機關經由考試程序所遴選出之優秀人員，且其考試係爲配合任用計畫而舉行，一經考試及格，自應分發至各有關機關依法任用。

二、對性質特殊之公務人員，以法律保障其職務： 如依法院組織法第四十條規定，實任推事，非有法定原因，並依法定程序，不得將其停職、免職、轉調或減俸，又除轉調外實任檢察官準用之。行政法院評事及公務員懲戒委員會委員，對其職務之保障，亦適用推事、檢察官之規定。因推事、檢察官、評事、懲戒委員，均需一秉良知辦事，審判或偵查案件時，不受外界任何力量所影響，故對其職務需以法律明文予以保障。

三、依法停職人員，未受徒刑之執行或撤職休職之處分者，應准其復職： 依公務員懲戒法第六條規定，依規定停止職務之公務員，未受撤職或休職處分或徒刑之執行者，應許其復職。又如在懲戒程序中未被停職，卽使受有休職之處分，休職期滿，許其復職。因停止職務，係屬一種臨時性的措施，並爲便於偵查審判及避免湮滅證據等所採取，如經審判或議決，未受重大之處罰或處分時，自宜結束原有臨時措施，而恢復其職務。

四、免職人員，經非常上訴或再審改判無罪者，應予再任： 依行政

院暨所屬各級行政機關公務人員獎懲案件處理辦法第十二條規定，刑事判決確定免職人員，經非常上訴或再審改判無罪，未受撤職或休職處分者，應予再行任用。因刑事判決確定而免職者，如經改判無罪，則原有免職已失卻根據，自不能再根據刑事責任而免職，如此種人員之懲戒責任，亦未予撤職或休職之處分時，自宜予以再行任用。

　　五、公務員非依懲戒法不受懲戒：公務人員如需予懲戒時，依公務員懲戒法規定，需有違法、廢弛職務或其他失職行為之事實，且除薦任以下公務員之記過與申誡，得逕由主管長官行之外，其懲戒處分需由公務員懲戒委員會經由懲戒程序作成議決書。因懲戒處分，係屬情節較為嚴重之處分，對公務人員權益影響甚大，故其處分需有法定事由並經法定程序行之。

　　六、調任低官等低職等職務人員之保障：在公務人員任用法第十八條，經依法任用人員，除自願者外，不得調任低一等官之職務；在同官等內調任低職等職務者，仍以原職等任用。凡此均表示公務人員依法取得之地位與資格，不使其受損。

　　七、公務人員之免職，除自行請辭外，以有法定事由者為原則：如公務人員因受有消極任用資格限制而予免職，或依考績列丁等或一次記二大過而予免職，或依受撤職懲戒處分而予撤職。因公務人員之工作保障，最重要者為不得無故免職，否則一切保障均將落空，故免職以因法定事由所致者為原則。

　　八、非本人自願之資遣，以法有明定者為原則：依公務人員任用法第二十九條規定，各機關公務人員有下列情形之一者，得由機關長官考核，報經上級主管機關核准，予以資遣，即(一)、因機關裁撤、組織變更，或業務緊縮而須裁減人員者；(二)、現職工作不適任或現職已無工作，又無其他適當工作可以調任者；(三)、經公立醫院證明身體衰弱不

能勝任工作者。因資遣雖非免職，但亦係離開職務，除本人自願者外，爲保障其工作，亦應以法有明文規定者爲原則。

九、考績受免職者得申請複審或提起行政訴訟： 依公務人員考績法第十七條規定，年終考績考列丁等或專案考績受免職處分人員，得於收受通知書次日起三十日內，依規定申請複審；不服複審者得申請再複審。再依大法官會議解析，對複審、再複審仍有不服者，得向行政法院提起行政訴訟。

十、受懲戒處分者得申請再審議： 依公務員懲戒法第 三十三 條規定，懲戒案件之議決，有特定情事之一者，受懲戒處分人，於規定期間內，得申請再審議。如懲戒委員會認爲聲請有理由者，應撤銷原議決更爲議決。

第三項　對生活之保障

有關生活之保障，包括定期支領之俸給及因某種事實發生時所請領之給付。在現行人事法規中所定之保障如下：

一、公務人員俸級，非依法律不得降敍： 依公務人員俸給法第十六條規定，經銓敍機關敍定之等級，非依公務員懲戒法及其他法律之規定，不得降敍。因俸給係安定生活所必需，經依法敍定之俸級，自不得任意降敍，但如因違法失職受降級之懲戒處分時，自應予以降級。

二、在同官等內調任較低職等職務時，仍敍原俸級： 依公務人員俸給法第八條規定，依法銓敍合格人員，在同官等內調任低職等職務以原職等任用人員，仍敍原俸級。因俸級既係依法敍定，且以原職等任用，自不宜因其調任低職等職務而將其俸級降敍，致影響其權益。

三、調任較低官等職務人員，原敍較高俸級仍予保留： 依公務人員俸給法施行細則規定，依法調任低官等職務人員，其原敍俸級如高於所

調任職務職等最高俸級時，核敍至年功俸最高級爲止，其原敍較高俸級，俟將來調任相當職等之職務時，再予回復。因俸級係按資格而敍定，卽使調任低官等職務，其經取得之較高俸級之資格，自不應從此喪失，而應准其保留，俟將來調任相當職等職務時，卽可根據原有的較高資格核敍其俸級，而免受到損失。

四、**實任司法官，非依法不得減俸**：依司法人員人事條例第三十七條規定，實任司法官，非依法律受降級或減俸處分者，不得降級或減俸。實任檢察官準用之。又行政法院之評事及公務員懲戒委員會之委員，其俸給亦例予同樣保障。

五、**停職人員復職者，補發其俸給**：依公務員懲戒法第六條規定，停止職務之公務員，未受撤職或休職處分或徒刑之執行者，應許其復職，並補給其停職期內俸給。因俸給係跟隨職務而來，停職人員旣准其復職，則視爲其任職年資未予中斷，原停職期內之俸給，自應予以補發。

六、**發生保險事故者給予免費醫療或現金給付**：依公務人員保險法規定，公務人員保險，分生育、疾病、傷害、殘廢、養老、死亡及眷屬喪葬七項；經參加保險之公務人員，如有生育、疾病或傷害事故，可享受免費醫療，如有殘廢、養老、死亡及眷屬喪葬事故，可請領一定標準的現金給付（詳情見第十二章保險）。

七、**年老力衰不勝職務而退休者給予退休金**：依公務人員退休法規定，公務人員任職五年以上年滿 六十 歲或任職滿 二十五 年者得自願退休，任職五年以上年滿六十五歲或身體殘廢或心神喪失不堪勝任職務者應命令退休；退休人員依其任職年資及退休時俸給，可請領一次退休金，或月退休金，或部分一次退休金及部分月退休金，又請領退休金之權利，不得扣押、讓與或提供擔保，以保障退休人員晚年生活（詳情見第十四章退休與養老）。

八、**資遣人員之給與準用退休之規定**：依公務人員任用法第二十九條，各機關公務人員，因機關裁撤、組織變更、或業務緊縮而須裁減人員時，現職工作不適任或現職已無工作、又無其他適當工作可以調任時，或經公立醫院證明身體衰弱不能勝任工作時，得由機關長官考核並報經上級主管機關核准，予以資遣，資遣人員之給與準用退休之規定。

九、**在職死亡者給予遺族撫邮金**：依公務人員撫邮法規定，公務人員病故或意外死亡或因公死亡者，其遺族得依公務人員生前任職年資及死亡時俸給，請領一次撫邮金或一次撫邮金及年撫邮金，又遺族請領撫邮金之權利，不得扣押、讓與或提供擔保，以保障遺族生計，亦可因此而使公務人員無後顧之憂（詳情見第十三章撫邮）。

第四項　對人事公正之保障

公務人員之保障，除上述有關依法執行職務、工作及生活之保障外，尚有有關人事公正之保障，亦即處理人事須公開、公正與公平。

一、**舉行公開競爭考試，以增加績優人員錄取機會**：依憲法第八十五條規定，公務人員之選拔，應實行公開競爭之考試制度。又公務人員考試法第二條規定，公務人員之考試，應本為事擇人，考用合一之旨，以公開競爭方式行之。因考試公開，則凡具應考資格者，均得報考；公開競爭，則考試成績優良者優先錄取，故公開競爭之考試，實為最公正之考試，對成績優良者，可保障其優先錄取。

二、**舉辦升任甄審，以增加資績優異人員晉升機會**：依公務人員任用法第十九條規定，各機關為辦理現職人員之升任，得設立甄審委員會，就具有任用資格之人員甄審。又依甄審辦法規定，升任甄審時，應就資格、學歷、考試、工作成績、年資、獎懲、專長及知能等項目予以審評，使資格與成績優異者優先升任，以期公正。

三、明定考績及懲戒程序，以防止徇私草率: 依公務人員考績法規定，各機關辦理考績，應組織考績委員會執行初核，經機關首長覆核後，送銓敍機關核定；銓敍機關對公務人員考績分數及獎懲如有疑義，應通知詳覆事實及理由，或通知其重加考核，必要時得調卷查核或派員查核；各機關長官及各級主管人員，對所屬人員考績，如有不公或徇私舞弊情事，銓敍機關得通知其上級長官依法懲處。又依公務員懲戒法規定，公務員有違法失職事實需予懲戒者，高級人員需先送監察院審查，經審查同意後始移付懲戒；一般人員需由各院部會長官或地方最高行政長官，方得移付懲戒；公務員懲戒委員受理懲戒案件時，需經申辯、議決等程序，必要時並得先舉辦調查；懲戒機關議決時，需經出席委員過半數之同意，又出席委員意見分三說以上，致不能得到過半數之同意時，需由最不利於被付懲戒人之意見，順次算入次不利於被付懲戒人之意見，至人數過半數時爲止。移送機關或受懲戒處分人，如有不服，並得依規定申請再審議。凡以上規定，工作不力或違法失職公務人員，雖需予以處分，但決定處分時需經一定程序，並秉公處理，以防止不公及徇私舞弊，使公務人員給予應有的保障。

第三節　襃　　獎

襃獎之範圍甚爲廣泛，凡對公務人員之各種獎勵性措施均可包括在內，除升遷、考績方面之獎勵在第六章升遷與調任及第八章考績已有敍述外，其餘之獎勵則在本節及下節中敍述之。襃獎因其方式甚多，故其內容多在有關法律中分別制定，而非採統一立法方式。茲按襃揚、勳章、立功獎敍、獎章、獎狀及其他襃獎，分項簡述如後。

第一項　褒　揚

褒揚條例爲辦理褒揚之法律依據，玆就其要點說明如下：

一、適用人員範圍：得予褒揚之人員，包括中華民國國民，外國人亦得適用之。

二、受褒揚之條件：有下列各款情事之一者得褒揚之，即(一)致力國民革命大業，對國家民族有特殊貢獻者；(二)參預戡亂建國大計，應變有方，臨難不苟，卓著忠勤，具有勳績者；(三)執行國策，折衝壇坫，在外交或國際事務上有重大成就者；(四)興辦敎育文化事業，發揚中華文化，具有特殊貢獻者；(五)冒險犯難，忠貞不拔，壯烈成仁者；(六)有重要學術貢獻及著述，爲當世所推重者；(七)有重要發明，確屬有裨國計民生者；(八)德行崇劭，流風廣被，足以轉移習尙，爲世楷模者；(九)團結僑胞，激勵愛國情操，有特殊事蹟者；(十)捐獻財物，熱心公益，績效昭著者；(十一)其他對國家社會有特殊貢獻，足堪褒揚者。

三、褒揚方式：包括(一)明令褒揚(以受褒揚人逝世者爲限)；(二)題頒匾額。受褒揚人事蹟，合於上述第(一)(二)款者逝世後，或合於第(五)款者，得入祀國民革命忠烈祠或地方忠烈祠。又受明令褒揚人，其生平事蹟得宣付國史館，並列入省（市）縣（市）志。

四、請褒揚手續：褒揚，除總統特頒者外，須經行政院之呈請。呈請明令褒揚，應綜其生平事蹟，提經行政院會議通過。

第二項　勳　章

勳章條例乃辦理頒給勳章之法律依據，玆就其要點說明如下：

一、適用人員範圍：得授予勳章之人員，包括中華民國公務人員，非公務人員，友邦元首及外國人。

二、勳章種類: 勳章除已授予之采玉勳章外，分采玉大勳章、中山勳章、中正勳章、卿雲勳章、景星勳章; 其中卿雲勳章及景星勳章，各分九等; 采玉大勳章、中山勳章、中正勳章均用大綬; 卿雲勳章及景星勳章之一、二、三等用大綬，四、五等用領綬，六、七等用襟綬並附勳表，八、九等用襟綬。

三、授勳之條件

(一)采玉大勳章: 得特贈友邦元首，並得派專使齎送。

(二)有下列勳勞之一者，得授予中山勳章，由總統親授之:

1. 統籌大計，安定國家者。

2. 詡贊中樞，戡平禍亂者。

3. 其他對建國事業有特殊勳勞者。

(三)有下列勳勞之一者，得授予中正勳章，由總統親授之:

1. 對實踐三民主義有特殊成就者。

2. 對反共建國大業有特殊貢獻者。

3. 對復興中華文化有特殊表現者。

4. 對實施民主憲政有特殊勳勞者。

(四)公務人員有下列勳勞之一者，得授予卿雲勳章或景星勳章:

1. 於國家行政、立法、司法、考試、監察制度之設施，著有勳勞者。

2. 於國民經濟、教育、文化之建設，著有勳勞者。

3. 折衝撙俎，敦睦邦交，在外交上貢獻卓著者。

4. 宣揚德化，懷遠安邊，克固疆圉者。

5. 辦理僑務，悉協機宜，功績卓著者。

6. 救助災害，撫綏流亡，裨益民生者。

7. 維持地方秩序，消弭禍患，成績優異者。

8. 中央或地方官吏在職十年以上，成績昭著者。

9. 襄助治理，賢勞卓著，迭膺功賞者。

(五)非公務人員有下列勳勞之一者，得授予卿雲勳章或景星勳章：

1. 有專門發明或偉大貢獻，有利國計民生者。

2. 創辦救濟事業，規模宏大，福利社會者。

3. 在國內外興辦教育、文化事業歷史深長，足資模範者。

4. 保衞地方，防禦災患，屢著功效，足資矜式者。

5. 經營企業，補助政府，功在民生者。

6. 學識淵深，著述精宏，有功文化教育者。

(六)外國人有下列勳勞之一者，得授予卿雲勳章和景星勳章：

1. 抑制強暴，伸張正義，有利我國者。

2. 宣揚我國文化，成績昭著者。

3. 周旋壇坫，有助我國外交者。

4. 促成其政府或人民，與我國以物質上或精神上之援助者。

5. 對我國建設事業，貢獻卓著者。

6. 創辦教育或救濟事業，有功於我國社會者。

(七)凡有勳勞於國家社會，為前第六、第七、第八三條所未列舉，而確應授予勳章者，亦得比照前三條之規定行之。

四、請勳手續

(一)呈請： 由呈請機關詳細填具勳績事實表， 加具考語並蓋用印章，連同有關勳績之證明文件，遞轉初審機關審核。

(二)初審機關審核： 如擬授勳人員為公務人員，由銓敍部審核；擬授勳人員為政務官，由主管院審核；擬授勳人員非屬公務人員，由內政部、僑務委員會審核。初審機關審核勳績事實如有疑問，得徵詢與勳績事實有關之主管機關意見，以憑參考，並應附具審核意見，註明應否授

予勳章，及擬請授予勳章之種類與等次，呈由主管院轉總統發交稽勳委員會審核。

（三）稽勳委員會審核：勳章之審核，由稽勳委員會行之，但總統特贈或特授者不在此限。

（四）必要時得舉行調查：審核機關審核勳績，認有實地調查之必要時，得派員或委託關係機關調查，並得通知呈請機關詳紋事蹟，補提證明文件。

五、授予勳章： 授予勳章，得因積功晉等，並得加授別種勳章。卿雲勳章及景星勳章，依勳績分等，屬於一等者，由總統親授之，其餘各等，發交主管院或遞發該管長官授予之。授予勳章，並附發證書。

六、勳章之繳還： 經授予勳章人員，因犯罪褫奪公權者，應繳還勳章及證書。

第三項　立功敍獎

反共抗俄立功人員獎敍條例，爲辦理獎敍之依據。玆就其所定要點說明如下：

一、適用人員範圍： 所稱反共抗俄人員，指在接戰地區或敵後地區工作人員，及在後方擔任反共抗俄之特殊任務或專門技術工作對戰地軍政有重大貢獻之人員。

二、應具之功績： 包括（一）收復失地者；（二）協助國軍作戰，建有功績者；（三）擔任反共抗俄設計宣傳情報策反各項工作，具有功績者；（四）擔任軍工技術工作有重大發明或改進，裨益軍事者；（五）以人力、物力、財力直接協助反共抗俄工作者；（六）對敵方人力、物力之爭取，防止敵人之各種破壞動作，及鞏固我方軍事組織，確有成效者；（七）擔任與反共抗俄有關之動員工作，著有功績者。

以上各種功績，各分特殊、重要、普通三等，其標準由考試院行政院會同定之。

三、敍獎之方式：視立功人員是否具有任用資格，及是否爲現職人員或是否願意就職而定。

(一)未具任用資格且願就職者：立有特殊功績者，以簡任實職保舉試用；立有重要功績者，以薦任實職保舉試用；立有普通功績者，以委任實職保舉試用。

(二)已具任用資格且願就職者：視其立有特殊、重要、普通功績，分別以簡任、薦任、委任實職任用。

(三)係現職人員時：應酌量其建功情形，以高一官等或同官等較高職務任用，並卽予升調或晉敍俸級。

(四)不願就任或不宜擔任實職者：應酌量其建功情形，分別頒給勳章、匾額、獎章、獎狀、獎金或紀念品。

第四項　獎　　章

獎章條例及警察獎章條例，爲頒發一般公務人員及警察人員獎章之法律依據。各主管機關對所屬公營事業人員，亦規定有發給久任獎章或考成獎章者。玆說明如下：

一、獎章條例：公教人員著有功績、勞績或有特殊優良事蹟者，除法律另有規定外，依本條例頒給獎章，非公教人員及外國人，對國家著有功績或其他優異表現者，亦得頒給。

(一)獎章種類：

1. 功績獎章：有下列情形之一者，頒給功績獎章，卽 (1) 主持重大計畫或執行重要政策成效卓著者；(2) 對主管業務提出重大革新方案，經採行確具成效並有具體事蹟者；(3) 研究發明著作，經審查認定

對學術或業務有重大價值者; (4) 檢舉或破獲重大叛亂組織，消弭禍患者; (5) 檢舉或破獲重大貪污案件，有助吏治澄清者; (6) 對突發意外事故處置得宜，免遭嚴重損害者; (7) 有其他特殊功績足資矜式者。

2. 楷模獎章: 有下列情形之一者，頒給楷模獎章，即 (1) 操守廉潔有具體事蹟，足資公教人員楷模者; (2) 奉公守法品德優良，有特殊事蹟足資矜式者; (3) 搶救重大災害奮不顧身，而有具體事實者; (4) 因執行職務受傷，合於公務人員保險全殘廢退休者; (5) 因執行職務發生危險，以致死亡者; (6) 有其他優良事蹟足資矜式者。

3. 服務獎章: 公教人員服務成績優良者，依下列規定頒給服務獎章，即 (1) 連續任職滿十年或任政務職位滿五年者，頒給三等服務獎章; (2) 連續任職滿二十年或任政務職位滿十年者，頒給二等服務獎章; (3) 連續任職滿三十年或任政務職位滿二十年者，頒給一等服務獎章。以上三種獎章各分三等，初次頒給三等，並得因續功晉等; 同一事蹟不得授予兩種獎章。

(二)請頒手續: 獎章由各主管機關報請各該主管院核定，並由院長頒給之。公務人員獲頒獎章者，由主管機關送請銓敘部審查登記。

(三)專業獎章: 由各主管機關依其主管業務之性質及需要，報請各該院核定後，由各該主管機關首長頒給之; 受獎人為公務人員者，並送請銓敘部審查登記。

二、警察獎章條例

(一)發給警察獎章之條件: 警察人員著有下列勞績之一者，得由內政部發給警察獎章，即 1.辦理警察行政，於警察之建制及改進，著有特殊成績者; 2.研究警察學術，於警察方面有特殊貢獻者; 3.值地方騷擾、暴動或其他非常事變時，能防範制止，或應其他警察機關請求援助，保護保全地方安寧秩序者; 4.舉發或緝獲關於內亂、外患、漢奸或

間諜犯罪者；5.當場或事後緝獲盜匪案犯，保全人民生命財產者；6.緝獲脫逃人犯或緝獲在逃刑事被告，經判處五年以上有期徒刑以上之刑者；7.查獲攜帶或藏匿軍器兇器或其他危險物，情節重大者；8.盡瘁職務，足資矜式者；9.查禁違警品，著有成績者；10.在職繼續滿十年以上，未曾曠職並成績優良者。

(二)警察獎章等級及佩帶：警察獎章分一、二、三、四四等，每等分一、二、三三級；初授之獎章等按官階區分，警監初授為一等，警正初授為二等，警佐初授為三等，警長警士初授為四等，均自三級起依次晉級。獎章得終身佩帶，但因受刑事處分或受褫奪公權宣告時，應予繳銷。

三、其他獎章： 由公營事業主管機關訂定辦法，對所屬事業人員之久任或考成特優者所給予獎章。又分：

(一)久任獎章： 如經濟部對所屬事業員工， 在本事業連續服務二十、二十五、或三十年以上，最近三年考核有一年列甲等，兩年列乙等以上者，得給予銅質獎章、銀質獎章或金質獎章。交通部對所屬事業人員之久任者，亦有給予獎章之規定。

(二)考成獎章： 如依交通事業人員考成規則規定，事業人員有所列舉之特優事蹟且有重大影響者，其專案考成之獎勵，除予晉薪一級外，並給予獎章。

第五項 獎 狀

主管機關對所屬公務人員在工作上有特殊表現者，亦有發給獎狀之規定。其情形如下：

一、功績獎狀： 公務人員能經歷艱險，如期或提前完成某種計劃或工程或艱鉅任務者，有發給獎狀以示激勵之事例。如行政院對內政部舉辦土地重劃、戶口普查工作有功人員，對臺灣電力公司完成高壓輸電線

路架設工程及完成德基大壩工程之有功人員,均曾由行政院長發給獎狀。

二、久任獎狀: 部分事業之主管機關,爲表彰所屬員工久任,亦有給予獎狀者。如交通部所屬事業相當士級以上人員,在各事業服務十五年以上,最近三年考成平均分數在七十五分以上者,發給獎狀。

三、考成獎狀: 部分事業主管機關,對所屬員工有特優事蹟表現,於辦理考成時,除晉薪級外,並發給獎狀。如依交通事業人員考成規則規定, 事業人員有特殊事蹟辦理專案考成, 除晉薪一級外, 並發給獎狀。

第六項　其他褒獎

公務人員之褒獎, 除上述之褒揚、勳章、立功敍獎、獎章、獎狀外, 尚有其他方式之褒獎。其情形如下:

一、保舉最優: 爲期各機關能保舉最優人員予以獎勵, 經定有政務軍事各機關保舉最優人員辦法, 其要點爲:

(一)規定保舉單位: 中央政務機關, 以府、院、部、會、處、局爲保舉單位; 地方政務機關, 以省市政府爲保舉單位; 軍事機關部隊, 以國防部總參謀長及各總司令部爲保舉單位。

(二)被保舉人條件: 被保舉人員, 應以對國家有反共與克難等重要功績者, 或有特殊發明或著作確能臚陳事實者, 或對主管業務研究革新具有重大績效影響深遠確能臚陳具體事實者, 爲遴選標準; 並須依據合作、主動、負責、熱情、實踐、領導、思惟、均衡、信心九項考核人才之原則, 對其品德、才能、學識、工作成績四項嚴加考核; 並注意其儀表、態度、精神、體格, 而富有潛能與創造能力者。

(三)保舉手續: 凡合於遴選標準之人員, 其所在服務單位, 以公開評判方式遴選, 逐級呈報保舉單位, 負責從嚴審核保舉之。保舉單位,

屬中央政務機關者，報由各主管院院長審核；屬地方政務機關者，報由行政院院長審核；屬軍事機關部隊者，報由參謀總長審核；並一律於考績年度次年三月底前，轉送總統府呈閱。保舉人員名額，政務機關以八十人爲限，軍事機關部隊，以一百二十人爲限。

(四)召見及頒發榮譽紀念章：被保舉人員，經召見後，頒發榮譽紀念獎。

(五)保舉不實之處理：保舉不實者，其保舉長官應予議處，該被保舉人並予註銷，其已頒發紀念章者，追回其紀念章。

二、表揚傑出科技人才：行政院爲表揚傑出科學及技術人才，亦訂有選拔規定。即根據各有關單位所推薦之傑出科學及技術人才，經過審核委員會從嚴審核後，報行政院核定，受推薦之人員，並不以公務人員爲限。經核定受表揚之傑出科學及技術人才，由主辦機關頒發傑出科技榮譽獎，以示激勵。

三、優秀人員表揚：各主管機關，爲表揚所屬優秀公務人員，亦常有自行訂定表揚優秀人員辦法，辦理優秀人員之表揚者。如所屬公務人員在工作上有特殊表現，或任職期間甚久且工作成績優良者，當由各主管機關予以表揚，並發給紀念牌等，以示激勵。

第四節 獎 金

本節所稱獎金，係指公務人員考績法所定考績獎勵及公務人員俸給以外之獎勵性的金額收入，較爲主要者有效率獎金、提供建議獎金、研究獎金與久任獎金，茲分項絃述如後。

第一項　效率獎金

效率獎金，係根據員工工作成績及效率等因素，規定其支給標準或支給額，與薪資之支給不同，故效率獎金乃員工薪資制度以外的一種獎金制度。政府中主管技術、工程、營運、生產等事務之機關，多有核發效率獎金之規定。茲舉工程機關員工之工程效率獎金制度爲代表，簡述如下：

一、適用人員範圍：凡編制內職員及預算內各類工人、核准有案之臨時聘雇人員、研究人員、專家或向其他機關調用之人員，均適用之。

二、經費來源及發給標準：工程效率獎金經費，在工程管理費內提撥，最高不得超過當年度實際工程管理費 40%；工程效率獎金依下列標準按月發給之：

（一）工程人員：按其職等與級點，依每一級點折算金額標準折算發給之（目前每一級點折算八百元）；職等與級點之配置如下表：

職　　　　　　　　等	級 點	職　　　　　　　　等	級 點
第十二職等	8	第七職等非主管及第六職等主管	5
第十一職等	7.5	第六職等非主管及第五職等主管	4.5
第十職等主管	7	第五職等非主管	4
第十職等非主管及第九職等主管	6.5	第四職等	3.5
第九職等非主管及第八職等主管	6	第三職等	3
第八職等非主管及第七職等主管	5.5	第二職等	2.5

第一職等	2	工　　友	1
技工、料工、測工、司機	1.5		

（二）配合工程之一般行政管理人員：按上列標準八折支給。

三、效率獎金之限制：效率獎金之發給不得超過上述規定，如當年實際可提之工程管理費不敷分配時，其級點之折合率應比例降低之。員工曠職、曠工、請假或受處分者，依下列規定扣除當月獎金：

（一）曠職、曠工一次者，扣除獎金三分之一，三次以上者，扣除獎金全部。

（二）請事假者，按日扣除獎金；請病假、分娩假、婚喪假者，按日扣除獎金二分之一。

（三）公假在一星期以內者不扣除獎金，超過一星期者，自第八日起按日扣除獎金。

（四）受警告、申誡處分者扣除獎金二分之一，記過者扣除獎金全部，記大過者扣除獎金兩個月；同一年度內之功過得予相抵。

（五）受懲戒處分時，申誡者扣除獎金一個月，記過以上者扣除獎金兩個月。

四、嚴加考核：科室主管，對所屬員工服務成績應嚴加考核，並隨時提供資料送人事單位彙陳首長核定後，始得依規定核發。

第二項　提供建議獎金

為鼓勵員工提供有關增進工作效率等之各種建議，建議經採納後，對原提供建議之員工給予獎金，亦屬一種有效的獎金制度。其推行情形如下：

　　一、標明提供建議之目的: 實施此種獎金制度,在鼓勵員工發現組織在管理、技術、生產、經營、操作等方面之現有缺失,並運用智慧提出改進建議,使組織與員工雙方均可獲益。

　　二、規定得提供建議之事項: 一般言之,有關下列事項均可提供建議,即(一)對各種工作之處理程序、方法、技術等,具有改進之效果者;(二)對各種設備、物料、用具等,可增進其效用者;(三)對數量、素質、效率等,具有增加或提高之效果者;(四)對時間、經費等,具有節省之效果者;(五)對各種損失、障礙等,具有消除之效果者;(六)對產品、方案、法規等,具有新穎的設計、規劃等之效用者。

　　三、規定得提供建議之人員: 原則上凡屬組織內員工均可提供建議,但對下列人員之建議以確屬超出本身職責以上具有顯著成效者始予獎勵,即(一)各級主管人員;(二)專職從事研究發展工作之人員;(三)建議案審議會委員;(四)屬本身職責範圍內應做之事之人員。

　　四、規定提供建議之程序

　　(一)提出: 由建議人填寫提供建議表;建議表內容,通常包括1.提供建議人姓名、職稱、所屬單位; 2.建議事項之名稱、現有缺失; 3.改進建議; 4.預計一年內可得利益; 5.調查意見; 6.審議意見; 7.核定結果。當提供建議人於1至4項填寫後,即送由主管人員核轉。

　　(二)調查: 建議案提出後審議前,通常需經過調查程序,調查人由主管人員或由其指定之人擔任。調查時需注意1.所提供之建議是否屬於得提供建議事項範圍之內; 2.所列缺失是否確屬現有的缺失; 3.所提改進意見是否確可改進現有之缺失; 4.改進意見是否可行,缺失改進後是否確可增進效率、效果或效用; 5.所預計之利益是否實在,是否有確切資料或數字可資依據。而後提出有無採納價值之意見。

　　(三)審議: 對建議案的審議,主要在審議其應否接受及應否給予何

種獎勵；對建議案之獎勵，通常以獎金爲主，至獎金數額多依下列原則核計，卽 1.如建議案實施後所增加之利益可用數字估計者，則以實施後一年內可增加或節省之金額爲準，就其 10% 至 30% 範圍內核給獎金。2.如建議案實施後所增加之利益無法用數字估計時，則就建議案本身之價值，核給相當數額之獎金。

獎金以給予個人爲原則，但如建議案係由若干人共同合作而提出，或爲某單位全體人員所合作提供時，則其獎金應由各提供人平分，或根據各人對建議案之貢獻大小作不等之分配。建議案如審議不予採納，原建議人可申請保留一至二年，在保留期間仍可予以採納並給予獎勵。

四、核定： 經審議認爲應予採納之建議，應報由首長核定，其獎金並宜於公開集會場合發給，以示隆重與嘉勉。

第三項　研究獎金及久任獎金

各主管機關爲鼓勵所屬人員研究風氣及所屬人員久任，亦訂有發給獎金之規定者。

一、研究獎金： 如銓敍部對全國公務人員，對指定閱讀之書籍能提出心得報告者，就所提心得報告請學者專家審查，認爲成績優異，可視成績等級分別發給不同金額的獎金。又對人事人員能提出預定專題之研究報告者，就所提研究報告請學者專家審查後，依其成績等級，擇優分別發給不同金額之獎金。行政院人事行政局對行政院所屬各機關人事人員之研究獎金，亦有類似規定，且將每年得獎作品擇優印製專輯，頗多研究參考價值。

二、久任獎金： 主管機關對所屬事業人員之久任者，除給予獎章或獎狀外，亦併給予獎金。如依經濟部所屬事業員工連續服務滿二十年，最近三年考核有一年列甲等二年列乙等以上者，並另給二個月薪津之獎

金；連續服務滿三十年者，並另給三個月薪津之獎金。又如交通部對所屬事業人員服務滿二十年，最近三年考成平均分數在七十五分以上者，並另給二個月以內薪津之獎金；服務滿四十年者，並另給三個月以內之獎金。

三、年終獎金：公務人員七月一日前到職至年終尚在職，且未受懲處者，發給一個月俸額之年終獎金；其於十月一日前到職至年終尚在職，且未受懲處者，則發給半個月俸額之年終獎金。

第十一章 訓練與培育

　　公務人員之訓練、進修與考察、培育與發展，已普遍深受重視，更爲增進公務人員知能及培植人才所不可或缺者。爲期發揮訓練與培育之效果，值得研究之處甚多，特分意義及一般原則，公務人員訓練，公務人員進修與考察，公務人員培育與發展，及訓練與培育之計畫與評價五節，敍述如後。

第一節　意義及一般原則

第一項　意　義

　　訓練，指各機關爲適應業務需要，對所屬公務人員，運用訓練、進修、考察等方式，予以有計畫的增進所需知能，以期能勝任現職及將來擔任更重要職務。培育，指各機關爲培育及發展人才，就訓練與升遷調任作交互運用，使養成永業的及敬業的工作者，及對機關能提供更大的貢獻。茲說明如下：

　　一、訓練係爲適應業務需要而舉辦：各機關業務係在不斷的發展與

成長，新的業務繼續不斷的增加，原有業務須不斷的改進與革新，爲期公務人員所具知能，能經常適應業務發展與革新的需要，自需經常舉辦公務人員訓練。

　　二、訓練係有計畫的增進所需知能：公務人員處理業務所需的知能，如任由各人自修，可能效果甚差，因而需透過訓練、進修及考察等方式，作有計畫的進行，使其能在短期內獲得所需要的知能。

　　三、訓練方式包括訓練、進修及考察等：對公務人員之訓練，其方式有訓練、進修、考察、研習等，須根據需要而選用，不宜拘泥於某一種方式進行。

　　四、訓練目的在使勝任現職及將來擔任更重要工作：對未能勝任現職之公務人員，期在透過訓練後，補充擔任現職所需之知能，進而能勝任現職；對工作績效優異且具有發展潛能之公務人員，期在透過訓練後，儲備較高水準之知能，使將來能擔任更重要的工作。

　　五、培育人才之方式爲訓練與升遷調任交互運用：訓練之主要目的在增加工作知能，升遷調任之主要目的在增加工作上的歷練與經驗。此兩種方式須交互運用，而不可偏廢，否則將難達培育人才之目的。

　　六、培育人才之目的在養成永業的敬業的工作者及對機關提供更大的貢獻：所稱永業的工作者，指能視工作爲終身職業，而不見異思遷；所稱敬業的工作者，指能盡心盡力的將工作做好，而不敷衍塞責。永業與敬業的工作者，須運用培育人才的方式，經由長期的培育而成，此種人才不但具有豐富的知能與經驗，並能盡心盡力工作與久任，對機關能作更大的貢獻。

第二項　一般原則

　　爲期公務人員訓練與培育發揮效果，宜注意下列原則：

一、須能適應需要：舉辦訓練與培育，須能適應需要，尤其是要能適應下列的需要：

(一)適應業務發展及技術革新之需要：各機關業務，多朝着專業分工方向發展，所需學識、經驗、技能及能力，多趨向專精；同時爲提高效率，對處事技術與方法，亦需不斷的革新。此種發展與革新，當社會愈進步時，其發展與革新的速度愈快，因而員工所需的學識、經驗、技能及能力，爲適應業務發展與技術革新需要，應不斷透過訓練進修以求充實。

(二)適應管理革新之需要：根據系統理論，機關與社會環境間具有交互作用及相互依賴關係，而社會環境又是在不斷的變動，因而機關亦須作適度的調整，以求與變動的社會環境間能保持平衡。爲求組織對社會環境的適應，在管理上亦需作經常的革新，而此種管理上的革新，必須透過對管理人員的訓練與進修等方式來達成。

(三)適應培育發展人才之需要：公務人員並不以現職工作爲滿足，而希望自己有前途，將來能擔任更重要的工作。各機關爲協助屬員實現此種願望，及培育與發展將來需用之人才，對現任人員中具有工作效率及發展潛能者，應經由訓練進修及升遷轉調來培育與發展，使其儲備高一層次的知能，以便將來遇有較高職務出缺時可隨時予以調任，使其對機關能作更多更大的貢獻。

(四)適應養成永業敬業工作者之需要：欲公務人員成爲視工作爲終身職業之永業工作者，及敬重工作、樂意工作、全心全力工作之敬業工作者，須使其知能不斷的獲得增進，其職務可不斷的獲得升遷。而此種知能的增進與職務的升遷，則需經由訓練與進修及升遷與調任來達成。

二、需有妥善計畫：訓練與培育爲期收到效果，需先訂有妥善計畫而後再按計畫進行；如訓練與培育的目的爲何，在訓練方面需訓練何種

課程，何種人員需予參加，採用何種訓練方式，選用何種訓練方法，期間如何，教材如何準備；在培育方面，需在何種職務上升遷轉調，何種人員參加，如何考核，期間如何等問題，均需在規劃訓練與培育時，先作詳盡的考慮，而後詳細列入計畫並切實執行。如未事先訂有妥善計畫，則所謂訓練培育只是浪費人力、時間與經費而已。

三、對訓練與培育需作評價：訓練培育工作，並不是訓練培育期滿卽爲結束，最重要的是要有效果，亦卽原定的訓練與培育的目的有無達成需予以評價，從評價結果始能顯示出所舉辦的訓練與培育是否已達到目的。如評價結果並未達到預定目的，則應深入檢討發現其缺失所在，於以後舉辦訓練與培育時謀求改進。至辦理評價時，對所用之評價時機與方法等，自應視需要作適當的選擇。

四、採取有效的配合措施：欲發揮培育人才的效果、只靠訓練與培育本身的工作尚嫌不足，而需再採取其他的有效配合措施，始能生效，如(一)職務升遷調任的配合；(二)員額編制上的配合；(三)俸級結構上的配合；(四)必要時同一職務可跨等任用；(五)參加訓練人員原則上准予帶職帶薪等。

五、訓練種類及訓練方式與方法均須視法令及需要而定：公務人員之訓練，依其舉辦時機言，有作爲考試程序之一的考試訓練，任職前之職前訓練，任職後之在職訓練，及暫時離開職務之職外訓練等；從訓練之目的言，有爲補充現職工作所需知能之補充知能訓練，儲備將來升任職務所需知能之培育發展訓練，及爲執行新任務所舉辦之新任務訓練等；機關內究應舉辦何種訓練，須視有關法令及需要而定。再就訓練方式言，有設班訓練、空中教學訓練及工作上個別訓練等方式之不同，究應採用何種方式，則應視參加人數多寡、參加人員能否在同一時間集合、及有有無適當場所設施等情況而選定。再就訓練方法言，訓練方法

有許多種，如講解、討論、演習操作等，究應採用何種方法，將訓練教材的內容作有效而明確的介紹給受訓人員，使受訓者易於接受，則應視教材的內容而選用或併用。

第二節　國內訓練進修

公務員國內訓練進修，除考試訓練由公務人員考試法有所規定，及國內進修有公務員進修及考察選送條例規定但未實施外，其餘係以考試院所訂公務員進修規則及行政院所訂行政院暨所屬各機關公務人員國內訓練進修要點之規定，為辦理依據。茲就該國內訓練進修要點為主，分訓練進修之一般規定、訓練體系、訓練機構、考試訓練、職前訓練、在職訓練、及學校進修等，分項敍述如後。

第一項　訓練進修之一般規定

國內訓練進修之一般規定，包括下列三部分：

一、公務人員考試法之規定：依公務人員考試法第二十一條，公務人員高等考試與普通考試及格者，按錄取類科，接受訓練，訓練期滿成績及格者，發給證書，分發任用。前項訓練辦法由考試院會同關係院定之。其他公務人員考試，如有必要得照前項規定辦理。

二、公務員進修及考察選送條例之規定

(一)進修及考察區分：公務員之進修及考察，分為國內、國外兩種。

(二)選送之條件：現任簡任、薦任或高級委任職公務員，在同一機關繼續任職五年，三次考績分數均在八十分以上，並合於下列各款規定者，選送進修或考察，即1.對工作有特殊表現；2.學識堪資深造；3.品行優良；4.體格健康。如係選送至國外進修考察者，並以曾經高等考試

及格或曾在公立或教育部立案或經認可之國內專科以上學校畢業，並通曉該國文字者爲限。

(三)選送程序：

1. 各機關擬送：各機關選送國內外進修或考察人員，應於考績核定通知到達後三個月內，按滿五十人得選送一人，每多五十人得加送一人，但至多以五人爲限之原則，對合於選送條件者選送之。但選送國外進修或考察之機關，以國民政府五院各部會署各省政府及院轄市市政府爲限。

擬送機關於選送進修或考察人員時，應預擬研究科目或考察事項及派赴地點或國別，送請銓敍部查核存記，由銓敍部彙報考試院。

2. 考試院會商行政院決定：每年應派進修考察之總員額、派赴地點或國別、主要研究科目或考察事項，由考試院會商行政院定之。如選派人員爲考試院行政院及其所屬以外各機關人員時，並應會商各該機關定之。

經銓敍部查核存記准予選送進修考察人員，超過每年所定總員額時，其應派人員得由考試院考試決定之。進修考察人員之考試，分筆試口試兩種，應試科目，由考試院按該年度所定研究科目及考察事項定之。

准予存記人員，其進修或考察地點、國別及研究科目或考察事項，經考試院決定後，通知原送機關逕行派送。

(四)進修或考察期間：進修期間，國內爲二年；考察期間，國內爲半年。進修或考察人員，遇有交通上之障礙，或爲完成學科之研究，前項期間得呈請主管機關核准酌予延長，並轉報考試院，但延長期間不得超過一年。

(五)進修或考察人員之權利義務：

　　1.　經決定派送進修及考察人員離職期間，　除由原機關給予原薪外，其所需旅費或用費，在國內者由原送機關酌給。

　　2.　進修成績優良者，　得另調較高職務，　但以具有法定資格者爲限。

　　3.　國內進修人員，於每滿一年，應就研究所得提出報告，呈原機關核備，研究期滿之成績，並應由本人請求進修處所給予證明，呈由原機關轉送銓敍部備查。

　　4.　國內考察人員，考察期滿三個月內，應將考察結果提出報告，呈原機關核轉銓敍部備查。

　　5.　進修或考察期滿，應回原職或另調其他與其進修或考察有關之相當職務，在三年內不得改任其他機關職務，但經原送機關主管長官核准者，不在此限。進修或考察人員違背此項規定者，由原選送機關追繳所領各項費用之一部或全部。

　　三、公務人員進修規則: 本規則係考試院所訂定，其要點爲:

　　(一)進修方式: 公務人員之進修，採用下列方式，即

　　1.　設班講習;

　　2.　自修;

　　3.　學術會議小組討論;

　　4.　集會演講;

　　5.　其他進修方式。

　　上列講習班，得由各機關單獨或聯合設置; 討論及演講，並得聯合舉行。

　　(二)研究範圍: 公務人員應研究之學術，包括

　　1.　國父遺敎及總裁言論，

　　2.　中央重要宣言及決議等;

3. 現行法令;

4. 與職務有關之學術。

各機關得指定職員若干人,指導學術研究。

(三)進修設施: 各機關應佈置敎育環境,充實圖書設備, 及其他公餘進修設施。

(四)進修經費: 公務人員進修之經費, 按各機關經費百分之二至百分之五比例, 在原有預算內勻支。

(五)獎勵: 公務人員學術進修成績優良者, 得酌給獎品或一個月俸以內之獎金; 成績特優者, 並得連同論文或研究報告, 報請銓敍部轉呈考試院酌給獎勵。

(六)各機關公務人員之進修: 各機關對所屬公務人員之進修, 由各機關訂定實施辦法, 報銓敍部備查。

四、行政院暨所屬各機關公務人員國內訓練進修要點之規定

(一)目標: 辦理公務人員訓練進修, 應以砥礪品德、 培養愛國情操、激發工作意願與團隊精神; 充實知能、培育優秀人才, 提高服務品質及行政效率爲基本目標。

(二)權責區分:

1. 行政院人事行政局主管(1)本院所屬公務人員一般訓練、進行業務之總籌規劃事項; (2)本院所屬公務人員簡任第十職等以上人員訓練進修事項; (3)各機關人事人員訓練事項; (4)各機關委託辦理訓練事項。

2. 各部會、處、局、署及省(市)政府主管(1)策訂本機關及所屬機關年度訓練、進修計畫; (2)規畫辦理所屬薦任第九職等以下人員訓練進修事項。

(三)應優先選派參加有關訓練進修之人員:

1. 新進人員；

2. 服務成績優良，具有發展潛力，可為培育之人員；

3. 經升官等考試及格或甫昇官等之人員；

4. 將調任不同性質工作或擔負新增任務之人員；

5. 所任工作與所具專長不合之人員；

6. 最近五年內未曾接受訓練進修之人員；

7. 其他認有參加訓練進修之人員。

(四)訓練之基本原則：

1. 為完成考試程序之訓練，應依各該考試之規定辦理。

2. 非為完成考試程序之職前訓練及在職訓練，由本院人事行政局或各主管機關專設之訓練機構辦理為原則，但宜由各機關自行辦理或委託其他機關辦理者，不在此限。

3. 新進人員，應於進用前或到職後三個月內辦理職前訓練，使了解應具備之基本觀念、品德、操守、服務態度及處理公務之一般知識。

4. 在職訓練，按職務等級分四個階段實施，即(1)基礎訓練，以委任第五職等以下人員為對象，使熟悉工作技術和方法，公務人員應有之品德操守及法治觀念；(2)專業訓練，以薦任第六至第八職等人員為對象，使其熟知專業及一般管理知能，以奠立發展業務之基礎；(3)管理訓練，以薦任第九至簡任第十一職等人員為對象，以強化其綜合規劃、管理、協調及處事能力為目的；(4)領導訓練，以簡任第十二職等以上人員為對象，以提升其領導統御及決策能力為目的。

5. 各主管機關並得視需要辦理下列訓練，即(1)培育發展訓練，以中、高級主管之培育候用人選為對象，以提升其領導及處事能力為目的；(2)專長轉換訓練，機關業務發生變動或組織調整時實施之，以使現職人員取得新任工作之專長，有效運用人力資源為目的。

6. 訓練之編排配合之比例，爲(1)一般課程，以強化愛國情操、品德素養、認識國家建設目標、國際形勢及敵人陰謀等爲內容，佔訓練總時數5％-20％；(2)專業課程，以受訓人員所任工作之專業知識、技術、法規等爲內容，佔訓練總時間 65％-90％；(3)輔導及其他活動，佔訓練總時數 5％-15％；(4)技術性（操作）之訓練得不受上述之限制。

7. 其他規定，(1)各類訓練時間之長短，視實際需要定之；(2)定有班、期之訓練，每班以三十至五十人爲原則；(3)訓練方法，得以講授、研討、實務作業、演練、見習、操作及觀摩等方法行之，同一訓練得採多種訓練方法，並盡可能實施電化教育；(4)訓練機構對學員訓練成績，按學科及平時考核兩種計算，其中學科佔50％-70％，平時考核佔30％-50％；(5)訓練成績及格人員，由主管機關或訓練機構頒發結業證書，成績優良人員由訓練機構通知其服務機關予以獎勵；(6)訓練機構應建立學員成績資料檔，並得提供有關機關，作爲人事運用之參考。

第二項 現行訓練體系

公務人員訓練體系，在制度上並無明文規定，但可就現行之各種有關公務人員訓練之規定及實作情形，按訓練區分、訓練目標、訓練層次或考試種類、訓練種類、主辦訓練機構等，予以分析歸納，呈現出大致的公務人員訓練體系如下頁所示。

第三項 現有訓練機構

現有之公務人員訓練機構，共計有五十九個，均爲行政院所屬各機

公務人員訓練體系及權責劃分表

項目	在職訓練					考試或職前訓練	
訓練種別	在職訓練					考試或職前訓練	
訓練目標	砥礪品德，培養愛國情操，激發工作意願，發揮團隊精神，充實專業知能，培養優秀人才，提高服務品質，增進工作效能。					瞭解公務人員基本權利義務，建立正確法治、工作及服務觀念，熟諳專業法令技能，砥礪品德，培養愛國情操。	
訓練層次	1. 基礎訓練：委任五職等以下人員	2. 專業訓練：薦任六至八職等人員	3. 管理訓練：薦任九職等至簡任十一職等人員	4. 領導訓練：簡任十二職等以上人員		1. 高考訓練：高考或相當特考及格人員訓練	2. 普考訓練：普考或相當特考及格人員訓練
訓練類別	專業訓練	新增任務訓練	專長轉換訓練	知能補充訓練	培育發展訓練	考試訓練	職前訓練
訓練分目標	充實專業知能、熟諳專業法令，以提昇工作效率與品質。	配合機關施政需要，使其熟練工作內涵、技術及法令，以期順利達成使命。	充實轉任新職工作所需知能，養成另一種專長，以期順利轉換新職。	充實現職工作所需知能，期能勝任現職。	培養擔任中高級職務應有之知能與處事領導能力，以改進決策品質。	對擔任職務所需條件在考試過程中未有測量者，經考試訓練補充與測量，以完成考試程序。	對擔任職務所需條件在考試過程中未有測量者，經由職前訓練充實之。

權責劃分

機構	專業訓練	新增任務訓練	專長轉換訓練	知能補充訓練	培育發展訓練	考試訓練	職前訓練
人事主管機關訓練機構	√	√	√	√	√	√	√
公務人員教育中心				√	√		
各主管機關訓練機構	√	√	√			√	√
各機關訓練機構	√	√					√

關設置者，人事制度之最高主管機關考試院，目前尚無訓練機構之設置（將來可能會設置）。茲就制定有組織條例及較具規模與一般性之訓練機構作簡要敍述，其餘則僅列舉其名稱。

一、行政院人事行政局公務人員訓練班：依公務人員訓練班設置辦法規定，置班主任一人，由局長兼任，班副主任一人由該局顧問兼任，下設敎務、訓導、行政三組，各設組長、輔導員、組員及其他辦事人員，負責辦理一般中下級公務人員（尤其是人事及事務人員）之訓練。

二、國立政治大學附設公務人員敎育中心：依其組織簡則規定，其任務爲(一)辦理中高級公務人員各類在職訓練；(二)協助政府各機關辦理人才培育及發展。其具體工作將爲(一)擴大辦理階段培育訓練，除目前培育九職等主管人員外，並逐步擴大至十職等升十一職等副司處長之訓練；(二)續辦行政管理訓練；(三)試辦知能補充訓練；(四)續辦公務人員選修班；(五)試辦研究所程度之進修課程；(六)試辦外語進修等。

三、外交部外交領事人員講習所：依該所組織條例規定，置所長、副所長、秘書各一人；設敎務、訓導、總務三組，置組長三人，組員及辦事員、雇員；另置專任講座及兼任講座；負責辦理新進及在職人員實務及智能講習事項。

四、財政部財稅人員訓練所：依該所組織條例規定，置所長、副所長、秘書、專門委員各一人；置組長三人，專員三至四人，及組員、辦事員、書記；掌理稅務、關務、金融、一般財政人員訓練之研擬及執行。

五、法務部司法官訓練所：依該所組織條例規定，置所長、秘書各一人，設敎務、訓導、總務三組，置組長三人，專員三至九人，及組員；另置專任講座、兼任講座，及導師。負責司法官及其他司法人員訓練之執行。

六、臺灣省訓練團：依臺灣省訓練團組織規程，團置團主任，由省府主席兼任；置教育長，專任，綜理全團事務。團設教務組、輔導組、總務組、及結業學員聯絡室，各組得視業務繁簡分課辦事。團置主任秘書、組長、主任、課長、編審、輔導員、醫師、課員、辦事員等，另置講師專任、聘任或聘兼。團得視實際需要，分設各種業務訓練班、研究班、講習班，各班置班主任，由團主任聘請各該主管機關主管或高級人員兼任之。

七、臺北市政府公務人員訓練中心：依臺北市政府公務人員訓練中心組織規程，中心置主任，由市長兼任；置副主任，由人事處處長兼任；置教育長，承主任副主任之命綜理中心業務，並置副教育長襄助之。中心設教務組、輔導組、總務組，並置秘書、組長、編審、輔導員、組員、辦事員等。中心除聘請專家學者擔任講師外，有關實務課程得聘請有關機關人員兼任之。

八、高雄市政府公務人員訓練中心：依高雄市政府公務人員訓練中心組織規程，中心置主任，由市長兼任；置教育長，承主任之命綜理中心業務。中心設教務組、輔導組，並置秘書、組長、編審、輔導員、組員、辦事員等。中心除聘請專家學者擔任講師外，有關實務課程得聘請有關機關人員兼任之。

九、其他訓練機構：包括內政部所屬中央警官學校、臺灣警察學校；交通部所屬電信、郵政、民航人員訓練機構五個；經濟部所屬臺肥、中油、臺電、臺糖等十四個訓練所；法務部所屬調查局幹部訓練所；退除役官兵輔導委員會專業人員教育中心；臺灣省政府所屬金融、公路、港務等事業機構所屬訓練機構十六個，及所屬行政機關所屬訓練機構八個；臺北市政府所屬訓練機構四個。

第四項　考試訓練

依公務人員考試法第二十一條規定，公務人員高等考試與普通考試及格者，按錄取類科，接受訓練，訓練期滿成績及格者，發給證書，分發任用。前項訓練辦法由考試院會同關係院定之。其他公務人員考試，如有必要得照前項規定辦理。故考試訓練實為考試程序之一，必須完成此一程序者，始能發給考試及格證書，並分發任用，其情形與職前訓練及在職訓練不同。

依現行高等考試與普通考試及格人員訓練辦法規定，其要點如下：

一、考試訓練之目的：在增進工作知能，加強考用之配合。因考試用人，應試科目究屬有限，且有些擔任工作所需的知能條件，亦無法在極短時間內加以有效的測量，故除應試科目外，尚需加以訓練，及在訓練期間施予考核，以認定擔任職務所需知能是否全已具備。

二、主管機關：考試訓練由考選部主管，並設公務人員高等暨普通考試訓練委員會，負責有關訓練之協調審議事項。

三、考試訓練之階段區分：考試訓練區分為基礎訓練與實務訓練兩個階段進行，期間合計為四個月至一年。基礎訓練以充實初任公務人員應具備之基本觀念、品德操守、服務態度及有關業務之一般知識為重點；實務訓練以增進有關工作所需知能及考核品德、操守、服務態度為重點。

四、考試訓練之實施

(一)擬定訓練計畫：考選部於公務人員高等暨普通考試公告後，依有關資料擬定訓練計畫，據以辦理訓練。

(二)基礎訓練：基礎訓練由考選部辦理，必要時得按錄取等級、類科及考試成績等第，委託銓敘部及行政院人事行政局協調有關訓練機構

或公立大學院校集中辦理。受委託之訓練機構學校，於辦理訓練完畢，應將受訓人員成績列冊報考選部。

（三）實務訓練：由考選部委託銓敘部及行政院人事行政局，協調用人機關分配至各機關學校實施。於辦理訓練完畢，應將受訓人員成績列冊報考選部。

（四）訓練成績計算：基礎訓練與實務訓練成績之計算，各以一百分為滿分，六十分為及格，基礎訓練成績不及格者，不得參加實務訓練。訓練期滿經核定成績及格者，始完成考試程序，由考選部報請考試院發給考試及格證書，並函請銓敘部及行政院人事行政局分發任用。

（五）訓練經費：基礎訓練所需經費，由考選部編列預算支應；實務訓練所需經費，由各訓練機關學校編列預算支應。

第五項　職前訓練

依行政院人事行政局組織規程第五條，人事行政局掌理各級行政機關公務人員職前訓練之規劃、擬議事項。該局設有公務人員訓練委員會，委員會下並設有公務人員訓練班，辦理職前訓練事宜。茲就職前訓練之性質，以往辦理及今後可能情況，簡說如下：

一、職前訓練之性質：與上述考試訓練，有其相同與相異之處

（一）相同之處：職前訓練與考試訓練中之基礎訓練，均在考試及格人員分發任用前舉行，目的在增進擔任公務人員各種職務所必需的工作知能，以補應試科目之不足。如公務人員之權利、義務與責任，政府機關的組織，文書處理程序，國際現勢等，均需在職前訓練中加以講授者。

（二）相異之處：考試訓練係屬考試程序之一，經考試訓練期滿成績及格，方認為完成考試程序，發給考試及格證書及分發任用；而職前訓

練係考試及格領有證書人員，於分發任職前所辦理之訓練，故職前訓練並非考試程序之一，而是任職前之一種程序。

二、職前訓練以往辦理情形：在現行公務人員考試法未公布施行前，經依法考試及格者，不需經過訓練程序，即可取得考試及格證書並分發任用，故原無考試訓練之規定。行政院人事行政局為增進考試及格人員工作知能，乃依其職掌規劃職前訓練，故在民國七十四年以前，每年高普考試及格人員，均由該局公務人員訓練班舉辦職前訓練，準備分發至省市政府機關任用者，則委由省市訓練機構辦理職前訓練。至財稅及司法人員考試及格者，則由財稅人員訓練所及司法官訓練所辦理職前訓練。

三、今後情況：因考試訓練與職前訓練在性質上有其相同之處，故自七十五年起，凡高考與普考及格人員，因須參加考試訓練及格後，方可發給證書並分發任用，則其職前訓練，自可免再辦理。但依公務人員考試法第二十一條，公務人員高等及普通考試以外之其他公務人員考試，如有必要得辦理考試訓練。如考選部認為不需辦理考試訓練時，則只要考試及格就可發給證書並分發任用，但如用人機關為增進考試及格人員工作知能，認有在任職前仍有加以訓練之必要時，自可規劃辦理。故今後職前訓練，對高等及普通考試以外之公務人員考試，如未辦考試訓練者，及憑學經歷進用之人員，可由各主管機關自行辦理職前訓練。

第六項　在職訓練

銓敘部組織法規定有掌理關於辦理職位分類人員之訓練事項，及關於人事管理人員儲備、訓練事項，因該部並未設訓練機構，故如有訓練必要，亦均委託有關訓練機構辦理。行政院人事行政局組織規程，規定有掌理關於各級行政機關公務人員在職訓練、工作講習之規劃、擬議事

項。茲就行政院方面所舉辦之在職訓練情況及今後發展，簡述如下：

一、目前辦理情形：主要包括下列各種訓練，各有其特性

(一)工作中訓練：指在工作崗位上實施者，由工作單位視業務情形及需要，採用適當方式實施，如新進人員由資深人員輔導，邀請學者專家專題講演，主管長官利用各種集會對所屬人員作精神講話及生活指導，舉辦專題研究及心得寫作等。

(二)工作外訓練：指離開工作崗位至訓練機構實施訓練，目前一般公務人員之工作外在職訓練，分四個層次實施

1. 基礎訓練：訓練對象爲三至五職等及相當人員，以增進基本工作能力爲訓練重點，由各主管機關自行辦理。

2. 專業訓練：訓練對象爲六至八職等及相當人員，以充實專業知能爲訓練重點，亦由各主管機關自行辦理。

3. 管理訓練：訓練對象爲九至十一職等及相當人員，以加強其管理協調能力爲重點。中央機關部分由人事行政局委託國立政治大學公務人員教育中心辦理；至省市政府部分，則由省市訓練機構自行辦理。

4. 領導訓練：訓練對象爲十二職等以上人員，以厚植其領導統御能力爲重點，由行政院統一規劃，委託革命實踐研究院辦理。

二、今後發展：行政院方面舉辦公務人員在職訓練有年，雖具有成效，但經檢討仍不無缺失，除訓練層次仍區分爲四個，及其中專業訓練已具基礎，仍將繼續辦理外，其餘較爲一般性之訓練，將循以下的方向逐步改進：

(一)規劃推行新的訓練班別：包括

1. 新增任務訓練：以配合各機關施政需要，了解新的政策與措施，熟悉新的法令與技術，及探討重要問題爲重點，使政府新推動之各項重要施政均能順利達成目標。

2. 專長轉換訓練: 以養成另一種工作專長,充實轉任新職所需知能爲重點,使各機關因業務緊縮而編餘之人力,透過訓練而轉換運用。

3. 知能補充訓練: 以介紹新知識、新觀念、新技術爲重點,使各級公務人員知識、觀念、視野,得以與時並進。

4. 培育發展訓練: 以灌輸擔任較高職務所需知能,培養主管領導能力,改進決策品質爲重點,使升任較高或主管職務人員能勝任新職。並就荐任升簡任、委任升荐任官等職務,及非主管調任科長及課(股)長四種職務人員,先行試辦。

(二)其他改進: 如訓練班別及訓期,按實際需要分別定之;將調訓對象單純化;盡量採小班制進行;研究改進訓練課程及師資;建立訓練需要的認定與績效評價制度等。

第七項 學校進修

一、學校進修種類: 公務人員進修分爲公餘進修、部分辦公時間進修及全時進修三種。

二、公餘進修: 以空中大學入學進修、空中專科學校入學進修、專科以上學校夜間部入學進修爲主。

三、部分辦公時間進修: 爲應業務需要,得以下列方式部分辦公時間進修,即(1)薦送專科以上學校選修與業務有關之學科;(2)薦送參加大學與業務有關之研究所入學試驗,於錄取後攻讀學位。

四、全時進修: 爲應科技發展或因應社會變遷、解決新生問題之特殊需要,得報經主管機關核准,選派具有下列條件人員,參加大學研究所入學試驗,於錄取後帶職帶薪全時進修,即(1)經高等或相當之特種考試及格或專科以上學校畢業者;(2)現任委任第五職等以上職務者;

(3) 年齡在四十五歲以下者；(4) 最近二年考績（成）一年列甲等一年列乙等以上，未受懲戒處分、刑事處分或平時考核記過以上處分者。

　　五、研究實習：爲革新業務、開發新工作或解決實際問題，得派員至國內大學或學術機關，從事專案研究，使用新設備、機具等及實習，研究實習期間以一年爲限，准予帶職帶薪。

　　六、帶職帶薪及回任服務：帶職帶薪全時進修、研究、實習人員，期滿應返回原機關服務，其期間爲進修、研究、實習之二倍。

第三節　國外進修研究與實習

　　公務人員國外進修、研究與實習，除公務員進修考察選送條例略有規定，但並未實施外，其餘均以行政院所訂定之公教人員出國進修研究實習要點，爲辦理依據。茲分國外進修、研究與實習之一般規定、出國進修、出國研究、出國實習四項敍述之。

第一項　國外進修、研究與實習之一般規定

　　公務員出國進修、考察、研究、實習之一般規定，主要爲

　　一、公務員進修考察選送條例之規定：進修期間，國外爲二年；考察期間，國外爲一年；遇有交通上之障礙或爲完成學科之研究，上述期間得呈請主管機關酌予延長，但延長期間不得超過一年。進修考察人員所需旅費或用費，在國外者由原送機關會同銓敍部另編預算呈請核撥。其餘與國內進修考察同。

　　二、公教人員出國進修研究實習要點之規定

　　(一)目標：行政院爲辦理本院暨所屬各級行政機關、學校及公營事

業機構公教人員出國進修、研究、實習，以提高人力素質，增進行政效能及教學研究而訂定。

（二）出國進修、研究、實習之情況: 1.出國進修: 指(1)各機關基於業務需要，甄選至國外大學研究院所，攻讀與業務有關之學科; (2)各機關與外國政府機關、學校或民間團體訂有協約或交換契約，並由各該機關或外國政府機關、學校、民間團體輔助出國入學進修; (3)各機關基於業務需要，准許所屬人員參加國內外政府機關、團體設有獎學金或金額補助費用，並經考選出國之入學進修。 2.研究: 指各機關為推展業務或改進工作，得選派人員至國外大學或專門機關作專題研究或選修學分。3.實習: 指各機關為革新工作、適應新工作需要或使用新設備等，派遣工作人員至國外學習專業知識或技能。

（三）出國進修研究實習之方式: 包括1.攻讀學位，但攻讀博士學位者，以從事教學或研究工作者為限; 2.參加專題研究或選修學分或參加短期訓練、實習或觀摩; 3.出國進修研究人員，如有前往其他地區之學校、機構觀摩之需要者，應取得進修或研究學校出具之證明，轉請原主管機關核定後辦理; 4.出國實習人員，除經核准者外不得轉往其他機關實習。

（四）出國進修研究實習人員應具條件: 包括1.須思想忠貞、身體健康、在國外不得有損害國家聲譽、違背國家政策之言行; 2.高考或與之相當之特考及格或公私立專科以上學校畢業; 3.現任各機關委任第五職等以上職務; 4.連續任職本機關二年以上，並擔任與進修研究實習有關工作一年以上，最近二年考績至少一年列甲等一年列乙等以上，具有發展潛力，且未受懲戒處分或刑事處分或平時考核記過以上之處分; 5.年齡在五十五歲以下，但修讀學位者不得超過四十五歲; 6.最近三年未曾出國進修研習或實習，但從事教學及研究工作人員不在此限; 7.必須通

曉前往國家之語言；　8.出國進修研究人員，　以業務有關人員爲選派對象，攻讀博士學位者，應具有碩士學位；攻讀碩士學位者，應具有學士學位；已取得外國相當學位者不得重複修讀；出國實習人員，以實際從事所實習項目之工作人員爲選派對象。

(五)出國進修研究實習人員之權利與義務：包括1.除帶職帶薪外，所需費用由公庫負擔者，出國期間之旅費、學習、生活費，依本院規定標準支給；2.出國期限屆滿時立卽返國服務，不得藉詞稽延，其繼續服務期間爲出國期間之二倍；3.出國人員抵達外國後，應卽向指定之駐外單位報到，各駐外單位並應給予必要之協助、輔導與考核；4.出國期間應定期向主管機關、服務機關及其他有關機關，報告進修、研究、實習情形；5.如有違背規定者，視違反情形賠償出國期間所領一切費用及相等於所領薪津之金額。

(六)其他：1.各主管機關應於每年七月底前，將所屬依本要點出國人員，按其年度計畫、項目之出國、返國情形，列表統計，送本院人事行政局；2.各主管機關如因特殊需要，得依本要點之規定，另訂實施計畫據以執行。

第二項　國外進修與考察

公務人員之國外進修、研究與考察，重要措施如下：

一、公敎人員出國進修暨專題研究： 行政院爲增進公敎人員知識技能，以應國家建設需要，訂有「行政院公敎人員出國進修暨專題研究實施計畫」，自六十八年起每年選送六十名優秀公敎人員出國進修。自七十三年起，實施範圍擴至行政院以外機關，現今名額增爲一二○名。出國進修暨專題研究，須由各主管機關提出進修及專題研究項目，經行政

院審核通過後，再由各主管機關就具有一定條件者報送人員參加甄選，經甄選合格者始准出國進修及專題研究，出國期間所需費用由政府負擔，原有俸給仍予照支。

臺灣省政府對所屬公務人員之出國進修，亦有類似之規定與實施。

二、司處長及科長出國進修考察：行政院爲增進所屬各機關司（處）長及科長之學識見解與處事能力，訂有「行政院所屬各機關司（處）長及科長出國進修考察實施計畫」，凡行政院暨所屬各機關現職司（處、局、廳）長、科長及其他相當職務人員，身心健康、思想忠貞、品德優良、具有發展潛力，近三年來未受記過處分而成績優良，並通曉擬往國家之語文者，得由各主管機關先行擬定進修考察項目及計畫，並推薦適當人選報院核定後，准予出國進修考察。出國進修考察名額每年以三十名爲原則，進修以在前往國家之大學院校選修專門課程或研究機構研究爲主，並得參加短期講習，期間爲三至五個月；考察以在前往國家之公私機構觀摩爲主，必要時得以組團方式行之，依據考察項目之性質作適當編組，期間爲一至三個月；期滿均不得申請延長。出國進修考察人員所需各項費用由政府負擔，進修人員進修期間准予帶職帶薪，考察人員考察期間由服務機關給予公假。進修或考察回國後二個月內，應提出進修或考察心得報告。

三、社會科學人員出國深造：行政院爲加強培育社會科學高級人力，充實機關學校研究規劃及行政人才，以因應國家長期建設均衡發展之整體需求，加速國家現代化，訂有「行政院遴派社會科學人員出國深造六年計畫」，自七十二年起實施。依該計畫規定所稱社會科學，以人類、社會、心理、經濟、政治、歷史、地理、統計、法律、教育、管理、國際關係、公共行政、大衆傳播等爲原則。凡行政院所屬各機關公

務人員在本機關服務二年以上或各公立大學院校專任講師級以上教師任教二年以上，且已獲碩士學位而未獲博士學位，年齡在四十五歲以下，思想忠貞、品德優良、最近二年內無不良紀錄者，得由各主管機關或公立大學基於業務需要推薦一至三人參加甄選，錄取名額每年定為二十五名，公務人員及教師名額以二比一為原則。進修年限為三年，以修得博士學位為原則，研究期滿，必要時得申請延長但最長不得超過二年。出國進修期間准予帶職帶薪，回國後須在原機關服務，並得視進修成績調整職務，服務期間不得少於進修期間之二倍。

　　四、科學技術人員研究及進修： 行政院為因應國家建設需要，提高學術水準，促進科學發展，訂有「遴選科學與技術人員研究及進修處理要點」。依該要點規定，由行政院國家科學委員會每年視國內急需人才，訂定研究進修項目，再由各公私立大專院校、公立研究機構及政府機關之科技研究單位，就其工作或研究之特定需要，擬訂詳盡研究進修計畫，向國科會推薦適當人選，經斟酌實際情形遴定後，資助其往國外依據審定之計畫研究進修，國科會亦得主動遴派適當人員以團隊方式赴指定國家執行研究進修計畫。各機關學校所推薦人員，需為專任教學、研究人員或專任技術人員，具一定年齡，任職二年以上，對研究進修工作確具成就，最近五年內曾發表學術性著作或報告，並具前往國語文能力者。出國研究進修期間最多為二年，在一年以內者帶職帶薪，超過一年者超過期間仍予留職，是否仍支俸給由各推薦機關決定。出國期間所需費用，按出國人員職位及身份核定發給。回國後在原推薦機關學校服務，期間至少為出國期間之二倍。

第四節　培育與發展

公務人員的培育與發展，值得討論者有培育發展的目的、範圍、方法及應有之配合措施。茲分項絃述如後。

第一項　培育發展之目的

各機關對公務人員之培育與發展，其主要目的為：

一、造就人才：人才的造就，是需經培育與發展而成的，尤其對具有較高智力及學識水準之人員，經由不斷的培育，並發展其所長，多可造就成為機關所需要的人才，進而運用其所長，對機關提供更多的貢獻。故造就人才應為培育與發展之目的。

二、視工作為終身職業：工作人員多不願在原有工作崗位上工作期間過久，因此機關對屬員需作經常的培育與發展，使屬員能不斷的獲得新知能，有計畫的調整其工作，逐漸的加重其職責；使屬員能以有生之年，處在繼續的受培育與發展之中，願意視工作為終身職業，以增加人事安定，屬員工作的專業化與永業化。

三、發揮敬業精神：所謂敬業精神，指屬員能敬重工作、樂意工作、盡心盡力工作。能敬重工作，才會珍惜工作重視工作，不以工作為兒戲，更不致忽視工作重要；能樂意工作，始會以愉快的心情處理工作，對工作不會感到厭倦，視工作為一種享受；盡心盡力工作，始能在工作上發揮所長，提高工作效率與增進工作績效。屬員敬業精神的發揮，則有賴於機關對屬員之培育與發展，使屬員感到自己的前途，決定在自己對工作的敬業上。

四、**使屬員目標與機關目標相結合**：屬員從機關所獲得的需要與願望（如較好的待遇、較高的地位、較多的貢獻等），爲屬員的個人目標；機關從屬員推展工作進而完成機關任務，爲機關的目標。機關對屬員的培育與發展，亦爲使個人目標與機關目標相結合之重要措施，故兩種目標的結合，亦爲培育與發展的目的。

第二項　培育發展之範圍

公務人員需在何種範圍內予以培育發展，常因業務之性質及公務人員之背景而不同。大致而言，下列兩種範圍可予考慮。

一、**以機關爲培育發展範圍**：指培育發展的範圍，限於本機關或同一主管機關。對規模大、人員多、業務發展機會多之機關，則可以本機關爲範圍；對規模小、人員少、業務發展機會不多之機關，則其範圍可擴大至本機關之上級機關及該上級機關所屬之其他機關，亦卽將屬於同一主管機關所屬之各機關均包括在內，以增加人員之發展機會。

大致而言，凡以行政性、管理性及業務性爲主之機關，處理各種工作所需學識、經驗、技術基礎及智力、性向等條件，並無過大之差異者，可以機關爲範圍培育發展。如郵政、金融等事業，其人員之培育發展多以機關爲範圍，使人員培養發展成爲該事業之高級主管人才，視事業爲終身職業，充分發揮敬業精神，使其個人目標與事業目標相結合。

二、**以專業爲培育發展範圍**：指培育發展的範圍，限於同一專業。對規模大、人員多、專業發展機會多之機關，可以該機關之同一專業爲發展範圍；對規模小、人員少、專業發展機會少之機關，則可突破機關界限，在其他機關之同一專業範圍內培育發展。

　　大致而言，凡業務以科學性、技術性為主之機關，處理各種工作所需學識、經驗、技能基礎，及智力、性向等條件，差異甚大者，可以專業為範圍培育發展。如工程機關、科學研究機關、醫療機關等，其人員之培育發展多以專業為範圍，使人員培育發展成為該專業之高級科學技術專家，視專業為終身職業，充分發揮敬業精神，使其個人目標與專業目標相結合。

　　三、個人背景之考慮： 如個人在教育、經驗、專長等方面之背景，係與現任工作相配合者，則可視現任工作之為行政性、管理性、業務性，或現任工作之為科學性、技術性，分別以機關或專業為範圍予以培育發展；如個人在教育、經驗、專長等方面之背景，與現職工作不相配合者，則可根據機關業務上需要及參照個人志趣，決定其以機關或專業為範圍予以培育發展。

第三項　培育發展之方法

　　各機關對所屬人員之培育發展，須訓練進修與升遷調任交互運用，對培育過程應詳予考核與記錄，培育發展亦有終止之時。茲說明如下：

　　一、以訓練進修培育發展： 主要方法有：

　　(一)舉辦知能補充訓練進修：以補充員工對現職工作知能之不足。

　　(二)舉辦培育發展訓練進修：如由非主管調升主管職務者，參加主管人員訓練；主管人員訓練之班別，又可依其課程內容及參加訓練之主管的等級高低分別規定。

　　二、以升遷調任培育發展： 配合升遷調任制度，並運用下列方法：

（一）在關鍵職位上培育與發展：所稱關鍵職位，係指在工作上具有特性、在升遷上是必經之途、在溝通關係上居於中心地位之職位，如一般廳處機關之六職等職位或八職等職位，係處理一股或一科中較爲繁重之工作，是晉升股長或科長需經之途，在股或科內各同仁中之溝通關係亦居於中心地位；故六等及八等職位是培育與發展股長或科長之關鍵職位。同樣的情況，九等科長與七等股長，又分別爲培育與發展十職等專門委員與八職等專員的關鍵職位。當一組織之關鍵職位予以認定後，卽可有計畫的在各關鍵職位上，作一系列的培育與發展。

（二）實施經歷管理培育發展：在公營事業中之交通事業及金融事業人員，多採經歷管理措施以按層次培養成各事業之通才。其做法爲：

1. 先將各種職務根據其職責或地位高低，予以區分爲若干層次（如交通事業分爲長級、副長級、高員級、員級、佐級、士級）。

2. 在每一層次之各職務中，按其工作特性之不同，各選定少數代表性職位，以供現職員工輪調之用。

3. 使每一層次的現職員工，在本層次各代表性職位間，作有計畫的輪調或實習，並加以考核。

4. 在本層次各代表性職位間均經輪調或實習完畢，並考核成績優良者，表示已成爲本層次職務之通才，可參加高一層次職務的考試或甄選後升任。

5. 經升任後，又開始在高一層次之代表性職位間輪調或實習，直至最高層次爲止。

以上兩種方法，須交互運用，始能對學識、經驗同時俱進。如先訓練進修，再升遷調任，而後又訓練進修等。

三、培育發展期間之考核與記錄：受培育發展人員，每一培育發展過程，均須由服務單位或訓練進修單位，對其工作績效或表現嚴予考

核，並在卡片上詳予登記，如調任定有期間者，在任期屆滿時再予考核與登記。

四、培育發展之終止：受培育發展人員，雖希望其最後能培育發展成高級主管人才或高級專業專家，但由於各人發展潛能大小不一，致在培育發展過程中行爲表現上有個別差異，故事實上不可能人人都能培育成爲高級主管或專家，其中必有或多或少的受培育發展者，在過程中被淘汰。如行政院人事行政局對受培育發展之人事人員，在培育發展過程中，具有下列情事之一者，則註銷其培育發展，即（一）經兩次拒絕上級安排之應歷練職務者；（二）經歷練期滿不參加較高職務候用甄審者；(三)年終考績有一年列丙等者；（四）受刑事或懲戒記過以上之處分者；(五)品德生活有不良紀錄者；（六)平時及任期考評認爲才能品德不堪再培育發展者。

第四項　應有的配合措施

爲期培育與發展能有效果，尚有若干其他方面之配合措施，亦需同時採取與進行。其中較爲重要者有：

一、對部分職務必要時可以跨等，人員可以高一職等任用：在一般情況下，一種職務只列一個職等，工作人員亦只能在該職務之職等任用，以期同工同酬及人與事配合。但爲期屬員的培育與發展，對其職責程度幅度較大之職務（如研究性之職務，其研究範圍可大可小，研究深度亦有深淺，同樣的職務如有不同的人擔任，可能發揮出很不相同的效果），其職務可以跨等，初任人員以較低職等任用，俟具有較豐富的學識經驗後，對原職可改以較高職等任用，如此可在原職提高地位，並可在長期間內獲得晉俸機會。

二、增列職等之俸級數以延長晉俸之期間：每一職等通常有若干俸

級，以便考績晉俸之用，但如設置俸級過少，則經三數年的考績即將達到最高俸級，不能繼續晉俸（雖可發獎金、但獎金只是一次性的，而晉俸卻是長期性的，俸級加高時在人事管理上有各種用處，故一般人員仍多願意晉俸）；如將各職等之俸級數增加（如增加至十級或甚致二十級），則人員在二十年內雖職務未有晉升，但每年仍可考績晉俸，對鼓勵人員久任及視工作為終身職業，甚有助益。

三、調整各層次員額編制以消除升任瓶頸及越等升任：工作人員升任職務，宜按層次進行，如按等升任，可真正發揮培育與發展的效果，使人員一方面繼續的增加其知能，一方面逐漸加重其職責，使知能與職責始終配合無間。因此，於設定各層次之職務時，應注意及各層次員額的比例，層次愈高的其員額比例數愈少，但不要發生蜂腰現象（如低層次與高層次的職務員額多，而中層次的職務員額少），以阻礙人員之正常的升任，甚而發生了越等的升任。越等的升任，對培育與發展而言可能會發生不良後果，即當人員的知能在未有培育發展至某種水準時，即任以該種水準的職務，使得無法勝任工作，進而不但影響及工作效率，更會妨礙了再培育與再發展。

四、設置副主管職務以培育發展主管人才：各機關內各層次的單位，除主管職務外，可酌設副主管職務，此種副主管職務即為培育與發展主管人才的好處所。因擔任副主管職務者，一方面有機會了解整個機關或單位的業務；二方面可代表主管處理一部分業務，俟其知能經驗持續增加後，可繼續擴大代表主管處理業務的範圍；三方面與主管接觸機會較多，可從主管處獲得更多的處事經驗與心得。故設置副職實為在工作上培育與發展人才的有效措施。

五、在特殊情況下允許因人設事：如遇及真正特殊的人才，為充分發揮其才能，為其創立新的職務，替機關開拓新業務及謀求新的發展，

亦不失爲培育與發展的措施。但此種因人設事之措施不可常爲，更不可濫用，以免假因人設事之名，而鬆懈與破壞了組織的健全。

第五節　訓練與培育之計畫與評價

訓練進修，培育發展，須分別訂定妥善計畫，亦須分別評價其成效。玆分項敍述如後。

第一項　訓練進修之計畫

訓練進修之計畫，須先認定訓練進修之有無需要，而後根據需要按一定步驟擬定訓練進修計畫。玆說明如下：

一、認定需否舉辦訓練進修： 大致而言，當機關內呈現出下列情況之一時，卽有舉辦有關人員訓練或進修之需要：

（一）需提高工作數量或工作素質標準時：工作人員的工作數量與工作素質多訂有標準，人員並依此標準而工作，主管亦依此標準來考核屬員工作績效。但如在營業銷售及管理上認有需提高原定工作數量與素質之標準時，爲期屬員能達到新訂的數量與素質標準，卽需考慮對原有人員舉辦訓練或進修。

（二）需改變工作態度時：凡與民衆或顧主接觸機會最多的人員，其工作態度的好壞，影響機關的信譽與提供服務的素質最大。在管理上如認有改善服務態度之必要時，則需考慮辦理訓練或進修。

（三）需互調或準備升任或指派處理新業務時：工作人員互調或升任或被指派擔任新業務時，在新職上所需的學識才能與原有職務所需者可能有所不同，因而宜考慮舉辦訓練或進修。

（四）設備、工具、技術、程序、方法有變更時：各機關爲改進業務

與增進效率，對處理工作之設備、工具、技術、程序、方法等，常需予以改進或更新。遇及此種情況，對有關人員應考慮舉辦訓練或進修。

(五)處理工作所需學識技能在考試時未有測量或難以測量時：工作人員處理工作所需之各種條件，有的係為考試時經過測量者，有的則否；又對所需條件有者易於測量，有者難於測量。對考試時未作測量或難作正確測量的條件，於人員進用後如發現其未有具備，則需以訓練或進修補充之。

(六)進用新進人員時：新進人員多係剛從學校畢業經由考試及格而進用者，其在學校中所學得的學識技能與在工作上所應用的學識技能，究難以完全配合，其需經由訓練或進修補充之處尚多。故如同時進用新人為數甚多時，應考慮舉辦新進人員訓練或進修。

(七)減少人員間的個別差異時：工作人員由於遺傳、成熟、環境、學習等之不同，在學識、技能、態度、價值及體能等方面，常有着個別差異。此種個別差異如對業務的推動、機關內團隊精神的發揮，發生有不良影響時，應即考慮舉辦訓練或進修以減少個別差異。

(八)行政管理配合不上業務技術發展時：行政管理工作是一種配合的支援的工作，各機關之人事、主計、事務、文書等工作，即屬典型的行政管理工作。如在管理上發現行政管理工作已不能配合業務技術發展，或甚致阻碍着業務技術之發展時，則對有關人員應考慮舉辦行政管理訓練或進修。

二、訓練進修計畫的擬定：一種切合需要的訓練或進修計畫，宜循下列步驟擬定：

(一)決定需予訓練或進修的項目與人員：當決定項目及人員時，通常用下列方法調查、研究與認定，即

1. 瞭解屬員的角色規範：以書面調查或面談或根據有關資料，確

實瞭解屬員的角色規範，亦卽瞭解屬員應該做什麼，對工作的應有成果是什麼。

2. 瞭解屬員的實際角色：以書面調查或面談或根據有關資料，切實瞭解屬員的實際角色，亦卽瞭解屬員能夠做什麼，所能產生的工作成果是什麼。

3. 瞭解兩種角色的空隙：以角色規範爲準，瞭解角色規範與實際角色間是否有空隙存在，如存有空隙，該空隙之處卽爲應予訓練的項目，具有此種空隙的屬員，卽爲應予參加訓練或進修的人員。

4. 製作訓練項目及人員表：根據應予訓練項目及人員之認定，卽可製作本機關或本單位之訓練或進修項目及人員一覽表，其情形如下例：

訓練項目及人員　項目人員	土木工程設計	打字技能	檔案管理	程式設計	操作計算機	人際關係	意見溝通	解決問題	領導方法
張　三	√					√			
李　四	√						√		
王　五		√	√						
陳　明				√	√				
林　月		√	√						
吳　剛						√	√		
黃　土							√	√	
趙　同								√	√
劉　三						√			√
宋　田						√	√		

凡某人需參加某一項目之訓練或進修時，卽在該人員姓名橫欄與該項目縱欄之交錯處作√表示，如上表所示，趙同需參加「解決問題」與

「領導方法」兩個項目的訓練或進修。各項目之訓練或進修先後順序，宜以項目內容之繁簡及難易安排，較爲簡易者排列在前。如同一項目有數人參加訓練或進修時，則安排在同一時間訓練或進修，以利進行與參加人員間之相互討論。

（二）決定訓練或進修課程：課程指訓練或進修的主題，亦卽希望參加訓練或進修的人員，經由某些主題的研究與討論，以達到該項目內容的瞭解與應用。如土木工程設計項目，應包括之主題有測量、結構學、工程力學等；如程式設計項目，宜包括數值分析、程式語言、系統程式等主題；又如意見溝通項目，宜包括溝通歷程、溝通途徑、溝通關係等主題。決定各項目之訓練或進修課程時，宜注意：

1. 課程範圍需適中：訓練課程之範圍不宜過大，以免各項目課程間發生過多的重叠現象；但範圍亦不宜過狹，以免無法眞正瞭解該項目的學識技能；其範圍應以爲熟悉該訓練或進修項目所必需之課程爲限。

2. 編訂課程教材：當課程決定後，應卽編訂各種課程的教材；一種較爲理想的課程教材，應包括下列各部分內容，（1）訓練或進修教材目的之簡要說明；（2）列出有關教材內容的圖表及參考資料目錄；（3）說明表達教材內容的方法；（4）依照教材題目、教材大綱及所需時間、主要內容及其施訓方式與方法 、 討論題及實習用資料之順序， 編列教材。

（三）選定訓練或進修主持人及指導人：主持人係主持整個計畫之核定與施行者，指導人係指導計畫之推行及解答參加人員所提之疑問者。主持人宜由機關首長或參加人員之主管擔任，指導人乃由對訓練或進修項目深有研究或深具經驗者擔任，必要時並得由計畫主持人指定若干學驗俱優的人員，擔任指導人的助理，協助指導人辦理訓練或進修工作。

（四）選定訓練或進修方式及方法：方式及方法各有多種，須視參加

人員之人數、時間、地點、訓練設施及課程內容等因素考慮選用。

1. 訓練或進修方式：

(1) 設班訓練或進修：當參加人數多，項目相同，有適當地點可以集中，且參加人員亦有時間可同時參加者，宜選用此種方式，以節省人力時間與經費。

(2) 空中教學訓練或進修：當參加人數眾多，項目相同，但無適當地點可資集合，而參加人員在工作時間內又無法同時參加者，可於工作時間外透過電視、電臺等傳播工具或函授方式，實施訓練或進修。

(3) 個別訓練或進修：係對參加人員個別實施者，當參加同一項目人數少，且無法離開工作崗位，又需以實際操作或案例研究等為主要教材內容者，可選用此種訓練方式或進修。

(4) 入校就讀學位：如選擇適當學校系科，入學後就讀學位，如學士、碩士或博士學位，奠定廣泛而精深的學識基礎。

(5) 入校選修學分：如選擇適當學校系科、選讀有關的學分，以期對該有關學識，藉此奠定廣泛而精深的基礎。

2. 選用訓練或進修方法：在上述各種訓練或進修方式中，又可因訓練或進修項目課程教材之內容，受訓或進修人員之素質，有關施教的設施等，選用最有效的方法，由指導人員將課程內容介紹給受訓或進修者，以期能容易而快速的接受。常用之方法有下列各種：

(1) 講解：由指導人員以口頭詳盡說明。對闡述學理為主之教材多適用之。

(2) 討論：由指導人員擔任討論會主席，討論時儘量鼓勵參加訓練或進修人員發表意見，主席只作必要的提示及作成結論。對以研究問題為主且參加人員對問題已有相當瞭解的教材多適用之。

(3) 應用輔助教具教材：如應用影片、幻燈片、圖表、統計表、

模型等，以加深參加人員對教材的瞭解。對內容較爲雜複且不易用口頭可以講述清楚的教材可予適用。

(4) 操作示範：由指導人員實地作器械工具的操作，以爲參加人員操作時之示範。對以操作技術爲主的教材多適用之。

(5) 指導實作：由指導人員從旁指導參加人員實地作業，如發覺有錯誤，卽隨時指導其改正。對注重實地作業技巧的教材可以適用。

(6) 案例研判：由指導人員提出有關問題的案例，由參加人員實地分析與研判，並作成建議。對以處理實際問題爲主的教材可適用之。

(7) 設計規畫：由指導人員提出主題，由參加人員設計藍圖或擬訂計畫或草擬辦法，對以工程設計及規畫方案爲主的教材宜予適用。

(8) 機器教學：卽應用機器先提示教材（卽一個命題）給學習者，接着要學習者反應，再由機器自動提供反應，使學習者知道自己反應的正或誤。此種訓練方法之重點，在於對命題的設計，必須每一個命題均有其重心，一系列的命題卽構成一種訓練或進修教材。對文字、語言的訓練或進修甚爲有效。

(9) 模擬工具訓練：提供學員以眞實設備工具的模型，作爲學習之用，以減少學習人員的危險及避免眞實設備的遭受損壞；當學習者學會模型的操作後，則根據學習遷移理論，會很快學會眞實設備工具的操作。對需眞實操作較大器具之訓練或進修可適用之。

(10) 敏感訓練：由指導人員將參加人員帶至遠離辦公處所的清靜地方，共同相處在一起爲期數天；當開始時，指導人員只極簡單的介紹會議程序，而後卽以觀察員身分觀察由參加人員之自由討論情形，此時由於團體內各成員間的互動，各參加人員均會充分表現出有關成功、挫折、個別差異、情緒、態度等方面的反應，使團體內每一人員均會瞭解他人的行爲，進而改變自己對事物的態度與行爲。對改變態度的訓練可

適用之。

(11) 職位扮演: 如主管與屬員, 為增進對對方情況的瞭解, 由主管來扮演屬員, 由屬員來扮演主管, 此時因站在不同的崗位上, 很可能會產生與平時不同的另一種感受與態度, 對對方有了更深一層的瞭解後, 即會改善人際關係, 做到和諧合作的相處。對以增進相互瞭解及改善人際關係為主的訓練可適用之。

(12) 管理遊戲: 將參加人員分為若干小組, 每一小組代表一個組織的決策團體, 然後假定發生某種會影響及組織任務成敗的情況, 或在事先設計好的一籃管理問題中任意抽出一個或數個問題, 由各小組人員站在相互競爭與各自制訂決策立場, 來研討應付的策略及訂定施行辦法, 而後再由全體參加人員討論。對管理及解決問題的訓練可適用之。

(13) 其他方法: 如指派擔任較困難工作, 以增加歷練; 提高原訂工作標準, 使作業更能精確; 指派處理特殊工作, 以增加特種學識經驗; 擴大工作指派範圍, 以增加學識經驗廣度; 當面指導工作, 以增進對工作程序、技術、方法的瞭解; 囑參加工作會商, 以增加見識; 指定高級人員指導, 以增進處事能力; 有計畫的輪換工作, 以增加各種工作的知能; 指定專題研究, 以增加專業知識; 囑參加考評小組, 以增進分析判斷能力; 囑參加學術團體, 以增進專門學識等; 在個別訓練方式中多可採用。

以上各種方法, 對同一項目或主題的訓練或進修, 對同一人員的訓練或進修, 均可視需要選用一種應用或若干種同時並用。

(五)選定訓練或進修時間地點及準備用具資料:

1. 選定時間: 需考慮參加人員均能出席, 設施可充分利用, 指導及協助人員均能騰出時間之時間。

2. 選定地點: 需注意地點的適中, 交通方便, 環境良好, 通風光

線等較為理想之處所。

　　3. 準備用具: 包括報到地點、教室地點的標示; 桌、椅、筆記簿、鉛筆、鐘錶、打字機、油印及影印機等用具的準備; 膳食、宿舍及郵箱的設施; 黑板、粉筆、板刷、放映燈、布幕等的準備; 及證書、獎品等之籌備等。

　　4. 準備資料: 包括日程表及課程表的印製; 各種教材的訂製; 各種閱讀資料的陳列; 規定參加人員應行注意事項; 主持、指導及協助人員的簡歷表; 參加人員簡歷冊; 及有關考評成績用之考評表及試題的準備等。

第二項　訓練進修成效之評價

　　舉辦訓練進修, 化費人力、時間、經費甚多, 故須使訓練進修具有成效, 否則即屬極大的浪費, 然則如何評價其成效, 則有待吾人研究。一般言之, 對訓練進修成效之評價, 可循下列原則進行。

　　一、舉辦評價之時機: 舉辦訓練進修成效評價之時機有下列兩種, 宜同時並用, 始能獲得正確之結果。

　　(一)結束時評價: 指於訓練進修結束時, 由主持人或指導人對參加訓練進修人員在訓練進修期間之各種表現作成評價, 並與參加訓練進修前作比較, 以認定其有無進步及進步之程度; 及由各參加訓練進修學員對訓練進修主持人、指導人在訓練進修期間之各種表現, 與訓練進修期間之各種設施、管理等方面之措施, 作成評價, 發現缺失, 作為日後改進之重要參考。

　　(二)回任工作後評價: 指於訓練進修結束, 參加人員回任工作後隔相當期間, 再由有關人員, 在原參加人員之工作處所, 經由觀察、訪問、各種統計資料, 來了解原參加人員之工作實況, 並與參加訓練進修

前之工作情況相比較，以認定其在工作上是否有進步及進步之程度與維持期間之久暫。

二、舉辦評價之重點： 應包括下列四個

(一)從學員的反應了解對訓練進修計畫之滿意程度：做法為先決定徵求學員反應意見的項目，可包括課程、教材內容、指導人之作為、介紹教材之方法、各種教學設施、各種管理措施等，而後根據項目擬定反應意見表，再就反應意見表評價訓練進修之成效。為期評價確實，宜注意學員填表時可不具名，從反應意見可作量的評定，以書面調查為主，允許學員在原定項目之外亦得提出意見。

(二)從學習心得了解學員對有關原則、技術、事實、程序、方法等習得情形：做法為先對有關各種課程之教材內容，製作成一套完整的測驗題，於學員報到時即舉行測驗一次，並分別計算各學員之個別成績及平均成績，而後予以保管。當訓練進修期滿時，再以同一的測驗題，再向各學員舉行一次測驗，並分別計算學員的個別成績及平均成績，並與報到時測驗的成績相比較，即可了解個別學員的進步情形與團體的進步情形，當前後二種測驗分數差距愈大時，表示其進步愈多。為期評價確實，宜注意測驗題數應增多，測驗成績應予以量化以便相互比較。

(三)從學員在工作上行為的表現了解訓練進修之成效：訓練進修的目的，在使學員於訓練進修完成回任工作後，在工作行為上獲得持久的真正的改變，如雖有很好的學習心得，但在工作上仍依然故我，則仍無成效可言，因此回任工作後的評價要比訓練進修結束時評價更為重要。做法為先決定評價工作行為的重點，如學員回任工作後是否想改變工作行為、是否確已認清自己以前的工作行為之缺點、現有的工作環境是否允許作工作行為的改變、學員能否了解改變工作行為的技巧、現有工作行為的改變情形、及現有工作行為與已往工作行為的比較等，再按每一

評價重點設計出若干測驗題，以備評價之用。工作行爲上的表現，應由學員自己推選出之代表，學員的主管人員及屬員、學員的同事根據測驗題來評價，從各人的評價結果中，來分析與統計工作上行爲是否已有改變及改變之程度。爲期評價確實，同樣的，評價結果須能量化，測驗題宜較多，參加訓練進修前與回任工作後，前後工作行爲上的表現，應作確實的比較，當前後工作行爲差距愈大時，大致可認定訓練進修愈有成效。

(四)從計畫的成果評價訓練進修成效：訓練進修計畫的成果，通常可在管理上表現出來，如學員之離職率、缺席率的比以前降低、怨言的比前減少、態度的比前改善，表示學員對工作的意願已有增加；生產及管理成本的比以前降低、效率的比以前提高、產品數量素質的比前提高，表示學員的所學已在工作上獲得充分的發揮，這些才是訓練進修的真正成效，才是訓練進修目的的達成。

第三項　培育發展之計畫

對公務人員之培育發展，爲期有效，亦需先訂定計畫；爲期計畫切實可行，訂定計畫時應注意下列程序及重點。

一、規定受培育發展人員應具條件：主要包括

(一)潛能：指潛在能力，亦卽個人將來如經學習與訓練，可發展出的最大能量，而最大能量的發揮，只有在個人遺傳與成熟的基礎上，在良好的環境裏，在適當的強度的動機下，用最有效的學習與訓練方法，始有發展出其最大能量的可能。由此觀之，所謂潛能的發揮，除後天的環境、與有效的學習與方法外，主要則依賴於先天的智力與性向。因此潛能的條件，卽爲需具有較高的智力水準及與培育發展方向相適應的性向。如智力水準不夠或不了解其性向，則雖加刻意培育發展，其效果亦

屬有限。

(二)學識經驗技能水準：個人的學識經驗技能，均由後天的教育與訓練而獲得者，因此亦可用應具的學歷或考試方面成績來表示，如需具大學畢業學歷或高等考試有關類科考試及格者。

(三)工作行為表現水準：個人現有的工作行為表現，大致亦可用來預測今後的工作行為表現，因此對受培育與發展之人員，在其工作行為的表現上亦須達到某種水準，如規定最近三年的考績須在某種等次以上，且未受某種處分者。

(四)其他條件：必要時對受培育發展者，亦得規定其年齡的標準，現任職務的標準等。

二、設計各職務間之升任及調任之途徑：受培育發展者，須在工作上作有計畫的歷練，因而對各種職務間之升任及調任途徑的設計乃屬必要。設計時宜注意下列各點：

(一)劃分職務層次：將在培育發展範圍內之各種職務，依其職務職等高低、職責重輕及所需資格高低，劃分為若干層次。

(二)找出代表性職務：對劃入同一層次之各種職務，依其所屬單位及經辦業務之不同，找出具有代表性者作為代表性或關鍵性職務。

如此可構成一幅縱橫交錯的職務分佈圖，縱的將職務區分為若干層次，橫的在同一層次中又包括若干代表性的職務。此即為升任與調任的途徑，在上下層次之職務間表示出升任的途徑，在同一層次的職務間表示出調任的途徑。

三、訂定升任及調任辦法：其要點為

(一)升任辦法要點：凡升任高一層次之職務者，須具有原層次職務之一定任職年資及考績成績，需具有升任層次職務的任用資格，及須經過考試或甄審程序從合格條件之人員中擇優升任。

(二)調任辦法要點: 凡初任某一層次職務者,須在規定期間(如三年至五年)內, 在同層次之代表性職務間, 輪流調任, 每輪調一個職務, 對其工作成績均須予以考核, 如考核成績較差者應予留任, 於各代表性職務均經輪流調任後, 應再作總的考核。成績達到要求者, 方得參加高一層次職務的考試或甄審。

四、規畫層次訓練: 凡經升任高一層次職務之考試及甄審及格者, 於升任高一層次之初任職務時, 應即參加該層次之訓練或進修, 傳授該層次職務所需之學識、經驗與技能。而後再在同層次其他代表性職務間輪流調任。

五、受培育發展之停止: 受培育發展人員, 如在工作行為上有重大不良事蹟時, 得停止其培育與發展。如不接受同層次代表性職務之輪調者, 考績成績不良者, 有重大違法失職情事受較重之處分者, 經多次升任考試或甄審均未有及格者等。

第四項 培育發展成效之評價

培育發展是否具有成效, 亦應予以評價, 以期發現缺失, 謀求改進。對培育發展計畫的評價, 其重點宜包括:

一、了解有關人員的反應: 有關人員係指

(一)未列入受培育發展人員之反應: 通常對參加培育發展者須具備一定的條件, 機關內未具此種條件之人員, 自不包括在受培育發展之列, 此種人員對實施培育發展計畫的反應如何須加以重視。一般而論, 實施培育發展計畫, 對此種未被列入計畫人員之今後的發展不無影響, 因而此種人員對培育發展計畫之批評當為意中之事, 如此等人員對培育發展計畫不但未有批評反而讚揚, 或所批評者亦屬言之有物有利於機關的發展, 而不涉及意氣用事, 則表示反應良好, 已獲得彼等對培育發展

計畫的支持。

（二）受培育發展人員之反應：凡具有培育發展所定條件而受培育發展之人員，對培育發展亦可能有所反應，如認爲規定過嚴、期間過久、調動職務過於頻繁等，亦屬意中之事。如受培育發展者能提出建設性的意見，使培育發展計畫更能發揮效果時，則表示受培育發展者亦採支持態度。

二、受培育發展者發揮潛能與永業敬業精神的程度： 其中

（一）發揮潛能的程度：如受培育發展者的潛能，在工作上已獲得充分的發揮，則表示培育發展的環境配合良好，所採取之訓練進修與升任調任亦屬有效，使個人的潛在能力，獲得高度的發揮，智力與性向已做到高度的運用。如其不然，則表示原有培育發展的措施仍有待改進。

（二）發揮永業敬業精神的程度：受培育發展者，由於知能之不斷的增進，職務之不斷升任與調任，理應養成爲永業的工作者，視服務機關或從事之專業爲終身就業處所或終身職業；養成爲敬業的工作者，能敬重工作、樂意工作及盡心盡力工作。如其不然，則表示培育發展措施尚有缺失，應再作檢討改進。

三、管理上獲得成果的程度： 其中又分

（一）人才供需上有無脫節現象發生：培育與發展的主要目的，就在培育發展機關所需要的人才，亦即不使人才在供需上發生脫節現象，如所需要之管理與技術人才，能隨時供應，主管出缺時能立即調任或升任合適人員抵補，使用人不虞匱乏。如發生有脫節現象，所需人才無法及時供應或調補，則表示尚須檢討改進。

（二）優秀的高級主管與專家是否已有養成：機關內最重要的人才是高級行政主管與技術專家，此種人才之是否優秀影響及機關的生存與發展關係最爲重大。如機關內的高級行政主管與技術專家，不但有所培

育，且極爲優秀，對機關的生存與發展已發揮極大的助力，自表示培育發展計畫已有成效。

(三)行政效率與技術發展是否已有高度成就：機關業務中，行政管理工作應重視其效率與效果，科學技術工作應重視其發展與創新，如經由培育發展計畫的實施，在行政管理的效率與效果方面，在科學技術的發展與創新方面，均已有顯著的進步與成果，則表示已發揮成效。如其不然，自須再行檢討與改進。

(四)個人目標與組織目標結合之程度：受培育發展者個人的需要與願望，是否與機關的整體目標相結合，亦是評價的重點之一。如兩種目標之相結合，則雙方利害與共，受培育發展者會高度關切機關的生存與發展，機關管理者亦會高度關切個人的前途，共同體認只有雙方的精誠全力合作，才能使雙方的目標同時實現。如其不然，則應再檢討改進。

第十二章 保　險

本章所稱保險，除說明其意義與一般原則外，以公務人員保險，及與公務人員有關之其他保險爲範圍。茲分節敍述之。

第一節　意義及一般原則

第一項　意　義

保險，係指根據世代互助、危險分擔原則，聚集機關所補助之經費與公務人員所自繳經費，設爲基金，遇及公務人員發生一定事故時，從基金支付所需費用，以保障公務人員生活，增進工作效率。茲說明如下：

一、保險係根據世代互助原則舉辦：機關是長期存在的，公務人員是在不斷新陳代謝的，保險的本質是互助精神的發揮，不但在同一時間任職的公務人員間發揮互助，在不同時間任職的公務人員間，亦發揮互助，此種世代交替、綿延不斷的互助，正是保險世代互助之原則。

二、保險係根據危險分擔原則舉辦：公務人員在職期間，難免有遭遇及某種事故的時候，解決此種事故的責任，如需由公務人員個人負

擔，實屬難以承受。如將此種責任，改由機關與多數人分擔，則對機關與多數人而言，均屬輕而易舉者。此種將解決個人事故的責任，改由機關與多數人分擔，即爲保險危險分擔之原則。

三、保險需設立基金：用以解決個人所遇及事故的費用，均從所設立之基金內開支。基金之來源，一方面爲機關的補助，一方面爲參加保險人員之繳費，此種基金通常稱爲保險基金，由獨立機關負責監理與運用。

四、舉辦保險之目的在保障公務人員生活及增進工作效率：公務人員雖有俸給的收入，但俸給多爲維持日常生活所支用，如公務人員遇及特定之重大事故時，欲憑俸給收入來支應；殊屬不易，因而難免影響及公務人員生活與工作效率。建立保險制度後，日常生活費用，可從俸給中支應，遇有特定事故時，則可以保險制度來協助其解決，使公務人員生活獲得確切保障，無後顧之憂，進而全心全力從事公務，增進工作效率。

第二項　一般原則

舉辦保險，通常需遵守下列各種原則：

一、保險是整個社會保險制度的一環：社會保險制度是全面的，將社會各階層人士均包括在內，而本章所述之保險，是有其特定之適用範圍者，如公務人員保險，僅適用於各機關之公務人員及公立學校人員；勞工保險，則適用於公營及民營各事業之勞工。故公務人員保險及勞工保險，係屬整個社會保險制度中之重要部分。

二、保險制度以保險項目、保險費及保險給付三者爲重心

(一)保險項目：亦稱保險事故的名稱，即參加保險人員，當發生某種事故時，可依保險規定申請保險給付。保險項目，各種保險法規所定者不盡相同，但大致上包括：

1. 有關參加保險人本人之項目: 如生育、疾病、傷害、殘廢、養老、死亡等。

2. 有關參加保險人眷屬之項目: 如眷屬生育、疾病、喪葬等。

3. 有關社會安全之項目: 如失業等。

保險項目範圍越廣，則保險制度越完整，但必會引起保險費負擔的增加，如保險費不增加，則必會使保險給付的標準降低。

(二)保險費: 卽定期需要繳納之保險費用，保險費通常由機關與參加保險人員雙方共同負擔，至各別所負擔的比率，各種保險規定不盡相同，卽使在同一保險制度中，亦有因參加保險人身份之不同而分別規定負擔之比率者。

保險費規定之方式，多以參加保險人俸給爲基準，規定其某種百分率爲保險費，如保險費爲被保險人俸給百分之七至九，而後再規定其中若干由政府補助，若干由被保險人自繳。保險費並設爲獨立基金，由獨立機關保管運用。

保險費之高低，必會影響及保險制度之內涵。如保險項目不變，則保險費高時保險給付標準亦將提高，保險費低時保險給付標準亦將降低; 如保險給付標準不變，則增加保險費時可擴大保險項目，減少保險費時則需減少保險項目。故保險費之高低，需根據保險項目與保險給付標準及每一保險項目發生事故之頻次多少等，作分析統計後方能訂定。

(三)保險給付: 係被保險人發生保險項目之事故時，可向承保機關請領之給付。保險給付通常分現金給付與免費服務兩種，現金給付是由承保機關給付現金，免費服務是由承保機關或承保機關所指定之機關，向被保險人提供服務，服務之費用由承保機關逕行支付，不需由被保險人負擔，通常以適用於疾病、傷害保險部分爲多。

保險給付爲現金給付者，其給付金額通常亦以俸給額爲基準，如支

付二十個月俸給之保險現金給付等。現金給付標準之高低，通常依被保險人所發生事故之嚴重性而定，嚴重性大者，現金給付俸給個數高，嚴重性低者，現金給付俸給個數亦低。

如保險項目不變，則保險費高時保險給付亦高，保險費低時保險給付亦低；如保險費不變，則保險項目多時保險給付低，保險項目少時保險給付高。

三、要保機關、承保機關及被保險人，是保險制度之三種當事人

(一)要保機關：指所屬公務人員適用保險制度規定，並替所屬公務人員辦理保險手續之機關。如對所屬新進人員，辦理參加保險手續，按期扣繳保險費，所屬被保險人發生保險項目之事故時，協助被保險人辦理免費服務或請領保險現金給付手續，所屬被保險人離職時，辦理退保手續等。

(二)承保機關：指依保險制度規定，承受保險之機關。承保機關可為政府自設之機關，亦可為由政府所指定之機關。承保機關，一方面定期收繳保險費，一方面於被保險人發生保險項目事故時，提供保險免費服務之設施或支付保險現金給付。

(三)被保險人：係在各機關服務依保險制度規定參加保險之人員，一旦參加保險，即稱為被保險人。其義務為定期繳納保費，其權利為發生保險項目之事故時，可要求承保機關給予免費服務或現金給付，如被保險人不能自行請領給付時（如死亡），則可由被保險人指定之受益人受領。

四、指定主管機關及設立監理機關，以主管保險制度及監督保險業

務：保險制度涉及被保險人權益甚大，保險基金中有由被保險人所繳納之經費，故在實施保險制度期間，一方面需指定主管機關，以主管保險制度及保險政策，使能達到保障人員生活及增進工作效率之目的；一方

面需設立監理機關，以監督保險業務之進行，並審查保險財務及帳册，及審議保險給付之爭議等。

五、規定保險盈虧之處理：一種較為理想的保險制度，不應使其發生較大的盈虧。蓋保險是取之於被保險人用之於被保險人，如發生大的盈餘，則表示保險制度之設計未盡合理，如保險費規定過高，保險項目範圍過小，保險給付標準過低等，均可引起保險的大量盈餘；又如保險費規定過低，保險項目範圍過大，保險給付標準過高等，均可引起保險的大量虧損。故在保險制度推行期中，如每年均發現有大量盈餘，應即考慮降低保險費，或擴增保險項目，或提高保險給付標準，以增加被保險人之受益；如每年均發現有大量虧損時，應先檢討是否有浪費情事，如非由於浪費所致，應即考慮酌予提高保險費，或減少保險項目，或降低保險給付標準，使保險之收入與支出間，保持相當的平衡。如為顧及被保險人負擔而不願增加保費，同時又不願減低被保險人之受益水準時，則只有增加政府負擔之一途，亦即保險之虧損，由政府撥補，但此種措施，究非保險制度之常軌。

六、被保險人對保險是義務與權利關係，不是繳費與受益相等關係：保險是根據世代互助與危險分擔的原則而舉辦，參加保險之人員按月繳納保險費，是應盡的義務；如發生保險項目事故可請領保險給付，是應享的權利，但義務與權利只是對等的，而非在繳費數額與保險給付所得上必須是相等的。在整個保險制度而言，固然要考慮財務上的收支相等，但每一被保險人卻不能考慮他個人參加保險後，在繳費與受益方面的相等。在保險制度推行初期，年青的公務人員多不願參加保險，原因就是認為他們參加保險後要虧本，只有繳費而少享受保險給付。故被保險人對保險的看法，應看作盡義務與享受權利，不能看作繳費多少一定要收回多少。

七、嚴限保險事務費用：保險事務費用，係指辦理保險機關之用人費及日常行政管理上所需開支之費用。嚴限保險事務費用，卽為減少保險費之浪費，增加保險費之收益，故亦為保險制度之原則。至限制之法，有者係規定由政府另編預算，不准在保險費收入內支付；有者係規定保險事務費用總額，不得超過保費收入百分之若干，以資限制。

八、保險帳冊單據免予課稅：此亦為增加保險收益之方法。有關財務收支及帳冊單據，依照稅法規定原應課稅，但為減少保險經費對課稅之負擔，以增加保險受益，通常明定保險帳冊單據及財務收支，均免予課稅。

第二節　公務人員保險

公務人員保險法，為辦理公務人員保險業務之法律依據。茲就其重要規定分項述後。

第一項　適用人員範圍

一、適用及準用公務人員保險法者以下列人員為限

(一)法定機關編制內之有給人員適用之：其要件為

1. **任職之機關必須為法定機關**：卽該機關之設置，必須有現行法律或法規之依據，如公務機關、公立學校、公營事業等；非法定之機關則不包括在內。

2. **所任職之人員必須為編制內之人員**：如法定編制內之政務官，依法律規定任用、派用及雇用之人員；但編制外之臨時人員或額外人員，則不包括在內。

3. **所任職務必須為有給職**：如領有俸給或薪給者，均為有給職；

如係無給職或義務職，則不包括在內。

(二)法定機關編制內有給之公職人員準用之：其要件爲任職機關必須爲法定機關；任職之人員，必須爲編制內之人員；需爲有給之公職人員，如立法委員、監察委員、國大代表，係依憲法行使職權，自屬公職，同時又依法支領歲費公費，應認爲有給職，準用公務人員保險法之規定。

二、適用及準用公務人員保險法者應一律參加保險： 公務人員及公職人員，應一律參加保險爲被保險人，其保險期限，自承保之日起至離職之日止。

第二項 保險機關及被保險人

一、要保機關： 公務人員保險之要保機關，指下列各機關，即(一)總統府及所屬機關；(二)五院及所屬機關；(三)國民大會及各級民意機關；(四)地方行政機關；(五)公立學校及教育文化機關；(六)衞生及公立醫療機關；(七)公營事業機關；(八)其他依法組織之機關。

前述要保機關之認可與變更，由主管機關認定之。各要保機關應指定人事主管人員主辦本機關有關公務人員保險事宜，報請主管機關備查，並通知承保機關。

二、承保機關： 公務人員保險業務，由中央信託局辦理，並負承保盈虧責任，如有虧損，由財政部審核撥補。承保機關辦理公務人員保險所需保險事務費，不得超過保險費總額百分之五點五。

三、主管機關： 公務人員保險，以銓敍部爲主管機關。爲監督保險業務，由銓敍部會同有關機關組織監理委員會，其組織規程由考試院會同行政院定之。現行公務人員保險監理委員會之組織及職掌如下：

(一)**組織：** 公務人員保險監理委員會，由銓敍部會同內政部、財政

部、教育部、經濟部、交通部、審計部、行政院主計處、行政院人事行政局、行政院衞生署、臺灣省政府、臺北市政府等機關組織之。銓敍部部長兼任主任委員，委員十二至十四人，除由上述機關首長或副首長或相當人員兼任外，並得酌聘專家充任之。監理會得酌聘有關醫療、法律、財務、保險、企業管理等專家為顧問，並設醫療顧問會議，審議醫療爭議事項。

(二)職掌: 監理會之主要職掌，為關於保險業務及興革事項報告之審議; 關於保險預算、結算、決算及有關財務之審查; 關於保險準備金積存運用狀況之審核; 關於保險會計帳册之定期檢查; 關於保險醫療機構及業務推行情形之檢查; 關於醫療及各項現金給付爭議事項之審議; 及其他有關保險業務監理事項。

(三)執行: 監理會之決議事項，應報請主管機關核定後執行之。

四、被保險人及受益人: 公務人員應一律參加保險為被保險人。受保險給付之利益者為受益人。保險項目中，除死亡給付外，保險之受益人均為被保險人本人。死亡給付之受益人，應以被保險人隨在任所之法定繼承人為受益人; 死亡給付之受益人，除配偶為當然受益人外，並得另再指定一人或數人同為受益人，其指定之受益人順序，依民法繼承篇之規定辦理。有法定繼承人隨在任所而未經指定為受益人者，依民法法定繼承人順序之規定辦理。無法定繼承人或法定繼承人因受地理環境限制不能為受益人時，得指定其親友或公益法人為受益人。未經指定受益人者，其死亡給付由承保機關核辦專戶存儲孳息，俟法定繼承人可能具領時撥付之。

第三項　保險項目

公務人員保險，分為生育、疾病、傷害、殘廢、養老、死亡及眷屬

喪葬七項。各項所包括之範圍如下:

一、生育: 包括被保險人本人或配偶之產前檢查,分娩住院,及新生嬰兒之食宿護理。

二、疾病: 包括被保險人之

(一)健康檢查: 應每年舉行一次,其辦法由承保機關擬訂,報經主管機關核定施行之。

(二)疾病預防: 承保機關應視情形之需要,分區或分期舉行各項預防措施,必要時並得由主管機關通知承保機關辦理之。

(三)傷病醫療: 又包括

1. 屬於內科系統之普通內科、胸腔內科、腸胃科、精神病科等各病症之診察及治療。

2. 屬於外科系統之外科、眼科、耳鼻喉科、婦產科、泌尿科、骨科、皮膚科等之診察及治療。

3. 屬於牙科之口腔疾病診察治療,病齒拔除,齲齒治療及磁粉銀粉填補等。

4. 屬於放射、X光線、核子等之檢查治療,一般物理治療及超短波電療等。

5. 屬於臨床檢驗之病理化驗、細菌檢查、生化檢查及病理檢查等檢查。

6. 屬於其他必要之疾病檢查與治療。

(四)免費住院: 免費住特約醫院者,以二等病房為準。

三、傷害: 其醫療範圍,依傷病醫療之規定。

四、殘廢: 被保險人因病或傷害事故,經醫治終止,無法矯治,確屬成為永久殘廢者。

五、養老: 被保險人繳付保險費五年以上,於依法律或銓敍部核備

有案之單行退休法規退休者。

六、死亡: 被保險人發生死亡事故者。

七、眷屬喪葬: 被保險人之眷屬，因疾病或意外傷害而致死亡者。

第四項　保險費率與保險費

一、保險費率: 公務人員之保險費率，為被保險人每月俸給百分之七至百分之九，其實用費率，由行政院會同考試院依保險實際收支情形，覈實釐定。現為百分之九。

二、保險費之分擔: 公務人員之保險費按月繳付，由被保險人自付百分之三十五（卽俸給百分之九中的百分之三十五，亦卽為俸給的百分之三點一五），政府補助百分之六十五（卽補助被保險人俸給的百分之五點八五）。

三、免繳保險費: 被保險人繳付保險費滿三十年後，得免繳保險費，繼續享受保險給付之權利。

四、保險俸給之計算: 所稱被保險人每月俸給或當月俸給，暫以全國公敎人員待遇標準所支給之月俸額為準；其待遇與全國公敎人員待遇標準不同者，應比照全國公敎人員待遇標準所支給之月俸額，擬訂保險俸給，送請主管機關核定，必要時亦得由主管機關核定調整之。保險俸給額以一千元為起保數，並以一百元為計算單位，不足一百元者以一百元計；保險費計算時，以元為單位，元以下四捨五入；政府補助部分之保險費，由要保機關列入年度預算，或由各級政府統籌編列。

第五項　保險給付

被保險人在保險有效期間，發生生育、疾病、傷害三項保險事故時，在承保機關所辦醫療機構或特約醫療機構免費醫療；發生殘廢、養

老、死亡、眷屬喪葬四項保險事故時，由承保機關給予現金給付。茲說明如下：

一、免費醫療方面

(一)由承保機關負擔之費用：被保險人醫療時，除掛號費由保險人自行負擔外，下列費用由承保機關負擔，即 1.生育及助產費用，包括產前檢查、分娩住院及新生嬰兒之食宿護理費用；2.健康檢查及疾病預防費用；3.疾病、傷害醫療費用；4.承保機關自辦醫療機構之病房住院費用，及特約醫療機構之二等病房住院費用；5.傳染病在特設醫療機構之醫療費用。

(二)承保機關可不負擔費用之情形：被保險人有下列情形之一者，承保機關不負擔其醫療費用，即 1.不遵守本保險法令規定者；2.非因傷病施行違反生理之手術或整容、整形者；3.因不正當行為而致傷病者；4.因傷病而致殘廢，經領取殘廢給付後，以同一傷病再申請診療者；5.住院醫療經診斷並通知應出院而不出院者。

(三)需由被保險人負擔之費用：下列費用，不在免費醫療範圍之內，應由被保險人自行負擔，即 1.住院伙食費三十日以內之半數，及超過三十日之全數；2.掛號費、額外床位費；3.指定醫師費及特別護士費；4.非因急救經醫師認為必要之輸血費用；5.非醫療必需之維生素類、荷爾蒙類及肝精補劑類等藥品費。

二、現金給付方面

(一)殘廢給付：被保險人殘廢時，依下列規定予以殘廢給付，即 1.因執行公務或服兵役致全殘廢者，給付三十六個月；半殘者，給付十八個月；部份殘者，給付八個月；2.因疾病或意外傷害致全殘廢者，給付三十個月；半殘者，給付十五個月；部份殘者，給付六個月。

上述全殘廢、半殘廢及部份殘廢之標準，由主管機關訂定之。現行

之殘廢標準情況爲：

1. 全殘廢之標準，共分二十一種，如雙目缺；雙目視力均在○‧○五以下者；言語機能喪失無法矯治者；大腸切除三分之二以上者；兩上肢腕關節以上（遠心端）殘缺者；精神障礙，經積極治療，病情靜止，仍呈現嚴重智能減退、頹廢、情緒與思考均有明顯障礙，終身無法從事任何工作者等。

2. 半殘廢之標準，共分二十三種，如胃全部切除者；一肢完全癱瘓，或運動協調失靈者；一上肢腕關節以上（遠心端）殘缺者；雙手兩拇指殘缺者；兩足十趾完全殘缺者；容顏嚴重損壞，無法矯治，而遺留五官一部分之顯著變形或機能障礙者；言語障礙不能傳達意思，無法矯治者等。

3. 部份殘廢標準，共分二十五種，如一耳全聾者；鼻部殘缺，致其機能遺存障礙，無法矯治者；一側腎全切除者；一上肢腕關節及手各關節，機能完全喪失者；一手三指以上殘缺者；一足五趾完全殘廢者；一下肢短五公分以上者等。

（二）養老給付：被保險人退休時，依下列規定給予一次養老給付，即 1.繳付保險費滿五年者，給付五個月；2.繳付保險費超過五年者，自第六年至第十年，每超過一年增給一個月；3.繳付保險費超過十年者，自第十一年至第十五年，每超過一年增給二個月；4.繳付保費超過十五年者，自第十六年至第十九年，每超過一年增給三個月；5.繳納保費二十年以上者，給付三十六個月。

領取養老給付人員，如再次參加保險時，應將原領養老給付如數繳回，其參加本保險之年資，於將來退休請領養老給付時，准予合併計算。

（三）死亡給付：被保險人發生死亡事故時，依下列規定予以死亡給付，即 1.因公死亡者，給付三十六個月；2.病故或意外死亡者，給付三

十個月。

在上述殘廢給付與死亡給付中，　所謂因公係指有下列情事之一而言，即 1.因執行職務所生之危險，以致殘廢或死亡；　2.因盡力職務積勞過度，以致殘廢或死亡；　3.因出差遭遇意外危險，以致殘廢或死亡；　4.因出差罹病在途次死亡；　5.因辦公往返或在辦公場所遇意外危險，以致殘廢或死亡；　6.奉召入營或服役期滿在途次遇意外危險，以致殘廢或死亡；　7.在服役期內因服役積勞過度，以致殘廢或死亡；　8.在演習中遇意外危險，以致殘廢或死亡。

又被保險人有下列情形之一者，雖有殘廢或死亡情事，仍不予殘廢或死亡給付，　即 1.犯罪被執行死刑者；　2.因戰爭災害致成死亡或殘廢者。

(四)津貼喪葬費：被保險人之眷屬因疾病或意外傷害而致死亡者，依下列標準津貼其喪葬費，即 1.父母及配偶，津貼三個月；　2.子女年滿十二歲未滿二十五歲者，津貼二個月；　未滿十二歲及已為出生登記者，津貼一個月。

如子女或父母同為被保險人時，以任擇一人報領為限。

第六項　辦理手續

公務人員保險之辦理手續，分要保、續保、變更登記、請免費醫療、請領現金給付、停保、退保等七種。

一、要保：要保機關應統計本機關編制內有給人員之人數，向承保機關領取「要保名冊」及「保險卡」，辦理要保手續。承保機關接到要保機關所送之要保名冊、保險卡及當月份保險費，經審核無誤後，應即辦理承保手續，並簽發保險證，連同承保名冊，一併送要保機關。要保機關應將保險證轉發被保險人收執。要保機關遇有新進人員時，應於其

到職之日，依照要保手續爲其辦理加保。

二、續保：被保險人調職至適用公務人員保險之其他要保機關時，原要保機關除依規定辦理退保手續外，應將其留存之保險卡，逕交其新服務機關辦理續保。

三、變更登記：被保險人如有下列變動事項，應由要保機關填具變更通知，送承保機關辦理變更登記，卽被保險人姓名之更改；被保險人年齡或籍貫之更改；受益人之變更；保險俸給之調整；調服兵役或派駐國外；親屬之增減；及其他一切有關本保險之變更事項。

四、請免費醫療：被保險人因生育或傷病，應先向保險醫療機構門診部就診，並繳驗保險證及要保機關核發之醫療證明單，如因配偶生育就診時，尚需繳驗配偶國民身份證。被保險人或其配偶經保險醫療機構門診後，認爲必須住院者，應由門診部指定住院，或發給住院證明單交由被保險人自行治定保險醫療機構住院。

五、請領現金給付：被保險人或其受益人請領現金給付，應填具請領書及收據，並檢附有關證明文件，送由要保機關審核屬實，並加蓋印信後轉送承保機關核辦。承保機關經審核核定後，所撥發之現金給付，應送由要保機關轉發被保險人或受益人。請領各項保險現金給付應附繳之有關證明文件爲：

(一)請領殘廢給付者，附繳殘廢證明書及其他證明文件。

(二)請領養老給付者，附繳退休證明書。

(三)請領死亡給付者，附繳死亡診斷書，戶籍謄本及其他證明文件。

(四)請領眷屬喪葬津貼者，附繳死亡診斷書或其他合法之死亡證明文件，戶籍謄本。

六、停保：被保險人除服兵役外，如發生依法停職、休職、留職停

薪或失踪之事故時，應暫予停保，並停繳保險費，俟其原因消滅時，依下列規定處理：

(一)留職停薪或休職人員，經復薪復職者，自復薪復職之月起回復保險。

(二)停職人員經復職補薪者，自補薪之月起，補繳保險費並補辦保險。

(三)停職人員經撤職或免職者，自停職之月起終止保險。

(四)失踪者，得於宣告死亡確定之日起，由受益人請領死亡給付。

被保險人停保時，由要保機關負責收回其保險證暫予保管。

七、退保：被保險人離職或死亡之日，其保險有效期間同時終止，要保機關應負責收回保險證，並填具退保通知，一併送承保機關辦理退保。

第七項　業務監督

為健全保險業務，主管機關應採下列方式，監督承保機關保險業務之推行。

一、審核保險業務計劃及準備金積存運用：承保機關應依公務人員保險業務計畫及準備金積存運用狀況，編列年度預算，於報送其上級機關之同時，函報公務人員保險主管機關，事後並提出月份財務報告，半年及年終時之結算與決算報告。主管機關對此種報告，應交由公保監理委員會審核，限期提出審核報告，並由主管機關核轉考試院備查。

二、主動檢查保險財務及業務：主管機關及公保監理委員會，得定期檢查公務人員保險之財務會計帳冊，以及業務進行情形。

三、派員檢查保險醫療機構人員及設備：主管機關及公保監理委員會，得隨時派員檢查保險醫療機構之人員、醫療設備及財務狀況。

第八項　其他規定

一、罰則: 公務人員保險之各項給付，被保險人如有以詐欺行為領得者，除依法治罪外，並追繳其領得保險給付之本息。被保險人以保險證或醫療證明單，交由他人使用就醫或為其他詐欺行為者，除依法治罪並追繳其領得保險給付之本息外，承保機關並得停止其享受免費醫療權利三個月。

二、保險給付請領權之保障: 被保險人或其受益人，不得將保險給付請領權轉讓他人，不得以其保險給付抵押借款，其債權人亦不得對保險給付申請假扣押。

三、請領保險給付之限期: 公務人員保險之現金給付請領權，自得為請領之日起，經過二年不行使而消滅，但因受地域環境之限制無法請領者，俟其可能請領時撥付之。

四、公務財務收支均免課稅: 公務人員保險之一切帳冊、單據及業務收支，均免課稅。其具體免稅範圍，包括(一)承保機關辦理保險所用之帳冊、契據，免徵印花稅；(二)承保機關辦理保險之保費收入、掛號費收入、保險給付準備金所孳生之利益、什項收入，免納營業稅及所得稅；(三)承保機關業務使用之房屋、治療救護車輛，及被保險人或其受益人所領取之保險給付，依稅法之規定免徵稅捐。

第三節　與公務人員有關之其他保險

與公務人員有關之其他保險，有公務人員眷屬疾病保險，退休公務人員疾病保險，退休人員保險，退休公務人員配偶疾病保險，由銓敍部彙管之私立學校教職員保險，及部分公務人員仍予適用之勞工保險。茲

分項敍述如後。

第一項　公務人員眷屬疾病保險

依公務人員保險法第十一條「公務人員之眷屬疾病保險另以法律定之」規定，政府乃制定公務人員眷屬疾病保險條例，於七十一年一月公布，同年七月一日起施行。

一、適用人員範圍：所稱公務人員眷屬，包括公務人員之配偶、父母及未婚子女；但年滿二十歲以上之未婚子女，應以在校肄業且無職業、或受禁治產之宣告尚未撤銷、或確屬殘廢而不能自謀生活者爲限。公務人員眷屬，除已參加軍人保險、公務人員保險、勞工保險、私立學校教職員保險者外，應一律參加本保險爲被保險人。但依有關規定可享受免費或減費醫療之具有現役軍人眷屬身分或退伍軍人及其眷屬身分者，得依本條例規定，自願參加本保險。公務人員眷屬疾病保險，得依配偶、父母、子女次序，分期實施。

二、有關機關：本保險以銓敍部爲主管機關，中央信託局爲承保機關，公務人員服務機關爲要保機關。

三、保險項目：公務人員眷屬疾病保險，包括疾病及傷害兩項。

四、保險費率與保險費分擔：保險費率，每一眷口爲公務人員保險被保險人每月俸給百分之三至百分之五（依實際情形，由考試院行政院會同核實釐定），超過五口者以五口計；保險費由被保險人自付百分之五十，政府補助百分之五十。眷屬疾病保險財務收支，應分戶立帳；如有虧損應調整費率挹注。

五、保險給付：被保險人在保險有效期間，發生疾病、傷害保險事故時，由承保機關所辦保險醫療機構醫療，除掛號費全額及門診藥品費百分之十由被保險人負擔外，其餘醫療費用由承保機關負擔。

六、**其他規定**: 被保險人自付之保險費，由該公務人員服務機關，於每月發薪時代扣，連同政府補助之保險費，一併彙繳承保機關。本條例未規定事項，準用公務人員保險法及有關規定。

第二項　退休公務人員疾病保險

退休公務人員，原屬離職人員，依規定應辦理退保，惟政府為照顧退休人員，使其老年生活獲得適度保障，乃由考試院行政院會同訂定退休公務人員疾病保險辦法，於民國七十四年五月十六日發布，並自同年七月一日起施行。其要點如下:

一、**適用人員範圍**: 依公務人員退休法律或銓敍部核備有案之退休規章退休者，得於退休後六個月內辦理要保手續，參加本保險。

二、**保險項目**: 包括疾病及傷害兩項事故。

三、**要保機關**: 退休公務人員保險，以退休時原服務機關為要保機關，原服務機關裁撤時，以其上級機關為要保機關。被保險人經徵得原要保機關及擬轉移之要保機關同意者，得轉移要保機關，以利就醫。

四、**保險俸額與保險費**: 被保險人之保險俸額，以退休時職級之公務人員保險俸額為準，嗣後並隨同等級公務人員保險俸額調整，但本辦法施行前已退休，再依本辦法加保領一次退休金人員，其保險俸額不予調整。保險費率為保險俸額百分之六至百分之十二，開辦初期為百分之九，保險費由被保險人自付50％，政府補助50％。

五、**保險給付**: 被保險人在保險有效期間發生疾病、傷害事故時，由承保機關所辦保險醫療機構或特約醫療機構醫療，除掛號費全額、住院伙食費三十日以內之半數及超過三十日之全數、及門診藥品費百分之十至百分之十五由被保險人負擔外，其餘醫療費用概由承保機關負擔。

六、**財務盈虧處理**: 本保險財務收支如有盈餘，應提存為本保險責

任準備，如有短絀應於次一保險年度開始實施前調整保險費率挹注，調整費率前已短絀之數，先以責任準備彌補，仍有不足，由財政部審核撥補。

七、其他規定: 本保險自退休公務人員退休生效之日起保，其退休保險年資不得與退休前其他保險年資合併計算，被保險人退保後不得再行要保。本辦法未規定事項，準用公務人員保險法有關醫療保險部分及其有關規定辦理。又本辦法施行前，已參加退休人員保險者，得於本辦法施行後六個月內自行選擇依照原「退休人員保險辦法」繼續投保，或領取原應請領之公務人員保險養老給付後，按本辦法投保。

第三項　退休人員保險

政府為保障退休人員老年生活，考試院行政院原訂有「退休人員保險辦法」，自「退休公務人員疾病保險辦法」實施後，原有「退休人員保險辦法」理應廢止，但退休公務人員原已參加退休人員保險辦法之保險，且仍願繼續投保該保險者，得繼續投保，因此原訂之「退休人員保險辦法」尚無法廢止。茲就該辦法之要點說明如下:

一、參加退休人員保險之條件: 公務人員保險之被保險人，依退休法或銓敍部核備有案之退休規則退休時，未領養老給付者，得參加退休人員保險。

二、要保機關: 退休人員保險，以被保險人退休時之服務機關為要保機關，原服務機關裁撤時，以其上級機關為要保機關。

三、受理退休保險之期限: 參加退休人員保險，應於退休後二個月內，填具改保通知書，送由要保機關轉承保機關，辦理要保手續，逾期不予受理。

四、保險年資之銜接與併計: 退休人員保險起保生效，應與原有公

務人員保險退保月份相銜接，退休人員保險年資應與公務人員保險年資合併計算。

五、保險俸額與保險費： 退休人員保險被保險人，依其退休時公務人員保險之保險俸額，按照法定保險費率繳付保險費，政府不予補助。

六、退保與請領養老給付： 退休人員保險之被保險人，逾期三十日未繳保險費者，視為自動退保；不接受要保機關之依法管理者，要保機關得予辦理退保。被保險人退保後，不得再行要保。退休人員於參加退休人員保險後二年內因故退保時，仍得依公務人員保險法請領原應領之養老給付。

七、其他規定： 退休人員保險，除上述規定外，均比照公務人員保險法之規定。

第四項　退休公務人員配偶疾病保險

為期退休公務人員配偶疾病時能獲得適度照護，考試院行政院會同訂定「退休公務人員配偶疾病保險辦法」，於民國七十四年五月十六日發布，並自同年七月一日起施行。其要點如下：

一、適用人員範圍： 退休公務人員保險被保險人之配偶，應於退休公務人員參加退休保險時一併於六個月內辦理要保手續。

二、要保機關： 以退休公務人員保險要保機關為要保機關。

三、保險項目： 包括疾病、傷害兩種事故。

四、保險俸給與保險費： 以退休公務人員疾病保險之保險俸額為保險俸額；保險費率為保險俸額百分之六至百分之十二，開辦初期為百分之九，以後視實際收支情形，由考試院行政院會同覈實釐定；保險費按月繳納，由被保險人自付50％，政府補助50％。

五、保險給付： 被保險人在保險有效期間，發生疾病、傷害事故

時，其就醫比照退休公務人員疾病保險辦法之規定辦理。

六、財務虧損處理: 如有虧損，應調整費率挹注之。

七、其他規定: 退休公務人員退保時，本保險被保險人應一併退保，又被保險人退休後不得再行要保。本辦法未規定事項，準用公務人員眷屬疾病保險條例及其有關規定辦理。

第五項　私立學校教職員保險

依勞工保險條例規定，私立學校教職員原可參加勞工保險，惟事實上參加勞保者並不多。政府為安定私立學校教、職員生活，促進私立學校健全發展，並增強社會福利措施，乃於民國六十九年八月八日公布私立學校教職員保險條例，並自同年十月一日起施行。

一、適用人員範圍: 凡依照私立學校法規定，辦妥財團法人登記，並經主管教育行政機關核准立案之私立學校編制（以主管教育行政機關核定者為準）內有給專任之教、職員，具有下列資格之一者，應一律參加私立學校教、職員保險為被保險人，即（一）校（院）長須符合私立學校法所定聘任程序及所定資格；（二）教師須符合私立學校法所定之資格；（三）職員須報經主管教育行政機關核備。

以上（一）至（三），教、職員，在本條例公布以後到職者，申請參加本保險之年齡不得超過六十五歲。

二、有關機關: 主管機關為銓敘部；私立學校為要保機關；保險業務委託中央信託局（即承保機關）辦理，並負承保盈虧責任；如有虧損，由財政部審核撥補。

三、保險項目、保險給付: 準用公務人員保險法及其有關法令之規定。

四、保險費率及保險費分擔: 保險費率為教、職員保險薪給之百分

之七至百分之九；保險費由被保險人自付百分之三十五，學校負擔百分之三十二點五，政府補助百分之三十二點五。

五、辦理手續：申請為本保險之要保學校，應經主管教育行政機關核准，並函銓敍部備查；經核准之要保學校，應於核准後一個月內，為其所屬教、職員辦理要保手續；保險效力之開始，自辦妥要保手續之日起算；被保險人自付之保險費，由各要保學校按月扣繳，連同學校負擔及政府補助之保險費，於當月十五日以前，一併彙繳承保機關；應繳保險費未依規定限期繳納者，得寬限三十日。

六、罰則及其他規定

(一)罰則：經核准要保之學校，逾期未辦要保手續者，由主管教育行政機關查究責任；保險費在寬限期間內仍未繳納者，除通知主管教育行政機關外，依法訴追，並自訴追之日起，在保險費未繳清前暫停給付。凡未參加勞工保險之私立學校，應一律參加本保險；如不參加應依下列規定處理，卽 1.限期辦理； 2.逾期仍不辦理者，核減招生班級。

(二)其他規定：在本條例施行前已參加勞工保險之學校，如改投本保險，其勞工保險年資，準用勞工保險條例第七十六條（卽被保險人在保險有效期間未曾領得現金給付者，於轉任公務人員參加公務人員保險時，其原有勞保年資應予保留，於其年老依法退職時，應予分別計算核發應得之老年給付）之規定，分別計算。

本條例未規定事項，準用公務人員保險法及其有關法令。

第六項　勞工保險

公營事業之職員，具有公務人員身分，依勞動基準法規定，公務員兼具勞工身分者，其保險事項應適用公務員法令規定，故公營事業之職員原應參加公務人員保險。但職員中有部分人員係從原不具公務人員身

分之勞工升任者，此種人員原已參加勞工保險有年，如於升任職員後均須改參加公務人員保險，則因勞工保險年資在公務人員保險中不得併計，致將遭受損失。主管機關乃商定凡原經參加勞工保險，於升任職員後仍願繼續參加勞工保險者，准其繼續參加，故公營事業中兼具公務員身分之勞工中，亦有部分人員係參加勞工保險者。為此將現行勞工保險條例之要點，簡說如下：

一、適用人員範圍

(一)應參加勞工保險者：凡年滿十五歲以上六十歲以下之下列勞工（包括在職外國籍員工），應以其雇主或所屬團體為投保單位，全部參加勞工保險為被保險人：1.受僱於僱用勞工五人以上之公、民營工廠、礦場、鹽場、農場、牧場、林場、茶場之產業勞工及交通、公用事業之勞工。2.受僱於僱用五人以上之公司、行號之勞工。3.受僱於僱用五人以上之新聞、文化、公益及合作事業之員工。4.政府機關、公、私立學校之技工、司機、工友。5.政府登記有案之職業訓練機構受訓技工。6.專業漁撈勞動者。7.無一定雇主而參加職業工會之勞工。8.無一定僱主或自營作業而參加漁會之甲類會員。

(二)準用參加勞工保險者：前述第 1 至第 8 所定各業以外之勞工，及未滿五人之上述 1 至 3 款之各業勞工，準用之。

(三)得繼續參加勞工保險者：包括 1.應徵召入伍者；2.因傷病請假致留職停薪定有期限者；3.在職勞工年逾六十歲繼續工作者等。

二、投保單位、保險人及被保險人

(一)投保單位：為僱用勞工之雇主，或勞工所屬之團體。

(二)保險人：勞工保險業務，由中央勞工保險局辦理，並為保險人。

(三)主管機關：中央為行政院勞工委員會，省(市)為省(市)政府。

(四)監理機關: 為監督勞工保險業務及審議保險爭議事項, 由有關政府代表、勞資雙方代表及專家, 各佔四分之一為原則, 組織勞工保險監理委員會行之。

(五)被保險人及受益人: 凡參加勞工保險之人員為被保險人。受益人, 除死亡給付外即為被保險人, 死亡給付之受益人為其遺屬, 包括配偶及子女、父母、祖父母、孫子女、兄弟姐妹。

三、保險種類及項目

(一)普通事故保險: 其保險項目為

1. 生育: 指被保險人參加保險滿二八〇天後分娩, 滿一八一天後早產, 滿八四天後流產者, 被保險人配偶分娩、早產、流產者亦同。

2. 傷病:指被保險人遭遇普通傷害或普通疾病住院治療不能工作, 致未能取得原有薪資, 正在治療中者。

3. 醫療: 指被保險人罹患傷病時, 應向保險人自設或特約醫療院、所申請診療。

4. 殘廢: 指被保險人因普通傷害或罹患普通疾病, 經治療中止後, 身體遺存障害, 並經保險人自設或特約醫院診斷為永久殘廢者。

5. 老年: 指被保險人參加保險滿一年年滿六十歲或女性年滿五十五歲退職者, 參加保險滿十五年年滿五十五歲退職者, 參加保險滿二十五年退職者,擔任有危險或需堅強體力工作滿五年年滿五十五歲退職者。

6. 死亡: 指被保險人死亡或其父母、配偶、子女死亡者。

7. 失業: 尚未舉辦。

(二)職業災害保險: 其保險項目為

1. 傷病: 指被保險人因執行職務而致傷害或職業病不能工作, 以致未能取得原有薪資, 正在治療中者。

2. 醫療: 指被保險人因職業傷害或罹患職業病向保險人自設或特

約醫療院、所申請診療或申請住院治療。

　　3. 殘廢: 指被保險人因職業傷害或罹患職業病，經治療中止後，身體遺存障害並經診斷為永久殘廢者。

　　4. 死亡: 指被保險人因職業傷害或罹患職業病而致死亡者。

四、保險費率、保險費分擔與保險基金

　　(一)保險費率: 勞工保險之普通事故保險費率，由中央主管機關按被保險人當月之月投保薪資百分之六至百分之八擬訂，報請行政院核定之（現為百分之七）。職業災害保險費率，按被保險人當月投保薪資，依職業災害保險費率表之規定辦理;

　　(二)保險費分擔: 大致為普通事故保險費由被保險人負擔 20%，雇主負擔 80%; 職業災害保險費全部由雇主負擔;

　　(三)保險基金來源及運用: 1.勞工保險基金來源，包括(1)創立時政府一次撥付之金額; (2)當年度保險費及其孳息之收入與保險給付支出之結餘; (3)保險費滯納金; (4)基金運用之收益。2.勞工保險基金之運用，勞工保險基金，經勞工保險監理委員會之通過得為下列之運用，即(1)對於公債、庫券及公司債之投資; (2)存放於國家銀行或省（市）政府指定之公營銀行; (3)自設勞保醫院之投資及特約公立醫院勞保病房整修之貸款; (4)政府核准有利於勞工保險基金收入之投資。

五、保險給付

　　(一)普通事故保險之保險給付:

　　1. 生育給付: 包括被保險人或其配偶生育在內，生育之給付標準，為（1）被保險人分娩、早產或流產者，按其平均月投保薪資一次給與分娩費三十日; （2）被保險人分娩、早產者，除給與分娩費外，並按其平均月投保薪資一次給與生育補助費三十日; （3）生育為雙生以上者比例增給。

2. 傷病給付： 自不能工作之第四日起，其普通傷病補助費及普通疾病補助費，均按被保險人平均月投保薪資半數發給，每半個月給付一次，以六個月爲限。

3. 醫療給付： 包括門診及住院。門診治療給付由被保險人自行負擔10%，門診範圍，包括診察（含檢驗及會診）；藥劑及治療材料之給與；處置、手術或治療。 住院治療給付由被保險人負擔 5 ％，住院範圍，包括診察（含檢驗及會診）；藥劑或治療材料之給與；處置、手術或治療；膳食費用三十日內之半數及超過三十日之全數；勞保病房之供應，以公保病房爲準。

4. 殘廢給付： 視殘廢等級依下列殘廢給付標準表之規定辦理：

殘廢等級	普通傷病殘廢 補助費給付標準	殘廢等級	普通傷病殘廢 補助費給付標準
1	1,200日	9	280日
2	1,000日	10	220日
3	840日	11	160日
4	740日	12	100日
5	640日	13	60日
6	540日	14	40日
7	440日	15	30日
8	360日		

5. 老年給付： 按保險年資及年齡，依下列規定核發老年給付

（1）一般老年給付： 保險年資合計每滿一年發給一個月；保險年資超過十五年者，超過部分每滿一年發給二個月，最高以四十五個月爲限。

（2）年逾六十歲之老年給付： 年逾六十歲繼續工作者，逾六十歲後每滿一年給一個月，以五年爲限，於退職時一次發給。

6. 死亡給付: 依下列規定給付喪葬津貼及遺屬津貼

(1) 喪葬津貼: ①被保險人死亡時，給喪葬津貼五個月; ②被保險人之父母、配偶死亡時，給三個月; ③子女滿十二歲死亡時，給二個半月; ④子女未滿十二歲死亡時，給一個半月。

(2) 遺屬津貼: 被保險人死亡時遺有配偶、子女及父母、祖父母，或專受其扶養之孫子女及兄弟、姐妹者，依下列規定發給遺屬津貼，卽①參加保險年資合計未滿一年者，一次給十個月; ②參加保險年資合計滿一年以上未滿二年者，一次給二十個月; ③參加保險年資合計已滿二年者，一次給三十個月。受領遺屬津貼之順序，爲配偶及子女，父母，祖父母，孫子女，兄弟姐妹。

(二)職業災害保險之保險給付:

1. 傷病給付: 職業傷害補償費及職業病補償費，自不能工作之第四日起，按被保險人平均月投保薪資70%發給，每半個月給付一次，如經一年尚未痊癒者，其補償改按50%發給，並以一年爲限。

2. 醫療給付: 依普通事故保險醫療給付之規定，但住院診療之膳食費用，全部由保險人負擔。

3. 殘廢給付: 除依普通事故保險殘廢等級及給付標準增加50%給與殘廢補償費外，其餘與普通事故保險有關殘廢之規定同。

4. 死亡給付: 被保險人因職業傷害或罹患職業病死亡，除遺有配偶及子女、父母、祖父母、孫子女、兄弟姐妹者，不論其保險年資，給與遺屬津貼四十個月外，其餘被保險人及其父母、配偶或子女死亡之喪葬津貼規定，與普通事故保險喪葬津貼同。

第十三章　撫　卹

公務人員撫卹，有其意義與一般原則，政府機關公務人員與公營事業人員之撫卹，不盡相同。茲分節敍述之。

第一節　意義及一般原則

第一項　意　義

撫卹，係政府對亡故公務人員，爲酬庸其生前服務及功績，給予其遺屬撫卹金，以安撫遺孤生計。茲說明如下：

一、**撫卹是政府對亡故公務人員之遺族給予撫卹金**：撫卹就是給予撫卹金，而領受撫卹金者爲亡故公務人員之遺族。故給卹需以公務人員亡故爲前提，如公務人員未有亡故，或雖有亡故而無遺族，則不發生給卹問題。

二、**給予撫卹金是酬庸亡故公務人員之生前服務與功績**：撫卹金是對亡故公務人員生前服務與功績的酬庸。因此，給予撫卹金之多寡，係以生前服務年資之長短及生前所具功績之大小而定。

三、撫卹之目的在安撫遺孤之生計： 撫卹金雖是政府對亡故公務人員生前任職年資與功績的酬庸，但其目的則在安撫亡故公務人員遺孤之生計。因死者已矣，生者之生計自需予以照顧，同時對死者遺孤生活之照顧，必為死者之生前願望，現雖亡故亦可瞑目。

第二項　一般原則

凡屬一種撫卹制度，必有其若干原則，茲說明如下：

一、遺族撫卹金以公務人員生前任職年資、俸給及功績爲依據： 對亡故公務人員遺族之給卹，其撫卹金之多寡，係以亡故公務人員對政府之貢獻而定，亦卽依據生前任職年資之勞績、亡故時之俸給、及生前之特殊功績而定。凡任職年資久、俸給高、功績大者，則其遺族撫卹金額亦多，任職年資短、俸給低、及無特殊功績者，其遺族撫卹金額亦少。又如因公死亡者，對遺族撫卹金多有加給之規定。

二、給予撫卹金之方式有多種： 對遺族之撫卹金，給予方式通常有多種規定，如一次撫卹金，係一次給予者；年撫卹金，係按年給予者；一次撫卹金與年撫卹金兼給者等。大凡言之，任職年資短者，只給予一次撫卹金；任職年資長者，給予年撫卹金，或兼給一次及年撫卹金；或任由遺族根據自己需要，選定一種領受撫卹金方式具領之。

三、撫卹金之來源有數種方式： 撫卹金，有由政府單獨負擔者，如按年編列撫卹金預算支應；有由政府與公務人員雙方共同負擔者，如規定公務人員俸給中按月扣繳若干，政府按月補助若干，成立撫卹基金，獨立運用並保管，遺族撫卹金卽從撫卹基金中支付。撫卹金由政府與公務人員雙方共同負擔時，負擔之比例有者爲平均負擔，有者又定有負擔的不同比例，凡此均需視政府對財務負擔之能力而定。

四、規定遺族之範圍及請領撫卹金之順序： 亡故公務人員之遺族，

其範圍因撫邮制度之不同而異，有者只以配偶、父母、子女為範圍；有者包括配偶、父母、子女、祖父母、孫子女、兄弟姐妹在內；有者甚至擴大至姻親。因遺族範圍甚廣，且親等有遠近之別，故對撫邮金之請領，通常均規定有順序，凡親等近者列入第一順序，親等遠者列入第二或第三等順序。撫邮金應先由第一順序遺族請領，如無第一順序之遺族時，則由第二順序之遺族請領，餘依次類推；凡同一順序有數人時，則其撫邮金由數人平分。

五、明定撫邮金終止、喪失、停止及恢復之條件： 遺族受領撫邮金，當某種事實發生時，需予終止不再給予，或使其喪失領受撫邮金之權利，或暫時停止其領受撫邮金之權利，當停止領受之原因消滅時，再恢復領受。至促使撫邮金終止、喪失、停止及恢復之事實，各種撫邮制度不盡相同，如有者明定領受撫邮金之期間，於期間屆滿當即終止；有者以未成年者為領受條件，如已屆成年當即終止；又如有觸犯刑法受科刑之判決、受褫奪公權終身之宣告、喪失中華民國國籍等情事時，通常即喪失其領受撫邮金權利；又如在一定期間受褫奪公權宣告時，則暫停其領受撫邮金權利，俟褫奪公權期滿時，再行恢復請領。

六、請領撫邮金權利之保障與消滅時效：遺族請領撫邮金之權利，需予以適當保障，以免遭受損害而影響及遺族生活。至保障之法，多為明定撫邮金請領權不得憑遺族個人意思而讓與他人，在訴訟程序中不得予以扣押，及在借貸關係中不得提供擔保；即使發生此種讓與、扣押或擔保之行為，亦不發生法律上效力。再此種領受撫邮金之權利，固需予以保障，但對此種權利之行使，亦應定有期限，以免權利狀態形成長期的不穩定；如遺族在規定期限內故意遲遲不行使時，則一旦期限屆滿，其領受撫邮金之權利即行消滅。

七、退休人員死亡時改給撫慰金：退休人員，依退休制度規定可請

領退休金，如係領月退休金人員，於亡故時常有可改按撫邺之規定給予其遺族以撫慰金。至撫慰金之多寡，則因退休人領取月退休金之年限而定，如領月退休金年限較長者，則給與較少之撫慰金或給與一次撫慰金；如領月退休金之年限較短時，則給予較多的撫慰金或給予年撫慰金，以示補償。

第二節　政府機關公務人員之撫邺

政府爲實施公務人員撫邺，經公布有公務人員撫邺法，其重要規定敍述於後。

第一項　適用人員範圍

適用及準用公務人員撫邺法之公務人員，分下列三類：

一、現職經銓敍機關審定資格登記有案之公務人員適用之：所稱審定資格登記有案，係指政府各機關法定編制內，定有職等，並經依公務人員之任用、派用法律，審定其資格並登記有案之人員而言；其雖屬法定編制內且定有職等，但未經審定資格登記有案，或雖在法定編制內但未有定職等且不需審定資格者，均不適用本法。

二、政務官準用之：所稱政務官，依公務人員撫邺法規定，係指特任、特派及相當於特任職人員，各部政務次長及相當於政務次長人員，特命全權大使及特命全權公使，蒙藏委員會委員及僑務委員會常務委員，省政府委員及地方政府首長。此類人員並不需審定資格登記，其撫邺準用本法之規定。以上所稱政務官之範圍，與政務官退職酬勞金給與條例所定之政務官範圍並不一致，致將來有的政務官可準用撫邺但不適用退職，有的政務官則可適用退職而不能準用撫邺，頗不合理，今後宜

將範圍取得一致。

三、雇員準用之：依雇員管理規則規定，雇員之撫邮，準用公務人員撫邮法之規定。

第二項　請撫邮之條件

公務人員有下列情形之一者，給與遺族撫邮金:

一、病故或意外死亡者：所稱意外死亡，法無明文解析，依常理而言，應指病故及因公死亡以外之死亡而言。

二、因公死亡者：所稱因公死亡，指(一)因冒險犯難或戰地殉職;(二)因執行職務發生危險，以致死亡; (三)因出差遇險或罹病，以致死亡; (四)在辦公場所意外死亡; (五)因戰爭波及，以致死亡。

因遺族撫邮金，係給與亡故公務人員之遺族者，又撫邮金之給與，乃基於遺族之申請，故遇有公務人員之亡故情事，如無法定之遺族時，將不發生給邮問題。

第三項　撫邮金種類及其計算標準與調整

一、撫邮金種類：撫邮金分下列四種

(一)一次撫邮金：對在職未滿十五年病故或意外死亡者給與之。

(二)兼領一次撫邮金及年撫邮金：對在職十五年以上病故或意外死亡或因公死亡者給與之。

(三)因公死亡增給之一次撫邮金：對因公死亡者，除領一次撫邮金及年撫邮金外，並另加一次撫邮金之百分之若干。

(四)因勳章功績增給之一次撫邮金額：對生前受有勳章或有特殊功績者給與之，其標準由考試院會同行政院定之。

二、撫邮金之計算標準：撫邮金之計算，以生前在職年資及亡故時

俸給爲準，並視因公死亡及勳績情形，另行增加給與。其情形爲：

（一）一次撫邮金之計算標準：在職未滿十五年者適用之，其標準爲在職滿一年者，給與一個基數，未滿一年者以一年計；以後每增半年，加給一個基數；遺族依規定領有實物配給及眷屬補助費者，並一次發給二年應領數額之代金。

（二）兼領一次撫邮金及年撫邮金之計算標準：在職十五年以上者適用之，除每年給與六個基數之年撫邮金外，並按下列標準，給與一次撫邮金：

1. 在職十五年以上二十年未滿者，給與二十五個基數。

2. 在職二十年以上二十五年未滿者，給與二十七個基數。

3. 在職二十五年以上三十年未滿者，給與二十九個基數。

4. 在職三十年以上者，給與三十一個基數。

遺族依規定領有實物配給及眷屬補助費者，隨同年撫邮金十足發給代金。

以上基數之內涵，以公務人員最後在職之月俸額及本人實物代金爲準。所稱年資之奇零數，未滿半年者以半年計。亡故公務人員生前之下列年資，得合併計算，即 1. 曾任任用、聘用、派用人員，具有合法證明者； 2. 曾任雇員或同委任及委任待遇警察人員，具有合法證明者； 3. 曾任軍用文職經銓敍部登記有案或經國防部證明者； 4. 曾任准尉以上軍職經國防部證明者； 5. 曾任公立學校教職員或公營事業人員，具有合法證明者。

上述年資如已領有退休、退職、退伍金，或與其相當之資遣費者，不得併計。

（三）因公死亡加給一次撫邮金之計算標準：公務人員因公死亡者，除依前述（一）或（二）規定辦理外，另加一次撫邮金百分之二十五；其係

冒險犯難或戰地殉職者加一次撫邺金百分之五十（警察人員在執行勤務中殉職者，比照戰地殉職人員加發撫邺金）。又公務人員因公死亡，生前在職年資未滿十五年者以十五年論；其因冒險犯難或戰地殉職而在職十五年以上未滿三十年者，以三十年論。

(四)因勳章功績增給之一次撫邺金額：增給之標準，由考試院會同行政院定之。現行標準爲：

1. 勳章：得中山勳章者加給四萬元；得中正勳章者加給三萬六千元；得卿雲勳章或景星勳章者，視勳等加給一萬六千元至二萬六千元。

2. 特殊功績：經總統明令襃揚並將生平事蹟宣付國史館者，加給二萬元；經考試院核定從優議邺者，加給一萬六千元。

三、依志願改按公務人員退休法一次退休金標準發給一次撫邺金：此乃一特別規定，凡公務人員在職二十年以上亡故，生前立有遺囑，不願依前述二之(二)規定，領撫邺金、實物配給及眷屬補助費者，得改按公務人員退休法一次退休金之計算標準，發給一次撫邺金、實物配給及眷屬補助費；如公務人員生前無遺囑，而遺族不願依前述二之(二)規定辦理者，亦同。

依公務人員退休法一次退休金標準，改發一次撫邺金者，如係因公死亡而加給一次撫邺金時，其一次撫邺金額，仍以前述二之(二)所定之一次撫邺金爲準計算其加給之百分比。

四、年撫邺金之調整：所發給之年撫邺金，遇及公務人員俸給調整時，年撫邺金亦應按在職之同職等人員之俸給調整。

五、殮葬費：公務人員在職亡故者，應給予殮葬補助費，其標準由考試院會同行政院定之。現行標準爲特任人員給予六萬元，簡任各職等人員給予五萬元，薦任各職等人員給予四萬五千元，委任各職等人員及雇員給予四萬元。

第四項　遺族範圍及受領順序

一、遺族範圍及受領撫卹金之順序: 包括下列四個

(一)父母、配偶、子女及寡媳,但配偶及寡媳以未再婚者爲限。

(二)祖父母、孫子女。

(三)兄弟姐妹,以未成年或已成年而不能謀生者爲限。

(四)配偶之父母、配偶之祖父母,以無人扶養者爲限。

二、撫卹金之領受: 同一順序之遺族有數人時,其撫卹金應平均領受;其中如有死亡或抛棄或因法定事由喪失領受權時,由其餘遺族領受之。同一順序無人領受時,由次一順序遺族領受。

三、遺囑指定領受撫卹金: 公務人員生前預立遺囑,在前述遺族範圍內,指定某遺族領受撫卹金者,從其遺囑,不受原定順序之限制。

第五項　撫卹金之終止、喪失、停止與恢復

一、年撫卹金之終止: 遺族領年撫卹金者,自該公務人員亡故之次月起給與,至年限屆滿時終止。其年限爲:

(一)病故或意外死亡者,給與十年。

(二)因公死亡者,給與十五年;其係冒險犯難或戰地殉職者,給與二十年;但如遺族於領受年撫卹金時或領受卹金期限內成爲獨子(女)之父母,或爲無子(女)之寡妻時,得給與終身。

二、撫卹金領受權之喪失: 遺族有下列情形之一者,喪失其領受撫卹金之權利,卽(一)褫奪公權終身者。(二)犯內亂、外患罪,經判決確定者。(三)喪失中華民國國籍者。

三、撫卹金領受權之停止與恢復: 遺族經褫奪公權尚未復權者,停止其領受撫卹金之權利,至其原因消滅時,再行恢復其領受撫卹金之權

利。

第六項　撫卹金權利之消滅與保障

一、撫卹金權利之消滅： 聲請撫卹及請領各期撫卹金權利之時效，自請卹或請領事由發生之次月起，經過五年不行使而消滅；但因不可抗力之事由，致不能行使者，其時效中斷；時效中斷者，自中斷之事由終止時，重行起算。

二、撫卹金權利之保障： 領受撫卹金之權利及未經遺族具領之撫卹金，不得扣押、讓與或供擔保。

第七項　辦理手續

一、聲請撫卹： 由亡故公務人員之遺族，填具聲請撫卹事實表二份，連同死亡證明書，經歷證件，全戶戶籍謄本，由該公務人員死亡時服務機關，彙轉銓敍部或委託審查機關。凡亡故公務人員之各款遺族，應於遺族聲請撫卹事實表內，依次詳細填列。遺族居住不能領受撫卹金地區者，得由服務機關聲請保留其遺族領卹權。

二、核定撫卹： 公務人員之遺族撫卹金案件，由銓敍部核定，但省縣（市）鄉鎮委任五職等以下人員之撫卹案，得由銓敍部委託各該省委任職公務人員銓敍委託審查委員會核定。

三、發給撫卹金： 公務人員遺族聲請撫卹，經核定後，由核定機關填發撫卹金證書，連同原送證件，遞由原轉請機關發交領受人，並函審計機關備查。其經費開支及發放日期為：

（一）經費開支：撫卹金，依亡故公務人員最後服務機關之經費，屬於中央者由國庫支出，並以銓敍部為支給機關；屬於省（市）級者由省（市）庫支出，並以省財政廳及市財政局為支給機關；屬於縣（市）級

者由縣市庫支出，並以縣市政府爲支給機關。

（二）發放日期：一次撫邮金，於撫邮案核定後一次發給；年撫邮金，於每年七月起一次發給。

四、年撫邮金領受人之變更：年撫邮金領受人如有變更時，如領受人死亡或配偶及寡媳已再婚，原不能謀生而已能謀生或原無人扶養而已有謀生能力不需受人扶養等，應由其他有權領受人檢具證明文件連同原領撫邮金證書，報由支給機關遞轉銓敍部或委託審查機關予以註銷或更正。

五、罰則：撫邮金領受人，於領受權消滅、喪失或停止後，如有矇混冒領等情事，除由支給機關追繳冒領之撫邮金及證書外，並移送司法機關辦理。

第三節　公營事業人員之撫邮

公營事業人員之撫邮，多由各事業主管機關訂定辦法辦理。玆按交通事業人員、生產事業人員及金融保險事業人員，分項敍述撫邮情形如後。

第一項　交通事業人員之撫邮

目前交通事業人員之撫邮，在法規適用上頗有差異，如公路、港務之交通事業人員，其撫邮係照公務人員撫邮法之規定，至郵政、電信、鐵路、航運之交通事業人員之撫邮，則按交通部訂定之交通事業人員撫邮規則之規定辦理。玆就交通事業人員撫邮規則之要點，簡述如下：

一、請撫邮條件：交通事業人員在職有下列情形之一者，其遺族得聲請給予撫邮金（第一款）：

(一)因公死亡者，給予一次撫邮金及月撫邮金。

(二)因公傷病以致死亡者，給予一次撫邮金及月撫邮金。

(三)服務十年以上，因病以致死亡者，給予一次撫邮金及月撫邮金。

(四)服務一年以上未滿十年，在職傷病以致死亡者，給予一次撫邮金。

(五)領受月退休金未滿十年，因傷病以致死亡者，給予月撫邮金；逾十年者，給予一次殮葬補助費。

(六)因公傷殘命令退休人員，領受月退休金未滿十年，因傷殘增劇以致死亡者，給予月撫邮金；逾十年者，給予一次撫邮金。

上述所稱因公死亡，指有下列情形之一者而言，卽因執行職務所生之危險以致死亡，因出差遇險或罹病以致死亡，因辦公往返或在辦公場所遇意外危險以致死亡，非常時期在任所遇意外危險以致死亡。

又上述所稱服務年資，實際服務交通部或交通部附屬機構經交通部核准有案，及各附屬機構間互相調用，經事前取得原服務機構同意者之年資，均得合併計算。

二、撫邮金種類及其計算標準

(一)一次撫邮金：

1. 上述第一款第(一)(二)目人員，服務在一年以內者，給十二個月一次撫邮金；服務一年以上者，每滿一年增給一個月一次撫邮金。

2. 上述第一款第(三)(四)目人員，服務一年至二十年者，每滿一年給一個月一次撫邮金；二十一年以上者，每超過一年增給半個月一次撫邮金。

3. 上述第一款第(五)目人員，領月退休金逾十年者，給予六個月一次撫邮金數額之殮葬補助費。

　　4.　上述第一款第(六)目人員，領月退休金逾十年者，如其服務在一年以內者，給十二個月一次撫邮金；服務一年以上者，每滿一年增給一個月一次撫邮金；其服務年資未滿十年者，以十年論。

　　死亡或退休時之月薪及職務加給兩項合計數，為一個月一次撫邮金應給額。

　　(二)月撫邮金：

　　1.　上述第一款第(一)(二)目人員，服務一年以內者，除一次撫邮金外，另給一個月撫邮金額百分之三十之月撫邮金；服務一年以上者，每滿一年增給百分之一點五，至百分之八十止。

　　2.　上述第一款第(三)目人員，服務滿十年者，除一次撫邮金外，另給一個月撫邮金額百分之二十之月撫邮金；超過十年者，每超過一年增給百分之一點五，至百分之六十五止。

　　3.　上述第一款第(五)目人員，領退休金未滿十年者，給與一個月撫邮金額百分之二十之月撫邮金；服務期間超過十年者，每超過一年增給百分之一點五，至百分之六十五止，但仍需按已領退休金年數，自滿第二年起，每領一年遞減百分之十支給。

　　4.　上述第一款第(六)目人員，領月退休金未滿十年者，給予一個月撫邮金額百分之二十之月撫邮金；服務期間超過十年者，每超過一年增給百分之一點五，至百分之六十五止。

　　月撫邮金之受領，最多以二十年為限。又現職人員待遇如有調整，每月撫邮金之數額，得按該事業人員死亡時或退休時薪級比例調整之。

　　(三)殮葬補助費：交通事業人員，在職因公死亡、因公傷病以致死亡、服務十年以上因傷病以致死亡者，除依上述第(一)、(二)兩目規定給撫邮金外，得另給殮葬補助費。其標準參照一般公務人員之規定，卽長級、副長級人員，比照簡任標準，高員級人員比照薦任標準，員級、

佐級人員比照委任標準，士級比照雇員標準。

三、遺族範圍及受領順序

(一)領受遺族一次撫卹金之順序，為 1.配偶；　2.子女；　3.孫子孫女；　4.父母舅姑；　5.祖父母祖舅姑；　6.同父母弟妹。

(二)領受遺族月撫卹金之順序，為：　1.未任有公職之妻或殘廢之夫；　2.未成年或仍在學之子女及已成年殘廢不能謀生之子女，但女以未出嫁者為限；　3.未成年或仍在學之孫子孫女及已成年殘廢不能謀生之孫子孫女，但以其父母死亡，孫女並以未出嫁者為限；　4.父母舅姑；　5.祖父母祖舅姑；　6.未成年或仍在學之同父母弟妹。

上述 2. 3. 子目之遺族超過三人者，其月撫卹金按上述第二款第(二)目之規定比率，增給百分之十。

(三)撫卹金之領受與順序轉移：

1. 領受撫卹金之遺族，同一順序者有數人時，其撫卹金應共同領受之。又同一順序之遺族，如有一人或數人願拋棄其應領部分，或因故喪失或停止撫卹金之領受權時，該部分撫卹金，應由同一順序其他有領受權之遺族共同領受。

2. 同一順序無其他有領受權之遺族時，應依次由其次一順序具有領受權之遺族共同領受之。

四、撫卹金領受權之喪失與終止

(一)遺族具有下列情形之一者，喪失其領受撫卹金之權利，即 1.褫奪公權者；　2.背叛中華民國經通緝有案者；　3.喪失中華民國國籍者。

(二)遺族具有下列情形之一者，終止其領受撫卹金之權利，即 1.死亡、改嫁、出繼或任有公職者；　2. 未成年或仍在學之子女孫子女或弟妹，已成年或不在學者；　3. 殘廢已成年子女孫子女，能自謀生或已出嫁。

(三)遺族月撫卹金之領受，如已達二十年時，亦應予以終止。

五、撫卹金權利之消滅與保障

(一)請領撫卹金之權利，自撫卹事故發生之次月起，經五年不行使而消滅，但合法領受撫卹金之遺族，因不可抗力之事由致不能行使者，自該請求權可行使時起算。

(二)撫卹金之領受權，不得扣押、讓與或供擔保。

六、辦理手續

(一)聲請：請領撫卹金，應依式填具撫卹聲請書，並檢附死亡有關之證件、同事或商店之保證，及繳驗必要之資歷證件。有關聲請撫卹之遺族順序，應在撫卹聲請書內依次詳細填列，其遺族有殘廢或在學者，並應檢具有關證明後，向服務機關提出聲請。

(二)發給：撫卹金由最後服務或支給退休金之機構，分別一次或按月支給；該機構不存在時，由其歸併改組或其上級機構支給；其上級機構亦不存在時，由主管機關支給。

第二項　生產事業人員之撫卹

公營生產事業，多屬經濟部管轄，該部對所屬事業人員之退休撫卹及資遣，訂有「經濟部所屬事業人員退休、撫卹及資遣辦法」，以為辦理依據。本辦法之適用範圍，原包括純勞工（卽工人）及兼具公務員身分之勞工（卽職員），自勞動基準法實施後，純勞工部分改按勞動基準法之有關規定辦理，而職員部分仍適用本辦法辦理。茲就經濟部所訂辦法中有關撫卹之規定要點簡述如下：

一、　適用人員範圍： 經濟部所屬實施用人費薪給之事業機構，編制員額內支領薪給之派用或訂有聘雇契約之人員，均適用本辦法之規定。

二、撫邮種類及條件

(一)事業人員在職病故或意外死亡者: 其撫邮金包括, 1.離職金; 2.保留年資結算給與; 3.三個月薪給數之喪葬補助費。其在職未滿三年者以三年論。

(二)事業人員因公出差遇險或罹病以致死亡, 或在辦公場所意外死亡, 或因戰事波及意外死亡者: 其撫邮金包括, 1.離職金; 2.保留年資結算給與; 3.五個月薪給數之撫邮金; 4.三個月薪給數之喪葬費。其在職未滿五年者以五年論。

(三)事業人員因執行職務發生危險以致死亡者: 其撫邮金包括, 1.離職金; 2.保留年資結算給與; 3.八個月薪給數之撫邮金; 4.三個月薪給數之喪葬費。其在職年資未滿十年者以十年論。

三、撫邮經費之來源: 撫邮經費, 包括離職金、 保留年資結算給與、撫邮金及喪葬費, 均在事業公提儲金內支給。其公提儲金與保留年資結算給與儲備金之標準爲:

(一)**公提儲金:** 事業機構於每月發放薪給時, 在用人費總額內, 按薪點多寡分定提存率分別存儲。公提儲金之比率爲:

註: 生產事業人員, 原有自提儲金之規定, 於每月發放薪給時, 各按其薪給總額提撥百分之三, 但自實施勞動基準法後, 該法對勞工並無自提金之規定, 乃予停止自提儲金。

職位分類職等	薪　　　　　　　　　　　　點	儲金提存率	
		公	提
15	2000 ～ 2246	7%	
14	1730 ～ 1946	7.3%	

13	1500 ～ 1684	7.6%
12	1300 ～ 1460	7.9%
11	1125 ～ 1265	8.2%
10	975 ～ 1095	8.5%
9	845 ～ 949	8.8%
8	730 ～ 822	9.1%
7	630 ～ 710	9.4%
6	545 ～ 613	9.6%
5	470 ～ 530	9.8%
4	405 ～ 457	10%
3	350 ～ 394	10%
2	305 ～ 341	10%
1	265 ～ 297	10%

　　(二)保留年資結算給與儲備金: 由事業機構在用人費總額內按薪給總額百分之三提撥，年度結算有餘額時，留作下年度用，不敷支應時，得先行墊付，並於次年度起,酌予調整保留年資結算給與儲備金提存率。

　　上述公提儲金及年資結算給與儲備金，得由經濟部成立儲金管理運用委員會籌劃運用。

　　四、離職金及保留年資結算給與之計算標準:

　　(一)離職金: 係死亡人員生前任職期間，由事業機構公提儲金之本息作爲離職金。

　　(二)保留年資結算給與: 本辦法實施時已在職之編制內正式人員既有服務公職半年以上之年資，或本辦法實施後新進編制內正式人員到職時其既有服務公職半年以上之年資，分別依其年資（滿三年者給五個基數，以後每滿半年加一個基數）結算給與，於死亡時依下列公式計算一

次發給之。

保留年資結算給與額

$$\times \frac{發給當月本部所屬事業機構薪點最高折合率}{11(本辦法實施當月本部所屬事業機構薪點最高折合率)}$$

(三)年資結算給與之停止：　年資結算給與人員，　有下列情形之一者，年資結算給與應停止發給，卽 1.褫奪公權終身者；　2.犯內亂外患罪經判決確定者；　3.喪失中華民國國籍者。

五、遺族範圍及領受順序

(一)父母、配偶、子女及寡媳，但配偶及寡媳以未再婚者爲限。

(二)祖父母，孫子女。

(三)兄弟姐妹，以未成年或已成年而不能謀生者爲限。

(四)配偶之父母、配偶之祖父母，以無人扶養者爲限。

上述遺族同一順序有數人時，其撫邱金應平均領受，如有死亡或抛棄或因法定事由喪失領受權時，由其餘遺族領受之。又上述各目遺族，事業人員生前預立遺囑指定領受撫邱金者，從其遺囑。

六、撫邱金領受權之喪失、時效及保障

(一)遺族有下列情形之一者，喪失其撫邱金領受權，卽 1.褫奪公權終身者；　2.犯有內亂、外患罪經判決確定者；　3.喪失中華民國國籍者。

(二)請邱及請領撫邱金之權利，自請邱或請領事由發生之次月起，經過五年不行使而消滅；但因不可抗力之事由致不能行使者，其時效中斷，並自中斷之事由終止時，重行起算。

(三)領受撫邱金之權利及未經其遺族具領之撫邱金，不得扣押、讓與或供擔保。

第三項　金融保險事業人員之撫卹

金融保險事業，多為財政部主管。該部對金融及保險事業人員之撫卹，原依國家行局職員撫卹辦法辦理，於金融事業實施用人費率後，乃仿經濟部所屬事業人員退休、撫卹及資遣辦法規定，另訂「財政部所屬國營金融、保險事業人員退休、撫卹及資遣辦法」，以為辦理依據。該辦法有關撫卹之內容，除下列各點外，餘與經濟部所訂辦法內容相同，不再贅述。

一、適用人員範圍： 包括財政部所屬各行、局、公司編制內支領薪給之派用或訂有聘雇契約之人員。

二、撫卹經費來源： 撫卹經費由自提儲金與公提儲金項下支應。其自提與公提之比例如下表：

職　　等	薪　　　　　　點	儲　金　提　存　率	
		公　　提	自　　提
15	2100 ～ 2280	4%	3%
14	1840 ～ 2080	4.5%	3%
13	1620 ～ 1820	5%	3%
12	1400 ～ 1605	5.5%	3%
11	1205 ～ 1380	6%	3%
10	1030 ～ 1200	6.5%	3%
9	900 ～ 1020	7%	3%
8	780 ～ 880	7.5%	3%
7	660 ～ 775	8%	3%
6	550 ～ 650	8%	3%
5	480 ～ 540	8.5%	3%

　　三、保留年資結算給與之計算標準: 於死亡時按下列公式計算一次
發給之:

　　　　保留年資結算給與額

$$\times \frac{\text{發給當月本部所屬事業機構薪點最高折合率}}{18.2(\text{本辦法施行當月本部所屬事業機構薪點最高折合率})}$$

於此需說明者, 經濟部之計算公式中爲 11 , 而財政部之計算公式中爲
18.2, 乃因兩部辦法施行之時間不同所致, 經濟部辦法於民國六十六年
起施行, 財政部辦法於民國七十年起施行。

第十四章 退休與養老

公務人員退休與養老，有其意義及一般原則，政府機關一般公務人員、政務官、及公營事業人員，各有其退休、退職之規定，另尚有資遣以彌補退休之不足，養老已成爲當前亟需重視之問題。茲分節綏述之。

第一節 意義及一般原則

第一項 意 義

退休養老，係指機關或事業，爲促新人事新陳代謝，對所屬任職已久之人員，或年事已高或身體衰病，致難勝任職務之人員，予以退休，並依其服務年資及退休時俸給，給予退休金及適度生活照顧，以酬庸其服務及安度老年生涯。茲說明如下：

一、**適用退休之對象，爲任職已久或年事已高或身體衰病致難以勝任職務之人員**：在機關或事業任職已久之人員，或年事已高或身體衰病致難以勝任職務之人員，均可適用退休之規定；蓋前者因任職已久，對機關雖不一定有功績，至少亦具有勞績，應許其退休；後者因年事已高

或身體衰病，致難以勝任職務，為免影響機關業務，自應予以退休。

二、對退休人員，依其服務年資及退休時俸給，給予退休金與適度生活照顧：對退休者，自應給予退休金，而退休金之多寡，則需依服務年資及退休時俸給而定，服務年資長及俸給高者給與較多的退休金，服務年資短及俸給低者給與較少的退休金。在退休期間，除給予退休金外，尚需給予適度的生活照顧，使其感到生活有意義，心理獲得更多的安慰。

三、給予退休金及照顧生活之目的，是酬庸其服務及使其安度老年生涯：給予退休金及照顧生活之目的，一方面在酬庸退休者服務期間對機關的貢獻及勞績，一方面在使退休者得以安度老年生涯。因老年的生活，需要給予更多的幫助與照顧，尤其使他在精神生活方面，得到更多的慰藉。

四、實施退休養老是促進機關人事新陳代謝之重要措施：政府機關的業務需要不斷的擴大與發展，處理業務的方法與技術亦需要不斷的革新。同樣的，政府機關的人事，亦應不斷的發揮新陳代謝，使年老力衰者逐漸退離，年青力壯者不斷新進，以保持機關人事上的青春活力。實施退休養老，並使退者能安，即為達成機關人事新陳代謝主要措施之一。

第二項　一般原則

一種退休養老制度，欲求其健全，通常需遵守若干原則。其中較為重要者為：

一、退休區分為兩種：退休通常分為自願退休與命令退休兩種，前者係公務人員自願申請退休，如不申請自不需退休；後者係機關命令人員退休，人員不得拒絕。因此兩種退休之性質頗有不同，故構成退休之

條件亦有差別。如前者只要具有一定期間的服務年資即可，後者需年齡在一定歲數以上，或身體衰病無法勝任職務爲條件。

二、依服務年資及退休時俸給核給退休金： 退休金之給與，通常根據服務年資及退休時俸給爲準核計，如每服務一年，給與二個月俸額之一次退休金；或每服務一年，給與月俸額百分之若干之月退休金。但在根據年資及俸給核計退休金時，通常有最低服務年資與最高服務年資之限制，即服務年資必須在若干年以上，始予核計退休金；及可以核計退休金之服務年資，最高以若干年爲限，超過該最高限之服務年資，即不再核計退休金。

三、給與退休金之方式有多種： 對退休人員給與退休金之方式，通常視服務年資的不同作多種的規定，如服務年資較短者，給與一次退休金；對服務年資較久者，給與一次退休金或給與月退休金，可任由退休者選擇；必要時退休者亦可選擇兼領部分一次退休金及部分月退休金的方式，以期適應退休人員之個別需要。

四、退休金之來源有數種方式： 退休金之經費來源，各國情況不一，有者由政府與公務人員共同負擔，有者由政府單獨負擔，亦有係由公務人員以零存整付方式自行負擔；採由政府與公務人員共同負擔者，其負擔比率亦各有不同，要視政府財力負擔能力而定。

五、規定退休金之喪失、停止與恢復之條件： 退休人員領取退休金，係以退休人爲領取對象，如遇及退休人死亡，則退休人已不存在，其退休金自應喪失。又如退休人中途發生某種事故時，如觸犯重大刑責被判決有罪確定時，或受褫奪公權終身，或喪失中華民國國籍時，通常即喪失其領受退休金之權利，不再給與退休金。又如中途發生某種短暫性之事故時，即需停止其退休金之給與，俟該種事故消失時再恢復其退休金之給與。凡此均屬退休制度中所規定者，惟引致退休金喪失、停止

之條件，在各種退休制度中可能略有不同而已。

六、退休金權利之保障與消滅時效：退休金旣爲對退休者之酬庸與維護其老年生涯而設，則爲期此種權利之不受損害，自需予以保障，其保障之方式，通常爲在退休制度中明文規定不得讓與、扣押及提供擔保等。因之退休金權利，不得憑退休人之意見或約定而讓與他人，如有此種行爲及意思表示，亦屬無效；不適用訴訟程序上有關扣押之規定，卽使有扣押行爲仍屬無效；不得提供爲借貸關係上之擔保品，如予提供亦屬無效。

又退休金旣屬退休人之權利，則退休人亦應具有行使該項權利之義務，如退休人故意長期不予行使，使權利關係長期懸而不決，自非所宜。故通常又規定權利行使之期間，如在所定行使權利之期間內故意不予行使，則因時效屆滿而消滅其退休金權利，此種期限通常定爲五年。但如在得予行使期間，並非故意不行使，而係受外界客觀條件或情勢之障礙而無法行使時，則其時效應予中斷，其行使期間應自行使權利之障礙消失之日起再行計算。

七、退休金之轉爲撫慰金：領月退休金人員，領受期間不久卽行亡故，如卽終止其退休金，又不以其他方式予以補救，則不但對退休人員有所不平，且退休人員之遺族生計亦可能發生困難，更將影響及退休制度之健全，促使退休人員選領一次退休金而增加政府的財力負擔。故在退休制度常規定有領月退休金人員，如領受期間不久而亡故者，可將其可領而未領之退休金改爲遺族撫慰金，由其遺族具領。如此，則不再有上述之顧慮。

八、規定照顧生活之範圍：退休人員，多已年老力衰，除給與退休金外，對其老年生涯，尚需加以適度照顧，以期退休人員之心靈上，可獲得較多的安慰。對老年生活照顧的範圍，通常包括物質生活與精神生

活兩方面，在物質生活方面，多爲給予各種優待，如乘車半價，名勝古蹟參觀門票優待，福利品供應廉價優待等，均屬其例；在精神生活方面，多爲給予精神上的安慰，如過年過節的派員慰問，壽慶喪事之派員慶賀及弔祭，各種康樂活動或集會之請其觀禮，有關業務上問題之向其請教等，均屬其例。

　　九、以資遣彌補退休之不足：退休有其一定之條件，而此種條件又多屬於任用資格、服務年資、年齡及身體衰病方面之規定。設有尚未辦理銓敍或服務年資、年齡及身體衰病等均未合退休之條件，而公務人員又因客觀條件（如機關裁撤）或主觀因素（如不適任現職）限制，無法或不宜繼續任職時，如遽予免除職務且不予任何費用，自將打擊公務人員心理，如不予解職又將影響機關管理與業務推行。爲免發生此種困擾，乃有資遣制度的建立，以濟退休制度之窮。凡因機關裁撤及因不適任工作之人員，雖不合退休亦可予以資遣，並給予資遣費，以示酬庸及維護生活。

　　十、退休養老與撫邮之立法體例：退休與養老，憲法上雖明定爲兩個項目，但其間關係極爲密切。我國現行公務人員退休法之規定，就其目的言，實已包含有養老之意，但就其條文內容言，又未包括養老在內，因此有關養老之規定，尚未有立法，而是散見在有關之行政規章中。又退休與撫邮之立法體例，各國亦多有不同，有者爲退休與撫邮合併立法，有者係分別立法，而我國則多年來一直採用分別立法方式。

第二節　政府機關一般公務人員之退休

　　此處所稱一般公務人員，係指事務官而言，不含政務官。政府對一般公務人員之退休，依公務人員退休法辦理。玆就其重要規定，分項敍

述如後。

第一項　適用人員範圍

一、適用公務人員退休法之人員：需符合下列各款規定：

(一)需爲依公務人員任用法律任用之人員：所謂任用法律，係指銓敍部所據以審定資格或登記者皆屬之。如依公務人員任用法，分類職位公務人員任用法，主計人員、技術人員任用條例，外交領事人員任用條例，警察人員管理條例等任用之人員，及依派用人員派用條例所派用之人員均屬之。

(二)需爲有給專任之人員：公務人員需爲支有俸給，如不支俸給者則不能適用本法辦理退休；需爲專任職務，如其職務係屬兼任者，仍不得以兼任職務辦理退休。

(三)需現仍在職之人員：如公務人員業已辭職，或因其他原因離職，非屬在職人員，不能向服務機關要求辦理退休。因此，各機關之臨時人員、額外人員、聘用人員，因不能依據任用法律審定資格或登記，雖屬有給專任及現仍在職，仍不能辦理退休；又如經依任用法律審定資格或登記之人員，雖爲有給專任，如已辭職、免職、停職者，因非屬現職人員，仍不能適用本法辦理退休。

二、準用公務人員退休法之人員：依雇員管理規則規定，雇員之退職，準用公務人員退休法之規定。

第二項　退休種類及條件

一、退休種類：公務人員退休，分下列兩種

(一)自願退休：需基於公務人員之自願提出申請，如未提出申請，服務機關不得令其退休。

(二)命令退休：係由服務機關命令公務人員退休，公務人員不得以不願接受而拒絕。

二、退休條件： 因退休種類而不同，其規定如下：

(一)自願退休：具有下列條件之一者，得自願退休：

1. 任職五年以上年滿六十歲者。對於擔任具有危險及勞力等特殊性質職務者，得由銓敍部酌予降低，但不得少於五十歲。

上述所稱具有危險及勞力職務，應由各機關就其職務性質，具體規定危險及勞力範圍，送經銓敍部認定之，且擔任具有危險及勞力職務者，須任職滿五年。

2. 任職滿二十五年者。

(二)命令退休：任職五年以上，有下列情形之一者，應命令退休：

1. 年滿六十五歲者。對於擔任具有危險及勞力等特殊性質職務者，得由銓敍部酌予降低，但不得少於五十五歲；又雖屆滿六十五歲，仍堪任職而自願繼續服務者，服務機關得報請銓敍部延長之，但至多為五年。

上述所稱仍堪任職，以體格健康，並呈繳公立醫院健康證明書為準；但報請延長服務與否，仍應由服務機關視業務需要情形酌定之。行政院為防止各機關對年滿六十五歲公務人員輕率要求延長服務，乃於行政院暨所屬各級機關公務人員退休資遣及待命進修實施要點中，作如下之補充規定，即已屆命令退休年齡人員，仍堪任職，而自願繼續服務者，必須具有下列情形之一，(1) 所任工作確須具專門之學識、技能，在國內難於羅致接替人選者；(2) 負有國家安全任務，非由其繼續任職，無法達成國家所賦予之使命者；(3) 負責主持或規劃特殊性工程，非在其主持或規劃下，無法繼續完成任務者。並規定延長服務期間為一年，但確因業務需要者，得再申請延長；各機關對於應屆退休人員之職

務，須適時檢討，預為培養或羅致繼任人選，俾屆期有人接替。

2. 心神喪失或身體殘廢不堪勝任職務者。

上述所稱心神喪失或身體殘廢，其標準之認定，均以公務人員保險殘廢標準表所定之全殘或半殘而不能從事本身工作者為準。

（三）命令退休不適用於法官：依憲法規定，法官為終身職，故不得命令其退休，但如自願退休則不禁止。又實任推事、行政法院評事、公務員懲戒委員會委員，亦比照辦理。

第三項　退休金種類及其選擇與計算標準

一、一次退休金

（一）任職五年以上未滿十五年退休者，給與一次退休金；任職十五年以上退休者，得選領一次退休金。

（二）一次退休金，以退休人員最後在職時之月俸額及本人實物配給為基數；所稱月俸額，包括實領本俸及其他現金給與；其他現金給與之退休金應發給數額，由考試院會同行政院定之。

（三）一次退休金，任職滿五年者給與九個基數，每增半年加給一個基數，滿十五年後，另行一次加發兩個基數，但最高總數以六十一個基數為限；任職曠餘年資未滿半年者以半年計。其標準如下：

任職年資	發給個基數數	任職年資	發給個基數數	任職年資	發給個基數數
5	9	10	19	15	29
6	11	11	21	16	33
7	13	12	23	17	35
8	15	13	25	18	37
9	17	14	27	19	39

20	41	24	49	28	57
21	43	25	51	29	59
22	45	26	53	30以上	61
23	47	27	55		

(四)領一次退休金者，除上述規定外，並一律加發兩年眷屬補助費及眷屬實物代金。

二、月退休金

(一)任職十五年以上退休者，得選領月退休金。

(二)月退休金，任職滿十五年者，按月照在職之同職等人員月俸額百分之七十五給與，以後每增一年加發百分之一，但以增至百分之九十為限。其標準如下：

任職年資	月俸額 百分比	任職年資	月俸額 百分比	任職年資	月俸額 百分比
15	75%	21	81%	27	87%
16	76%	22	82%	28	88%
17	77%	23	83%	29	89%
18	78%	24	84%	30以上	90%
19	79%	25	85%		
20	80%	26	86%		

(三)領月退休金者，本人及眷屬實物配給與眷屬補助費，仍十足發給。

(四)領月退休金者，遇及待遇調整時隨同調整；又遇及現職人員臨時加發薪金時，月退休金亦得按比率支給。

三、兼領一次退休金及月退休金

(一)任職十五年以上退休者，得就下列方式選擇兼領一次退休金及月退休金:

1. 兼領二分之一之一次退休金與二分之一之月退休金。

2. 兼領三分之一之一次退休金與三分之二之月退休金。

3. 兼領四分之一之一次退休金與四分之三之月退休金。

(二)選擇兼領上述方式之退休給與，各依退休人員應領一次退休金與月退休金按比例計算之。如某君任職二十年退休，選擇兼領三分之一之一次退休金與三分之二之月退休金，則其應領之一次退休金，爲二十年年資應領四十一個基數之三分之一（包括兩年眷屬補助費及眷屬實物代金之三分之一）；　應領之月退休金，爲二十年年資應領月俸額百分之八〇之三分之二（包括本人及眷屬實物配給與眷屬補助費之三分之二）。

四、退休金之加給與年資之優待

(一)因公傷病而致心神喪失或身體殘廢而命令退休者，其退休金依下列規定加給:

1. 原領一次退休金者，依上述規定加給百分之二十。

2. 原領月退休金者，一律按百分之九十給與。

3. 兼領一次退休金及月退休金者，分別依上述規定核給。

(二)因公傷病而命令退休，任職年資未滿五年者以五年計。

(三)所稱因公傷病，指具有下列情事之一者而言，卽 1.因執行職務所生危險，以致傷病；　2.因辦公往返或在辦公場所遇意外危險，以致傷病；　3.非常時期在任所遇意外危險，以致傷病；　4.盡力職務積勞過度，以致傷病。因公傷病，應提出服務機關證明書，並應繳驗公立醫院證明書。

五、撫慰金

(一)選領月退休金或兼領月退休金人員死亡時，應給與撫慰金，由其遺族具領。無遺族或無遺囑指定用途者，作其喪葬或紀念活動之用。

(二)撫慰金分下列兩種：

1.補發餘額：以其原核定退休年資折算之基數及其死亡時同職等現職人員之月俸額及實物代金，並加最後眷口數兩年之眷屬補助費及實物代金為準，計算其應領之一次退休金為標準，扣除其已領之退休給與及其本人實物代金、眷屬補助費及眷屬實物代金後，如仍有餘額時補發其餘額。

2.發給相當於同職等之現職人員一年月俸額之撫慰金。其無餘額者亦同。如係兼領月退休金者，其應領之一年月俸額撫慰金，依其兼領月退休金比例計算。

六、同籍旅費：退休人員本人與其配偶及直系血親，現在任所由其負擔生活費用者，於回籍時得視其路程遠近，由最後服務機關給予旅費。

七、退休時任職年資之採計

(一)計算任職年資，以在國民政府統治後任職者為限；臺灣省籍人員在本省服務者，其年資得比照自國民政府成立時起算。

(二)下列曾任年資，於退休時得予併計，即1.曾任有給專任之公務人員，具有合法證件者；2.曾任軍用文職年資，未併計核發退休俸，經銓敍部登記有案或經國防部核實出具證明者；3.曾任准尉以上之軍職年資，未核給退役金或退休俸，經國防部核實出具證明者；4.曾任雇員或同委任及委任待遇警察人員年資，未領退職金或退休金，經原服務機關核實出具證明者；5.曾任公立學校教職員或公營事業人員之年資，未依各該規定核給退休金，經原服務機關核實出具證明者。

八、退休後再任及再任後重行退休時之特別規定

(一)依本法退休者，如再任公務人員時，無庸繳回已領之退休金。

(二)再任公務人員重行退休時，其退休年資，應自再任之月另行計算；已領退役金之軍職人員轉任公務人員者亦同。

(三)再任公務人員重行退休時之退休金基數或百分比，連同以前退休金基數或百分比合併計算，其以前退休所領退休金已達最高額者，不再增給，未達最高限額者，補足其差額。

(四)退休人員，在一年內不得再任本機關其他職務。

第四項　退休金之喪失、停止及恢復

一、領受退休金權利之喪失： 退休人員有下列情形之一者，喪失其領受退休金之權利，即(一)死亡者；(二)褫奪公權終身者；(三)犯內亂罪、外患罪經判決確定者；(四)喪失中華民國國籍者。

二、領受退休金權利之停止與恢復： 退休人員有下列情形之一者，停止其領受退休金之權利，即(一)褫奪公權尚未復權者；(二)領受月退休金後再任有給之公職者。上述人員，當恢復公權或不再任有給之公職者，即行恢復其領受退休金之權利。

第五項　退休金權利之保障與消滅

一、退休金權利之保障： 請領退休金之權利，不得扣押、讓與、或提供擔保。

二、退休金權利之消滅： 請領退休金之權利，自退休之次月起，經過五年不行使而消滅之，但因不可抗力之事由，致不能行使者，自該請求權可行使時起算。

第六項 辦理手續

一、申請

(一)各機關自願退休人員，應填具自願退休事實表，檢同全部任職證件及有關證明文件，報請服務機關彙轉銓敍部或委託審查機關。

(二)各機關命令退休人員，由服務機關於三個月前，填具命令退休事實表，檢同應退休人全部任職證件及有關證明文件，彙轉銓敍部或委託審查機關。其因心神喪失或身體殘廢命令退休者，應附繳公立醫院殘廢證明書。

二、核發退休金

(一)退休人員經審定給予退休金者，由銓敍部或委託審查機關填發退休金證書，遞轉退休人員，並發給退休證。

(二)公務人員最後服務機關屬於中央者，其退休金由國庫支出，並以銓敍部為支給機關；屬於省市級者，由省市庫支出，並以財政廳局為支給機關；屬於縣市鄉鎮級者，由縣市鄉鎮庫支出，並以縣市政府鄉鎮公所為支給機關；屬於公營並為營業預算者，由各該事業自行支出與支給。

三、發給時間：一次退休金，一次發訖；月退休金，每六個月預發一次。

第七項 退休金之優惠存款

政府為優待退休人員對退休金之存儲生息，乃由銓敍部財政部會同訂定「退休公務人員退休優惠存款辦法」一種，其要點如下：

一、適用人員範圍：以領取一次退休金之退休人員為限。

二、優惠利率：一次退休金之儲存，期間定為一年及二年兩種，利

息按行政院核定比照一年期定期存款利息加百分之五十優惠利率計算，但最低不得低於年息百分之十四點二五。儲存期滿得續存。

三、**存款數額**：退休人員開設存款戶頭，以一人一戶為限，每戶定為一千元，千元以上以每百元為單位整數儲存之，但最高額不得超過其實領一次退休金之總數。

四、**存款質借與解約**：存款未到期前，存款人得以存單申請質借；存款未到期前不得提取，但得中途解約；存款中途解約後，不得再行存入。

五、**辦理手續**：優惠存款由臺灣銀行及其各地分支機構受理。退休人員申請存款時，受理機關應依銓敍部或其委託審查退休機關填發之退休金證書，查驗辦理。

第三節　政務官之退職

政府為酬庸退職之政務官，經公布有政務官退職酬勞金給與條例，以為給與酬勞金之依據，茲就其重要者，分項敍述如後。

第一項　適用人員範圍

適用本條例辦理退職給與酬勞金之政務官，包括：

一、特任、特派之人員。

二、總統府副秘書長、行政院人事行政局局長。

三、各部政務次長。

四、特命全權大使及特命全權公使。

五、蒙藏委員會副委員長、委員及僑務委員會副委員長。

六、省政府主席、委員及直轄市市長。

七、其他依機關組織法律規定比照第十四職等或比照簡任一級之正、副首長。此款係屬原則性之規定，其涵蓋範圍視組織法律之所定而定，如現行行政院新聞局組織條例第十三條，新聞局置局長一人，職位比照第十四職等；行政院衞生署組織法第十三條，本署置署長一人，職位比照簡任一級；行政院國家科學委員會組織條例第十二條，本會置副主任委員二人或三人，職位比照第十四職等。均屬其例。

第二項　退職酬勞金之種類與計算標準

政務官任職二年以上退職時，依下列規定給與退職酬勞金：

一、退職酬勞金種類：依任職年資區分

(一)服務未滿十五年者，給與一次退職酬勞金。

(二)服務十五年以上者，由退職人員就下列給與擇一支領之，卽 1. 一次退職酬勞金。2. 月退職酬勞金。3. 兼領二分之一一一次退職酬勞金與二分之一月退職酬勞金。

二、各種退職酬勞金之計算標準

(一)一次退職酬勞金：以政務官最後在職之月俸額及本人實物代金爲基數，每服務滿半年給與一個基數；未滿半年者以半年計，最高以六十一個基數爲限。

(二)月退職酬勞金：服務滿十五年者，按月照在職相當職務政務官月俸額百分之七十五給與，以後每增一年加發百分之一，但以增至百分之九十爲限，本人實物代金仍十足發給。又月退職酬勞金，自退職之次月起發給。

(三)兼領一次及月退職酬勞金：按上述規定之一次退職酬勞金及月退職酬勞金，各按比例計算之。

三、政務官與事務官年資之併計

(一)政務官年資併入事務官年資辦理退休：政務官服務未滿二年者，仍得以轉任政務官前曾任軍、公、教人員之年資，依其原適用之退休（伍）規定，辦理退休（伍），政務官之年資應併予計算。

(二)事務官年資併入政務官年資辦理退職：政務官服務二年以上退職時，合於下列規定之事務官年資得予併計，即1.曾任有給專任之公務人員年資，未領退休金或退職金，經原服務機關出具證明者；2.曾任軍官或軍用文職年資，未給與退伍金或退休俸，經國防部出具證明者；3.曾任公立學校教職員或公營事業人員之年資，未依各該規定給與退休金，經原服務機關出具證明者。

四、**退職人員死亡時之給與撫慰金**：領受月退職酬勞金人員死亡時，應給與撫慰金，由其遺族具領，無遺族或無遺囑指定用途者，其撫慰金由原服務機關具領，作其喪葬費或紀念活動所需之用。

撫慰金之計算，以其核定退職年資及其死亡時同職務之現職人員月俸額計算其應領之一次退職酬勞金為標準，扣除其已領之月退職酬勞金，補發其餘額，並發給相當於同職務現職人員一年月俸額之撫慰金；其無餘額者亦同。

第三項　其他規定

一、**視同退職**：辭職奉准未另有任用或任期屆滿未續任者，視同退職。

二、**領受退職酬勞金權利之喪失與停止**

(一)領受退職酬勞金權利之喪失：有下列情形之一者，喪失其領受退職酬勞金之權利，即1.死亡；2.曾受刑事處分者；3.因案撤職者；4.不遵命回國者；5.喪失中華民國國籍者。

(二)領受月退職酬勞金權利之停止：有下列情形之一者，停止其領

受月退職酬勞金之權利，即 1.褫奪公權尚未復權者； 2.領受月退職酬勞金後再任政務官或其他有給之公務人員者。

三、退職政務官之再任： 已領退職酬勞金人員，再任政務官或依法令可辦理退休之公職人員時，其已領之退職酬勞金毋需繳回，但再任後再退休時，其年資從再任時起算。

四、退職酬勞金之保障與消滅： 請領退職酬勞金之權利，不得扣押、讓與或提供擔保；又請領退職酬勞金之權利，自退職之次月起，經過三年不行使而消滅，但因不可抗力之事由致不能行使者，其時效中斷；時效中斷者，自中斷之事由終止時，重行起算。

五、回籍旅費： 退職政務官本人與其配偶及直系血親，現在任所由其負擔生活費用者，回籍時，得視路程遠近由最後服務機關給與旅費。

六、辦理手續

(一)申請： 政務官請領退職酬勞金，除填送政務官退職酬勞金給與事實表外，並附送任職證件及有關證明文件，經服務機關彙轉行政院審查後，送會考試院。

(二)發給： 政務官退職酬勞金，依其最後服務機關之經費，屬於中央者由國庫支出，並以行政院人事行政局為支給機關；最後服務機關屬於省市者，由省市庫支出，並省市政府人事處為支給機關。

七、退職酬勞金之優惠存儲： 一次退職酬勞金，可與公務人員一次退休金同樣的辦理優惠存儲。

第四節　公營事業人員之退休

公營事業之職員，雖具勞工身分，依勞動基準法規定，其退休仍依公務員之法令辦理。公營事業之主管機關，對所屬事業人員之退休，多

訂有單行辦法以憑辦理。茲按交通事業人員、生產事業人員及金融事業人員，分項敍述如後。

第一項　交通事業人員之退休

交通事業人員之退休，主管機關交通部訂有單行辦法施行，如交通部所屬郵電事業人員退休規則卽屬其例，但對部分情形較爲特殊之交通事業，亦有另訂單行辦法者，如鐵路人員之退休，卽另訂定規則辦理，至港務、公路人員之退休，目前則仍照一般公務人員之規定辦理。茲就郵電事業人員退休規則之所定，敍述要點於後：

一、退休種類及條件

(一)自請退休：郵電事業人員具有下列情形之一者，得自請退休，但因業務需要，得酌量延緩之：

1. 服務滿十五年，年齡滿六十歲者；於差工及其職務有特殊性質者，得由交通部酌予減低，但不得少於五十歲。

2. 服務滿二十五年，成績優異，年齡滿五十歲者。

3. 服務滿十年，年齡滿五十歲，因身體衰弱不堪任職，經醫師證明屬實者。

(二)命令退休：郵電事業人員具有下列情形之一者，應命令退休：

1. 年齡滿六十五歲者；於差工及其職務有特殊性質者，得由交通部酌予降低，但不得少於五十五歲；又年滿六十五歲如體力尚堪任職，服務機關得依事實需要，呈部核准延長之，延長期間以兩年爲一期，以二期爲限。

2. 因公傷病致身體殘廢衰弱或心神喪失不勝職務者；但如傷病痊癒，得聲請復用。

3. 因病逾延長假期尚未能治癒者；但如傷病痊癒，得聲請復用。

　　上述所稱因公傷病，指有下列情事之一者而言，即因執行職務所生之危險以致傷病，因盡力職務續勞成疾，因出差遇險以致傷病，因辦公往返或在辦公場所遇意外危險以致傷病，非常時期在任所遇意外危險以致傷病。

　　又上述所稱心神喪失，係指瘋癲、白癡不能治癒者而言；所稱身體殘廢，指有下列情形之一者而言，即毀敗視能，毀敗聽能，毀敗語能，毀敗一肢以上機能，毀敗其他重要機能。

　　二、退休金種類及其計算標準

　　(一)一次退休金：對服務未滿十年而退休者，給予一次退休金。

　　(二)一次退休金及月退休金：對1.依規定自請退休者；2.因公傷病致身體殘廢衰弱或心神喪失不勝職務命令退休者；3.因年滿六十五歲或因病逾延長假期尚未能治癒命令退休而服務年資已滿十年者。均兼給一次退休金及月退休金。

　　(三)一次退休金之計算標準：服務一至二十年者，每滿一年給予一個月退休金；二十一年以上每滿一年加給半個月退休金。但對因公傷病致身體殘廢衰弱或心神喪失不勝職務而命令退休者，如其服務年資不滿十年，以滿十年論。

　　(四)月退休金計算標準：服務一至二十年者，每滿一年按月給予一個月退休金百分之二點五；二十一年至三十年，每滿一年加給百分之一點五；三十一年以上，每滿一年加給百分之零點五。但對因公傷病致身體殘廢衰弱或心神喪失不勝職務而命令退休者，得呈部核准增加其每月退休金之數額，最多以增加百分之二十為限。又現職人員待遇調整時，月退休金亦比照調整。

　　(五)回籍旅費：郵電事業人員退休，得照交通事業人員國內出差旅費規則之規定，核給本人及眷屬回籍旅費。

(六)退休期間亡故之給卹：給予月退休金之退休人員，在退休期間亡故，得照交通事業人員撫卹規則之規定給卹，但退休期間不作服務年資。

三、領受退休金權利之喪失、停止與恢復

(一)退休金權利之喪失：退休人員有下列情形之一者，喪失其領受退休金之權利，卽背叛中華民國經通緝有案者，喪失中華民國國籍者，褫奪公權終身者，受領人亡故者，申請復用核准後不遵原服務機構通知復用前往報到者。

(二)退休金權利之停止與恢復：退休人員有下列情形之一者，停止其領受退休金之權利，卽褫奪公權尚未復權者，領受月退休金期間再任有薪俸之公職者，經核准復用者。停止退休金權利者，於停止之原因消失時，得聲請恢復其退休金領受權。

四、退休金權利之保障與消滅

(一)保障：退休金之領受權，不得扣押、讓與或供擔保。

(二)消滅：請領退休金之權利，自退休之次月起，經過五年不行使而消滅。

五、辦理手續

(一)聲請：自請退休者，應填具退休聲請書，連同服務資歷證件及有關證明，報由原服務機關呈送交通部。命令退休人員得免填退休聲請書。

(二)發給：退休金由交通部核准支給，領一次退休金者，於退休離職之日支給；月退休金，自退休離職之次月起，按月支給，至權利喪失或停止之次月終止。退休人員有矇蔽冒領或溢領退休金情事，應由保證人負責追償。

第二項 生產事業人員之退休

經濟部所屬生產事業人員之退休，係與撫卹及資遣合訂為一個辦法，卽經濟部所屬事業人員退休、撫卹及資遣辦法。茲就該辦法中有關退休部分之主要規定，說明如下：

一、適用人員範圍： 為實施用人費率薪給之經濟部所屬事業，編制員額內支領薪給之派用或訂有僱聘契約之人員。

二、退休種類及條件

(一)申請退休：事業人員在經濟部所屬機構連續任職五年以上年滿六十歲者，或任職二十五年以上者，得准其申請退休。

(二)應卽退休：事業人員在經濟部所屬機構連續任職五年以上，年滿六十五歲者，或心神喪失或身體殘廢不能勝任職務者，應卽退休。

前述六十五歲年齡，各事業得按職位工作性質及職責情形，訂定分等限齡標準，報請經濟部核准酌予提前，但職員不得少於五十五歲，工人不得少於五十歲。

董事長及總經理年滿六十五歲者，得斟酌事業需要，報請行政院核准延長其任職，其期間董事長以五年、總經理以二年為限。

三、退休經費之來源： 退休經費，包括離職金、保留年資結算給與、退休金加給、限齡提前退休人員之加發薪津，均在事業公提儲金及儲備金內支給。其公提儲金與保留年資結算給與儲備金之標準，見撫卹章第三節第二項生產事業人員撫卹之敍述。

四、離職金、保留年資結算給與、退休金加給及限齡提前退休人員加發薪津之標準

(一)離職金及保留年資結算給與之計算標準，與生產事業人員之撫卹之規定同。

(二)退休金之加給：退休人員之心神喪失或身體殘廢，係因公傷病所致者，退休金（含離職金及保留年資結算給與）加發百分之二十；其任職年資未滿五年者以五年計。上述所稱心神喪失或身體殘廢，以公務人員保險殘廢給付標準表所定之全殘或半殘及勞工保險殘廢給付標準表所定之第六級殘廢爲標準。所稱因公傷病，係指下列情形之一者而言，卽因執行職務所生之危險而致傷病者；因特殊職業病者；在工作處所遭受不可抗力之危險而致傷病者。

(三)限齡提前退休人員之加發薪津：因分等限齡退休而提前退休人員，按照規定之退休年齡，每提前一年加發半個月薪津，由儲備金中支付。

五、領受權之喪失與停止

(一)有下列情事之一者喪失領受權：卽 1.死亡； 2.褫奪公權終身者； 3.犯內亂外患罪經判決確定者； 4.喪失中華民國國籍者。

(二)有下列情事之一者停止領受權：卽 1.褫奪公權尚未復權者； 2.領受月退休金後再任有給之公職者。

六、退休金領受權之保障與消滅：請領退休金權利之保障與消滅，其規定與撫卹同。

第三項　金融保險事業人員之退休

財政部所屬金融保險事業人員，原係依國家行局人員退休辦法之規定辦理，自民國七十年實施用人費率後，對其退休，乃仿照經濟部所屬事業人員退休規定之模式，另訂「財政部所屬國營金融保險事業人員退休撫卹及資遣辦法」，以憑辦理退休。茲就該辦法中與退休有關部分且與經濟部所定辦法不同者，簡說如下：

一、適用人員範圍：包括財政部所屬各行、局、公司編制內支領薪給之派用或訂有聘雇契約之人員。

二、**退休經費來源**: 與撫邮經費同，見撫邮章第三節第三項。

三、**保留年資結算給與之計算標準**: 於退休時按公式計算，其公式與撫邮章第三節第三項之公式同。

第五節　資　遣

政府機關公務人員與公營事業人員，均有資遣之規定，但其內容不盡相同。茲分項敍述如後。

第一項　政府機關公務人員之資遣

一、資遣之緣起: 為促進人事新陳代謝，精簡機關用人，除退休制度外，尚有與退休甚為相似之資遣制度。其所以增列資遣規定，主要原因為:

(一)退休條件規定甚嚴，尚難完全適應新陳代謝需要: 辦理退休，需具有一定年限之服務年資及一定之年齡條件，並需現職經銓敍或登記有案; 如未達年資與年齡之條件，或未經銓敍或登記，則不能退休。如某一公務人員，對工作興趣低落，工作績效平常，因未具備一定的年資與年齡，或未辦銓敍，致無法退休，需繼續在機關內混日子，待積滿年資與達到一定年齡時或辦理銓敍後，始行退休。這不僅對公務人員是一種痛苦，對機關更是一種損失，如能准予此種公務人員早日離開機關，對機關與公務人員而言，均有好處。

(二)機關或業務之變動易於產生冗員，如不予處理將有礙於員額精簡與提高效率: 機關的業務是常有變動的，機關本身為適應業務需要，亦宜經常調整; 如由於機關裁撤或業務緊縮，則將產生冗員，此等冗員如不予處理，不僅有礙於員額的精簡，更有礙於效率之增進。依照退休

之規定，對此種情況之人員多無能爲力，故必需另訂辦法，以爲處理此類因機關裁撤或業務緊縮所產生冗員之依據。

（三）考績免職績效不彰，需另謀補救之道：依考績法規之規定，年終考績不滿六十分，或一次記兩大過者，可予考績免職，但各機關公務人員眞正因考績而免職者，爲數極少，此中原因，並非構成考績免職條件之人數極少，而是各機關首長有所顧慮，不願認眞執行。如對此類人員，能另定辦法處理，一方面能維持公務人員的面子，並給予適度的好處，一方面使機關首長減少困擾，自不失爲解決問題之辦法。

（四）久病致身體衰弱難以勝任者，尚無法處理：依退休法之規定，公務人員需年滿六十五歲或心神喪失身體殘廢，始能命令其退休，故如久病不瘉或身體衰弱而不勝繁劇者，則難以令其退休，但此種人員對業務之推行勢必有所影響，如未作有效的處理，自亦會影響及人事新陳代謝及增進效率之需求。

二、資遣之條件：依公務人員任用法第二十九條，各機關公務人員具有下列情形之一者，得由機關長官考核，報經主管機關核准，予以資遣。

（一）因機關裁撤、組織變更或業務緊縮，而須裁減人員者。

（二）現職工作不適任或現職已無工作而又無其他適當工作可資調任者。

（三）經公立醫院證明身體衰弱不能勝任工作者。

前項第（一）款因機關裁撤、組織變更或業務緊縮須裁減人員時，應按其未經或具有考試及格或銓敍合格之順序，予以資遣；同一順序人員，應再按其考績成績，依次資遣。

以上所稱「現職工作不適任」，係指所任工作質量均未能達到一般標準，經就其所具學識能力另調相當工作後，仍未達到一般標準者而言。所稱「現職已無工作又無其他適當工作可以調任者」，指其本機關

業務緊縮，或其本機關又無其他工作可以調任者而言。

　　三、資遣人員之給與：　資遣人員之給與，　準用公務人員退休之規定，其辦法由考試院定之。考試院根據法律授權，乃訂定公務人員資遣給與辦法，其要點如下：

　　(一)資遣給與：資遣給與，以資遣人員最後在職之月俸額及本人實物代金為基數，一次發給。任職滿一年者給與一個基數，未滿一年者以一年計；每增半年加給一個基數，未滿半年者以半年計；滿十五年後，另行一次加發兩個基數。另加發兩年眷屬補助費及眷屬實物代金。

　　(二)經費支出：資遣人員之服務機關，屬於中央者其給與由國庫支出，屬於省（市）級者由省（市）庫支出，屬於縣（市）級者由縣（市）庫支出，屬於鄉（鎮市）級者由鄉（鎮市）庫支出。

　　(三)年資採計：資遣人員之下列年資，得合併計算，即 1.曾任有給專任之公務人員，具有合法證件未核給退休金、退職酬勞金或資遣給與者；　2.曾任軍用文職年資，未核給退役金，經銓敍部登記有案或經國防部核實出具證明者；　3.曾任下士以上之軍職年資，未核計退役金或退休俸，經國防部核實出具證明者；　4.曾任雇員或同委任及委任待遇警察人員年資，未領退職金或退休金，經原服務機關核實出具證明者。5.曾任公立學校教職員或公營事業人員之年資，未依各該規定核給退休金，經服務學校或機關核實出具證明者。

　　(四)辦理手續：資遣人員於接到資遣通知後，應填具資遣事實表並檢附全部經歷證件，送由服務機關核算年資暨給與，遞請主管機關核定後發給之，必要時並得由服務機關代填報送。

　　(五)其他規定：資遣人員如再任公務人員時，無庸繳回已領之資遣費，其資遣前之任職年資，於退休（職）時不予計算。資遣人員參加公務人員保險，繳付保費五年以上者，準用公務人員保險法之規定，給予

一次養老給付。資遣人員，得比照退休人員繼續參加公務人員保險。

（六）其他公務人員亦得比照辦理：依其他任用法律或經銓敍部備案之單行規章任用之人員，其資遣情形相同者，得比照本辦法之規定辦理。

第二項　公營事業人員之資遣

交通部所屬事業人員之資遣，多照公務人員資遣之規定辦理，其資遣條件與資遣人員之給與標準與公務人員同，不再贅述。至經濟部所屬事業人員退休、撫卹及資遣辦法及財政部所屬國營金融保險事業人員退休、撫卹及資遣辦法，對人員資遣均有原則性之規定。茲說明如下：

一、經濟部所屬事業人員之資遣

（一）資遣條件：事業人員有下列情形之一者，服務機構得予資遣，即 1.組織編制緊縮或單位裁撤，無適當工作可派之人員； 2.因業務變更、生產技術或程序改變，所減少職位之人員； 3.經實際考核結果，無實際工作或工作量過少之人員； 4.無適當工作而未歸級之人員； 5.純研究職位（未兼派其他職務者）連續二年以上未提出研究報告或顯無研究成果之人員； 6.健康情形不佳，無法勝任所任職位之人員； 7.未具所任職務之必要專長之人員。

（二）資遣給予：包括領取自提儲金、公提儲金、及年資結算給與。年資結算給與之公式，與領退休金人員之年資結算給與同。

二、財政部所屬事業人員之資遣

（一）資遣條件：事業人員有下列情形之一者，服務機構得予資遣，即 1.組織編制緊縮或單位裁併撤銷，無適當工作可派之人員； 2.因業務變更，所減少職位之人員； 3.經實際考核結果，無實際工作或工作量過少之人員； 4.無適當工作而未列等之人員； 5.純研究職位（未兼派其他職務者）連續二年以上未提出研究報告或顯無研究成果之人員； 6.經公

立醫院證明身體衰弱不能勝任工作之人員；　7.未具有所任職務之必要專長之人員。

（二）資遣給與：包括領取自提儲金、公提儲金、及年資結算給與。年資結算給與之公式，與領退休金人員之年資結算給與同。

第六節　養　老

養老原為憲法所定人事項目之一（憲法增修條文第十四條中已被刪除），極為重要，但至今尚無完整的立法。退休人員在安度晚年期間之養老照護，有其需要與方式，但目前對退休人員照護之規定不夠完整，尚待今後的立法與加強。茲分項敍述如後。

第一項　養老照護之需要

退休人員在安度晚年期間，在生活的適應上多會發生困難，致需特加照護。茲說明如下：

一、身心的衰退：退休人員在身心方面的衰退現象，最明顯與最嚴重的是：

（一）疾病：退休人員的健康狀況會愈來愈差，常見的疾病有便秘、各種消化功能失常、種種心臟疾病、循環功能失常、新陳代謝不夠、退化性精神疾病、關節疾病、惡性或良性腫瘍等。

（二）身體的障碍：老年人身體上多有某些障碍，影響到正常生活的適應，且可能有些殘障情形，最常見的為心臟病、關節炎、風濕症、視力失常、聽力失常、步履不穩及高血壓等。

（三）營養不良：老年人之營養不良，主要由於心理因素，如焦慮、憂鬱、感覺不被人重視等，致食慾降低，呈營養不良。

（四）意外事件：老年人較易發生意外，如在臥室、洗澡間及樓梯等平滑地方跌倒，乃為最常見的意外事件。

（五）運動能力降低：如體力減低，肌肉羣的力量亦繼續減少，致稍作運動就會感到疲倦。反應速度變慢。運動的協調能力逐漸喪失，使老年人動作顯得笨拙而不俐落，容易碰到東西，做事拖泥帶水。

（六）心智能力衰退：據研究，個人心智能力於六十歲後開始衰退，衰退最明顯者，為對學習與新經驗的組合，益增困難；對繁雜的問題，不易清理出條理；運用邏輯能力逐漸衰退，記憶力減退。

二、生活圈子的縮小：自退休後，主要的活動範圍就是家庭，閱讀書報及看電視聽收音機，已不是偶而空閒的消遣，而變為打發時間的方式，平時所見所聞所接觸者，不是家人就是親朋好友，都是熟面孔，平時所談的亦都是些家常話，缺少新奇的刺激。由於生活圈子的縮小與生活方式的改變，對心理情緒自將發生極大的影響。

三、收入的減少：退休人員雖有退休金的收入，如領取一次退休金者可存儲優利生息，領取月退休金者可定期支領，遇及待遇調整時月退休金亦可隨同調整，但退休金之所得究竟不如任職時之待遇。雖云退休之老年人，其子女已成家立業，經濟負擔可以減輕，但因老年身體衰退等原因，致增加支出者亦所在多有。由於收入的減少，使其生活更趨單調，自亦因而影響其心理與情緒。

四、小家庭制的產生：在工業社會是流行小家庭制，子女一旦結婚，則多自立門戶不再與父母同住，此並不表示子女不再孝敬父母，而是社會潮流所趨不得不爾，子女如繼續與父母同住，會受到仍依賴父母不能自立之譏，為父母者亦體諒子女此種心情，亦多鼓勵子女自立門戶。故現代的家庭結婚時是兩口（少夫少妻），等到子女長大屆到老年時仍舊是兩口（老夫老妻），無法再享受往日大家庭的溫暖，不再每日

受到兒孫輩的親切照護。因此，對退休老年人的照護只有賴於政府建立制度來負責了。

五、被遺棄的感覺： 此種原因完全是心理上的，雖然原服務機關、原有同事及社會，並無遺棄退休人員之意思與行爲，但退休人員由於生活的寂寞，與他人的來往由頻繁而稀少，回想往日情景與現實情況的差異，心理上常會受到刺激，覺得自己已被昔日的朋友、同事及社會所遺棄，自己已成爲無用之人。此種想法的湧上心頭，眞會使人長嘆、落淚，進而趨向消極、悲觀。

六、退休人員生活不能適應之後果： 退休人員如適應不良，不僅使生理衰退會急遽增速，且易走向心理失常。正如吾人常聽說某人退休前身體健康精神煥發，退休後不到半年就顯得身體蒼老精神萎靡，不到一年忽聞作古；如退休後能適應良好，則依然可保持身體健康，對社會國家有貢獻，具有良好人際關係，且生活興趣益然。

第二項　養老照護之方式

一、身體健康方面照護： 老年人身體衰退乃不可避免者，因而對疾病的照護，當年齡越大時越有需要。目前雖已有退休公務人員疾病保險之規定，惟一因退休人員係自願參加保險，並無強迫性；二因參加退休人員保險時，保險費需由退休人員負擔半數。致退休人員參加保險者爲數有限，因而對退休人員身體健康的照護自屬不夠而需加強。加強之道，似應一方面對年滿六十五歲而退休者，應一律參加退休人員保險；二方面保險費應大部由政府負擔；如此才能眞正做到由政府負起退休人員身體健康照護的完全責任。

二、物質生活方面照護： 物質生活與經費有密切關係，除一方面改進退休制度，使退休人員可領取較爲優厚的退休金，以改善其物質生活

外；更重要的尚需創辦其他方面的照護措施，如老年退休人員日常營養食品及生活必需品的廉價供應及送到家的服務，老年人住家環境的協助改善，老年人鰥（寡）居生活的照顧，老年人日常飲食起居生活的指導等，使老年退休人員生活不致發生困難。

三、精神生活方面照護：精神生活的範圍極廣，且對精神生活的照護要比物質生活照護更為重要，對退休人員的心理與情緒的影響亦最大，故特別值得重視。再照護精神生活的方法，要視照護的目的而選用，而精神生活照護的目的主要為：

（一）使退休人員感到他仍是個有用之人：退休人員雖已離開公職，但仍應使其對社會對國家有提供服務與貢獻心智的機會，而此種提供服務與貢獻心智是量力而為的，亦可以是象徵性的，如請其擔任一些輕鬆的無多大時間性的工作，委託其研究一些問題，邀請其參加某種會議以便發表意見，聘請擔任不支薪的顧問，在訓練班中向後輩談談他的工作經驗等。此種措施的採取，退休人員雖不一定會有真正重大的貢獻，但至少會使退休人員感到原服務機關及社會並沒有輕視他，還需要繼續的借重他，他不是因退休而變為無用之人，他仍舊是個有用的人。此種心理的產生，對退休人員而言會發生鼓舞作用，不再消極、悲觀、自暴自棄。

（二）使退休人員感到他並未被遺棄：一個被遺棄的人，他的心理是孤單而冷落的，他的生活上是被社會所忘卻的，因此在照護措施上，應運用各種不同的方式，來轉變退休人員的此種心理。如鼓勵退休人員參加各種社交活動，舉行退休人員聚餐會，舉辦退休人員郊遊及參觀活動；原服務機關舉辦各種康樂活動時，亦宜邀請退休人員參加；鼓勵退休人員參加教會活動，獲交新的朋友，建立新的人際關係；舉辦社會公益事業，使社區民眾對退休人員給予更多的尊敬。凡此均可轉變退休人

員的觀念，使他感到他並未被社會所遺棄，社會還在繼續的歡迎他。

(三)使退休人員享受更多的生活情趣：生活情趣對人的心理與情緒亦有影響，富有生活情趣的人，心理感到年輕，抱着樂觀態度，同時感到人生有意義。生活情趣的培養與享受，對退休人員更有其重要性，故應採取措施，使退休人員能享受更多的生活情趣。如協助退休人員培養某種嗜好，如看小說、聽音樂、看電視、看電影、學畫畫、養鳥、養小魚、下棋等，以充實生活的內涵；鼓勵退休人員從事輕鬆的身體活動，如整理庭院的花草，晨間及晚間散步等，既可舒暢筋骨又可打發時間；鼓勵退休人員多與兒童接觸或參與遊戲，以保持年輕心理。

第三項　現有之照護規定

行政院對所屬退休人員，曾規定照護事項，其要點如下：

一、照護方式

(一)各機關遇有公務人員退休時，可利用各種集會舉行歡送及酌贈紀念品。

(二)各機關於每年春節、端午及中秋三節，盡可能派員或以函電慰問退休人員，並酌贈禮品或禮券。

(三)各機關如有典籍、著作之譯述、編纂或其他研究、設計事項，須借重退休人員之經驗或專長者，得委託或聘約退休人員參與工作，並依約定按件或按值計酬。

(四)退休人員遇有重大疾病者，一經知悉，各機關應盡可能派員慰問，如遇婚、喪、慶、弔，並可酌贈賀禮、賻儀。

(五)退休人員死亡時，各機關應派員酌致賻儀，以慰問其遺族，如係單身無家族在臺者，應協助料理後事。

二、經費開支及其他

(一)各機關辦理本照護事項所需經費，概由事務經費內列支。

(二)各機關對於退休人員應專案登錄名籍册，指定專人負責管理，經常與退休人員保持聯繫，並由人事單位會同總務單位辦理。

(三)退休人員原服務機關改隸者，由改隸或歸併之機構繼續照護；原服務機關奉令裁撤者，應由其上級機關繼續照護。

(四)以上規定另以副本抄送行政院及所屬之以外機關，以便比照辦理。

第十五章 人事資料與人才儲備

人事資料有其意義與一般原則，人事資料須予登記與管理，並須加以分析統計以便提供備用，人事資料與人事政策的制訂有密切關係，人才儲備有其作法。茲就上述主題分節敍述之。

第一節 意義及一般原則

第一項 意 義

人事資料，指將有關人事管理之機關及員工個人資料，依照規定格式及程序，登入人事表卡，並加管理，以便瞭解機關及員工個人人事狀況，暨編製人事統計備供上級參考。茲說明如下：

一、**人事資料指有關人事管理之機關及員工個人資料**：需列入人事資料者，通常包括與人事管理有關之機關資料及員工個人資料。

二、**人事資料需依規定格式及程序登入人事表卡**：人事資料為便應用，宜登入人事表卡，登錄時並有一定程序，如屬機關資料，可按項目分別設置卡片；如係員工個人資料，則一人一袋，每袋中包括同一員工

之各種人事表卡，並按姓名編列號碼，以便檢調。

三、人事資料需加管理：人事資料自登錄後，需加以管理。所謂管理，包括表卡之妥爲保存，及遇有組織法規及員額編制等有修正時，將其修正部分登入原有表卡；遇員工個人事項有新增或變動時，將新增及變動事項，登入個人表卡。

四、登錄及管理人事資料之目的，在便於瞭解機關及員工個人之人事狀況，及編製人事統計以備上級參考：機關及員工個人事項是動態的而非靜態的，各機關建立人事資料之登記與管理制度後，始能眞正瞭解機關及員工的眞實情況。有關人事政策之制訂，爲期切實可行，必須以眞實數字資料爲依據，自設立人事資料後，卽可據以分析及製作各種人事統計，提供上級作爲制訂人事政策時之參考。

第二項　一般原則

處理人事資料之登記與管理工作，通常需遵守若干原則。較爲重要者有：

一、資料範圍需包括機關資料及個人資料：所稱機關資料，包括設置機關所依據之組織法規及員額編制；保持業務運行所依據之辦事細則或處務規程，組織系統表，分層負責明細表；表示辦理職務歸系列等結果之職務職系列等及員額表；及職員名冊、薪俸名冊等。所稱員工個人資料，包括自傳、履歷表、體格檢查表、服務期間之考績、獎懲等。

二、資料需求完整、確實與常新：所稱完整，係指資料之範圍應求完整而不欠缺，凡與人事資料有關之項目，均應包括無遺；所稱確實，係指資料之內容應求確實而無錯誤，資料之登入需有事實或文書之根據，並作核對以求眞實；所稱常新，係指資料需經常更新，如原資料之事實有變動時，應卽作變更登記；資料事實有新增時，應卽隨時將新增

之事實登入。如此，始能經常的保持資料之可靠性與有用性。

三、**個人資料宜一次建立隨人轉移**：個人資料，應自初任公務人員時即予建立，以後遇及公務人員轉調至其他機關服務時，其人事資料應隨人移轉。若此，不但可減少公務人員每到一機關任職即需填寫人事表卡之困擾，且可使人事資料前後一貫，減少錯誤。

四、**人事資料表卡格式大小宜求一致**：各機關對初任公務人員到職時所建立之人事資料，其表卡之格式及大小應求一致。若此，個人資料與隨人調職而轉移時，均不致發生困難，並可真正發揮統一人事表卡之作用。

五、**人事資料需經常作分析與統計**：員工個人資料，只能表明員工個人之情況，如欲了解機關員工之整個人事狀況，如教育水準、年齡水準、俸給水準、人員類別等狀況，近年來員工教育水準、年齡水準、俸給水準、人員類別等情況之演變情形，及今後可能發展之趨向等，則需就各員工之資料加以分析，並編製各種有意義的統計表，始能顯示出整個人事狀況。

六、**人事資料可納入電腦處理**：人事資料，經過打孔輸入電腦後，電腦即可根據既定程式，進行驚人速度的計算，龐大資料的存儲，及快速的找出所需之資料；　故數字越是龐大的資料，　越有價值納入電腦處理。

七、**隨時提供資料備供人事決策參考**：由於人事工作之數量龐大，牽涉很廣，且人事問題本身的變化多端；欲在短時間內作好人事決定，已非只憑管理者的經驗及才識所能做到；而需憑人事資料之適時適量的提供，再運用管理者的學識經驗及才識，慎作判斷後始克奏效。

八、**人才儲備有其需要**：為適應建國復國之需要，各類人才應作調查、登記與儲備，以備將來需用。

第二節　人事資料之登記與管理

考試院對公務人員之登記，經訂定「公務人員登記規則」施行。行政院為統一所屬各級機關人事資料之管理，經訂定「行政院暨所屬各機關人事資料統一管理辦法」以憑辦理。茲分項敍述其主要規定於後：

第一項　資料範圍及種類

依人事資料統一管理辦法之規定，人事資料之範圍及種類如下：

一、機關資料： 主要包括下列各種

(一)機關概況登記表：其中又依性質，區分有行政機關概況登記表（含沿革、隸屬系統、歷任首長姓名及其到職卸職年月日、機關組織修正情形、編制與職掌、及組織系統表等項目），公營事業機構概況登記表（含沿革、歷任首長姓名及其到職卸職年月日、修正組織情形、資金來源及資本額、公民股比例、職工人數、主要產品及營運概況、轉投資及衛星機構概況、及組織系統表等項目）等數種。

(二)歷年職員名册。

(三)本機關組織法規、編制、職掌及權責。

(四)本機關業務適用之法規及分層負責明細表。

(五)政績業績各種有關報告計畫書表。

(六)其他。

二、個人資料： 主要包括下列各種

(一)公務人員履歷表：包括下列各類項目

1. 有關一般事項者：有姓名、出生年月日、性別、籍貫、通訊處、緊急通知人之姓名及住址、身份證字號、政黨、宗教、身高、體

重、血型、特徵、健康情形、兵役情形、性向測驗等項目。

2. 有關出身者：有參加考試及格之考試名稱類科及等別、畢業學校名稱及院系科、經結業之訓練種類、經檢覈合格之檢覈類別、經甄審合格之類別等項目。

3. 有關才能者：有著作名稱、發明名稱、能會之方言名稱及程度、能會之外國語文名稱及程度、所具專長名稱等項目。

4. 有關家庭情況者：有家屬稱謂、姓名、出生年月日及職業、眷舍狀況等項目。

5. 有關經歷者：有服務機關名稱、職別、職系、職等、俸級、擔任工作、到職卸職年月日、卸職原因等項目。

6. 有關任免銓審經過者：有機關名稱、職別、職系、職等、俸級、銓審結果、任命加委年月、免職原因及年月等項目。

7. 有關被控及懲處者：有案由、處理情形、核定機關及日期等項目。

8. 有關勳賞獎勵者：有事由、結果、核定機關及日期等項目。

9. 有關歷年考績者：有年度、總分、考核結果、核定機關及日期等項目。

10. 有關出國經過者：有事由、地點、起訖日期、核定機關、及回國日期等項目。

(二)自傳或自述。

(三)平時考核資料。

(四)其他。

第二項　人事資料之建立與登記

一、人事資料之建立： 依人事資料統一管理辦法之規定，各機關人

事機構，應建立機關資料及個人資料。

二、人事資料之登記：依登記規則及人事資料統一管理辦法之規定，對經建立之資料，如有異動，應依下列程序分別辦理登記：

(一)機關資料：各機關對本機關或附屬機關型態變更、編制員額增減、或修正組織法規等異動時，應辦理機關資料之補充登記。

(二)個人資料：

1. 各機關公務人員填報資料表後，凡姓名、年齡、籍貫更改，及有關任免、到職、離職、遷調、進修、出國訓練、考試、退休、資遣、死亡、及其他重要著作或發明之有關人事異動等事項，應由各機關人事機構隨時加以改正或補充。

2. 各機關有關人員分發、送審、核薪、考績、獎懲、撫邮、結(離)婚、住所遷徙、親屬遷動、及其他有關人事異動事項，由各機關人事機構隨時辦理登記。

3. 以上個人資料事項，需報經銓敍機關核定者，應於核定後登記之。

第三項　人事資料之管理

依人事資料統一管理辦法之規定，人事資料應作下列管理：

一、人事資料之管理

(一)機關資料，應分門別類編號裝訂資料夾內列入資料檔，除機密資料須經人事機構主管核准外，各級工作人員因業務需要得填具借單調閱。

(二)個人資料，採取一人一卷編號立卷列管，分別貯入資料櫃，並列入機關機密檔案，非因公不得調閱。

(三)平時考核資料，至年終時分別個人與單位，加以裝訂成冊保管。

(四)留職停職、停職、免職、撤職、退休人員之人事資料表卡，應繼續妥慎保存，非經呈准不得毀棄。

二、人事資料之移轉

(一)各機關於接奉調任人員通知後，應將改調人員之個人資料表卡及平時考核資料，逕行密封移送調任新職機關。

(二)新職機關於調任人員到職一星期後，仍未接到原服務機關移轉之資料時，應即逕函其原服務機關查催。

三、其他規定

(一)各機關如有漏辦他調人員表卡移轉，或未按移轉之表卡繼續列管登記，及發現有偽造、變造、毀損、或作不實之登記等情事，應查明責任，視情節輕重予以處分。

(二)人事資料表冊卡片記載之內容，需詳實正確，字跡端楷清晰，如有筆誤更正，應由登記人及其主管蓋章。

(三)各機關人事資料表卡，應依公務人員交代條例規定列入交代。

第三節　人事資料分析統計與提供

人事資料，除登記管理外，更須經常作分析與統計，以便隨時提供備用。茲分項敍述如後。

第一項　分析與統計

一、分析：人事資料之分析，主要分下列各種：

(一)籍貫分析：分析各公務人員之籍貫。廣義的籍貫指省及直轄市籍而言，狹義的籍貫指縣及省轄市而言；大致而論，分析中央機關或全國機關公務人員之籍貫時，大都以省及直轄市為區分對象，分析省及直

轄市機關公務人員之籍貫時，則又以縣及省轄市爲區分對象。對一般事務官而言，在任用上並不因籍貫而有所限制，但對部分政務性職務人員，在某種情況下，常需顧及籍貫分佈之平衡，致使在用人時，在慣例上受着籍貫的影響。

（二）教育程度分析：分析公務人員當年之教育程度。所稱教育程度，包括分析學歷、訓練、考試等，而分析時又需再分析其學歷、訓練、考試之類別及程度。公務人員學歷、訓練及考試程度之高低，可代表其知識水準之高低，公務人員學歷、訓練及考試類別之不同，可代表其人員類別之區分。

（三）年齡分析：分析公務人員之當年平均年齡及組距年齡之人數。如公務人員之平均爲若干歲，二十歲以下者若干人，二十一至二十五歲者若干人，二十六歲至三十歲者若干人等；又可分析年齡與職務之關係，如擔任科員職務者平均年齡爲若干歲，擔任專員職務者平均年齡爲若干歲，擔任科長職務者平均年齡爲若干歲等。

（四）任職年資分析：分析公務人員當年之任職年資數。如各公務人員在本機關任職之平均年資爲若干年，各公務人員擔任現職之平均年資爲若干年，獲得晉升職務者平均需任原職年資若干年等。

（五）新陳代謝率分析：分析一年內新進及退離之人數及其原因。新進人員可經由考試、遴用、調任、函介等方式而進用，再分析各種不同方式各別進用若干人；退離人員可經由退休、資遣、辭職、免職、轉任、死亡等方式而退離，再分析各種不同方式各別退離若干人。

（六）缺勤分析：分析公務人員在一年中之缺勤情形。所稱缺勤，指公務人員未能出勤之時日數，分析缺勤情形，包括公務人員所請之各種假期及其時日數，公務人員遲到、早退、曠職之人次數及其時日數，及缺勤之總時日數佔一年應出勤時日數之百分比。

(七)獎懲案情分析：分析公務人員在一年中受獎勵及受懲處之人數，再分析受獎及受懲案件中之事由及原因。如基於何種事由及原因受獎或受懲者最多，基於何種事由及原因受獎或受懲者最少；受獎案件中，給與何種獎勵者若干人；受懲案件中，給與何種懲處者若干人等。

(八)分析員額增減：對員額增減之分析，包括分析職稱之類別、職稱之等級、及職稱之員額。如屬於何類之職稱有若干種，各職稱之職等為何，及各職稱之員額各別為若干人；如係職位分類制，則歸入何職系何職等之職位各別為若干等。

二、統計： 根據分析結果，以圖表方式予以表明，即稱為統計。有多少種的分析，至少可製作成多少種的統計，如將兩種以上的分析，作不同的交叉顯示，或作不同的組合後作交叉的顯示，則可製作出更多的統計。製作統計時，除需注意其構圖、顯示方式、色調等之外，按其所跨期間之不同，又可分下列兩種：

(一)當年情況之統計：指統計之情況只限於當年者，如六十八年公務人員學歷統計，六十九年公務人員年齡統計等。

(二)各年連續情形統計：指將若干年來之某種情況的統計資料，合併製作為一種統計。此種統計，可顯示出近年來對某種情況的演變情形，如最近五年來公務人員之平均年齡有無變動，是在增高還在降低，增高或降低多少歲；又如最近五年來公務人員之教育程度有無變動，是在提高還在降低，提高或降低多少。一年的統計，只是一種靜態的統計，將若干年來的統計結合為一個統計，這就變為一種動態的統計了。對管理而言，動態統計資料對管理當局的價值，要比靜態統計的價值來得大。

第二項　統計資料之提供

為應管理當局的需要，對統計資料之提供方式，通常有下列兩種。

一、由製作統計者定期主動向管理當局提供： 如各人事機構，平時就人事資料分析結果，作成兩類統計，一為當年各種情況之統計，其內容較為詳細；一為若干年來（或者定為最近五年來）各種情況之統計，其內容較為簡單，但可看出其演變的情形。提供資料之期間，或為每年一月及七月，或為每年一月；至應提供之統計之種類及統計表之格式與項目，多由人事主管機關事先規定，各人事機構只需照辦即可。

二、根據管理當局某種需要提供統計資料： 此類統計資料之提供，多無定規，完全根據管理當局的某種需要而製作與提供者。如管理當局需從現職人員中，遴選一具有大學土木工程系畢業，年齡在四十歲以下，能講英語、且最近三年考績成績均列甲等之人員，擔任某一特定的任務，則人事資料管理單位，需就現職人員中挑選出具有該種條件者，予以列單送請管理當局參考及遴選。此種挑選，如用人工極為費時，如用電腦處理則極為快速。

第四節　人事資料與人事決策

人事資料與人事決策二者之間，關係極為密切，茲敍述於後。

第一項　人事資料可顯示人事決策效果

一、人事資料顯示出人事決策效果： 人事資料，尤其是各年連續情形之人事資料統計，係將各年來有關人事事項之實際狀況，作動態的顯示，而此種動態的顯示就是人事決策的效果。從動態顯示出之情況，是

否正常及是否合理，正是判斷人事決策是否正確的重要參考。如公務人員之平均年齡，從動態的顯示中呈現出逐年在增加，當增加超過某一限度（如四十歲）時，則可能影響及機關推動業務的活力，此即表示原訂的用人政策之效果將發生問題。

二、根據過去人事變動預測今後發展趨向：各年連續情況之人事資料統計，不但可將過去數年之情況作出動態性的顯示，並可就過去之動態的顯示，預測今後發展的方向。如以員額爲例，過去五年來之員額從動態性的顯示中，表現出在不斷的成長，而成長率約爲百分之五，則如今年員額爲五百人時，若今後影響及員額的各種因素不變，則今後的第五年，員額將增至六百三十八人。其餘如年齡增高或降低的預測，敎育程度提高的預測，新陳代謝等發展的預測，薪俸費用負擔趨向的預測，各職稱職等提高或降低的預測等，多可根據過去若干年來動態性資料的顯示，預測今後若干年的發展趨向。不論爲提高的趨向或降低的趨向，當提高超過某一水準時，或降低在某一水準以下時，均爲不合理的趨向，此種不合理的趨向，必須加以揭阻並使其轉向正常。

第二項　根據發展趨向修訂人事決策

一、人事決策之修訂需預爲綢繆及逐漸進行：人事決策之變動，必將影響及公務人員權益，爲免公務人員對人事決策改變所引起之不良反應，或將不良反應減至最低度，則修訂人事決策需預爲綢繆。如事先即作深入檢討，謀求改進之道，在改變之前，尙需詳加宣導，提出事實以增進公務人員之瞭解；再在改變時，需逐漸的進行，不宜立即作大幅度的改變，徐圖緩進，俾減少阻力，使公務人員勉能適應。

二、製作發展趨向預測，正可提供管理當局修訂人事政策之期間：發展趨向預測，是指若干年後情況之預測，如根據預測，在今後第三年

公務人員平均年齡將超過合理的最高限，則管理當局應如何來防止平均年齡的提高，原有用人政策應如何修正，及如何根據修訂的人事決策來逐漸推行，可有三年的期間來衡酌運用。又如根據預測，在今後第四年，薪俸費用負擔將超過合理的財務分配比率，則可有四年的期間，來慎重檢討及改進此一問題。故製作發展趨向的預測，可對管理當局指出在今後何年將發生何種問題，使管理當局對將來可能發生問題，有充分的時間去檢討去改進。

第三項　發展趨向預測需經常調整

一、預測究非事實：預測究竟只是預測，而非已經出現的事實。有關人事情況之今後發展趨向的預測，亦只是對今後若干年內可能發展的情況，作一預測而已，究非如同過去之已經出現的事實。因此在預測與事實之間，始終會有着若干的差異。

二、預測不是一次性的而是經常性的：預測的工作不是一次性的，而需是經常性的，如在民國七十四年，預測公務人員平均年齡為七十五年達四十一歲，七十六年達四十二歲，七十七年達四十三歲，七十八年達四十四歲，七十九年達四十五歲；並非謂七十九年以前之公務人員平均年齡已預測完成，等到七十九年屆滿時，再預測八十年至八十四年的平均年齡即可，而是每屆滿一年即需再作預測。如至七十五年底，需作七十六年至八十年間五個年的預測；到七十六年底，又需作七十七年至八十一年間五個年的預測；若此，在任何一年，都可作今後五年的公務人員平均年齡預測，其預測期間始終為五年。

三、預測數字亦需按年調整：預測數字是根據過去五年的事實而作成的，此處所稱五年，指製作預測時之過去五年，如在七十四年作預測時，則過去五年為七十三年至六十九年，在七十五年作預測時，則過去

五年爲七十四年至七十年。由此，過去五年的事實，會因五個年份的不同而有差異的，如自七十三年至六十九年五個年的統計資料事實，與七十四年至七十年五個年的統計資料事實可能有差異，如過去的五個年份不同，則根據過去事實而預測出的今後趨向，自亦可能發生若干差異。故當每年在預測今後五年的發展趨向時，其預測的數字可能需作若干的調整，此種預測數字的調整，正可表示預測資料的常新及可增加預測之可靠性。

第五節　人才儲備

行政院爲加強人事資料之運用，及儲備與培植各項人才，以適應復國建國需要，訂有「行政院暨所屬各機關人才儲備及培植實施要點」以憑施行。茲就其規定內容分項擇要敍述於後。

第一項　人才類別

儲備之人才，依其儲備目標之不同，分爲下列兩類。

一、候用儲備：目的爲發掘傑出或具有特殊成就之人才，以爲建設臺澎基地之用。候用儲備之對象如下：

(一)年在四十歲以下具有任用資格之各類非現職人員。

(二)才能傑出或具特殊成就之科學研究人才、技術人才、高級專業及行政管理人才。

(三)才能傑出或具有特殊成就之現職人才。

二、動員儲備：目的爲廣儲人才，適應國家總動員需要，以補充戰地公務人力之不足。儲備之對象，爲年滿十八歲以上女性或超過四十五歲男性之下列非現職人員：

(一)具有任用資格者。

(二)高中（職）以上學校畢業者。

第二項　人才儲備

一、權責區分：人才儲備之權責區分如下

(一)行政院人事行政局：負責統籌策劃人才儲備業務；負責高級主管人才儲備，並編列候用名冊，提供上級長官遴用參考。以上所稱高級主管，係指適任下列職位者爲範圍，卽政務職位、各部會處局署副首長及其相當職位、公營事業董事長總經理及其他相當首長職位。

(二)行政院靑年輔導委員會：負責旅居國外人才之調查、資料建立、聯繫及延攬。

(三)行政院國家科學委員會：負責科學研究及技術人才之調查、資料建立與聯繫。

(四)各主管部、會、處、局、署及省（市）政府：各依任用權責，負責不屬上述(一)(二)(三)目各類人才之調查儲備，及動員時期所需各級人才之調查儲備。

二、人才調查、評審與候用

(一)人才調查：調查方法分下列三種：

1. 直接調查：由各主管機關或行政院人事行政局直接調查之。

2. 委託調查：由各主管機關或行政院人事行政局，委託有關機關團體調查之。

3. 申請登記：由申請人填寫人才調查表，連同有關證明文件，向各主管機關或行政院人事行政局申請登記。

(二)人才評審：各主管機關應就人才調查所得資料，予以評審，並區分人才類別，分類列冊候用。

(三)人才候用：行政機關、事業機構及學校需用人才時，得開列應具備之條件，送請有關機關就儲備之人才中推介；如候用人員任用為公務人員時，其未具任用資格者，由行政院人事行政局商請考選機關以考試方式，協助其取得任用資格。

(四)人才聯繫：各主管機關對經列冊候用之人才，應建立通信聯繫辦法，每半年主動對儲備人才通信聯繫一次，其有關動態應隨時登記。

第三項　人才培植

一、培植條件：各級主管對具備下列各種條件之儲備人才，得向上級長官保薦予以培植。

(一)具備培植職位所需之學識、經驗及資格。

(二)年富力強、精力充沛、思想純正、品德良好。

(三)求進取、負責任、服務熱忱、勤奮努力，並具有高度之工作能力與發展潛能。

(四)具有學術研究成果，或對業務領導著有績效。

二、培植方式：視其受培植者為現職或非現職人員，就下列方式選用之：

(一)就各有關職務實施輪調。

(二)指派隨同業務主管見習或在工作中訓練。

(三)保送國內外學校進修或訓練機構受訓。

(四)派往有關機關學校或事業機構觀摩或研習。

各機關對培植中人員，應予嚴密考核，遇有不適於繼續培植時，應即停止培植。

三、運用與再培植：經培植之人員，應予遇機優先遴用或調升，於升職期間，其品德及工作表現優異，確具更大發展潛能者，得再由主管

人員提出保薦，繼續予以培植。

第十六章　教育人員人事制度

教育人員人事制度，有其意義與一般原則，教育人員之任用、薪級、成績考核及撫卹與退休，均有特別之規定。玆分節敍述之。

第一節　意義及一般原則

第一項　意　義

教育人員人事制度，指有關教育人員之任用、薪級、成績考核、撫卹及退休等之主要人事法規，至其餘各種人事業務，則多適用或準用或參照一般公務人員之規定辦理。玆說明如下：

一、**係適用於教育人員：** 所稱教育人員，其範圍包括公立各級學校之校長、教師及職員，及社會教育機構之專業人員與學術研究機構之研究人員，至各級學校之人事、主計人員，及社會教育機構與學術研究機構之一般行政人員，其人事管理仍適用一般公務人員之規定。

二、**教育人員人事制度係以任用、薪級、成績考核、撫卹及退休為主：** 為教育人員所訂定之人事法規，在法律方面有教育人員任用條例，

學校教職員撫邮條例及學校教職員退休條例等；在規章方面有薪級標準、敍薪原則及成績考核辦法等。

三、教育人員之其他人事業務，多適用或準用或參照一般公務人員之規定辦理：如因特殊功勳而請頒勛章，或請予褒揚時，則適用勛章條例及褒揚條例之規定；進修及考察，可適用公務員進修及考察規定辦理；公保則適用公務人員保險法之規定；校長及職員如有違法失職，亦可適用公務員懲戒法；校長及職員在職期間之服務，亦適用公務員服務法之規定。又如待遇福利及差假勤惰等，則多準用一般公務人員之規定辦理，或參照公務人員之規定另由主管教育行政機關訂定辦法處理。

在本章中所述之人事制度，則以上述有關任用、薪級、成績考核、退休及撫邮等之人事法規為限，其餘則請參照一般公務人員有關規定之說明，不再敍述。

第二項　一般原則

教育人員人事制度之一般原則，主要有下列各點：

一、有適應教育人員特性之必要者，訂定教育人員專用人事法規：教育人員有其特性，與一般機關及公營事業之公務人員不同，故對其人事管理認有特別規定之必要時，則作單行法規之規定，如學校校長、教員、職員之任用方式，不能與機關公務人員相同；其所需資格條件亦與公務人員有別，且並未納入銓敍範圍，亦非全以考試及格為必要之條件。其薪級之結構亦與公務人員之俸級有若干差異；其敍薪之標準，以學歷為主要根據，與任教學校等級無甚關係。其成績考核方式，亦不能適用一般公務人員之規定；其退休撫邮，為鼓勵久任亦有與公務人員不同之處。此類為適應教育人員特性所訂定之單行規定，乃構成學校人事制度之特性。

二、**不影響教育人員特性，可援用一般公務人員之規定者則予援用，以簡化人事法規**：教育人員雖有與一般公務人員不同的一面，但亦有與公務人員相同的一面，為簡化人事法規，凡屬可以援用一般公務人員之規定者則援用之。如教育人員之保險，即依照公務人員保險法之規定辦理；勛章條例及褒揚條例，均適用於教育人員；公務員服務法及公務員懲戒法，亦得適用於學校校長及職員；有關待遇的類型、水準及各種福利措施，公教人員均同樣適用。凡此均可證明教育人員與公務人員亦有相同的一面。

三、**校長、教員、職員性質並非完全相同，人事管理有各別規定之必要時，各別規定之**：教育人員包括校長、教員及職員，此三類人員任務各有不同，故其人事管理亦不能完全相同。如任用方式，教員與職員有所不同，校長與教員亦不盡相同；任用時所需資格條件，教員與職員自亦有別；因而薪級幅度及敘薪標準，亦需作不同規定；再如成績考核，有關考核方式及程序，亦有各別規定之必要。凡此均表示教育人員之人事制度，校長、教員與職員之間，亦有其差異之處，而無法盡同。

四、**公立學校校長及教員之若干人事規定，亦適用至私立學校之校長及教員**：教育乃樹人之根本，學校雖有公立私立之分，但其教育之任務則一，為維護私立學校之教育水準，對其校長及教員之任用資格及薪級基準，不但需由政府加以規定，且需保持與公立學校相一致。因此，有關公立學校校長及教員之任用資格及薪級基準，對私立學校之校長及教員亦同樣適用。

五、**部分職員之管理，仍依公務人員之規定**：公立各級學校均設有主計機構，依照會計法規辦理歲計、會計、統計事務；設有人事機構，依照人事法規辦理人事業務；會計及人事主管人員，均由主計及人事主管機關遴派，主計及人事佐理人員，有者亦為主管機關所遴派，有者為

學校職員名額內調用。此種主計及人事主管人員，及由主管機關所任用之主計及人事佐理人員，則係公務人員，其人事管理，均適用一般公務人員之規定，其情形與學校其他職員又有不同。

六、教育人員之人事管理，以教育行政機關爲主管機關：公務人員之人事管理，係以考試院爲最高主管機關，其中考試又由考選部主管，其餘人事管理由銓敍部主管，行政院所屬機關之人事管理，又設有人事行政局，亦爲主管機關，均受考試院之指揮監督。學校教育人員之人事管理，則以教育部爲最高主管機關，在地方政府設有教育廳、教育局，亦爲地方政府學校教育人員人事管理之主管機關，並均受教育部之監督。

由上說明，教育人員人事制度雖未納入考銓制度範圍，惟全國公立各級學校教育人員爲數十餘萬，佔公教人員總人數三分之一以上，其人事管理亦有其獨特之處，對研究考銓制度者亦不宜忽視，故專列一章，作簡略敍述，以供參考。

第二節　教育人員之任用

依教育人員任用條例規定，教育人員之任用資格與任用程序，因校長、教師、職員及學校等級及性質之不同而異，職員尚須經學校行政人員考試及格，此外尚有任用限制與任期之規定。玆分項敍述如後。

第一項　校長之任用資格與任用程序

公立各級學校校長之任用資格與任用程序，各有不同，除偏遠或特殊地區學校校長之任用資格由教育部另定外，一般學校校長部分，玆說明如下。

一、積極任用資格: 因學校等級及性質而不同。

(一)國民小學校長: 應具有下列資格之一, 即 1.師範大學、師範學院、教育學院、大學教育學系畢業, 或其他院、系畢業曾修習規定之教育學科及學分, 並曾任國民小學主任二年以上, 成績優良者; 2.師範專科學校或大學、獨立學院教育專修科畢業, 並曾任國民小學主任三年以上, 成績優良者; 3.具有上述 1. 2.款學歷之一, 並曾任國民小學教師二年及分類職位第七職等或與其相當之薦任教育行政職務三年以上, 成績優良者。

(二)國民中學校長: 應具有下列資格之一, 即 1.具有博士學位, 曾任中、小學教師及國民中學主任共二年以上, 但國民中學主任不得少於一年, 成績優良者; 2.師範大學、師範學院、教育學院、教育研究所畢業得有碩士學位; 或其他研究院、所畢業得有碩士學位曾修習規定之教育學科及學分, 並曾任中、小學教師及國民中學主任共三年以上, 但國民中學主任不得少於一年, 成績優良者; 3.師範大學、師範學院、教育學院、大學教育學系畢業; 或其他院、系畢業曾修習規定之教育學科及學分, 並曾任中、小學教師及國民中學主任共六年以上, 但國民中學主任不得少於三年, 或國民小學校長三年以上, 成績優良者; 4.大學或獨立學院畢業, 曾任分類職位第七職等或相當之薦任教育行政職務四年, 並曾任中等學校教師三年以上, 成績優良者; 5.曾任教育院、系專任講師及中等學校教師各三年以上, 成績優良者。

(三)高級中學校長: 應具有下列資格之一, 即 1.具有博士學位, 曾任中等學校教師一年以上, 並曾任分類職位第九職等或相當之薦任教育行政職務二年以上, 或國民中學校長二年以上, 或高級中等學校主任三年以上, 成績優良者; 2.大學、師範學院、教育學院、教育研究所畢業得有碩士學位; 或其他研究院、所畢業得有碩士學位曾修習規定之教育

學科及學分，曾任中等學校教師一年以上，並曾任分類職位第九職等或與其相當之薦任教育行政職務三年以上，或國民中學校長三年以上，或高級中等學校主任四年以上，成績優良者；3.師範大學、師範學院、教育學院、大學教育學系畢業，或其他院、系畢業曾修習規定之教育學科及學分，曾任中等學校教師一年以上，並曾任分類職位第九職等或與其相當之薦任教育行政職務五年以上，或國民中學校長六年以上，或高級中等學校主任七年以上，成績優良者；4.曾任教育院、系專任副教授及中等學校教師各二年以上，並具學校行政經驗一年以上，成績優良者。

　　(四)職業學校校長：應具有下列資格之一，即1.具有博士學位，所修學科與擬任學校性質相關，曾任中等學校教師一年以上，並曾任分類職位第九職等或與其相當之薦任教育行政職務二年以上，或國民中學校長二年以上，或高級中等學校主任三年以上，成績優良者；2.大學、師範學院、教育學院、教育研究所畢業得有碩士學位，或其他研究院、所畢業得有碩士學位所修學科與擬任學校性質相關，曾任中等學校教師一年以上，並曾任分類職位第九職等或與其相當之薦任教育行政職務三年以上，或國民中學校長三年以上，或高級中等學校主任四年以上，成績優良者；3.師範大學、師範學院、教育學院、大學教育學系畢業，或其他院、系畢業曾修習規定之教育學科及學分，或其他院、系畢業所修學科與擬任學校性質相關，曾任中等學校教師一年以上，並曾任分類職位第九職等或與其相當之薦任教育行政職務五年以上，或國民中學校長六年以上，或與擬任學校性質相關之高級中等學校主任七年以上，或曾任專科以上學校相關學科講師，成績優良者；5.大學或獨立學院畢業，並曾任與擬任學校性質相關之高級中等學校校長，或曾任大學或獨立學院與擬任學校性質相關學科副教授二年以上，成績優良者。

　　至戲劇及民族藝術類職業學校校長，得以具有下列資格之一者任用

之，卽 1.大學或獨立學院戲劇及其相關系、科畢業，具有三年以上教學經驗，成績優良者；　2.大學或獨立學院畢業，具有戲劇或民族藝術專長，並具有三年以上教學經驗，成績優良者；　3.具有戲劇或民族藝術專長，並曾任戲劇團（隊）負責人十年以上，成績優良者（根據此款資格任用者，不得轉任他類職業學校校長）。

(五)專科學校校長：應具有下列資格之一，卽 1.具有博士學位，曾任副教授三年以上，或從事與擬任學校性質相關之專門職業三年以上，並曾任教育行政或專科以上學校行政工作二年以上，成績優良者；　2.具有碩士學位，曾任副教授三年以上，或從事與擬任學校性質相關之專門職業六年以上，並曾任教育行政或專科以上學校行政工作四年以上，成績優良者；　3.大學或獨立學院畢業，曾任與擬任學校性質相關之專科以上學校專業科目教授二年以上，或相當於專業科目教授之學術研究工作二年以上，或與擬任學校性質相關之專業科目副教授三年以上，或相當於專業科目副教授之學術研究工作六年以上，均曾任教育行政工作二年以上，成績優良者；　4.大學或獨立學院畢業曾任分類職位第十職等或與其相當之簡任教育行政職務三年以上，成績優良者。

(六)獨立學院院長：應具有下列資格之一，卽 1.具有博士學位，曾任教授一年以上，或從事與擬任學院性質相關之專門職業三年以上，並曾任教育行政或專科以上學校行政工作三年以上，成績優良者；　2.具有碩士學位，曾任教授二年以上，或從事與擬任學院性質相關之專門職業四年以上，並曾任教育行政或專科以上學校行政工作三年以上，成績優良者；　3.大學或獨立學院畢業，曾任大學或獨立學院教授三年以上，或相當於教授之學術研究工作六年以上，並均曾任專科以上學校行政工作三年以上，成績優良者；　4.大學或獨立學院畢業，曾任分類職位第十二職等或與其相當之簡任教育行政職務四年以上，成績優良者。

(七)大學校長：應具有下列資格之一，即 1.具有博士學位，曾任教授或相當於教授之學術研究工作，並擔任教育行政職務合計四年以上，成績優良者； 2.具有碩士學位，曾任教授或相當於教授之學術研究工作，並曾任教育行政職務合計七年以上，成績優良者； 3.大學或獨立學院畢業，曾任大學或獨立學院教授五年以上，或相當於教授之學術研究工作十年以上，並均曾任教育行政職務三年以上，成績優良者； 4.大學或獨立學院畢業，曾任分類職位第十四職等或與其相當之簡任教育行政職務五年以上，或曾任政務官二年以上，並具有教授資格，成績優良者。

(八)私立學校校長：其任用資格，準用本條例之規定。

二、任用程序：因學校等級及隸屬系統而不同。

(一)國民小學校長：其任用程序爲，1.縣（市）立國民小學校長，由縣（市）政府遴選合格人員，報請省政府核准後任用之； 2.直轄市立國民小學校長，由市教育局遴選合格人員報請市政府任用之； 3.國立實驗國民小學校長，由教育部任用之； 4.師範校、院及設有教育院、系之大學所設附屬國民小學校長，由各該校、院長就各該校、院教師中遴選合格人員兼任之，並報請主管教育行政機關備案。

(二)中等學校校長：其任用程序爲，1.縣（市）立國民中學校長，由省教育廳遴選合格人員報請省政府核准後任用之； 2.省立高級中等學校校長，由省教育廳遴選合格人員報請省政府任用之； 3.直轄市立中等學校校長，由市教育局遴選合格人員報請市政府核准後任用之； 4.國立中等學校校長，由教育部任用之； 5.師範大學、師範學院及設有教育院、系之大學所設附屬中等學校校長，由各該校、院長就各該校、院教師中遴選合格人員兼任之，並報請主管教育行政機關備案。

又以上國民中、小學校校長之遴選，除依法兼任者外，應就合格人

員以公開方式甄選之。

(三)專科以上學校校長: 其任用程序爲, 1.省 (市) 立大學校長、獨立學院院長、專科學校校長, 由省 (市) 政府遴選合格人員, 提請教育部聘任; 2.國立大學校長、獨立學院院長、專科學校校長, 由教育部遴選合格人員聘任。

第二項　教師之任用資格與任用程序

公立各級學校教師之任用資格與任用程序, 亦因學校等級而不同。除偏遠或特殊地區之教師資格及專業科目、技術科目、特殊科目教師資格, 由教育部另定外, 一般教師之資格, 玆說明如下。

一、積極任用資格: 按國民小學、中等學校、專科以上學校分別規定。

(一)國民小學教師: 應具有下列資格之一, 卽 1.師範專科學校畢業者; 2.師範大學、師範學院各學系或教育學院、系畢業者; 3.本條例施行前, 依規定取得國民小學教師合格證書尚在有效期間者。

(二)中等學校教師: 應具有下列資格之一, 卽 1.師範大學、師範學院各系、所畢業者; 2.教育學院各系、所或大學教育學系、所畢業者; 3.大學或獨立學院各系、所畢業, 經修習規定之教育學科及學分者; 4.本條例施行前, 依規定取得中等學校教師合格證書尚在有效期間者。

(三)專科以上學校教師: 大學、獨立學院及專科學校教師, 分爲助教、講師、副教授、教授四等, 其各別資格如下:

1. 助教: 應具有下列資格之一, 卽 (1) 大學或獨立學院畢業, 成績優良者; (2) 三年制專科學校畢業, 曾從事與所習學科有關之研究工作、專門職業或職務二年以上; 或二年制、五年制專科學校畢業, 曾從事與所習學科有關之研究工作、專門職業或職務三年以上, 成績優良

者。

2. 講師：應具有下列資格之一，即 (1) 在研究院、所研究，得有碩士學位或其同等學歷證書，成績優良者；(2) 大學或獨立學院畢業，曾任助教擔任協助教學或研究工作四年以上，成績優良，並有專門著作者；(3) 大學或獨立學院畢業，曾從事與所習學科有關之研究工作、專門職業或職務六年以上，成績優良，並有專門著作者。

3. 副教授：應具有下列資格之一，即 (1) 具有博士學位或其同等學歷證書，成績優良，並有專門著作者；(2) 具有碩士學位或其同等學歷證書，曾從事與所習學科有關之研究工作、專門職業或職務四年以上，成績優良，並有專門著作者；(3) 曾任講師三年以上，成績優良，並有專門著作者。

4. 教授：應具有下列資格之一，即 (1) 曾任副教授三年以上，成績優良，並有重要之著作者；(2) 具有博士學位或其同等學歷證書，曾從事與所習學科有關之研究工作、專門職業或職務四年以上，有創作或發明，在學術上有重要貢獻或著作者。

對專科以上教師之資格，尚有下列之特別規定，即 1. 大學、獨立學院教師，應具有學術著作在國內外知名學術刊物發表或經出版公開發行，並經教育部審查其著作合格者，始得升等；2. 大學、獨立學院體育、藝術等以技能為主之教師及專科學校專業教師之升等，得以作品或成就證明代替學術著作送審；3. 未具專科以上學校畢業學歷，而在學術上有特殊貢獻，經教育部學術審議委員會委員二分之一以上之出席及出席委員四分之三以上之決議通過，得任大學或專科學校教師。

(四)專業及研究人員：社會教育機構專業人員及學術研究機構研究人員之聘任資格，依其職務等級，準用各級學校教師之規定。

(五)私立學校教師：其任用資格，準用本條例規定。

二、任用程序： 因學校等級而不同。

(一)國民小學教師：除實驗國民小學由校長遴聘外，由主管教育行政機關派任。

(二)中等學校教師：由校長聘任。

又中等學校教師，除分發者外，應就合格人員以公開方式甄選之。

(三)專科學校教師：由科主任提請校長聘任。

(四)獨立學院教師：由系主任或所長提交教師評審委員會審議後，報請院長聘任。

(五)大學教師：由系主任或所長會商院長，並提交教師評審委員會審議後，報請校長聘任。

(六)專業人員及研究人員：社會教育機構專業人員及學術研究機構研究人員，由各該首長遴選合格人員，報請主管教育行政機關核准後聘任。

(七)私立學校教師：其資格審查程序，準用本條例之規定。

三、資格審查： 學校教師經任用後，應依下列規定報請審查資格：

(一)國民中、小學教師：應送由服務學校報請該管縣（市）政府轉報省教育廳審查。

(二)高級中等學校教師：應送由服務學校轉報省教育廳審查。

(三)直轄市屬公私立中、小學教師：應送由服務學校轉報市教育局審查。

(四)院校附設中、小學及國立中等學校教師：應送由服務學校層轉所在地區之省（市）教育廳（局）審查。

(五)專科以上學校教師：應送由服務學校轉報教育部審查。

以上教師資格審查、登記辦法，由教育部定之。

(六)私立學校教師：其資格審查程序，準用本條例之規定。

第三項　職員之任用資格與任用程序

職員有其適用範圍，並須具有法定資格與經一定任用程序。茲說明如下：

一、適用人員範圍：所稱職員，包括各級公立學校除校長、教師以外之各種職員，及社會教育機構專業人員與學術研究機構研究人員以外之一般行政人員。

二、積極任用資格

(一)公立各級學校職員：其中

1. 技術人員、主計人員、人事人員之任用資格：分別適用各該有關法律之規定，卽適用技術人員任用條例、公務人員任用法之規定。

2. 其餘職員：應經學校行政人員考試及格，或經高普考試相當類科考試及格。

但依教育人員任用條例第二十一條後項規定，在本條例施行前，已遴用之學校現任職員，仍分別適用各該原有關法令之規定，可不需經由考試及格。

(二)社會教育及學術研究機構一般行政人員：其任用資格，依公務人員有關法規之規定。

三、任用程序

(一)公立各級學校職員：其中

1. 主計人員、人事人員：分別依各該有關法律之規定辦理，卽由主計、人事主管機關任用。

2. 其餘職員：由校長就合格人員中任用，並報主管教育行政機關核備。

3. 社會教育及學術研究機構一般行政人員：依一般公務人員之任

用程序辦理。

第四項　任用限制、任期與職務等級

教育人員之任用有其限制條件，並規定有任期及職務等級表。玆說明如下：

一、限制條件：有下列三種

(一)消極任用資格之限制：有下列情事之一者，不得為教育人員；其已任用者，應報請主管教育行政機關核准後，予以解聘或免職，即 1.曾犯內亂、外患罪，經判決確定或通緝有案尚未結案者； 2.曾服公務，因貪污瀆職經判決確定或通緝有案尚未結案者； 3.依法停止任用，或受休職處分尚未期滿，或因案停止職務其原因尚未消滅者； 4.褫奪公權尚未復權者； 5.受禁治產之宣告尚未撤銷者； 6.經醫師證明有精神病者； 7.行為不檢有損師道，經有關機關查證屬實者。

(二)廻避任用之限制：各級學校校長、社會教育機構及學術研究機構首長，不得任用其配偶或三親等以內血親、姻親為本校（機構）職員或命與其具有各該親屬關係之教師兼任行政職務。但接任校（首）長前已在職者，屬於經管財務之職務，應調整其職務或工作；屬於有任期之職務，得續任至任期屆滿。

(三)不得任用之限制：有痼疾或曾服公務交代不清者，不得任用為教育人員；已屆應即退休年齡者，不得任用為專任教育人員。

二、任期：依校長、教師分別規定。

(一)學校校長及學校學術性行政人員：均採任期制，其辦法由教育部定之。

(二)中等以上學校教師：教師採聘期制。專科以上學校教師，初聘為一年，續聘第一次為一年，以後續聘每次均為二年。中等學校教師，

初聘爲一年，以後續聘每次均爲二年。

　　採聘期制者，學校在聘約有效期間，除教師違反聘約或因重大事故報經主管教育行政機關核准者外，不得解聘。教師在聘約有效期間內，非有正當事由不得辭聘。

　　(三)國民小學教師：採派任制，不採任期制，但得商調或請調。

　　三、職務等級：學校教職員之職務等級表，由教育部會同銓敘部定之。

第三節　敎育人員之薪級

　　敎育人員之薪級，係由敎育部按各級學校校長、敎師及職員分別規定，並定有根據資歷之敍薪標準。茲分項簡述之。

第一項　各級學校校長之薪級

　　各級學校校長薪級表如下頁所示：

表一　公立學校（院）長職務等級表

職務等級		職務名稱					附註
等級	薪額	大學校長	獨立學院院長	專科學校校長	中等學校校長	國民小學校長	
	770						
	740						
	710						
一級	680	大學校長	獨立學院院長	專科學校校長			
二級	650						
三級	625						
四級	600						
五級	575						
六級	550						
七級	525						
八級	500						
九級	475						
十級	450	680〜475	680〜475	680〜475	中等學校校長	國民小學校長	
十一級	430						
十二級	410						
十三級	390						
十四級	370						
十五級	350						
十六級	330						
十七級	310						
十八級	290						
十九級	275						
二十級	260						
廿一級	245						
廿二級	230				450〜245		
廿三級	220						
廿四級	210						
廿五級	200						
廿六級	190						
廿七級	180					450〜180	
廿八級	170						
廿九級	160						
三十級	150						
卅一級	140						
卅二級	130						
卅三級	120						
卅四級	110						
卅五級	100						
卅六級	90						

附註：

一、最高薪上面之虛線係屬年功薪，除專科以上學校（院）長晉至五五○元，最高薪得晉五級外，餘各為七級。

二、大學校長、獨立學院院長、專科學校校長，如具有碩士學位者，其最高薪得晉至五規定之二元，晉三級至七七○元為限，其年功薪仍為五級。

三、中小學校長，如具有博士學位者，最高薪得晉五級。

四、不同學校層級合設者，其職務名稱及職務等級，依其本校層級規定。

五、幼稚園園長均以國民小學校長之規定。

六、本表等級表發布施行前，原已擔任有學校校長或教師及未列入其職務等級表所定最高薪級者，原支薪級超過職務等級表所定最高薪級者，應以教育部會同銓敘部核定者為準。

表二　公立學校教師職務等級表

職務等級		職務名稱
等級	薪額	
	770	
	740	
	710	
一　級	680	教
二　級	650	
三　級	625	
四　級	600	
五　級	575	
六　級	550	
七　級	525	授
八　級	500	
九　級	475	
十　級	450	教授 680—475
十一級	430	
十二級	410	
十三級	390	
十四級	370	
十五級	350	副教授 550—350
十六級	330	
十七級	310	
十八級	290	
十九級	275	
二十級	260	
廿一級	245	講師 450—245
廿二級	230	
廿三級	220	
廿四級	210	
廿五級	200	助教 330—200
廿六級	190	
廿七級	180	
廿八級	170	
廿九級	160	
三十級	150	中等學校教師 450—150
卅一級	140	
卅二級	130	
卅三級	120	國民小學教師 450—120
卅四級	110	
卅五級	100	
卅六級	90	

職務名稱薪級範圍：

職務名稱	薪級範圍
教授	680—475
副教授	550—350
講師	450—245
助教	330—200
中等學校教師	450—150
國民小學教師	450—120

附註：

一、本表所列職務等級，發布施行前，原已擔任學校校長或教師者，其原支薪級超過職務等級表所定最高薪級者，應以教育部會同銓敍部核定者為準。

二、各級職務名稱比照本職務等級表各等級規定，如有修（增）訂未及列入者，其職務列等比照本表各等級規定。

三、專科學校專業及技術教師，比照教師之規定。

四、各級社會教育機構研究人員，及公立大專院校稀少性科學技術人員，依其甄審結果，比照教師之規定。

五、幼稚園教育法規定，比照國民小學教師。

六、中、小學合格教師年功薪，具有碩士學位者，最高薪得晉至五二五元；如具有博士學位，最高薪得晉至……

七、最高薪上面之虛線係屬年功薪。

第四項　各級學校校長及教職員之敍薪標準

一、各級學校校長之敍薪: 其主要規定爲

(一)各級學校校長薪級之核敍及年資之採計，均比照各級學校教員敍薪標準辦理。

(二)專科以上學校校（院）長，以曾任政務官資格任用者，核敍一級（卽六八〇）薪；以曾任簡任職任用者，按原敍定級俸比敍相當薪級。

二、各級學校教職員之敍薪

(一)專科以上學校教員之敍薪: 依大學及獨立學院教員聘任待遇暫行規程規定，初任教員，以自最低級起薪爲原則，曾任教員或有特殊情形者得酌自較高級起薪，其任教著有成績者由學校酌予晉級。

(二)專科以上學校職員及中等以下各級學校教職員之敍薪，主要規定如下:

1. 教職員之薪額分爲三十六級，其計敍標準，分別依各級學校教職員薪級表（見前述第二、第三項）及本項所定教職員敍薪標準辦理。

2. 教職員依學歷核計起支薪級，並按服務年資，每滿一年提敍一級，以至本職最高薪級爲限。

3. 具有(1)初級中等學校或國民中學畢業者；或(2)分類職位第一職等考試及格者；自第三十六級九〇薪額起支。

4. 具有(1)四年制中學或職業學校畢業者；或(2)簡易師範學校畢業者；自第三十五級一〇〇薪額起支。

5. 五年制中學或職業學校畢業者，自第三十四級一一〇薪額起支。

6. 具有(1)高級中學或高級職業學校畢業者；或(2)經國民學校

初級級任教師登記或檢定合格者；或 (3) 特種考試丁等或分類職位第二職等考試及格者；自第三十三級一二〇薪額起支。

7. 高級護產職業學校四年制護產合訓畢業者，自第三十二級一三〇薪額起支。

8. 具有 (1) 師範學校畢業者，或 (2) 特別師範科畢業者（高中畢業修業一年）；或 (3) 經國民學校高級級任或科任教師登記或檢定合格者；或 (4) 經國民小學科任或級任教師登記合格者；自第三十一級一四〇薪額起支。

9. 具有 (1) 高中畢業修業二年之專科學校畢業，或初中畢業修業五年之專科學校畢業者；或 (2) 普通考試或丙等特種考試或分類職位第三職等考試及格者；或 (3) 銓敍機關採認有案之各級軍事學校暨中央警官學校相當二年專科畢業者；自第三十級一五〇薪額起支。

10. 具有 (1) 師範大學附設二年制專修科畢業者；或 (2) 高中畢業修業二年之師範專科學校畢業者；或 (3) 高中畢業修業三年之專科學校畢業者；或 (4) 經初級中等學校或國民中學教師登記或檢定合格者；或 (5) 初中畢業修業五年制師範專科學校畢業者；自第二十九級一六〇薪額起支。

11. 具有 (1) 國內外大學或獨立學院畢業者；或 (2) 分類職位第五職等考試及格者；自第二十八級一七〇薪額起支。

12. 具有 (1) 師範大學或師範學院各學系結業者；或 (2) 師範大學夜間部畢業者；或 (3) 大學教育系或教育學院各學系畢業者；或 (4) 經高級中等學校教師登記或檢定合格者；自第二十七級一八〇薪額起支。

13. 師範大學或師範學院各學系結業後實習期滿畢業者，自第二十六級一九〇薪額起支。

14. 高等考試或乙等特種考試或分類職位第六職等考試及格者，自

第二十三級二二〇薪額起支。

15. 具有 (1) 國內外大學研究院所得有碩士學位者; 或 (2) 分類職位第七職等考試及格者; 自第二十一級二四五薪額起支。

16. 分類職位第八職等考試及格者，自第十九級二七五薪額起支。

17. 具有 (1) 國內外大學研究院所得有博士學位者; 或 (2) 分類職位第九職等考試及格者; 自第十六級三三〇薪額起支。

18. 特種考試甲等考試或分類職位第十職等考試及格者，自第十三級三九〇薪額起支。

19. 分類職位第十一職等考試及格者，自第十級四五〇薪額起支。

第四節　教育人員之成績考核

教育人員之成績考核，因屬專科以上學校校長及教師，公立各級學校校長，公立各級學校教師，及公立各級學校職員而有不同。茲分項敍述之。

第一項　專科以上學校校長及教師之加薪與年功加俸

依大學及獨立學院教師聘任待遇規程，及大學及獨立學院教授年功加俸辦法規定，其情形如下:

一、教師加薪: 大學及獨立學院初任教師，以自本職最低級起薪爲原則，曾任教師或有特殊情形者，得酌自較高級起薪，其任教著有成績者，由學校酌予晉級。此種根據任教著有成績者之酌予晉級，卽含有成績考核晉級之意。

專科學校教師之支薪，得比照辦理。

二、教師年功加俸: 大學及獨立學院教師經審查合格，月薪已達本

職最高級，呈報教育部登記有案者，得給予年功加俸。教師之年功加俸每年一級，並得按年遞晉，以晉至三級爲止。給予年功加俸之教師，不得超過已支最高薪教師名額三分之一，並應於學年終了前一個月，依據教學、著述、實驗或處理行政成績，由校造具名册送教育部核備。此種年功加俸，雖無成績考核之名，但仍有考核之意。

專科學校教師之年功加俸，得比照辦理。

三、校長之加薪與年功加俸：專科以上學校校長，係由教師兼任，故其加薪及年功加俸，仍照教師之規定辦理。

第二項　公立各級學校校長之成績考核

此處所指公立學校校長，不包括專科以上學校校長。依公立學校校長成績考核辦法規定，其要點如下：

一、平時考核：各級主管教育行政機關，對所屬各校校長，應予平時考核，並得予以獎勵或懲處，獎勵分嘉獎、記功、記大功；懲處分申誠、記過、記大過。同一學年度內平時考核之獎懲得相互抵銷。

二、專案考核：各級主管教育行政機關，對所屬各校校長有重大功過時，應予專案考核，其獎懲爲：

（一）一次記兩大功者：其獎勵爲晉本薪或年功薪一級，並給予一個月薪給總額之一次獎金，已晉支年功薪最高級者，給予二個月薪給總額之一次獎金，但在同一年度內再次辦理專案考核記二大功者，不再晉敍薪級，改給二個月薪給總額之一次獎金。

（二）一次記兩大過或同一年度內累積達兩大過者：其懲處爲解聘或免職。

三、成績考核

（一）參加條件：各校校長經其主管機關核敍薪級後，任現職至學年

度終了滿一年者，予以成績考核。不滿一年者得以敍薪有案之同等學校之相當職務年資合併計算，但以調任或核准轉任其任職年資未中斷者爲限。

（二）考核項目及配分：　包括 1. 忠於國家執行敎育政策及法令之績效，占百分之二十；　2.辦理行政事務之效果，占百分之二十；　3.領導敎職員改進敎學之能力，占百分之二十；　4.言行操守及對人處事之態度，占百分之二十；　5.專業精神之表現，占百分之十；　6.其他個案應列入考慮之項目，占百分之十。

（三）考核等次及獎懲：　成績考核總分以一百分爲滿分，1.八十分以上爲甲等，除晉本薪或年功薪一級外，並給予一個月薪給總額之一次獎金，已支年功薪最高級者，給予二個月薪給總額之一次獎金；　2.七十分以上不滿八十分爲乙等，除晉本薪或年功薪一級外，並給與半個月薪給總額之一次獎金，已支年功薪最高級者，給予一個半月薪給總額之一次獎金；　3.六十分以上不滿七十分爲丙等，留支原薪級；　4.不滿六十分爲丁等，應予解聘或免職。

（四）列等之限制：　包括

1. 有下列情形之一者不得考列甲等，卽 (1) 全年請假累積超過規定日數者；　(2) 曾受懲戒處分者；　(3) 平時功過相抵後累積有記過以上處分者；　(4) 因案停職期間達六十日者；　(5) 實際執行職務未達六個月者；　(6)採用或推銷未爲考試用之參考書者；　(7)未依課程標準排課者。

2. 有下列情形者不得考列乙等以上；　卽 (1) 曾受記大過處分或平時功過相抵後累積仍達一大過以上處分者；　(2) 有奢侈放蕩及冶遊賭博等不良行爲者；　(3) 曾受科刑判決確定尙未達免職程度者。

四、另予成績考核：任職不滿一學年而已達六個月者，另予成績考核。

（一）列甲等者，給予一個月薪給總額之一次獎金。

(二)列乙等者，給予半個月薪給總額之一次獎金。

(三)列丙等者，不予獎勵。

(四)列丁等者，解聘或免職。

五、考核程序：視學校等別及隸屬關係而不同，卽(一)國立學校校長由教育部考核之；(二)專科以上學校附屬（設）中等學校或補習學校校長爲專任者，由各該專科以上學校考核，並報請教育部核定之；（三）省立學校校長由省教育廳考核，報請省政府核定之；（四)直轄市立學校校長由市教育局考核，報請市政府核定之；（五)縣（市）立國民中學校長由縣（市）政府擬評，送省教育廳複核，報省政府核定之；（六)縣（市）立國民小學校長由縣（市）政府考核，送省教育廳複核，報省政府核定之；（七)特殊地區學校校長之考核程序，依各該校長之任 免程規定行之。

第三項　公立學校教師之成績考核

此處所稱公立學校教師，不包括專科以上學校教師。依公立 學校職員成績考核辦法規定，有關教師部分之要點如下：

一、平時考核：各校對教師應隨時根據具體事實，詳加記錄，如有特殊優劣事蹟，並得專案報請主管教育行政機關予以獎勵或懲處。獎勵分嘉獎、記功、記大功；懲處分申誡、記過、記大過。嘉獎三次作爲記功一次，記功三次作爲記大功一次；申誡三次作爲記過一次，記過三次作爲記大過一次。平時考核屬同一年度之獎懲得相互抵銷。

二、專案考核：平時具有重大功過者，應列入專案考核。

(一)專案考核之重大功過事蹟：

1. 有下列情事之一者，一次記二大功：卽 (1) 針對時弊，研擬改進措施，經採行確有重大成效者；(2) 對教學或主辦業務有重大革新，

提出具體方案，經採用確具成效者；(3)察舉不法，維護政府或學校聲譽、權益，有卓越貢獻者；(4)冒生命危險搶救重大災害，切合機宜，免遭嚴重損害，有具體成效者；(5)遇重大事件，不爲利誘，不爲勢迫，堅持立場，爲國家、學校增進榮譽，有具體事實者。

2. 有下列情事之一者，一次記二大過：卽(1)圖謀不軌，背叛國家，有確實證據者；(2)怠忽職責或洩漏職務上之機密，致國家或學校遭受重大損害者；(3)違反重大政令，傷害政府信譽，或言行不檢，嚴重影響校譽，不堪爲人師表，有確實證據者；(4)侮辱、誣告或脅迫同事、長官，情節重大者；(5)涉及貪汚或重大刑案，有確實證據者。

(二)專案考核之獎懲：

1. 一次記兩大功者：獎勵爲晉本薪一級，並給與一個月薪給總額之一次獎金；已敍至本薪最高薪級或已晉年功薪者，晉年功薪一級，並給與一個月薪給總額之一次獎金；已敍至年功薪最高薪級依法不再晉級者，給與二個月薪給總額之一次獎金；在同一學年內再次辦理專案考核一次記兩大功者，不再晉敍薪級，改給與兩個月薪給總額之一次獎金。

2. 一次記兩大過或累積達兩大過者：應予解聘或免職。

三、成績考核

(一)參加條件：各校合格教師任職至學年度終了時屆滿一學年者，應予成績考核，任現職不滿一年而合於一定條件時，得併計前職年資滿一年參加成績考核，但教師與職員之服務年資不得併計。

(二)考核項目及獎懲：教師之成績考核，應按其教學、服務、品德及處理行政之記錄，依下列規定辦理：

1. 在同一學年度內合於下列條件者，除加本薪或年功薪一級外，並給與一個月薪給總額之一次獎金，已支年功薪最高級者，給與兩個月薪給總額之一次獎金。其條件爲，(1)教法優良，進度適宜，成績卓著

者；（2）訓導得法，效果良好者；（3）服務熱誠，對校務能切實配合者；（4）事病假合計在十四日以下，並依照規定補課或請人代課者；（5）品德良好能為學生表率者；（6）專心服務，未在校外兼課兼職者；（7）按時上下課，無遲到、早退、曠課、曠職記錄者；（8）未受任何行政處分者。（相當考列甲等）

2．在同一學年度內合於下列條件者，除晉本薪或年功薪一級外，並給與半個月薪給總額之一次獎金，已支年功薪最高級者，給與一個半月薪給總額之一次獎金。其條件為，（1）教學認眞，進度適宜者；（2）對訓導工作能負責盡職者；（3）與校務尚能配合者；（4）事病假併計在二十八日以下，並依照規定補課或請人代課者；（5）無曠課、曠職記錄者；（6）品德生活考核無不良記錄者。（相當考列乙等）

3．在同一學年度內有下列情形之一者，留支原薪，即（1）教學成績平常，勉能符合要求者；（2）有曠課、曠職記錄，但未連續七日或一學期內合計未達十日者；（3）事病假併計在二十八日以下，未依照規定補課或請人代課者；（4）未經校長同意，擅自在外兼課兼職者；（5）品德生活較差，情節尚非重大者。（相當考列丙等）

4．有下列情形之一者，應予解聘或免職，即（1）對教學或訓導工作或處理校務行政草率從事，消極應付致造成不良後果者；（2）不批改作業或不進行實驗實習，且常有錯誤情事者；（3）連續曠課、曠職達七日或一學期內合計達十日者；（4）廢弛職務致影響學生課業或校務者；（5）品德不良，有具體事實，足以影響校譽或師道尊嚴者。（相當考列丁等）

四、另予成績考核：任職不滿一學年已達六個月者，應另予成績考核。

㈠列相當甲等者，給與一個月薪給總額之一次獎金；

㈡列相當乙等者，給與半個月薪給總額之一次獎金；

㈢列相當丙等者，不予獎勵；

㈣列相當丁等者，解聘或免職。

五、考核程序：各校辦理教師成績考核，應組織考核委員執行初核，校長執行覆核。校長對初核結果不同意時，應交回考核委員會復議，對復議結果仍不同意時得變更之，但應說明事實及理由。教師成績考核結果，應冊報送主管教育行政機關核備。主管教育行政機關核定成績考核後，應通知原校執行，原校應以書面分別轉知各受考人，考核結果予以解聘或免職者，應於通知書內敍明事實及原因。受解聘或免職處分人員，得於限期內向主管教育行政機關申請覆審。

第四項　公立學校職員之成績考核

此處所稱公立學校職員，包括各級學校職員在內。依公立學校教職員成績考核辦法規定，職員之平時考核，專案考核，另予成績考核，考核程序，均與教師相同不再敍述外，玆就成績考核部分說明如下：

一、參加條件：各校合格職員任職至學年度終了時屆滿一年者，應予成績考核，任現職不滿一年而合於一定條件時，得併計前職年資滿一年參加成績考核，但教師與職員之年資不得併計。

二、考核項目、等次及獎懲

（一）考核項目及等次：各級學校職員之成績考核，分工作、勤惰、品德三項，並按其成績優劣評列為甲、乙、丙、丁四等。

（二）考核獎懲：

　1. 在同一學年度內有下列條件者為甲等,除加薪或年功薪一級外,並給與一個月薪給總額之一次獎金,已支年功薪最高級者,給予二個月薪給總額之一次獎金。其條件為,(1)職責繁重，努力盡職，並能任勞任怨

圓滿達成任務者；（2）事病假合計在十四日以下或無遲到早退曠職記錄者；（3）品德生活考核無不良記錄或未受任何刑事、懲戒或行政處分者。

2.在同一學年度內具有下列條件者爲乙等，除晉本薪一級外並給與半個月薪給總額之一次獎金，已支本薪最高薪或年功薪者給與一個月薪給總額之一次獎金，即(1)工作努力盡職，並能如期達成任務者；（2）事病假併計在二十八日以下或無曠職記錄或品德生活考核無不良記錄者。

3.在同一學年度內有下列情事之一者爲丙等，留支原薪，其條件爲，（1）工作平常勉能符合要求者；（2）經給予延長病假者；（3）有曠職情事，尚未連續達七日或一學期合計達十日者；（4）品德生活考核有不良事蹟，尚不足影響校譽或個人人格者。

4.在同一學年內有下列情事之一者爲丁等，應予免職，其條件爲(1)廢弛職務致影響校務者；（2）連續曠職達七日，或一學期曠職合計達十日者；（3）品德不良有具體事實，足以影響校譽或教育風氣者。

（一）在同一學年度內有下列情事之一者，不予晉薪或年功加薪，即1在本學年度內曾經依規定提敍薪級有案者；2經審查資格不合格者。

（二）在考核年度內曾記大功大過之列等限制，　爲　1.曾記二大功者，不得考列乙等以下；　2.曾記一大功者，不得考核丙等以下；　3.曾記一大過者，不得考列乙等以上。

第五節　教育人員之撫卹與退休

各級公立學校教育人員之撫卹、退休，分別公布有學校教職員撫卹條例及學校教職員退休條例，以爲辦理之依據。條例所定之內容，與公務人員撫卹法及公務人員退休法所定相同之處甚多。茲就與公務人員撫

邮法及退休法所定不同者，擇要敍述於後，至其相同之處，請逕參閱撫
邮及退休養老各章之說明。

第一項　學校教職員之撫邮

一、適用人員範圍：依學校教職員撫邮條例規定，各級公立學校現
職專任教職員，依規定資格任用，並經呈報主管教育行政機關有案者，
遇及死亡時，其遺族得申請撫邮。

二、請撫邮之條件：教職員有病故或意外死亡，或因公死亡者，給
予遺族撫邮金。

三、撫邮金種類及其計算標準與調整

(一)撫邮金分一次撫邮金，及兼領 一 次撫邮金與年撫邮金兩種，
其請領之條件與公務人員撫邮之規定同；又因公死亡者增給其一次撫邮
金，其增給之標準亦與公務人員之規定同；其生前受有勳章或有特殊功
績者，得增加一次撫邮金，增加標準由教育部呈請行政院核定之。

又教職員在職二十年以上亡故，生前立有遺囑，得改按學校教職員
退休條例一次退休金標準發給一次撫邮金；其無遺囑而遺族請改按一次
退休金標準發給一次撫邮金者亦同。

(二)撫邮金之計算標準，年撫邮金因待遇調整之調整，均與公務人
員撫邮之規定同。殮葬補助費之給與，其標準由教育部呈請行政院核定
之。

四、遺族範圍及受領順序，撫邮金之終止、喪失、停止與恢復：其
情況均與公務人員撫邮之規定同。

五、辦理手續

(一)遺族申請撫邮，應填具申請撫邮事實表，連同死亡證明書、經
歷證件、戶籍謄本，由服務學校核明，再轉報主管教育行政機關核定。

（二）教職員撫卹證書由核定機關填發，連同原送請撫卹證件，發交原服務學校轉交撫卹金受領人。教職員在國立學校者；其撫卹金由國庫支給，並以教育部爲支給機關；在省（市）立學校者由省（市）庫支給，並以省（市）財政廳（局）爲支給機關；在縣（市）鄉鎮立學校者由縣（市）庫支給，並以縣（市）政府爲支給機關。

（三）教職員一次撫卹金，於核定後發給；年撫卹金，於每年七月起一次發給。

六、其他規定

（一）學校主計人員及人事人員之撫卹，應依公務人員撫卹法之規定；軍訓教官之撫卹，應依軍人撫卹條例之規定。

（二）私立學校教職員之撫卹金，由各該學校參照本條例依其經費情形，自定辦法支給之。

（三）外國人任中華民國公立中等以上學校教員，因公死亡者，給與一次撫卹金，其數額準用本條例之規定。

第二項　學校教職員之退休

一、適用人員範圍：依學校教職員退休條例規定，各級公立學校現職專任教職員，依照規定資格任用，經呈報主管教育行政機關有案者，其退休適用學校教職員退休條例之規定。

二、退休種類及條件：教職員退休分申請退休與應卽退休兩種，申請退休之條件與公務人員自願退休同，應卽退休之條件與公務人員命令退休同。

三、退休金種類及其選擇與計算標準

（一）任職五年以上未滿十五年退休者，給予一次退休金。

（二）任職十五年以上退休者，得由退休人就下列方式選領退休金：

1. 選領一次退休金。
2. 選領月退休金。
3. 兼領二分之一之一次退休金與二分之一之月退休金。
4. 兼領三分之一之一次退休金與三分之二之月退休金。
5. 兼領四分之一之一次退休金與四分之三之月退休金。

(三)一次退休金及月退休金之計算標準，與公務人員一次退休金及月退休金同，卽一次退休金以六十一個基數爲限，月退休金以月俸額百分之九十爲限。

但教員或校長服務滿三十年，並有連續任職二十年之資歷，成績優異而仍繼續服務者，一次退休金得依前述標準增加其基數，但最高總數以八十一個基數爲限；月退休金之給與，以增至百分之九十五爲限。其情形如下表所示：

年資	一次退休金基　　　數	月退休金百　分　比
5	9	
6	11	
7	13	
8	15	
9	17	
10	19	
11	21	
12	23	
13	25	
14	27	
15	29	75%
16	33	76%
17	35	77%
18	37	78%
19	39	79%
20	41	80%
21	43	81%
22	45	82%
23	47	83%
24	49	84%

25	51		85%	
26	53		86%	
27	55		87%	
28	57		88%	
29	59		89%	
30	61		90%	
31	61	63	90%	91%
32	61	65	90%	92%
33	61	67	90%	93%
34	61	69	90%	94%
35	61	71	90%	95%
36	61	73	90%	95%
37	61	75	90%	95%
38	61	77	90%	95%
39	61	79	90%	95%
40	61	81	90%	95%

　　(四)退休金之加給：退休教職員，其心神喪失或身體殘廢係因公傷病所致者，一次退休金依照規定加給百分之二十，月退休金一律按月俸額百分之九十五給與，其任職未滿五年者以五年計。

　　(五)其餘有關撫慰金之給與，回程路費之給與，退休時任職年資之採計，及退休後再任與再任後重行退休時之特別規定，均與公務人員退休之規定相若。

　　四、退休金之喪失、停止及恢復，退休金權利之保障與消滅時效：其情形與公務人員退休之規定同。

　　五、辦理手續

　　(一)申請退休人員，應填具退休事實表，檢附全部任職證件及有關證明文件，由服務學校呈報主管教育行政機關審核；應卽退休人員，該項表件得由服務學校填報。

　　(二)退休人員經審定給與退休金者，由主管教育行政機關填發退休金證書，遞由原服務學校發交退休人員。教職員退休金，在國立學校由國庫支給，並以教育部為支給機關；在省（市）學校由省（市）庫支給，並以省（市）政府為支給機關；在縣市區鄉鎮學校由縣（市）庫支

給，並以縣（市）政府爲支給機關。

（三）一次退休金於退休案審定後，即行支領；月退休金，每六個月支領一次。

六、其他規定

（一）學校主計及人事人員之退休，應依公務人員退休法之規定辦理。

（二）私立學校教職員之退休，比照本條例之規定，由各校董事會視各該校經費情形擬訂辦法，呈報主管教育行政機關備查。

（三）外國人任中華民國公立中等以上學校教員者，其退休給與依本條例之規定。

第十七章 人事管理

　　人事管理有其意義與一般原則，人事管理之政策與法規由人事主管機關訂定，再交由各機關之人事機構執行，對各人事機構人員應加適度管理，並規定業務視察與舉行會報以加強協調聯繫。茲分節敘述之。

第一節　意義及一般原則

第一項　意　義

　　人事管理，指人事主管機關基於職權，制訂人事政策法規，並督導各機關人事機構，配合所在機關需要，依法切實執行人事業務，以求人盡其才事竟其功。茲說明如下：

　　一、人事主管機關制訂人事政策法規：人事管理之依據，係人事政策法規，而此種人事政策與法規，又為人事主管機關基於職權所制訂者。所稱人事主管機關，依憲法規定，以考試院為國家最高考試機關，在考試院之下，設有考選部及銓敘部，在行政院之下設有行政院人事行政局，均可稱為人事主管機關，考選、銓敘兩部，受考試院監督，行政

院人事行政局之有關人事考銓業務，並受考試院指揮監督。

　　二、各機關人事機構執行人事政策法規： 由主管機關所制訂之人事政策及法規，需由人事主管機關督導各機關之人事機構切實執行。各機關必需進用人員以辦理業務，一機關只要進用人員，就有人事業務待辦，而此種人事業務，均由各機關之人事機構，依據人事政策與法規來執行。

　　三、執行人事政策及法規需配合所在機關需要： 各機關之情況，所用公務人員之類別及等級多有不同，在執行人事政策法規時，在政策法規許可範圍內，需配合機關之需要作人員之羅致與運用，進而促進機關業務之發展。因此人事政策與法規之內容，需具有適度彈性，以期可各別適應機關需要。

　　四、人事管理之目的在人盡其才事竟其功： 人事管理之目的，在運用有效方法，羅致最適當人員，派以職務，分配其工作，使人員之潛能及學識才能，在工作上能獲得充分的發揮，並在高效率之下，獲致理想的工作成果，以達人盡其才、事竟其功。

第二項　一般原則

　　人事管理工作，為期發揮績效，宜注意下列原則：

　　一、明定主管機關及權責： 人事管理工作之開展，需明定主管機關，並賦予應有之權責，而後始能基於職權，從事規劃訂定政策及法規，並據以推行。目前法定之主管機關，主要為考試院、考選部、銓敘部及行政院人事行政局，尤以考試院，憲法明定為國家最高考試機關，對考選部、銓敘部及行政院人事行政局，有指揮監督之權。

　　二、設置人事機構及訂定人事員額： 有公務人員就有人事管理工作，各機關為便於人事管理，應由人事主管機關洽商所在機關設置人事

機構，以爲辦理人事業務之單位；並根據所在機關人事業務之繁簡，規定人事機構之員額。各機關人事機構處理人事業務時，自需接受人事主管機關之監督。

三、人事管理需配合所在機關需要：人事管理，固需有全國一致的政策及法規，但在不抵觸政策及法規原則下，需盡量配合所在機關的需要，接受所在機關首長的監督，以期解決所在機關所遭遇及之人事問題；惟有如此，人事機構始能獲得所在機關的支持，及所在機關內各單位的合作。

四、區分人事人員任免考核權責：人事機構之主管稱爲人事主管人員，人事機構之其餘人員稱爲人事佐理人員；爲便利人事主管機關對所屬人事機構之監督，人事主管人員應由人事主管機關任免，或由人事主管機關洽商所在機關首長後任免；人事主管人員之考核，亦應由人事主管機關徵詢所在機關首長意見後辦理。人事佐理人員之任免，爲便利人事主管對所屬之監督，應由人事主管人員擬報人事主管機關辦理；人事佐理人員之考核，宜由人事主管人員擬報人事主管機關核定。

五、人事業務需加視察與輔導：各機關之人事業務，雖由所在機關之人事機構，依據人事主管機關所定之人事政策與法規，並配合所在機關需要而辦理，但人事主管機關仍需與之保持密切聯繫。如派員赴各人事機構視察人事業務，並作必要之輔導，協助其解決人事問題，以期人事管理益臻理想。

六、召開人事會報以利意見溝通：各機關人事管理工作，雖有其差異性的一面，但更有其共同性的一面；爲期各人事機構主管人員，對人事管理上之共通性問題，能有充分時間作共通研討及相互交換工作心得，對共同觀念的建立及人事管理的推行，實大有助益。因此，人事會報之召開，乃宣導人事政策，溝通人事主管人員意見所必需。

第二節　人事機關及其職權

考試院爲最高人事主管機關，考選部、銓敍部亦爲有關部分之人事主管機關，行政院人事行政局有其特定地位與職權，考銓處爲地區之人事機關，銓敍委託審查委員會係接受銓敍部之委託而辦理銓審工作者。茲分項述後。

第一項　考　試　院

依憲法增修條文規定，考試院爲國家最高考試機關，掌理(一)考試，(二)公務人員之銓敍、保障、撫卹、退休，(三)公務人員任免、考績、級俸、升遷、褒獎之法制事項。又依憲法規定，考試院關於所掌事項，得向立法院提出法律案。再依考試院組織法規定，其組織及職掌爲：

一、考試院設院長、副院長各一人，考試委員十九人，任期均爲六年；考試院設考試院會議，以院長、副院長、考試委員及考選、銓敍兩部部長組織之，決定憲法第八十三條所定職掌之政策及有關重大事項。

二、考試院設秘書長一人，承院長之命處理本院事務，並指揮監督所屬職員；考試院置參事，掌理考選、銓敍法案命令之撰擬、審核事項；另置編纂、編譯、專門委員、專員等職務。

三、考試院設秘書處，掌理會議紀錄、文書收發及保管、文書分配撰擬及編製、印信典守及出納庶務事項；秘書處置秘書、科長、科員、書記官、佐理員、雇員等職務；考試院並設會計室、統計室及人事室。

四、考試院設考選部、銓敍部，考試院於必要時得設各種委員會，考試院得於各省設考銓處，組織均另以法律定之。

第二項 考 選 部

依考選部組織法規定，其組織職掌為：

一、考選部掌理全國考選行政事宜，對承辦考選行政事務之機關，有指示監督之權。

二、考選部設考選規劃司，掌理考選改革之研擬、規畫等事項；設高普考試司，掌理公務人員及專門職業及技術人員高等及普通考試等事項；設特種考試司，掌理公務人員及專門職業與技術人員特種考試等事項；設檢覈司，掌理各種檢覈委員會之組織及各種檢覈案件之初審等事項；設總務司，掌理文件收發保管、印信典守、經費出納等事項；設秘書室、掌理文稿審核及會議等事項；設資訊管理室，掌理資訊作業規劃、協調及執行等事項。另設會計室、統計室及人書室。並得設委員會。

三、考選部設部長一人，綜理部務並監督所屬職員，次長二人，及主任秘書、參事、司長、專門委員、秘書、視察、主任、科長、編纂、科員、助理員、雇員等職務。

第三項 銓 敍 部

依銓敍部組織法規定，其組織及職掌為：

一、銓敍部掌理全國文職公務員之銓敍，及各機關人事機構之管理。

二、銓敍部置法規司，掌理人事政策、人事制度及人事法規等之綜合規劃研究及審議事項；銓審司，掌理公務人員任免、遷調、敍俸、考績、考成及勳獎、懲處之審查事項；特審司，掌理司法、外交、主計、警察、公營事業等人員之任免、遷調、敍俸、考績、考成之審查事項；退撫司，掌理公務人員保險、退休、撫卹、保障、福利之審核事項；登

記司，掌理考試及格人員分發、公務人員進修、公務人力調查及儲備等事項；另設總務司，秘書室，銓敘審查委員會，電子處理資料室，會計室，統計室及人事室。並得設委員會。

三、銓敘部設部長一人，綜理部務並監督所屬職員及機關，次長二人，及參事、司長、秘書、視察、專門委員、主任、科長、專員、科員、助理員、雇員等職務。

第四項　行政院人事行政局

依憲法增修條文第九條規定，行政院得設人事行政局，其組織以法律定之，在未完成立法程序前，其原有組織法規得繼續適用至中華民國八十二年十二月三十一日止。依該局現行組織規程規定，其組織及職掌為：

一、行政院在動員戡亂時期，為統籌所屬各級行政機關及公營事業機關之人事行政，加強管理，並儲備各項人才，特設人事行政局，人事行政局有關人事考銓業務，並受考試院之指揮監督。

二、人事行政局設第一處，掌理各級行政機關及公營事業之人事管理，各級人事機構設置、變更之擬議審核，人事人員派免、遷調、考核、獎懲之擬議，人事政策及人事法規之研擬及建議，戰地及收復地區人事制度之規劃研擬，各項人才之儲備等事項；第二處，掌理各級行政機關簡任以上人員派免、遷調之研議審核，組織法規及編制員額之研議審核，需用人員之統籌分發擬議等事項；第三處，掌理考核制度之規劃及增進工作效率之擬議，現職人員之調查、考核、統計、分析、考績、獎懲之核議審核，公務人員訓練、講習、進修、考察之規劃擬議，請領勳獎、褒揚案件之擬議等事項；第四處，掌理員工待遇、獎金及福利之規劃擬議，公務人員保險業務之改進建議，退休、撫邮之規劃核議，人

事資料之調查、統計、保管及分析運用等事項；另置秘書室、人事室、會計室、安全室。

三、人事行政局置局長一人，綜理局務並指揮監督所屬職員，副局長一至二人，及主任秘書、處長、秘書、副處長、主任、專門委員、視察、科長、專員、科員、辦事員、雇員等職務。

四、人事行政局因業務需要，得設置各種委員會。

五、行政院所屬各級人事機構組織、編制、人員派免核定後，均報送銓敍部備查。

第五項　考銓處

依考銓處組織條例規定，其組織及職掌爲：

一、考試院在一省或二省以上地區設考銓處，掌理各該省區內之考選銓敍事宜，依考試院之指定，兼辦院轄市考選銓敍事宜，並分別受考選部銓敍部之指揮監督（政府遷臺後未再設置）。

二、考銓處之職掌，爲關於公職候選人、任命人員及專門職業及技術人員考試之籌辦及試務，委任職公務員之資格俸級、考績考成及升降轉調之審查，獎勳退休撫邮之初審，公務員之登記及考取人員之分發，省政府以下各機關人事機構之指導。

三、考銓處置處長一人，綜理處務並監督所屬職員，置秘書、科長、專員、會計員、統計員、科員、助理員、雇員等職務。

第六項　銓敍委託審查委員會

臺灣省委任五職等以下公務人員之銓敍，由考試院銓敍部委託省政府成立臺灣省委任職公務員銓敍委託審查委員會辦理。依該會組織規程規定，其組織及職掌爲：

一、委員會置主席一人，由省府主席或秘書長兼任，置委員若干人，由省府主席，就省府委員、廳處長、臺灣高等法院院長、臺灣省審計處長等人員中聘兼之。

二、銓審會設執行秘書，下分三組辦事。第一組掌任審及退休案之審查；第二組掌考績、獎懲、撫邮及動態案之審查；第三組掌文書、事務等事項。其職務有組長、股長、組員、助理員、雇員等。該委員會已於七十八年撤銷，其業務由銓敍部收回自辦。

第三節　人事機構及其職掌

中央及地方機關之人事管理，除法律另有規定外，由考試院銓敍部依人事管理條例之規定行之。人事管理條例之主要規定，包括人事機構之設置、人事機構之組織與職掌、及人事人員之任免等。玆分項逑後。

第一項　人事機構之設置

一、依人事管理條例規定

(一)政府機關：

1. 人事機構名稱：總統府，五院，各部、會、處、局、署，各省（市）政府，設人事處或人事室；總統府所屬各機關，各部、會、處、局、署所屬各機關，各省（市）政府廳、處、局，各縣（市）政府，各鄉（鎮、市、區）公所，設人事室或人事管理員。

2. 人事機構之設置：各機關人事處室之設置及其員額，由各該機關按其事務之繁簡、編制之大小，與附屬機關之多寡，酌量擬訂，送銓敍部審核，但必要時，得由銓敍部擬定之。人事管理員之設置亦同。各機關人事管理機構設置規則及辦事細則，由銓敍部擬訂，呈請考試院核

定之。

（二）國、省營事業及國、省立中等以上學校之人事機構設置，準用本條例之規定。

二、有關主管機關之補充規定：考試院依人事管理條例規定，分別訂有人事管理機構設置規則、公營事業機關人事管理機構設置規則、及公立學校人事管理機構設置規則，行政院人事行政局對行政院所屬各級公營事業及各級公立學校，亦規定有人事機構之設置標準，玆綜合簡說之：

（一）政府機關：各機關人事處、人事室、人事管理員，應冠以所在機關名稱。行政院所屬各部及省（市）政府，或行政院所屬會、處、局、署而附屬機關較多者，設人事處；行政院所屬會、處、局、署，省（市）政府各廳、處、局及各縣（市）政府，設人事室；機關公務人員數在一百人以上者設人事室，五十人以上未滿一百人者設人事室或人事管理員，未滿五十人者設人事管理員或指定適當人員兼任或兼辦人事業務。

（二）公營事業：公營事業人事機構分為人事處、甲等人事室、乙等人事室、丙等人事室及人事管理員五種。所屬單位衆多之公營事業設人事處，所轄人數一百人以上設人事室，所轄人數五十人以上未滿一百人者設人事室或人事管理員，所轄人數未滿五十人者設人事管理員或指定適當人員兼任或兼辦人事業務。公營事業所轄人數，職員與生產技術工人合併計算，生產技術工人以三人折合一人計算。

（三）公立學校：所稱公立學校包括國立、省（市）立、縣（市）立各級學校。公立學校人事機構分為甲等人事室、乙等人事室、丙等人事室及人事管理員四種。高級中等以上學校設人事室；國民中學在三十六班以上者設人事室或人事管理員，未滿三十六班者設人事管理員或指定

適當人員兼任或兼辦人事業務；國民小學在六十班以上者設人事管理員，未滿六十班者設人事管理員或指定適當人員兼任或兼辦人事業務。

（四）人事室之區分爲甲、乙、丙等：以上設人事室者，得根據所在機關層級、所轄員額多寡及業務繁簡等因素，予以區分爲甲、乙、丙三等。

第二項　人事機構之組織及職掌

依人事管理條例及有關主管機關之補充規定，其情形如下：

一、人事機構之組織： 人事處置處長，職位列第十至第十二職等；人事室置主任，其職位之列等，分爲第六至第九或第十或第十一職等；人事管理員，職位列爲第五至第七職等。以上人事室之列等標準，由考試院會同行政院定之。人事處分科辦事；甲等、乙等人事室，得分股辦事。人事機構之員額，由各該機關按其事務之繁簡、編制之大小，及附屬機關及其員額之多寡，酌量擬訂。

二、人事機構之職掌： 包括（一）關於本機關有關人事規章之擬訂事項；（二）關於本機關職員送請銓敍案件之查催及擬議事項；（三）關於本機關職員考勤之紀錄及訓練之籌辦事項；（四）關於本機關職員之考績考成事項；（五）關於本機關職員撫邮之簽擬及福利之規劃事項；（六）關於本機關職員任免、遷調、獎懲及其他人事之登記事項；（七）關於本機關職員俸級之簽擬事項；（八）關於本機關需用人員依法舉行考試之建議事項；（九）關於本機關人事管理之建議及改進事項；（十）關於所屬機關有關人事案件之依法核辦事項；（十一）關於人事調查統計資料之搜集事項；（十二）關於銓敍機關交辦事項。

以上係人事管理條例所定之職掌，但自人事管理條例公布後，新訂之人事法律及規章甚多，均交由人事機構執行，故各人事機構之實有職

掌，並不限於人事管理條例之十二項，如公務人員之退休、保險、進修考察、機關組織編制等，亦屬人事機構之職掌。

　　三、人事機構各科股職掌之區分： 人事機構係分科或分股辦事時，爲求人事業務之推行順利及加強人事機構各科股間業務聯繫，行政院所屬各機關之人事機構，對各科股之職掌區分，曾作下列之統一規定：

　　(一)人事機構分四科（課股）辦事者，其職掌區分爲：第一科（課股）， 辦理組織編制、職位分類、人事人員管理、綜合性人事規章及其有關事項；第二科（課股）， 辦理考試、分發、任免、遷調及其有關事項；第三科（課股）， 辦理考核、獎懲、考績、考成、服務、訓練、進修及其有關事項；第四科（課股）， 辦理待遇、福利、保險、退休、撫卹、人事資料及其有關事項。

　　(二)人事機構分三科（課股）辦事者，其職掌區分爲：第一科（課股）， 辦理上述分四科（課股）辦事之第一、第二科（課股）之業務；第二科（課股），辦理上述第三科（課股）之業務；第三科（課股），辦理上述第四科（課股）之業務。

　　(三)人事機構分二科（課股）辦事者，其職掌區分爲：第一科（課股）， 辦理上述分四科（課股）辦事之第一、第二科（課股）之業務；第二科（課股），辦理上述第三、第四科（課股）之業務。

　　四、人事機構辦事規則： 包括 (一) 各級人事主管人員，承長官之命，處理該管事務；(二)人事主管人員，得出席所在機關有關其職掌之各種會議；(三)人事機構辦理人事行政事項，涉及對外者，依所在機關行政系統與程序，以所在機關名義行之；(四)人事主管人員，對所在機關人事管理之改進，得建議於所在機關長官及銓敍部採擇施行。

第四節　人事人員及其派免考核

人事人員之遴選有一定之標準，人事人員之派免考核有其程序與權責，人事人員之監督有其一定系統。茲分項述後。

第一項　人事人員之遴選標準

人事主管機關為提高人事人員素質，對人事人員之遴用常定有標準。其情形如下：

一、**銓敍部所屬人事管理人員遴用原則**：於民國四十六年所定之遴用標準，為（一）中央或地方依考試法規舉行之人事行政考試及格者；(二)考試及格並具有人事行政學識經驗者；（三)中央或地方訓練之人事管理人員並經銓敍合格者；（四)曾在本部及各人事機構從事人事行政工作，並經銓敍合格者；（五)有人事管理著作（以出版者為限）並經銓敍合格者。以上之(一)(二)(三)(四)(五)，亦表示有優先順序之意。

二、**行政院人事行政局對所屬人事管理人員遴選標準**：依行政院所屬各級人事機構及人事人員管理辦法規定，（一)簡任或相當簡任人員，須經高等考試或相當高等考試之特種考試有關行政類科考試及格，或專科以上學校有關行政科系畢業，或具有人事行政特殊著作經出版及審查合格，並在最近五年曾任有關行政工作三年以上，其考績均列乙等以上者；（二)薦任或相當薦任人員，須薦任職升等考試或普通考試或相當普通考試以上特種考試有關行政類科考試及格，或專科以上學校有關行政科系畢業，或具有人事行政專門著作經審查合格，並在最近三年曾任有關行政工作二年以上，其考績均列乙等以上者；（三)委任或相當委任人員，須經普通考試或相當普通考試之特種考試或委任職升等考試有關行

政類科考試及格，或高級中等以上學校畢業者。

第二項　人事人員之任免與考核

任免與考核，因人事主管人員與人事佐理人員而不同。

一、人事主管人員與人事佐理人員：各人事機構之人事處處長、人事室主任及人事管理員，為人事主管人員；其餘人員為人事佐理人員。

二、人事人員之任免：人事主管人員之任免，由銓敘部依法辦理；人事佐理人員之任免，由各該人事機構之主管人員擬請銓敘部或銓敘處依法辦理。但行政院所屬各級人事人員之派免，由人事行政局核定後，報送銓敘部備查。

三、人事人員之考核：人事主管人員之考核考績，由銓敘部徵詢所在機關首長意見後辦理，或根據其上級人事主管之擬報辦理；人事佐理人員之考核考績，由銓敘部根據所在人事主管之擬報辦理；但行政院所屬各級人事主管及人事佐理人員之考核考績，由人事行政局覆核後送銓敘機關依考績法核定。

第三項　人事人員之監督系統

各人事機構之人事佐理人員，受該人事主管人員之監督；各人事主管人員，一方面受上級人事機構及人事主管機關之監督，一方面又受所在機關主管長官之監督。其情形如下：

一、受銓敘部指揮監督：人事管理人員由銓敘部指揮監督，其設有銓敘處各省之縣市政府等之人事管理人員，得由各該銓敘處指揮監督之。

二、受所在機關主管長官監督：人事管理人員，仍應遵守各機關之處務規程與其他通則，並秉承原機關主管長官依法辦理其事務。

三、**行政院所屬各級人事人員受人事行政局監督**：依行政院所屬各級人事機構及人事人員管理辦法規定，各級人事人員之考核、獎懲、考績及人事機構業務之督導，由人事行政局辦理，由上可知行政院所屬各級人事人員，同時需受人事行政局監督。

第五節　人事業務視察及人事會報

為考核各人事機構之業務績效，發現缺失並輔導改進，及為加強各人事機構改進人事業務及協調聯繫，乃有人事業務視察與人事會報之規定。玆分項敍述之。

第一項　人事業務視察

人事主管機關為宣達政令，指導所屬各人事機構業務，調查人事行政實況，瞭解各機關意見，並考察人事主管工作績效，以改進人事業務及發揮人事管理功能，經訂定視察辦法施行。玆以銓敍部所訂辦法為例，就其要點說明如下：

一、視察方式：視察方式分下列三種：

(一)定期視察：每年定期派員視察一次。

(二)專案視察：業務上有必要時，專視察一部分機關或業務。

(三)個案視察：對人事業務各項糾紛或控訴等案件作個別調查。

二、視察前之準備

(一)視察人員出發前，應先與本部有關單位聯繫協調，以深切瞭解擬視察對象及範圍；各單位業務上如需考察、調查或周知被視察機關或機構之事項，得提請視察人員辦理。

(二)派員視察應先期通知各機關，視察人員到達時應先會同人事主

管拜會機關首長，說明視察目的、方法與範圍等，並聽取其意見。

(三)被視察機關或機構，應妥備有關資料供視察人員查閱，並充分協助視察人員進行工作。

三、視察中應注意事項

(一)視察人員在視察期間，應隨時利用時機宣達本部政令及施政方針，必要時得召開地區人事會報集中說明。

(二)視察人員對被視察機關或機構辦理業務狀況，應依法令及標準詳細查核，必要時並得指導更正。

(三)視察人員應態度謙和，並保持良好公共關係，以利業務協調，視察期間不得接受各機關之招待。

四、視察後之處理

(一)視察人員於視察結束後，應提出視察報告；如認爲有可供參考或具共同性缺點需要改進者，應協調有關單位擬具處理意見，呈請核定後分別處理。

(二)各機關對本部業務之反映意見，除列入視察報告外，應專案協調有關單位簽請核定辦理，並將處理情形通知各該機關。

(三)視察人員對各人事主管之工作績效，得簽報作爲年終考績之參考。

第二項　人事會報

銓敍部及行政院人事行政局，均有人事會報辦法之規定。

一、銓敍部規定：爲推行人事制度，改進人事業務，提高人事行政效率，特訂定人事會報辦法。其要點如下：

(一)人事會報種類：全國人事會報，每年舉行一次，由銓敍部主持，出席人員由銓敍部定之；地方人事會報，又分省（市）人事會報每

年舉行一次，縣（市）人事會報每六個月舉行一次，由各該地方最高機關人事機構主持，出席人員由主持機構指定之；專業機關人事會報，每年舉行一次，由該業務系統最高主管機關人事機構主持，出席人員由主持機構指定之。

(二)會報事項：　包括本機關及所屬機關人事業務之狀況，本機關及所屬機關人事規章之增修或廢止，對於人事制度及人事業務之革新意見，有關人事行政之專題研究報告，及其他有關人事業務之重要事項。

(三)結論處理：各種人事會報之結論，涉及全國性者，應函送銓敍部。

　　二、行政院人事行政局規定：爲加強所屬各級人事機構主管人員，對人事制度及人事業務之研討，特訂定人事會報辦法。其要點如下：

(一)參加人員：人事會報每年舉行一次，必要時得臨時召集之；參加人員包括行政院所屬各主管機關人事機構主管人員，本局指定之各主管機關所屬人事主管人員，本局指定之其他人事人員。

(二)會報事項：人事會報事項，包括中心議題之討論，本局對當前人事政策及年度施政計劃之說明，本局規定事項之指示，各人事機構之重要工作報告及建議，人事專題之研究，局長交議事項，及其他有關人事行政事項。

(三)提案程序：中心議題由本局擬訂，先分交各出席人員研討，其研討意見遞報本局；一般提案由各級人事機構提供彙報本局。

(四)討論方式：分組討論，分組研討結論於綜合討論時提出報告，並作綜合討論。

(五)結論處理：會報結論，簽報局長核定後，分送各主管單位規劃辦理，貫徹執行。

附　　錄

主 要 考 銓 法 規

壹、公務人員考試法、專門職業及技術人員考試法

一、沿革

㈠考試法: 於民國十八年八月一日公布, 凡候選及任命之人員, 及應領證書之專門職業及技術人員, 均須經中央考試, 定其資格, 並將考試分爲普通考試、高等考試、特種考試三種。其修正經過爲:

1. 民國二十二年二月二十三日修正: 將高普考試, 各分爲甄錄試、正試、面試, 甄錄試不及格者不得應正試, 正試不及格者不得應面試, 採分試淘汰制。

2. 民國二十四年七月卅一日修正: 將高普考試各分爲第一試、第二試、第三試, 或第一試、第二試, 由考試院定之; 至二十八年八月及三十三年八月, 先後將高普考試分爲初試、訓練、及再試, 原定之第一、第二、第三試已不再適用。

3. 民國三十七年七月二十一日修正: 將專門職業及技術人員考試法, 併入考試法; 刪除候選人員之考試; 增訂應考人年齡由考試院定之; 高普考試及特種考試均得分試舉行; 考試及格人員可同時取得公務人員及專門職業及技術人員考試之及格資格; 全國性之公務人員考試應按省區分定錄取名額; 公務人員升等應經考試; 得辦理雇員考試。至此考試制度已大致完備。

4. 以後之修正: 分別於四十一年二月廿七日、四十三年十二月十七日、五十一年八月廿九日、五十七年十二月十二日、六十一年二月五日、六十九年十一月廿四日修正, 惟修正幅度不大。

㈡分類職位公務人員考試法: 政府爲實施職位分類, 乃於五十六年六月八日, 公布分類職位公務人員考試法, 並先後於五十七年一月十五日、五十七年五月九

日、五十八年八月二十五日、六十一年二月五日、六十七年十月二十七日修
正，其內容包括分類職位公務人員考試，依職系分八個職等舉行；升任第二、
第六、第十職等應經升等考試；並按職等分定應考資格等。

㈢公務人員考試法與專門職業及技術人員考試法：七十五年元月二十四日，公布
公務人員考試法，對專門職業技術人員考試部分，則另公布專門職業及技術人
員考試法，並均同日施行。原有之考試法、分類職位公務人員考試法，同日廢
止。

二、現行「公務人員考試法」

中華民國七十五年一月二十四日公布

第 一 條　公務人員之任用，依本法以考試定其資格。

第 二 條　公務人員之考試，應本為事擇人，考用合一之旨，以公開競爭方式行
之。

前項考試，應配合任用計畫辦理之。

第 三 條　公務人員考試，分高等考試、普通考試二種。高等考試必要時，得按
學歷分級舉行。

為適應特殊需要，得舉行特種考試，分甲、乙、丙、丁四等。

第 四 條　公務人員各種考試之應考年齡、考試類、科及分類、分科之應試科
目，由考試院定之。

第 五 條　公務人員考試應考人須經體格檢查。體格檢查時間及標準，由考試院
定之。

第 六 條　中華民國國民，具有本法所定應考資格者，得應本法之考試。但有左
列各款情事之一者，不得應考：

一、犯刑法內亂罪外患罪，經判刑確定者。

二、曾服公務有侵占公有財物或收受賄賂行為，經判刑確定者。

三、褫奪公權尚未復權者。

四、受禁治產宣告，尚未撤銷者。

五、吸食鴉片或其他毒品者。

第 七 條　公務人員考試，得採筆試、口試、測驗、實地考試、審查著作或發明或知能有關學歷、經歷證明及論文等方式行之。除筆試外，其他應採二種以上方式。筆試除有特別規定者外，概用本國文字。

第 八 條　公務人員高等考試、普通考試，每年或間年舉行一次；遇有必要，得臨時舉行之。

第 九 條　舉行公務人員高等考試、普通考試前，考選部得定期舉行檢定考試。檢定考試規則，由考試院定之。

第 十 條　舉行公務人員考試時，組織典試委員會，主持典試事宜。考試院認爲必要時，得不組織典試委員會，由院派員或交由考選機關或委託有關機關辦理之。前項典試事宜，以典試法定之。

第十一條　舉行公務人員考試之監試事宜，以監試法定之。

第十二條　公務人員各種考試，得合併或單獨舉行，並得分試、分區、分地、分階段舉行。其考試類、科、區域、地點、日期等，由考選部於考試兩個月前公告之。

第十三條　全國性之公務人員高等考試、普通考試，應按省區分定錄取名額。其定額標準爲省區人口在三百萬以下者五人，人口超過三百萬者，每滿一百萬人增加一人。但仍得依考試成績按定額標準比例增、減錄取之。對於無人達到錄取標準之省區，得降低錄取標準，擇優錄取一人。但降低錄取標準十分，仍無人可資錄取時，任其缺額。

第十四條　考試後發現因典試或試務之疏失，致應錄取而未錄取者，由考試院補行錄取。

第十五條　具有左列資格之一者，得應公務人員高等考試:

一、公立或立案之私立專科以上學校或經教育部承認之國外專科以上學校相當系、科畢業者。

二、高等檢定考試相當類、科及格者。

三、普通考試相當類、科及格滿三年者。

第十六條　具有左列資格之一者，得應公務人員普通考試:

一、具有前條第一款第二款資格之一者。

二、公立或立案之私立高級中等學校畢業者。

三、普通檢定考試相當類、科及格者。

四、特種考試之丁等考試及格滿三年者。

第十七條　具有下列資格之一者，得應公務人員特種考試之甲等考試:

一、公立或立案之私立大學研究院、所，或經敎育部承認之國外大學研究院、所，得有博士學位，並任專攻學科有關工作二年以上，成績優良，有證明文件者。

二、公立或立案之私立大學研究院、所，或經敎育部承認之國外大學研究院、所，得有碩士學位，並任專攻學科有關工作四年以上，成績優良，有證明文件者。

三、曾任公立或立案之私立專科以上學校敎授，或曾任副敎授三年以上，經敎育部審查合格，成績優良，有證明文件者。

四、高等考試及格，並就其錄取類、科，在機關服務六年以上，成績優良，有證明文件者。

五、公立或立案之私立獨立學院以上學校畢業，或經敎育部承認之國外獨立學院以上學校畢業，並曾任民選縣（市）長滿六年，成績優良，有證明文件者。

六、公立或立案之私立獨立學院以上學校畢業，或經敎育部承認之國外獨立學院以上學校畢業，或高等考試及格，曾任公營事業機構董事長或總經理三年以上，或副總經理六年以上，成績優良，有證明文件者。

第十八條　公務人員特種考試之乙等及丙等考試應考資格，分別準用第十五條及第十六條關於高等考試及普通考試應考資格之規定。

第十九條　具有左列資格之一者，得應公務人員特種考試之丁等考試:

一、具有第十六條第一款至第三款資格之一者。

二、國民中學、初級中等學校畢業或具有國民中學同等學力者。

第二十條　公務人員各種考試之應考資格，除依第十五條至第十九條規定外，其分類、分科之應考資格條件，由考試院定之。

第二十一條　公務人員高等考試與普通考試及格者，按錄取類、科，接受訓練，訓練期滿成績及格者，發給證書，分發任用。

前項訓練辦法，由考試院會同關係院定之。

其他公務人員考試，如有必要，得照前兩項規定辦理。

第二十二條　考試後發現及格人員有左列各款情事之一者，由考試院撤銷其考試及格資格，並吊銷其及格證書。其涉及刑事者，移送法院辦理：

一、有第六條規定各種情事之一者。

二、冒名冒籍者。

三、偽造或變更應考證件者。

四、自始不具備應考資格者。

五、以詐術或其他不當方法，使考試發生不正確之結果者。

第二十三條　公務人員之升等，除法律另有規定外，應經升等考試及格。

公務人員升等考試法另定之。

第二十四條　本法施行細則，由考試院定之。

第二十五條　本法自公布日施行。

三、現行「專門職業及技術人員考試法」

中華民國七十五年一月二十四日公布

第　一　條　專門職業及技術人員之執業，依本法以考試定其資格。

第　二　條　專門職業及技術人員考試，分高等考試、普通考試兩種。

為適應特殊需要，得舉行特種考試。

第　三　條　專門職業及技術人員考試種類，由考試院會同關係院定之。

前項考試，得以檢覈行之。

第　四　條　專門職業及技術人員高等考試、普通考試及特種考試應考年齡、考試類、科及分類、分科應試科目，由考試院會同關係院定之。

第　五　條　各種考試，得採筆試、口試、測驗、實地考試、審查著作或發明或所需知能有關學歷、經歷證件及論文等方式行之。除筆試外，其他應採二種以上方式。

筆試除有特別規定者外，概用本國文字。

第　六　條　專門職業及技術人員高等考試、普通考試，每年或間年舉行一次；遇有必要，得臨時舉行之。

第　七　條　舉行專門職業及技術人員高等考試、普通考試或特種考試前，考選部得定期舉行檢定考試。檢定考試規則，由考試院定之。

第　八　條　各種考試，得合併或單獨舉行，並得分試、分區、分地、分階段舉行。其考試類、科、區域、地點、日期等，由考選部於考試兩個月前公告之。

第　九　條　專門職業及技術人員考試，應考人之體格檢查，視各類、科需要，由考試院會同關係院定之。

第　十　條　中華民國國民，具有本法所定應考資格者，得應專門職業及技術人員考試。但有左列各款情事之一者，不得應考：

一、犯內亂罪外患罪，經判刑確定者。

二、曾服公務有侵占公有財物或收受賄賂行為，經判刑確定者。

三、褫奪公權，尚未復權者。

四、受禁治產之宣告，尚未撤銷者。

五、吸鴉片或其他毒品者。

應考人除依前項規定外，並應受各該職業法所定之限制。

第 十一 條　具有左列資格之一者，得應專門職業及技術人員高等考試：

一、公立或立案之私立專科以上學校或經教育部承認之國外專科以上學校相當系、科畢業者。

　　　　　　二、高等檢定考試相當類、科及格者。

　　　　　　三、普通考試相當類、科及格，並曾任有關職務滿四年，有證明文
　　　　　　　　件者。

第 十 二 條　具有左列資格之一者，得應專門職業及技術人員普通考試:

　　　　　　一、具有前條第一款、第二款資格之一者。

　　　　　　二、公立或立案之私立高級職業學校相當科別畢業者。

　　　　　　三、普通檢定考試相當類、科及格者。

第 十 三 條　具有左列資格之一者，得應專門職業及技術人員高等考試之檢覈:

　　　　　　一、公立或立案之私立專科以上學校或經教育部承認之國外專科以
　　　　　　　　上學校相當系、科畢業，並曾任有關職務，成績優良，有證明
　　　　　　　　文件者。

　　　　　　二、公立或立案之私立專科以上學校或經教育部承認之國外專科以
　　　　　　　　上學校相當系、科畢業，並曾任專科以上學校教授、副教授、
　　　　　　　　講師，經教育部審查合格，講授主要學科有證明文件者。

　　　　　　三、領有外國政府相等之執業證書，經考選部認可者。

　　　　　　前項第一款任有關職務之年資及第二款任教之年資，由考試院參照
　　　　　　有關法規定之。

第 十 四 條　具有左列資格之一者，得應專門職業及技術人員普通考試之檢覈:

　　　　　　一、公立或立案之私立專科以上學校或經教育部承認之國外專科以
　　　　　　　　上學校相當系、科畢業者。

　　　　　　二、公立或立案之私立高級職業學校相當科別畢業，並曾任有關職
　　　　　　　　務，成績優良，有證明文件者。

　　　　　　三、領有外國政府相等之執業證書，經考選部認可者。

　　　　　　前項第二款任有關職務之年資，由考試院參照有關法規定之。

第 十 五 條　專門職業及技術人員特種考試之應考資格及應檢覈資格，由考試院
　　　　　　會同關係院定之。

第 十 六 條　專門職業及技術人員高等考試、普通考試之應考資格及 應 檢 覈 資

格，除依第十一條至第十四條之規定外，其分類、分科之應考資格及應檢覈資格，由考試院會同關係院定之。

第 十 七 條　專門職業及技術人員之檢覈，應就申請檢覈人所繳學歷、經歷證件，審查其所具專門學識經驗及執業能力，並得以筆試、口試或實地考試以核定其執業資格。

前項筆試、口試或實地考試，必要時得視其類、科性質，按基礎學科及應用學科分階段舉行。應考人於在學期間得參加前階段考試。

專門職業及技術人員檢覈辦法，由考試院會同關係院定之。

第 十 八 條　考試後發現因典試或試務之疏失，致應錄取而未錄取者，由考試院補行錄取。

第 十 九 條　考試及格人員，由考試院發給證書，並登載公報。

第 二 十 條　考試後發現及格人員有左列各款情事之一者，由考試院撤銷其考試及格資格，並吊銷其及格證書。其涉及刑事者，移送法院辦理：

一、有第十條第一項各款情事之一或第二項所稱職業法規限制之情事。

二、冒名冒籍者。

三、偽造或變造應考證件者。

四、自始不具備應考資格者。

五、以詐術或其他不當方法，使考試發生不正確之結果者。

第二十一條　外國人應專門職業及技術人員之考試，另以法律定之。

華僑應專門職業及技術人員考試辦法，由考試院定之。

第二十二條　本法未規定事項，適用典試法、監試法及有關法律之規定。

第二十三條　本法施行細則，由考試院定之。

第二十四條　本法自公布日施行。

貳、公務人員任用法

一、沿革

㈠中央行政官官等法：於民國元年十月十六日公布，除特任官外，文官分爲九等，　第一、第二等爲簡任官；　第三至第五等爲薦任官；　第六至第九等爲委任官。另訂定文官任用法草案，除特任官外，對簡任、薦任、委任官，均定有考試及格或經歷之任用資格條款。

㈡文官官秩令及文官任職令：民國三年七月廿九日，公布文官官秩令，將文官分爲九秩，卽上卿、中卿、少卿、上大夫、中大夫、少大夫、上士、中士、少士。民國三年十二月頒布文官任職令，分文官爲特任職、簡任職、薦任職、委任職。民國四年又公布文職任用令，規定凡文職之任用，除由大總統特擢外，須經文官考試及格或文官甄用合格者爲限。

㈢公務員任用條例：民國十八年十月二十九日，國民政府公布公務員任用條例，分別規定簡任官、薦任官、委任官之任用資格。任用資格之取得包括經考試及格者，曾任官職經甄別審查合格者，對黨國有勳勞者，具有一定學歷者等。

㈣公務員任用法：民國二十二年三月十三日公布公務員任用法，並廢止原有任用條例，其內容與原條例所定無多大區別。公務員任用法曾先後於民國二十四年十一月、二十六年一月修正。

㈤公務人員任用法：於民國三十八年一月一日公布公務人員任用法，惟爲適應特殊需要，在公布公務人員任用法前後，另訂有任用特別法，對特定人員或特定地區人員，均可依其學歷、經歷取得任用資格。公務人員任用法之公布，使任用制度趨於完整，其主要內容包括公務人員分簡任、薦任、委任三等，每等各分三階；任用人員以考試及格及本法施行前曾經銓敍合格者爲限；本法施行前

未具有法定任用資格之現任人員，由考試院以考試方式限期銓定其任用資格。嗣因三十八年間時局陡變，政府遷臺，勉強實施新法實有困難，乃由考試院咨請行政院會呈總統備查及立法院查照，同意暫緩適用新法，仍沿用原已廢止之公務員任用法及其有關規定。

㈥公務人員任用法：於民國四十三年一月九日公布，其要點包括設立編列候用人員名册制度，銓敍部就考試及格者，依法銓敍合格者及依法升等任用者，分類分等編列候用人員名册，送各機關備用；非常時期內一部分公務人員之任用得另以法律定之，俾適應反共抗俄之特殊需要。及後又於四十九年一月九日、五十二年九月一日、五十七年十二月十八日、六十九年十二月三日四次修正，其要點包括廢止原簡任、薦任、委任等內之分階；公務人員升等須經升等考試及格；考試及格人員由銓敍部分發任用等。

㈦公務職位分類法：政府為實施職位分類，於民國四十七年十月三十日公布公務職位分類法，旋於五十六年十二月十九日、五十八年八月廿五日、六十二年十一月六日，先後修正，其內容包括規定職位分類之名詞定義，辦理原則及程序，適用範圍等。

㈧分類職位公務人員任用法：在此期間，政府為實施職位分類，於五十六年元月公布分類職位公務人員任用法，旋分別於五十八年八月二十五日、六十一年二月、六十七年十二月二十七日修正，其要點包括初任第一、第二、第三、第五、第六、第八、第九及第十職等人員，須經考試及格；現職人員之升任，除第一職等升任第二職等，第五職等升任第六職等，須經升等考試及格，及第九職等升任第十職等得經升等考試及格者外，其餘各職等人員之升等，最近三年考績一年列甲等二年列乙等以上者，取得高一職等之任用資格；考試及格人員由分發機關分發任用。

㈨公務人員任用法：由於原有之公務人員任用法及分類職位公務人員任用法兩制並行，雖可相互溝通，但仍有困擾，乃於七十五年四月二十一日公布新的公務人員任用法，並由考試院命令自七十六年一月十六日起施行，同時廢止原有之公務人員任用法與分類職位公務人員任用法，使兩制合而為一，原有公務職位

分類法，其部分內容亦已納入新的公務人員任用法，故亦同時廢止，從此兩制
又合而爲一。

二、現行「公務人員任用法」

中華民國七十九年十二月廿八日修正　總統公布

第　一　條　公務人員之任用，依本法行之。

第　二　條　公務人員之任用，應本專才、專業、適才、適所之旨，初任與升調
　　　　　　並重，爲人與事之適切配合。

第　三　條　本法所用名詞意義如左：

　　　　　　一、官等：係任命層次及所需基本資格條件範圍之區分。

　　　　　　二、職等：係職責程度及所需資格條件之區分。

　　　　　　三、職務：係分配同一職稱人員所擔任之工作及責任。

　　　　　　四、職系：係包括工作性質及所需學識相似之職務。

　　　　　　五、職組：係包括工作性質相近之職系。

　　　　　　六、職等標準：係紋述每一職等之工作繁、簡、難、易，責任輕、
　　　　　　　　　重及所需資格條件程度之文書。

　　　　　　七、職務說明書：係說明每一職務之工作性質及責任之文書。

　　　　　　八、職系說明書：係說明每一職系工作性質之文書。

　　　　　　九、職務列等表：係將各種職務，按其職責程度依序列入適當職等
　　　　　　　　　之文書。

第　四　條　各機關任用公務人員時，應注意其品德及對國家之忠誠，其學識、
　　　　　　才能、經驗、體格，應與擬任職務之種類職責相當。如係主管職
　　　　　　務，並應注意其領導能力。

第　五　條　公務人員依官等及職等任用之。

　　　　　　官等分委任、薦任、簡任。

　　　　　　職等分第一至第十四職等，以第十四職等爲最高職等。

委任爲第一至第五職等；薦任爲第六至第九職等；簡任爲第十至第十四職等。

第 六 條　各機關組織法規所定之職務，應就其工作職責及所需資格，依職等標準列入職務列等表。必要時，一職務得列兩個至三個職等。

前項職等標準及職務列等表，依機關層次、業務性質及職責程度，由考試院定之。但行政院及所屬機關職務列等表，由銓敍部會同行政院人事行政局擬訂，報請考試院核定。

第 七 條　各機關對組織法規所定之職務，應賦予一定範圍之工作項目、適當之工作量及明確之工作權責，並訂定職務說明書，以爲該職務人員工作指派及考核之依據。

第 八 條　各機關組織法規所定之職務，應依職系說明書歸入適當之職系，列表送銓敍部核備。

第 九 條　公務人員之任用資格，依左列規定:

一、依法考試及格。

二、依法銓敍合格。

三、依法考績升等。

初任各官等人員，須具有擬任職務所列職等之任用資格者始得任用；未達擬任職務職等者，在同官等內得予權理。

第 十 條　初任各職等人員，除法律別有規定外，應就考試及格人員分發任用。如無適當考試及格人員可資分發時，得經分發機關同意，由各機關自行遴用考試及格之合格人員。

第十一條　各機關辦理機要人員，得不受第九條任用資格之限制。

前項人員，須與機關長官同進退，並得隨時免職。

第十二條　考試及格人員，應由分發機關分發各有關機關任用；其未依規定期間到職者，不再分發。

前項分發機關爲銓敍部。但行政院所屬各級機關之分發機關爲行政院人事行政局；其分發辦法，由考試院會同行政院定之。

第 十 三 條　考試及格人員之任用，依左列規定：一、高等考試或特種考試之乙
　　　　　　　等考試及格者，取得薦任第六職等任用資格，高等考試按學歷分一、
　　　　　　　二級考試者，其及格人員分別取得薦任第七職等、薦任第六職等任
　　　　　　　用資格。二、普通考試或特種考試之丙等考試及格者，取得委任第
　　　　　　　三職等任用資格。三、特種考試之甲等考試及格者，取得簡任第十
　　　　　　　職等任用資格，但初任人員於一年內，不得擔任簡任主管職務。四、
　　　　　　　特種考試之丁等考試及格者，取得委任第一職等任用資格。
　　　　　　　前項一、三兩款各等別考試及格人員，如無相當職等職務可資任用
　　　　　　　者，得先以低一職等任用。
　　　　　　　第一項各等別考試及格者，取得同職組各職系之任用資格。
第 十 四 條　職系、職組及職系說明書，由考試院定之。
第 十 五 條　升官等考試及格人員之任用，依左列規定;
　　　　　　　一、雇員升委任考試及格者，取得委任第一職等任用資格。
　　　　　　　二、委任升薦任考試及格者，取得薦任第六職等任用資格。
　　　　　　　三、薦任升簡任考試及格者，取得簡任第十職等任用資格。
第 十 六 條　高等考試、特種考試之甲等或乙等考試及格人員，曾任行政機關人
　　　　　　　員，公立學校教育人員或公營事業人員服務成績優良之年資，於相
　　　　　　　互轉任性質程度相當職務時，得依規定採計提敍官、職等級；其辦
　　　　　　　法由考試院定之。
第 十 七 條　現職公務人員官等之晉升，須經升官等考試及格。
　　　　　　　經銓敍機關審定合格實授薦任第九職等職務滿三年，連續三年考績
　　　　　　　二年列甲等、一年列乙等以上並敍薦任第九職等本俸最高級，且具
　　　　　　　有左列資格之一者，取得升任簡任第十職等任用資格，不受前項規
　　　　　　　定之限制：一、經高等考試及格者。二、經特種考試之乙等考試或
　　　　　　　相當高等考試之特種考試及格者。三、於本法施行前經分類職位第
　　　　　　　六至第九職等考試及格者。四、經公務人員薦任職升等考試或於本
　　　　　　　法施行前經分類職位第六職等升等考試及格者。五、經大學或獨立
　　　　　　　學院以上學校畢業者。

第 十 八 條　現職人員調任，依左列規定：一、簡任第十二職等以上及委任第二職等以下人員，在各職系之職務間得予調任。二、簡任第十一職等以下及委任第三職等以上人員，在同職組各職系之職務間得予調任。三、經依法任用人員，除自願者外，不得調任低一官等之職務；在同官等內調任低職等職務者，仍以原職等任用；其在同官等內調任高職等職務而未具任用資格者，得予權理。

前項人員之調任，必要時，得就其考試及格、學歷、經歷、訓練等認定其職系專長，並得依其職系專長調任。

第十八條之一　各機關職務，依職務列等表規定列二個或三個職等者，初任該職務人員應自所列最低職等任用；但未具擬任職務最低職等任用資格者，依第九條第二項規定辦理；已具較高職等任用資格者，仍以敘至該職務所列最高職等為限。

調任人員，依第十八條第一項第三款規定辦理。再任人員所具任用資格高於職務列等表所列該職務最低職等時，依職務列等表所列該職務所跨範圍內原職等任用，但以至所跨最高職等為限。

第 十 九 條　各機關辦理現職人員升任時，得設立甄審委員會，就具有任用資格之人員甄審；其辦法由考試院定之。

第 二 十 條　初任各官等人員，未具與擬任職務職責相當之經驗一年以上者，得先予試用一年，試用期滿成績及格，予以實授。成績不及格者，由任用機關分別情節，報請銓敘機關延長試用期間，但不得超過六個月。延長後仍不及格者，停止其試用。試用成績特優者，得縮短試用期間，惟不得少於六個月。

前項試用人員，除才能特殊優異者外，不得充任各級主管職務。才能特殊優異之認定辦法，由考試院定之。

第二十一條　除法律另有規定外，各機關不得指派未具第九條資格之人員代理或兼任應具同條資格之職務。

第二十二條　各機關不得任用其他機關現職人員。如有特殊需要時，得指名商調之。

第二十三條　各機關現職人員，在本法施行前，經依其他法律規定取得任用資格者，或擔任非臨時性職務之派用人員，具有任用資格者，予以改任；其改任辦法，由考試院定之。

前項人員，原敍等級較其改任後之職等爲高者，其與原敍等級相當職等之任用資格，仍予保留，俟將來調任相當職等之職務時，再予回復。

第二十四條　各機關擬任公務人員，得依職權規定先派代理，於三個月內送請銓敍機關審查；經審查不合格者，應卽停止其代理。

第二十五條　各機關初任簡任各職等職務公務人員、初任薦任公務人員，經銓敍機關審查合格後，呈請總統任命。初任委任公務人員，經銓敍機關審查合格後，由各主管機關任命之。

第二十六條　各機關長官對於配偶及三親等以內血親、姻親，不得在本機關任用，或任用爲直接隸屬機關之長官，對於本機關各級主管長官之配偶及三親等以內血親、姻親，在其主管單位中應廻避任用。

應廻避人員，在各該長官接任以前任用者，不受前項之限制。

第二十七條　已屆限齡退休人員，各機關不得進用。

第二十八條　有左列情事之一者，不得爲公務人員：

一、犯內亂罪、外患罪，經判刑確定，或通緝有案尚未結案者。

二、曾服公務有貪汚行爲，經判刑確定，或通緝有案尚未結案者。

三、依法停止任用或受休職處分尚未期滿，或因案停止職務，其原因尚未消滅者。

四、褫奪公權尚未復權者。

五、受禁治產宣告，尚未撤銷者。

六、經合格醫師證明有精神病者。

第二十九條　各機關公務人員，具有左列情形之一者，得由機關長官考核，報經上級主管機關核准，予以資遣：

一、因機關裁撤、組織變更或業務緊縮而須裁減人員者。

二、現職工作不適任或現職已無工作又無其他適當工作可以調任

　　　　　　　　者。

　　　　　三、經公立醫院證明身體衰弱不能勝任工作者。

　　　　　前項第一款因機關裁撤、組織變更或業務緊縮須裁減人員時，應按
　　　　　其未經或具有考試及格或銓敍合格之順序，予以資遣；同一順序人
　　　　　員，應再按其考績成績，依次資遣。

　　　　　資遣人員之給與，準用公務人員退休之規定；其辦法由考試院會同
　　　　　行政院定之。

第三十條　各機關任用人員，違反本法規定者，銓敍機關應通知該機關改正；
　　　　　情節重大者，得報請考試院依法逕請降免，並得核轉監察院依法處
　　　　　理。

第三十一條　依法應適用本法之機關，其組織法規與本法牴觸者，應適用本法。

第三十二條　司法人員、審計人員、主計人員、關務人員、稅務人員、外交領事
　　　　　人員及警察人員之任用，均另以法律定之。但有關任用資格之規
　　　　　定，不得與本法牴觸。

第三十三條　技術人員、教育人員、交通事業人員及公營事業人員之任用，均另
　　　　　以法律定之。

第三十四條　經高等考試、普通考試或特種考試及格之專門職業及技術人員轉任
　　　　　公務人員，另以法律定之。

第三十五條　有特殊情形之邊遠地區，其公務人員之任用，得另以法律定之。
　　　　　非常時期內，因特殊需要在特殊地區，得對於一部分公務人員之任
　　　　　用，另以法律定之。

第三十六條　臨時機關與因臨時任務派用之人員，及各機關專司技術研究設計工
　　　　　作而以契約定期聘用之人員，其派用及聘用均另予法律定之。

第三十七條　雇員管理規則，由考試院定之。

第三十八條　本法於政務官不適用之。

第三十九條　本法施行細則，由考試院定之。

第四十條　本法施行日期，由考試院以命令定之。

叁、公務人員俸給法

一、沿革

㈠文官俸給表：於民國十六年公布，規定特任之俸級爲一級，八〇〇元；簡任分爲四級，自四五〇至六七五元；荐任分爲五級，自二〇〇至四〇〇元；委任分爲七級，自六〇至一八〇元。

㈡文官俸給暫行條例：於民國十八年頒布，限於行政院適用，特任俸級仍爲一級；簡任分爲六級，荐任分爲六級，委任分爲十二級。此與上述文官俸給表同時並行。

㈢暫行文官官等官俸表：於民國二十二年九月二十二日公布，除特任俸級仍爲一級外，簡任分爲八級，自四三〇至六八〇元；荐任分爲十二級，自一八〇至四〇〇元；委任分爲十六級，自五五至二〇〇元，其中委任一、二級與荐任十一、十二級之俸額相同，上述之文官俸給表及文官俸給暫行條例，均同時廢止。嗣於二十五年九月二十三日、三十年九月二十七日、三十四年二月二十日、三十五年三月四日、及同年十一月十四日作五次修正。

㈣公務員敍級條例：於民國三十二年四月十二日公布，規定具有何種資歷者可敍至何種官等之何一俸級；核敍俸級，不得超過本職最高級；經敍定級俸人員，非依考績法或其他法律規定不得晉敍，但試署改實授者、升任較高或主管職務者，得晉敍；俸級經敍定後，非依懲戒法、考績法不得降敍等。本條例及上述暫行文官官等官俸表，本應於民國三十八年一月一日公布公務人員俸給法時廢止，嗣因公務人員俸給法暫緩適用，故本條例及暫行文官官等官俸表仍予適用。

㈤公務人員俸給法：原於民國三十八年一月一日公布，其要點包括公務人員俸給

分本俸、年功俸、優遇俸三種，共爲三等九階三十六級；本俸每年晉一級，年
功俸每二年晉一級，優遇俸每三年晉一級；規定各種資格之起敍標準；公務人
員除俸給外，並得給予津貼等。嗣因實施有困難，乃暫緩適用。後於民國四十
三年一月九日修正公布後，始予實施，其修正要點包括刪除優遇俸，保留本俸
及年功俸；刪除津貼但得給予加給，作爲職務、地域等臨時調節之用；本俸簡
任分九級，自四七五至六八〇元；荐任分十二級，自二四五至四五〇元；委任
分十五級，自九〇至二三〇元，另加同委任一級八〇元。

(六)分類職位公務人員俸給法：在此期間，政府爲實施職位分類，乃於民國五十六
年六月八日，公布分類職位公務人員俸給法，並於民國五十七年一月八日、五
十八年八月二十五日、六十七年十二月六日，先後修正。其內容包括俸給分本
俸及年功俸二種；本俸分十四等，各等本俸及年功俸之俸階及俸點，依所附俸
表規定；俸點折算俸額之標準，由考試院會同行政院配合預算訂定之，但得視
地區情形及職務性質之危險性、稀少性，差別規定之；各職等初任考試及格人
員之俸給，均自本職等最低俸階起敍，並規定調任及升任人員之俸階起敍標
準。

(七)公務人員俸給法：爲減少公務人員俸給法及分類職位公務人員俸給法兩制並行
之困擾，乃於民國七十五年七月十六日，公布新的公務人員俸給法，並由考試
院以命令定於七十六年一月十六日起實施。原有兩法同時廢止，從此兩制又合
而爲一。

二、現行「公務人員俸給法」

中華民國七十九年十二月廿八日修正　總統公布

第　一　條　公務人員之俸給，依本法行之。

第　二　條　本法所用名詞意義如左：

　　　　　　一、本俸：係指各官等、職等人員依法應領取之基本俸給。

　　　　　　二、年功俸：係指依考績晉敍高於本職或本官等最高職等本俸之俸

給。

三、俸級：係指各官等、職等本俸及年功俸所分之級次。

四、俸點：係指計算俸給折算俸額之基數。

五、加給：係指本俸、年功俸以外，因所任職務種類、性質與服務
地區之不同，而另加之給與。

第　三　條　　公務人員之俸給，分本俸、年功俸及加給，均以月計之。

第　四　條　　公務人員俸級區分如左：

一、**委任**分五個職等，第一職等本俸分七級，年功俸分六級，第二
至第五職等本俸各分五級，　第二職等年功俸分六級，　第三職
等、第四職等年功俸各分八級，第五職等年功俸分十級。

二、**薦任**分四個職等，第六至第八職等本俸各分五級，年功俸各分
六級，第九職等本俸分五級，年功俸分七級。

三、**簡任**分五個職等，第十至第十二職等，本俸各分五級，第十職
等、第十一職等年功俸各分五級,第十二職等年功俸分四級,第
十三職等，本俸及年功俸均分三級，第十四職等本俸爲一級。

前項本俸、年功俸俸點，依所附俸給表之規定。

第　五　條　　加給分左列三種：

一、職務加給：對主管人員或職責繁重或工作具有危險性者加給
之。

二、技術或專業加給：對技術或專業人員加給之。

三、地域加給：對服務邊遠或特殊地區與國外者加給之。

第　六　條　　初任各官等職務人員，其等級起敍規定如左：

一、高等考試或特種考試之乙等考試及格，初任薦任職務時，敍薦
任第六職等一級，先以委任第五職等任用者，敍委任第五職等
五級。高等考試必要時，按學歷分級舉行之考試及格者，其起
敍等級，由考試院定之。

二、普通考試或特種考試之丙等考試及格者，　敍委任第三職等一
級。

三、特種考試甲等考試及格，初任簡任職務時，敍簡任第十職等一
級，先以薦任第九職等任用者，敍薦任第九職等五級。

四、特種考試之丁等考試或委任職升官等考試及格者，敍委任第一
職等一級。

第 七 條　各機關現職人員，經銓敍合格者，應在其職務列等表所列職等範圍
內換敍相當等級。其換敍辦法，由考試院定之。

第 八 條　依法銓敍合格人員，調任同職等職務時，仍依原俸級核敍。

在同官等內調任高職等職務時，具有所任職等職務任用資格者，自
所任職等最低俸級起敍。如未達所任職等之最低俸級者，敍最低俸
級。如原敍俸級之俸點高於所任職等最低俸級之俸點時，換敍同數
額俸點之俸級。

在同官等內調任低職等職務以原職等任用人員，仍敍原俸級。

權理人員，仍依其所具資格核敍俸級。

第 九 條　高等考試、特種考試之甲等或乙等考試及格人員，曾任公立學校教
育人員或公營事業人員服務成績優良之年資，轉任行政機關性質程
度相當職務時，得依規定核計加級至其職務等級最高級為止。

行政機關人員轉任公立學校教育人員或公營事業人員時，其服務年
資之採計亦同。

第 十 條　不受任用資格限制人員，依法調任或改任受任用資格限制之同職等
職務時，具有相當性質等級之資格者，應依其所具資格之職等最低
級起敍，其原服務較高或相當等級年資得按年核計加級。

第十一條　再任人員等級之核敍，依左列規定:

一、本法施行前，經銓敍合格人員於離職後再任時，其俸級比照本
法第七條辦理。但所任職務列等之俸級，高於原敍俸級者，敍
與原俸級相當之俸級，低於原敍俸級者，敍所任職務列等之相
當俸級，以敍至所任職之最高職等年功俸最高級為止，如有超
過之俸級，仍予保留。俟將來調任相當職等之職務時，再予回
復。

二、本法施行後，經銓敍合格人員，於離職後再任時，其俸級比照
　本法第八條辦理，但所任職務列等之俸級，高於原敍俸級者，
　敍與原俸級相當之俸級；低於原敍俸級者，敍所任職務列等之
　相當俸級，以敍至所任職務之最高職等年功俸最高級爲止。如
　有超過之俸級，仍予保留。俟將來調任相當職等之職務時，再
　予回復。

第 十 二 條　在同官等內，升任職等人員之敍級比照本法第八條第一項規定辦理。
　　　　　　升任官等人員，自升任官等最低職等之本俸最低級起敍。但原敍年
　　　　　　功俸者，得予換敍同數額之本俸或年功俸。

第 十 三 條　公務人員本俸及年功俸之晉敍，依公務人員考績法之規定。但試用
　　　　　　人員改爲實授者，得依原俸級晉敍一級。
　　　　　　在同官等內高資低用，仍敍原俸級人員，考績時不再晉敍。

第 十 四 條　各種加給之給與辦法及俸點折算俸額之標準，由考試院會同行政院
　　　　　　定之。各機關不得另行自訂項目及標準支給。

第 十 五 條　降級人員，改敍所降之俸級。
　　　　　　降級人員在本職等內無級可降時，以應降之級爲準，比照俸差減俸。
　　　　　　降級人員依法再予晉級時，自所降之級起遞晉，其無級可降，比照
　　　　　　俸差減俸者，應比照復俸。
　　　　　　給與年功俸人員應降級者，應先就年功俸降敍。

第 十 六 條　經銓敍機關敍定之等級，非依公務員懲戒法及其他法律之規定，不
　　　　　　得降敍。

第 十 七 條　俸給未經權責機關核准而自定標準支給或不依規定標準支給者，審
　　　　　　計機關應不准核銷，並予追繳。

第 十 八 條　派用人員之薪給，準用本法之規定。

第 十 九 條　教育人員及公營事業機關人員之俸給，均另以法律定之。

第 二 十 條　本法施行細則，由考試院定之。

第二十一條　本法施行日期，由考試院以命令定之。

肆、公務人員考績法

一、沿革

㈠公務員考績法：民國十八年十一月四日公布考績法，但未實施；至二十四年七
　月十六日，修正爲公務員考績法，並另訂公務員考績獎懲條例。其內容包括考
　績分年考與總考，年考每年舉行，總考三年舉行一次；年考成績區分爲六等，
　一等者晉級，六等者免職；總考成績分七等，一等者可升等，七等者免職。

㈡非常時期考績暫行條例：民國二十八年十二月八日，公布暫行條例，其內容包
　括祇辦年考；將考績與獎懲一併規定；廢除限制升等及必須淘汰規定；任職較
　久成績優良者得給予獎章；服務戰地公務人員圓滿完成任務者，得依其成績給
　予獎章。

㈢非常時期公務員考績條例：民國三十二年十二月二十六日，公布考績條例，其
　要點包括荐任、委任人員考列八十分以上者晉敍二級；已晉敍本職或本官等最
　高級者，分別給予年功俸或升等；在同一機關繼續服務十年經五年考績分數均
　在八十分以上者，授予勳章並給一個月俸額獎金；考列八十分以上者，不得超
　過參加考績人數三分之一。

㈣分務員考績條例：民國三十四年十月三十日，公布考績條例，其內容包括考績
　等次分五等，一等晉二級，二等晉一級，三等留級，四等降級，五等免職；考
　列一等人數不得超過各官等參加考績人數三分之一；在本機關繼續任職五年以
　上三次考列一等者給予獎章，滿十年有五次考列一等者，除授予勳章外並給一
　個月俸額獎金；委任、荐任人員晉敍各該官等最高俸給滿三年者，分別給予薦
　任、簡任存記狀。

㈤公務人員考績法：於民國三十八年一月一日公布考績法，其要包括公務人員考
　績分年考及總考，各以分數區分爲五等；年考之獎勵爲晉俸及獎狀，懲處爲免

職；總考之獎勵為晉階及升職，懲處為降階及免職；年考列一等者不得超過各該官等人數三分之一；並規定考績程序及平時功過獎懲。嗣為配合三十八年一月一日公布公務人員任用法及俸給法之暫緩實施，致未有施行。至民國四十三年元月九日，乃修正公務人員考績法，並於五十一年四月九日、五十九年八月二十七日、六十九年十二月三日再分別修正。經多次修正後之考績法，其要點包括公務人員考績分年終考績、另予考績及專案考績；年終考績及另予考績各分四等，並分定獎懲；廢除考績列甲等人數之限制（但仍以行政命令限制）；專案考績之獎勵為晉敍並發獎金，懲處為免職；規定考績程序及受考績免職人員之復審等。

㈥分類職位公務人員考績法：在此期間，政府為實施職位分類，乃於民國五十六年六月八日公布分類職位公務人員考績法，並先後於五十八年八月二十五日、六十七年十一月廿五日修正，其要點大致與公務人員考績法相似。

㈦公務人員考績法：民國七十五年七月十一日公布新的公務人員考績法，並由考試院以命令定自七十六年一月十六日起實施，原有之公務人員考績法，分類職位公務人員考績法，同時廢止，原來兩制並行的考績制度，乃從此合一。

二、現行「公務人員考績法」

中華民國七十九年十二月廿八日修正　總統公布

第　一　條　公務人員之考績，依本法行之。

第　二　條　公務人員之考績，應本綜覈名實、信賞必罰之旨，作準確客觀之考核。

第　三　條　本法所用名詞意義如左：

　　　　　一、年終考績：係指各官等人員，於每年年終考核其當年一至十二月任職期間之成績。任職不滿一年，而已達六個月者，另予考績。

　　　　　二、專案考績：係指各官等人員，平時有重大功過時，隨時辦理之

考績。

第 四 條 公務人員任現職，經銓敍合格實授，至年終滿一年者，予以考績；不滿一年者，得以前經銓敍有案之同官等或高官等職務，合併計算，但以調任並繼續任職者爲限。

第 五 條 年終考績應以平時考核爲依據，平時考核就其工作、操行、學識、才能行之。

前項考核之細目由銓敍機關訂之。但性質特殊職務之考核得視各職務需要，由各機關訂定，並送銓敍機關備查。

第 六 條 年終考績以一百分爲滿分，分甲、乙、丙、丁四等，各等分數如左：

甲等：八十分以上。

乙等：七十分以上，不滿八十分。

丙等：六十分以上，不滿七十分。

丁等：不滿六十分。

考列甲等及丁等之條件，應明訂於本法施行細則中，以資應用。

第 七 條 年終考績獎懲依左列規定：

一、甲等：晉本俸一級，並給予一個月俸給總額之一次獎金；已敍本職或本官等最高職等本俸最高俸級者，晉年功俸一級，並給與一個月俸給總額之一次獎金；已敍年功俸最高俸級者，給與二個月俸額之一次獎金。二、乙等：晉本俸一級，並給與半個月俸給總額之一次獎金；已敍本職或本官等最高職等本俸最高俸級者，給與一個月俸給總額之一次獎金，次年仍考列乙等者，改晉年功俸一級並給與半個月俸給總額之一次獎金，其餘類推；已晉敍至年功俸最高俸級者，給與一個半月俸給總額之一次獎金。三、丙等：留原俸級。

四、丁等：免職。

前項所稱俸給總額，指公務人員俸給法所定之本俸、年功俸及其他法定加給。

第　八　條　另予考績人員之獎懲，列甲等者，給與一個月俸給總額之一次獎金；列乙等者，給與半個月俸給總額之一次獎金；列丙等者，不予獎勵；列丁等者，免職。

第　九　條　公務人員之考績，除機關首長由上級機關長官考績外，其餘人員應以同官等為考績之比較範圍。

第　十　條　年終考績應晉俸級，在考績年度內已依法晉敍俸級者，考列乙等以上時，不再晉敍。但專案考績不在此限。

第十一條　各機關參加考績人員，任本職等考績，具有左列各款情形之一者，取得同官等高一職等之任用資格：

一、連續二年列甲等者。

二、連續三年中一年列甲等二年列乙等者。

經銓敍機關審定合格實授薦任第九職等職務滿三年，連續三年年終考績二年列甲等一年列乙等以上，並敍薦任第九職等本俸最高俸級，除依法須經升官等考試及格者外，其合於公務人員任用法第十七條第二項規定者，取得升任簡任第十職等任用資格，給予簡任存記。

第十二條　各機關辦理公務人員平時考核及專案考績，分別依左列規定：

一、平時考核：獎勵分嘉獎、記功、記大功；懲處分申誡、記過、記大過。於年終考績時，併計成績增減總分。平時考核獎懲得互相抵銷，無獎懲抵銷而累積達二大過者，年終考績應列丁等。

二、專案考績，於有重大功過時行之；其獎懲依左列規定：

㈠一次記二大功者，晉本俸一級，並給與一個月俸給總額之獎金；已敍至本職或本官等最高職等本俸最高俸級，或已敍年功俸級者，晉年功俸一級，並給與一個月俸給總額之獎金；已敍至年功俸最高俸級者，給與二個月俸給總額之獎金。但在同一年度內再次辦理專案考績記二大功者，不再晉敍俸級，改給二個月俸給總額之一次獎金。

㈡一次記大過者免職。

前項第二款一次記二大功，一次記二大過之標準，由銓敍機關定之。專案考績不得與平時考核功過相抵銷。

第十三條 平時成績紀錄及獎懲，應為考績評定分數之重要依據。平時考核之功過，除依前條規定抵銷或免職者外，曾記二大功人員，考績不得列乙等以下；曾記一大功人員，考績不得列丙等以下；曾記一大過人員，考績不得列乙等以上。

第十四條 各機關對於公務人員之考績，應由主管人員就考績表項目評擬，遞送考績委員會初核，機關長官執行覆核後，送銓敍機關核定。但長官僅有一級或因特殊情形不設置考績委員會時，得逕由其長官考核。

考績委員會對於考績案件，認為有疑義時，得調閱有關考核紀錄及案卷，並得向有關人員查詢。

第十五條 各機關應設考績委員會，其組織規程由考試院定之。

第十六條 公務人員考績分數及獎懲，銓敍機關如有疑義，應通知該機關詳復事實及理由，或通知該機關重加考核，必要時得調卷查核或派員查核。

第十七條 各機關考績案經核定後，應以書面通知受考人。年終考績列丁等或專案考績受免職處分人員，得於收受通知書次日起三十日內，依左列規定申請復審：

一、不服本機關核定者，得向其上級機關申請復審，其無上級機關者，向本機關申請。

二、不服本機關或上級機關復審之核定者，得向銓敍機關申請再復審。

三、復審或再復審，認為原處分理由不充足時，應由原核定機關或通知原核定機關撤銷原處分或改予處分，如認為原處分有理由時，應駁回其申請。

四、申請再復審以一次為限。

前項復審、再復審核定期間，均以三十日爲限。

第十八條　年終考績結果，應自次年一月起執行；專案考績應自銓敍機關核定
　　　　　之日起執行。但年終考績及專案考績應予免職人員，自確定之日
　　　　　起執行；未確定前，得先行停職。

第十九條　各機關長官及各主管長官，對所屬人員考績，如發現不公或徇私舞
　　　　　弊情事時，銓敍機關得通知其上級長官予以懲處，並應對受考績人
　　　　　重加考核。

第二十條　辦理考績人員，對考績過程應嚴守秘密，並不得遺漏舛錯，違者按
　　　　　情節輕重予以懲處。

第二十一條　派用人員之考成，準用本法之規定。

第二十二條　不受任用資格限制人員及其他不適用本法考績人員之考成，得由各
　　　　　　機關參照本法之規定辦理。

第二十三條　敎育人員及公營事業機關人員之考績，均另以法律定之。

第二十四條　本法施行細則由考試院定之。

第二十五條　本法施行日期由考試院以命令定之。

伍、公務員服務法

一、沿革

(一)公務員服務規程：於民國二十年六月二日公布，其規定事項大致與現行法相同。

(二)公務員服務法：於民國二十八年十月二十三日公布，並同時廢止原有公務員服務規程。嗣後又於三十二年一月四日、三十六年七月十一日作二次修正，但修正幅度極小，直至今日仍予沿用。

二、現行「公務員服務法」

中華民國二十八年十月二十三日國民政府公布
三十二年一月四日、三十六年七月十一日修正公布

第 一 條 公務員應遵守誓言，忠心努力，依法律命令所定，執行其職務。

第 二 條 長官就其監督範圍以內所發命令，屬官有服從之義務。但屬官對於長官所發命令，如有意見，得隨時陳述。

第 三 條 公務員對於兩級長官同時所發命令，以上級長官之命令為準。主管長官與兼管長官同時所發命令，以主管長官之命令為準。

第 四 條 公務員有絕對保守政府機關機密之義務，對於機密事件，無論是否主管事務，均不得洩漏，退職後亦同。

公務員未得長官許可，不得以私人或代表機關名義，任意發表有關職務之談話。

第 五 條 公務員應誠實清廉，謹慎勤勉，不得有驕恣貪惰、奢侈放蕩，及冶

遊、賭博、吸食煙毒等足以損失名譽之行為。

第　六　條　公務員不得假借權力，以圖本身或他人之利益，並不得利用職務上之機會，加損害於人。

第　七　條　公務員執行職務，應力求切實，不得畏難規避，互相推諉，或無故稽延。

第　八　條　公務員接奉任狀後，除程期外，應於一個月內就職，但具有正當事由，經主管高級長官特許者，得延長之，其延長期間，以一個月為限。

第　九　條　公務員奉派出差，至遲應於一星期內出發，不得藉故遲延，或私自回籍，或往其他地方逗留。

第　十　條　公務員未奉長官核准，不得擅離職守，其出差者，亦同。

第十一條　公務員辦公，應依法定時間，不得遲到早退，其有特別職務經長官許可者，不在此限。

第十二條　公務員除因婚喪、疾病、分娩或其他正當事由外，不得請假。

公務員請假規則，以命令定之。

第十三條　公務員不得經營商業或投機事業，但投資於非屬其服務監督之農、工、礦、交通或新聞出版事業，為股份有限公司股東、兩合公司、股份兩合公司之有限責任股東，　或非執行業務之有限公司股東，而所有股份總額未超過其所投資公司股本總額百分之十者，不在此限。

公務員非依法不得兼公營事業機關或公司代表官股之董事或監察人。

公務員利用權力、公款或公務上秘密消息而為營利事業者，依刑法第一百三十一條處斷，其他法令有特別處罰規定者，依其規定。

公務員違反第一項第二項或第三項之規定者，應先予撤職。

第十四條　公務員除法令所定外，不得兼任他項公職或業務。其依法令兼職者，不得兼薪及兼領公費。

第 十 五 條　公務員對於屬官不得推薦人員，並不得就其主管事件，有所關說或
　　　　　　　請託。

第 十 六 條　公務員有隸屬關係者，無論涉及職務與否，不得贈受財物。
　　　　　　　公務員於所辦事件，不得收受任何餽贈。

第 十 七 條　公務員執行職務時，遇有涉及本身或其家族之利害事件，應行廻
　　　　　　　避。

第 十 八 條　公務員不得利用視察調查等機會，接受地方官民之招待或餽贈。

第 十 九 條　公務員非因職務之需要，不得動用公物或支用公款。

第 二 十 條　公務員職務上所保管之文書財物，應盡善良保管之責，不得毀損變
　　　　　　　換私用或借給他人使用。

第二十一條　公務員對於左列各款，與其職務有關係者，不得私相借貸，訂立互
　　　　　　　利契約，或享受其他不正利益:

　　　　　　　一、承辦本機關或所屬機關之工程者。

　　　　　　　二、經營本機關或所屬事業往來款項之銀行錢莊。

　　　　　　　三、承辦本機關或所屬事業公用物品之商號。

　　　　　　　四、受有官署補助費者。

第二十二條　公務員有違反本法者，應按情節輕重，分別予以懲處，其觸犯刑事
　　　　　　　法令者，並依各該法令處罰。

第二十三條　公務員有違反本法之行為，該管長官知情而不依法處置者，應受懲
　　　　　　　罰。

第二十四條　本法於受有俸給之文武職公務員，及其他公營事業機關服務人員，
　　　　　　　均適用之。

第二十五條　本法自公布日施行。

陸、公務員懲戒法

一、沿革

　　公務員懲戒法：於民國二十年六月八日公布，分通則、懲戒處分、懲戒機關、懲戒程序、懲戒處分與刑事裁判之關係等六章二十八條，嗣於二十二年六月二十七日、同年十二月一日、三十七年四月十五日，先後作小幅度之修正。直至七十四年五月三日修正公布之公務員懲戒法，其內容則與原法有相當出入，如對懲戒處分之加重，審議程序之更趨嚴密，建立懲戒之再審議制度，適度改變刑先懲後之懲戒處分與刑事裁判之關係等。

二、現行「公務員懲戒法」

中華民國二十年六月八日國民政府公布
二十二年六月二十七日、二十二年十二月一日、
三十七年四月十五日、
七十四年五月三日修正公布

第一章　通　　則

第　一　條　公務員非依本法不受懲戒。但法律另有規定者，從其規定。

第　二　條　公務員有左列各款情事之一者，應受懲戒：

　　　　　　一、違法。

　　　　　　二、廢弛職務或其他失職行為。

第　三　條　公務員有左列各款情形之一者，其職務當然停止：

　　　　　　一、依刑事訴訟程序被通緝或羈押者。

　　　　　　二、依刑事確定判決，受褫奪公權之宣告者。

　　　　　　三、依刑事確定判決，受徒刑之宣告，在執行中者。

第　四　條　公務員懲戒委員會對於受移送之懲戒案件，認為情節重大，有先行
　　　　　　停止職務之必要者，得通知該管主管長官，先行停止被付懲戒人之
　　　　　　職務。

　　　　　　主管長官對於所屬公務員，依第十九條之規定送請監察院審查或公
　　　　　　務員懲戒委員會審議而認為情節重大者，亦得依職權先行停止其職
　　　　　　務。

第　五　條　依前二條停止職務之公務員，在停職中所為之職務上行為，不生效
　　　　　　力。

第　六　條　依第三條第一款或第四條規定停止職務之公務員，未受撤職或休職
　　　　　　處分或徒刑之執行者，應許復職，並補給其停職期間之俸給。

　　　　　　前項公務員死亡者，應補給之俸給，由依法得領受撫邮金之人具領
　　　　　　之。

第　七　條　公務員因案在公務員懲戒委員會審議中者，不得資遣或申請退休。
　　　　　　其經監察院提出彈劾案者，亦同。

　　　　　　前項情形，由其主管長官或監察院通知銓敍機關。

第　八　條　同一違法失職案件，涉及之公務員有數人，其隸屬同一移送機關
　　　　　　者，移送監察院審查或公務員懲戒委員會審議時，應全部移送。

　　　　第二章　懲戒處分

第　九　條　公務員之懲戒處分如左：

　　　　　　一、撤職。

　　　　　　二、休職。

　　　　　　三、降級。

　　　　　　四、減俸。

　　　　　　五、記過。

　　　　　　六、申誡。

　　　　　　前項第二款至第五款之處分於政務官不適用之。

九職等或相當於九職等以下公務員之記過與申誡，得逕由主管長官行之。

第　十　條　辦理懲戒案件，應審酌一切情狀，尤應注意左列事項，爲處分輕重之標準：

一、行爲之動機。

二、行爲之目的。

三、行爲時所受之刺激。

四、行爲之手段。

五、行爲人之生活狀況。

六、行爲人之品行。

七、行爲所生之損害或影響。

八、行爲後之態度。

第十一條　撤職，除撤其現職外，並於一定期間停止任用，其期間至少爲一年。

第十二條　休職，休其現職，停發薪給，並不得在其他機關任職，其期間爲六個月以上。休職期滿，許其復職。自復職之日起，二年內不得晉敍、升職或調任主管職務。

第十三條　降級，依其現職之俸給降一級或二級改敍，自改敍之日起，二年內不得晉敍、升職或調任主管職務。

受降級處分而無級可降者，按每級差額，減其月俸，其期間爲二年。

第十四條　減俸，依其現職之月俸減百分之十或百分之二十支給，其期間爲六月以上、一年以下。自減俸之日起，一年內不得晉敍、升職或調任主管職務。

第十五條　記過，自記過之日起一年內不得晉敍、升職或調任主管職務。一年內記過三次者，依其現職之俸級降一級改敍，無級可降者，準用第十三條第二項之規定。

第 十 六 條　申誡，以書面爲之。

第 十 七 條　受降級或減俸處分而在處分執行前或執行完畢前離職者，於其再任
　　　　　　職時，依其再任職之級俸執行或繼續執行之。

第三章　審議程序

第 十 八 條　監察院認爲公務員有第二條所定情事，應付懲戒者，應將彈劾案連
　　　　　　同證據，移送公務員懲戒委員會審議。

第 十 九 條　各院、部、會長官，地方最高行政長官或其他相當之主管長官，認
　　　　　　爲所屬公務員有第二條所定情事者，應備文聲敍事由，連同證據送
　　　　　　請監察院審查。但對於所屬九職等或相當於九職等以下之公務員，
　　　　　　得逕送公務員懲戒委員會審議。

　　　　　　依前項但書規定逕送審議者，應提出移送書，記載被付懲戒人之姓
　　　　　　名、職級、違法或失職之事實及證據，連同有關卷證，一併移送，
　　　　　　並應按被付懲戒人之人數，檢附移送書之繕本。

第 二 十 條　公務員懲戒委員會收受移送案件後，應將移送書繕本送達被付懲戒
　　　　　　人，並命其於指定期間內提出申辯書，必要時得通知被付懲戒人到
　　　　　　場申辯。

　　　　　　被付懲戒人得聲請閱覽及抄錄卷證。

第二十一條　公務員懲戒委員會審議案件，依職權自行調查之，並得囑託其他機
　　　　　　關調查。受託機關應將調查情形以書面答覆，並應附具有關資料或
　　　　　　調查筆錄。

第二十二條　公務員懲戒委員會審議案件，必要時得向有關機關調閱卷宗，並得
　　　　　　請其爲必要之說明。

第二十三條　被付懲戒人無正當理由未於第二十條第一項所指定期間內提出申辯
　　　　　　書或不於指定之期日到場者，公務員懲戒委員會得逕爲議決。

第二十四條　被付懲戒人有第二條各款情事之一者，應爲懲戒處分之議決。其證
　　　　　　據不足或無第二條各款情事者，應爲不受懲戒之議決。

第二十五條　懲戒案件有左列情形之一者，應爲免議之議決：

一、同一行爲，已受公務員懲戒委員會之懲戒處分者。

二、受褫奪公權之宣告，認爲本案處分已無必要者。

三、自違法失職行爲終了之日起，　至移送公務員懲戒委員會之日止，已逾十年者。

第二十六條　懲戒案件有左列各款情形之一者，應爲不受理之議決:

一、移送審議之程序違背規定者。

二、被付懲戒人死亡者。

第二十七條　公務員懲戒委員會審議案件，應以委員依法任用總額過半數之出席及出席委員過半數之同意議決之。

出席委員之意見分三說以上，不能得過半數之同意時，應將各說排列，由最不利於被付懲戒人之意見順次算入次不利於被付懲戒人之意見，至人數達過半數爲止。

第二十八條　前條之議決，應作成議決書，由出席委員全體簽名，於七日內將議決書正本送達移送機關、被付懲戒人及其主管長官，並函報司法院及通知銓敍機關。

前項議決書，主管長官應送登公報。

主管長官收受懲戒處分之議決書後，應卽爲執行。

第二十九條　審議程序關於廻避、送達、期日、期間、人證、通譯、鑑定及勘驗，準用刑事訴訟法之規定。

第四章　懲戒處分與刑事裁判之關係

第 三 十 條　公務員懲戒委員會對於懲戒案件認爲被付懲戒人有犯罪嫌疑者，應移送該管法院檢察機關或軍法機關。

第三十一條　同一行爲，在刑事偵查或審判中者，不停止懲戒程序。但懲戒處分應以犯罪是否成立爲斷，公務員懲戒委員會認有必要時，得議決於刑事裁判確定前，停止審議程序。

依前項規定停止審議程序之議決，公務員懲戒委員會得依聲請或依職權議決撤銷之。

前二項議決，應由公務員懲戒委員會通知移送機關及被付懲戒人。

第三十二條　同一行爲已爲不起訴處分或免訴或無罪之宣告者，　仍得爲懲戒處分；其受免刑或受刑之宣告而未褫奪公權者，亦同。

第五章　再審議

第三十三條　懲戒案件之議決，有左列各款情形之一者，原移送機關或受懲戒處分人，得移請或聲請再審議：

一、適用法規顯有錯誤者。

二、原議決所憑之證言、鑑定、通譯或證物經確定判決，證明其爲虛僞或僞造、變造者。

三、原議決所憑之刑事裁判，已經確定裁判變更者。

四、原議決後，其相關之刑事確定裁判所認定之事實，與原議決相異者。

五、發現確實之新證據，足認應變更原議決者。

六、就足以影響原議決之重要證據，漏未斟酌者。

前項移請或聲請，於原處分執行完畢後，亦得爲之。

第三十四條　移請或聲請再審議，應於左列期間內爲之：

一、依前條第一項第一款、第六款爲原因者，自原議決書送達之日起三十日內。

二、依前條第一項第二款至第四款爲原因者，自相關之刑事裁判確定之日起三十日內。

三、依前條第一項第五款爲原因者，　自發現新證據之日起三十日內。

第三十五條　移請或聲請再審議，應以書面敍述理由，附具繕本，連同原議決書影本及證據，向公務員懲戒委員會爲之。

第三十六條　公務員懲戒委員會受理再審議之移請或聲請後，應將移請或聲請書繕本及附件，函送原移送機關或受懲戒處分人於指定期間內提出意見書或申辯書。但認其移請或聲請爲不合法者，不在此限。

原移送機關或受懲戒處分人無正當理由，逾期未提出意見書或申辯書者，公務員懲戒委員會得逕爲議決。

第三十七條　移請或聲請再審議，無停止懲戒處分執行之效力。

第三十八條　公務員懲戒委員會認爲再審議之移請或聲請不合法或無理由者，應爲駁回之議決；有理由者，應撤銷原議決更爲議決。

再審議議決變更原議決應予復職者，適用第六條之規定。其他有減發俸給之情形者，亦同。

第三十九條　再審議之移請或聲請，於公務員懲戒委員會議決前得撤回之。

再審議之移請或聲請，經撤回或議決者，不得更以同一原因移請或聲請再審議。

第四十條　再審議，除本章規定外，準用第二章、第三章之規定。

第六章　附　則

第四十一條　本法自公布日施行。

柒、公務人員保險法

一、沿革

公務人員保險法：於民國四十七年一月二十九日公布施行。嗣於民國六十三
年一月二十九日修正，其修正內容將原定被保險人離職，迄未領取任何保險給付
者，得向承保機關申請退還其自付部分之保險費，即所謂離職退費之規定，予以
刪除； 將保險費率由原定被保險人每月俸給百分之七， 改為百分之七至百分之
九；將公務人員眷屬疾病保險，由以命令定之改為以法律定之；被保險人離職時
得依原定保險費率繳付保險費之全額繼續保險之規定，予以刪除等。

二、現行「公務人員保險法」

民國四十七年一月二十九日公布
民國六十三年一月二十九日修正公布

第 一 條 公務人員保險，依本法行之。

第 二 條 本法所稱公務人員，為法定機關編制內之有給人員。

法定機關編制內有給之公職人員，準用本法之規定。

第 三 條 公務人員保險分為生育、疾病、傷害、殘廢、養老、死亡及眷屬喪
葬七項。

第 四 條 公務人員保險，以銓敘部為主管機關。

為監督保險業務，由銓敘部會同有關機關組織監理委員會；其組織
規程由考試院會同行政院定之。

第 五 條 公務人員保險業務由中央信託局（以下稱承保機關）辦理，並負承

保盈虧責任；如有虧損，由財政部審核撥補。

承保機關辦理公務人員保險所需保險事務費，不得超過保險費總額百分之五點五。

第 六 條 公務人員應一律參加保險爲被保險人，其保險期限自承保之日起至離職之日止。

第 七 條 被保險人之受益人爲其本人或其法定繼承人；如無法定繼承人時，得指定受益人。

第 八 條 公務人員之保險費率爲被保險人每月俸給百分之七至百分之九。

前項費率應依保險實際收支情形，由行政院會同考試院覈實釐定。

第 九 條 公務人員之保險費按月繳付，由被保險人自付百分之三十五，政府補助百分之六十五。

第 十 條 被保險人應自付之保險費，由各該服務機關於每月發薪時代扣，連同政府補助之保險費，一併彙繳承保機關。

被保險人依法徵服兵役保留原職時，在服役期內，其保險費全額統由政府負擔，至服役期滿復職時爲止。

第十一條 公務人員之眷屬疾病保險，另以法律定之。

第十二條 被保險人繳付保險費滿三十年後，得免繳保險費；如發生第三條所列保險事故時，仍得依本法規定，享受保險給付之權利。

第十三條 被保險人在保險有效期間，發生生育、疾病、傷害三項保險事故時，在承保機關所辦醫療機構或特約醫療機構醫療時，除承保機關規定之掛號費，應由被保險人自行負擔外，其醫療費用規定如左：

一、生育：被保險人本人或配偶產前檢查及分娩之醫療費用，由承保機關負擔。

二、疾病、傷害醫療費用由承保機關負擔。

三、承保機關所舉辦之健康檢查及疾病預防費用，均由承保機關負擔。

承保機關所辦醫療機構之病房不分等級，特約醫療機構之病房一律

以二等爲準。

被保險人患有傳染病症，應在特設醫療機構醫療。

本條所稱特約或特設醫療機構，包括所有公立醫院在內。

被保險人有左列情形之一者，承保機關不負擔其醫療費用：

一、不遵守本保險法令規定者。

二、非因傷病施行違反生理之手術或整容、整形者。

三、因不正當行爲而致傷病者。

四、因傷病而致殘廢，經領取殘廢給付後，以同一傷病再申請診療者。

五、住院醫療經診斷並通知應出院而不出院者。

第 十 四 條　被保險人在保險有效期間，發生殘廢、養老、死亡、眷屬喪葬四項
　　　　　　保險事故時，予以現金給付；其給付金額，以被保險人當月俸給數
　　　　　　額爲計算給付標準。

第 十 五 條　被保險人殘廢時，依左列規定予以殘廢給付：

　　　　　　一、因執行公務或服兵役致成全殘廢者，給付卅六個月；半殘廢
　　　　　　　　者，給付十八個月；部分殘廢者，給付八個月。

　　　　　　二、因疾病或意外傷害致成全殘廢者，給付三十個月；半殘廢者，
　　　　　　　　給付十五個月；部分殘廢者，給付六個月。

　　　　　　前項所稱全殘廢、半殘廢、部分殘廢之標準，由主管機關訂定之。

第 十 六 條　被保險人繳付保險費五年以上，於依法退休時依左列規定予以一次
　　　　　　養老給付：

　　　　　　一、繳付保險費滿五年者，給付五個月。

　　　　　　二、繳付保險費超過五年者，自第六年起至第十年，每超過一年增
　　　　　　　　給一個月。

　　　　　　三、繳付保險費超過十年者，自第十一年起至第十五年，每超過一
　　　　　　　　年增給二個月。

　　　　　　四、繳付保險費超過十五年者，自第十六年起至第十九年，每超過
　　　　　　　　一年增給三個月。

五、繳付保險費二十年以上者，給付三十六個月。

依前項規定請領養老給付者，如再依第二條規定參加本保險時，應將原領養老給付如數繳還本保險；其參加本保險之年資，於將來退休，請領養老給付時，准予合併計算。

第 十 七 條　被保險人發生死亡事故時，依左列規定，予以死亡給付。

一、因公死亡者，給付三十六個月。

二、病故或意外死亡者，給付三十個月。

第 十 八 條　被保險人之眷屬因疾病或意外傷害而致死亡者，依左列標準津貼其喪葬費：

一、父母及配偶津貼三個月。

二、子女之喪葬津貼如左：

　　㈠年滿十二歲未滿二十五歲者二個月。

　　㈡未滿十二歲及已為出生登記者一個月。

前項眷屬喪葬津貼，如子女或父母同為被保險人時，以任擇一人報領為限。

第 十 九 條　被保險人有左列情形之一者，不予給付：

一、犯罪被執行死刑者。

二、因戰爭災害致成死亡或殘廢者。

第 二 十 條　公務人員保險之各項給付，如有以詐欺行為領得者，除依法治罪外，並追繳其領得保險給付之本息。

第二十一條　被保險人未滿任職年限及自願退休年齡而離職，其復行任職再投保者，原有之保險年資全部有效。

第二十二條　依本法支付之現金給付，經承保機關核定後，應在十五日內給付之；如逾期給付歸責於承保機關者，其逾期部分應加給利息。

第二十三條　公務人員保險之一切帳冊、單據及業務收支，均免課稅捐。

第二十四條　本法施行細則，由考試院會同行政院訂定之。

第二十五條　本法自公布日施行。

捌、公務人員撫邮法

一、沿革

(一)官吏邮金條例: 於民國十九年九月九日公布, 其要點爲邮金分終身邮金、一次邮金及遺族邮金三種 (其中遺族邮金即爲現制之遺族撫邮金); 官吏因公亡故、或在職十年以上勤勞卓著而亡故, 或依本條例受終身邮金未滿五年而亡故者, 得按其最後在職時俸給十分之一給予遺族邮金; 規定遺族領受邮金之順序; 官吏在職三年以上未滿十年而亡故者, 得按其最後在職二個月之俸給, 給予遺族一次邮金。

(二)公務員撫邮條例: 於民國二十三年三月二十六日, 將上述官吏邮金條例修正爲公務員邮金條例, 並公布施行, 其修正重點爲增加遺族一次邮金, 修正遺族給邮條件等。

(三)公務員撫邮法: 於民國三十二年十一月六日公布施行。在邮金條例時代, 係將退休與遺族撫邮金合訂爲邮金條例, 自公務員撫邮法公布施行後, 撫邮與退休乃分別立法。在撫邮法中規定適用人員範圍, 政務官亦準用之; 規定遺族邮金種類及請領邮金順序; 各種撫邮金之計算標準等。其後於三十六年六月二十五日又有若干修正。

(四)公務人員撫邮法: 於六十年六月四日公布施行, 原有公務員撫邮法同時廢止。公務人員撫邮法之主要修正爲將名稱修改爲公務人員撫邮法; 修正遺族請邮之條件; 提高一次撫邮金、年撫邮金及一次撫邮金之計算標準; 規定撫邮金增給之條件; 規定請領年撫邮金之年限等。民國七十年十二月四日, 再作修正, 其重點爲對因冒險犯難或戰地殉職者, 提高其撫邮金計算標準, 並優待其年資之計算等。

二、現行「公務人員撫卹法」

中華民國三十二年十一月六日國民政府公布
中華民國三十六年六月二十五日修正公布
中華民國六十年六月四日　總統令修正公布
中華民國七十年十二月四日　總統令修正公布

第　一　條　公務人員之撫卹，依本法行之。

第　二　條　依本法撫卹之公務人員，以現職經銓敍機關審定資格登記有案者爲限。

第　三　條　公務人員有左列情形之一者，給與遺族撫卹金：

一、病故或意外死亡者。

二、因公死亡者。

第　四　條　前條第一款人員撫卹金之給與如左：

一、在職十五年未滿者，給與一次撫卹金；不另發年撫卹金。其給與標準如下，在職滿一年者給與一個基數，未滿一年者以一年計，以後每增半年加一個基數，未滿半年者以半年計。

二、在職十五年以上者，除每年給與六個基數之年撫卹金外，並按左列標準，給與一次撫卹金：

㈠在職十五年以上二十年未滿者，給與二十五個基數。

㈡在職二十年以上二十五年未滿者，給與二十七個基數。

㈢在職二十五年以上三十年未滿者，給與二十九個基數。

㈣在職三十年以上者，給與三十一個基數。

年資之奇零數，逾六個月者，以一年計。

三、遺族依規定領有實物配給及眷屬補助費等，照左列標準給與之：

㈠在職十五年未滿者，一次發給二年應領之數額。

㈡在職十五年以上者，隨同年撫卹金十足發給。

基數之計算，以公務人員最後在職之月俸額及本人實物代金爲準。

　　　　　　　第三款眷屬之實物配給，折合代金發給。

第　五　條　第三條第二款因公死亡人員，指左列情形之一：

　　　一、因冒險犯難或戰地殉職。

　　　二、因執行職務發生危險，以致死亡。

　　　三、因出差遇險或罹病，以致死亡。

　　　四、在辦公場所意外死亡。

　　　五、因戰事波及，以致死亡。

　　　前項人員，除按前條規定給邮外，並加一次撫邮金之百分之二十

　　　五；其係冒險犯難或戰地殉職者，加百分之五十。

　　　第一項各款人員在職十五年未滿者，以十五年論。第一款人員在職

　　　十五年以上卅年未滿者，以卅年論。

第　六　條　公務人員在職二十年以上亡故，生前立有遺囑，不願依第四條第一

　　　項第二、第三兩款之規定，領撫邮金、實物配給及眷屬補助費者，

　　　得改按公務人員退休法一次退休金之標準，發給一次撫邮金、實物

　　　配給及眷屬補助費；其無遺囑，而遺族不願依第四條第一項第二、

　　　第三兩款規定辦理者亦同。

　　　依前條第二項規定加給一次撫邮金者，其加給部份之計算標準，仍

　　　以第四條第一項第二款各目之規定爲準。

第　七　條　公務人員受有勳章或有特殊功績者，得增加一次撫邮金額；增加標

　　　準，由考試院會同行政院定之。

第　八　條　公務人員遺族領受撫邮金之順序如左：

　　　一、父母、配偶、子女及寡媳。但配偶及寡媳以未再婚者爲限。

　　　二、祖父母、孫子女。

　　　三、兄弟姊妹以未成年或已成年而不能謀生者爲限。

　　　四、配偶之父母、配偶之祖父母，以無人扶養者爲限。

　　　前項遺族同一順序有數人時，其撫邮金應平均領受；如有死亡或拋

　　　棄或因法定事由喪失領受權時，由其餘遺族領受之。

第一項遺族，公務人員生前預立遺囑指定領受撫邮金者，從其遺囑。

第　九　條　遺族領年撫邮金者，自該公務人員亡故之次月起給與，其年限規定如左：

一、病故或意外死亡者，給與十年。

二、因公死亡者，給與十五年；其係戰地殉職者，給與二十年。

前項第二款之遺族，如為獨子（女）之父母或無子（女）之寡妻，得給與終身。

第　十　條　遺族有左列情形之一者，喪失其撫邮金領受權：

一、褫奪公權終身者。

二、犯內亂罪、外患罪經判決確定者。

三、喪失中華民國國籍者。

第 十 一 條　公務人員遺族經褫奪公權尚未復權者，停止其領受撫邮金之權利，至其原因消滅時恢復。

第 十 二 條　請邮及請領各期撫邮金權利之時效，自請邮或請領事由發生之次月起，經過五年不行使而消滅。但因不可抗力之事由，致不能行使者，其時效中斷；時效中斷者，自中斷之事由終止時，重行起算。

第 十 三 條　領受撫邮金之權利及未經遺族具領之撫邮金，不得扣押、讓與或供擔保。

第 十 四 條　公務人員在職亡故者，應給予殮葬補助費；其標準由考試院會同行政院定之。

第 十 五 條　公務人員俸給調整時，年撫邮金應按在職之同職等人員調整。

第 十 六 條　公務人員曾以其他職位領受退休金者，應於計算撫邮金年資時，扣除其已領退休金之年資。

第 十 七 條　本法於左列在職有給人員準用之：

一、特任、特派及相當於特任職人員。

二、各部政務次長及相當於政務次長人員。

　　　　三、特命全權大使及特命全權公使。

　　　　四、蒙藏委員會委員及僑務委員會常務委員。

　　　　五、省政府委員及地方政府首長。

第 十 八 條　本法施行細則，由考試院定之。

第 十 九 條　本法自公布日施行。

玖、公務人員退休法

一、沿革

㈠官吏郵金條例：於民國十九年九月九日公布，其要點為郵金分終身郵金、一次郵金及遺族郵金三種（其中所謂終身郵金及一次郵金，即相當現制的月退休金與一次退休金）；官吏因公受傷致身體殘廢不勝職務，或因公致病致精神喪失不勝職務，或在職十年以上身體衰弱或殘廢不勝職務，或在職十年以上勤勞卓著年逾六十自請退職等情形之一者，得按其退職俸給五分之一給予終身郵金；官吏因公受傷或因公致病而未達身體殘廢精神喪失之程度者，得於其退職時兩個月俸給之限度內，酌給一次郵金等。

㈡公務員郵金條例：於民國二十三年三月二十六日，將上述官吏郵金條例修正為公務員郵金條例，並公布施行，其修正要點為將終身郵金改為公務員年撫郵金，其餘無多大改變。

㈢公務員退休法：於民國三十二年十一月六日公布施行。在郵金條例時代，係將退休與遺族撫郵合訂於郵金條例，自公務員退休法公布施行後，退休與撫郵乃分別立法。在退休法中規定適用人員範圍、退休種類及條件、一次退休金及年退休金之計算標準等。嗣後分別於三十六年六月二十六日、三十七年四月十日、三十七年四月十日三度修正，主要修正退休條件與提高退休金之給與標準。

㈣公務人員退休法：於四十八年十一月二日公布施行，原有公務員退休法同時廢止，主要修正為名稱改為公務人員退休法，改變退休條件及退休金計算標準等。民國六十八年一月廿四日又再作修正，主要為增加請領退休金之方式，以應各別退休人員之需要；對領受月退休金人員死亡時，給予撫慰金等。

二、現行「公務人員退休法」

中華民國三十二年十一月六日國民政府公布
三十六年六月二十六日，三十七年四月十日先後修正公布
四十八年十一月二日修正公布
六十八年一月二十四日修正公布

第　一　條　公務人員之退休依本法行之。

第　二　條　本法所稱退休之公務人員，係指依公務人員任用法律任用之現職人員。

第　三　條　公務人員之退休，分自願退休及命令退休。

第　四　條　公務人員有左列情形之一者，應准其自願退休：

一、任職五年以上年滿六十歲者。

二、任職滿二十五年者。

前項第一款所規定之年齡，對於擔任具有危險及勞力等特殊性質職務者，得由銓敍部酌予減低，但不得少於五十歲。

第　五　條　公務人員任職五年以上，有左列情形之一者，應命令退休：

一、年滿六十五歲者。

二、心神喪失或身體殘廢不堪勝任職務者。

前項第一款所規定之年齡，對於擔任具有危險及勞力等特殊性質職務者，得由銓敍部酌予減低，但不得少於五十五歲。

公務人員已達第一項第一款所規定之年齡，仍堪任職而自願繼續服務者，服務機關得報請銓敍部延長之，但至多為五年。

第　六　條　退休金之給與如左：

一、任職五年以上未滿十五年者，給與一次退休金。

二、任職十五年以上者，由退休人員就左列退休給與，擇一支領之：

㈠一次退休金。

㈡月退休金。

㈢兼領二分之一之一次退休金與二分之一之月退休金。

㈣兼領三分之一之一次退休金與三分之二之月退休金。

㈤兼領四分之一之一次退休金與四分之三之月退休金。

一次退休金，以退休人員最後在職之月俸額，及本人實物代金爲基數，任職滿五年者，給與九個基數，每增半年加給一個基數，滿十五年後，另行一次加發兩個基數。但最高總數以六十一個基數爲限；未滿半年者以半年計。

一次退休金，除前項規定外，並一律加發兩年眷屬補助費及眷屬實物代金。

月退休金，除本人及眷屬實物配給與眷屬補助費十足發給外，任職滿十五年者，按月照在職之同職等人員月俸額百分之七十五給與，以後每增一年，加發百分之一。但以增至百分之九十爲限。

第一項第二款第三目、第四目、第五目規定之退休給與，各依退休人員應領一次退休金與月退休金按比例計算之。

第　七　條　本法第五條第一項第二款規定之退休人員，其心神喪失或身體殘廢，係因公傷病所致者，一次退休金依前條第二項及第三項之規定加給百分之二十，月退休金一律按月照在職之同職等人員月俸額百分之九十給與，其任職未滿五年者以五年計。

前項退休人員支領一次退休金，或月退休金，依其志願定之。

第　八　條　本法所稱月俸額，包括實領本俸及其他現金給與。

前項其他現金給與之退休金應發給數額，由考試院會同行政院定之。

第　九　條　請領退休金之權利，自退休之次月起，經過五年不行使而消滅之，但因不可抗力之事由，致不能行使者，自該請求權可行使時起算。

第　十　條　月退休金自退休之次月起發給。

第 十一 條　有左列情形之一者，喪失其領受退休金之權利：

一、死亡。

二、褫奪公權終身者。

三、犯內亂罪，外患罪經判決確定者。

四、喪失中華民國國籍者。

第 十 二 條　有左列情形之一者，停止其領受退休金之權利，至其原因消滅時恢復：

一、褫奪公權尚未復權者。

二、領受月退休金後再任有給之公職者。

第 十 三 條　依本法退休者，如再任公務人員時，無庸繳回已領之退休金，其退休前之任職年資，於重行退休時不予計算。

第十三條之一　依本法第六條第一項第二款第二目、第三目、第四目、第五目規定領受月退休金人員死亡時，應給與撫慰金，由其遺族具領。

前項撫慰金，以其核定退休年資及其死亡時同職等之現職人員月俸額暨本法第六條第五項之規定，計算其應領之一次退休金為標準，扣除已領之月退休金，補發其餘額，並發給相當於同職等之現職人員一年月俸額之撫慰金。其無餘額者亦同。

領受月退休金人員死亡，無遺族或無遺囑指定用途者，其撫慰金由原服務機關具領作其喪葬費或紀念活動所需之用。

本法修正施行前，領受月退休金人員，在本法修正施行後，仍繼續領受者，依本條各項辦理。

第 十 四 條　請領退休金之權利，不得扣押、讓與，或供擔保。

第 十 五 條　退休人員本人與其配偶及直系血親現在任所由其負擔生活費用者，於回籍時得視其路程遠近，由最後服務機關給予旅費。

第 十 六 條　本法所定之命令退休，不適用於法官，但法官合於本法第五條第一項規定情形之一者，亦得自願退休。

第 十 七 條　本法施行細則，由考試院定之。

第 十 八 條　本法自公布日施行。

拾、人事管理條例

一、沿革

㈠各機關人事管理暫行辦法：於民國二十九年十二月二十日公布，以爲實施統一人事管理之依據。內中對人事機構名稱、設置，人事管理機構之職權等，已有大致規定。

㈡黨政軍各機關人事機構統一管理綱要：於民國三十年十二月二十七日，由國民政府以訓令施行。本綱要中對管理機關、管理辦法及實施步驟等，已有原則性的規定。

㈢人事管理條件：乃根據上述綱要所定原則，訂定本條例，並於三十年九月二日公布，明定三十一年十一月一日及三十二年七月一日，分別爲中央及地方機關實施本條例日期，並於地方機關實施本條例之日，廢止上述之各機關人事管理暫行辦法。在本條例中，規定各人事機構之主管機關；區分人事管理機構之名稱及設置程序；人事機構之職掌；規定人事人員之任免及指揮監督之權屬等。至七十二年七月二十二日，爲適應當前需要，乃作修正，其要點爲提高人事主管之職等；列舉設置各種人事機構之機關名稱等。

二、現行「人事管理條例」

中華民國三十一年九月二日　國民政府制定公布全文十一條
中華民國三十一年十一月一日　國民政府令施行
中華民國七十二年七月二十二日　總統令修正公布

第　一　條　中央及地方機關之人事管理，除法律另有規定外，由考試院銓敍部依本條例行之。

第 二 條　總統府、五院、各部會、處、局、署，各省（市）政府設置人事處
　　　　　或人事室。

第 三 條　總統府所屬各機關，各部、會、處、局、署所屬各機關，各省(市)
　　　　　政府廳、處、局，各縣（市）政府，各鄉（鎮、區、市）公所等，
　　　　　設置人事室或人事管理員。

第 四 條　人事管理機構之職掌如左：

　　　　　一、關於本機關有關人事規章之擬訂事項。

　　　　　二、關於本機關職員送請銓敍案件之查催及擬議事項。

　　　　　三、關於本機關職員考勤之紀錄及訓練之籌辦事項。

　　　　　四、關於本機關職員考績考成之籌辦事項。

　　　　　五、關於本機關職員撫卹之簽擬及福利之規劃事項。

　　　　　六、關於本機關職員任免遷調獎懲及其他人事之登記事項。

　　　　　七、關於本機關職員俸級之簽擬事項。

　　　　　八、關於本機關需用人員依法舉行考試之建議事項。

　　　　　九、關於本機關人事管理之建議及改進事項。

　　　　　十、關於所屬機關有關人事案件之依法核辦事項。

　　　　　十一、關於人事調查統計資料之搜集事項。

　　　　　十二、關於銓敍機關交辦事項。

第 五 條　人事處置處長，職位列第十至第十二職等，人事室置主任，其職位
　　　　　之列等分爲第六至第九或第十或第十一職等，人事管理員，職位列
　　　　　第五至第七職等。

　　　　　前項人事室列等標準，由考試院會同行政院定之。

　　　　　未實施職位分類之機關， 比照第一項規定辦理 。 本條例修正施行
　　　　　前，各機關組織法規所定人事人員之職稱、職等，與本條例規定不
　　　　　符者，悉依本條例規定辦理。

第 六 條　人事管理人員由銓敍部指揮監督，其設有銓敍處各省之縣市政府等
　　　　　之人事管理人員，得由各該銓敍處指揮監督之。

前項人員，仍應遵守各機關之處務規程與其他通則，並秉承原機關主管長官依法辦理其事務。

第　七　條　人事處室之設置及其員額，由各該機關，按其事務之繁簡，編制之大小，與附屬機關之多寡，酌量擬訂，送由銓敍部審核，但必要時，得由銓敍部擬定之，人事管理員之設置亦同。

第　八　條　人事主管人員之任免，由銓敍部依法辦理，佐理人員之任免，由各該主管人員擬請銓敍部或銓敍處依法辦理。

第　九　條　國立省立中等以上學校及國營省營事業機關之人事管理，準用本條例之規定。

第　十　條　各機關人事管理機構設置規則及辦事規則，由銓敍部擬訂，呈請考試院核定之。

第 十 一 條　本條例施行日期及實施機關以命令定之。

三民大專用書書目——國父遺教

三民大專用書書目——法律

三民大專用書書目——行政・管理